불완전판매 및 횡령 등 금전사고 예방을 위한

금융회사 내부통제제도 해설

- 책무구조도 및 임원 내부통제 관리의무 도입 -

불완전판매 및 횡령 등
금전사고 예방을 위한

금융회사
내부통제제도
해설

책무구조도 및 임원 내부통제 관리의무 도입

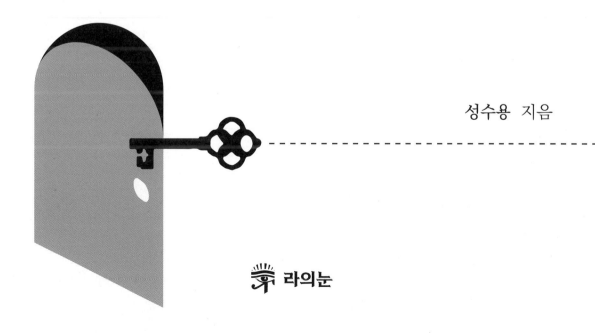

성수용 지음

라의눈

IMF 외환위기를 계기로 도입된 우리나라의 내부통제제도는 올해로 25년이 되었다. 당시 외환위기의 주요한 원인으로 재벌총수 등 소수의 독단적 경영, 부실하고 불투명한 여신관리로 인한 금융자산 부실화, 경영진 견제장치 미흡, 효과적인 금융리스크 관리체제 취약 등이 지적되었다. 이에 국제통화기금(IMF)은 금융시장의 규제완화, 구조조정 및 개방화와 동시에 내부통제제도 강화를 정책적 권고사항으로 요구하였다. 이에 2000년 은행법 등 개별 금융업법의 개정을 통해 은행 등 금융회사에 내부통제기준과 준법감사인 제도가 시행되었다. 이후 개별 금융업법에 근거하여 업권별로 각각 규제하고 있던 금융회사의 내부통제제도는 2016년 8월 1일 「금융회사의 지배구조에 관한 법률」(이하 "금융회사지배구조법")이 시행되면서 모두 통합되어 현재에는 금융회사지배구조법에서 일괄적으로 규율하고 있다. 또한, KIKO, 저축은행 후순위채, 동양그룹CP 등 불완전판매로 인한 대규모 피해가 연이어 발생하자 금융소비자보호를 강화해야 한다는 국민적 여론에 따라 2021년 3월 25일 「금융소비자 보호에 관한 법률」(이하 "금융소비자보호법")이 시행되었다. 금융소비자보호법은 금융회사지배구조법 상 내부통제제도와는 별도로 금융소비자보호 내부통제기준을 정하고 있다. 이에 따라 금융회사의 내부통제제도는 금융회사지배구조법에 근거한 경영전반에 대한 내부통제기준과 금융소비자보호법에 근거한 금융상품의 판매행위에 대한 금융소비자보호 내부통제기준으로 이원화되어 더욱 강화된 규율체계를 확립하였다.

그러나, 금융회사의 내부통제제도가 한층 강화되었음에도 불구하고 금융상품 판매 과정에서 대규모 불완전판매로 인해 금융소비자의 피해가 지속되고 있고, A은행 700억 원, B은행 2,988억 원 등과 같이 횡령 또는 업무상 배임 등 거액의 금전사고 그리고 법규·윤리의식 위반 사건이 여러 금융회사에서 잇따라 일어남에 따라 개별 위법행위자를 제재·처벌하는 것과는 별개로, 금융회사 차원에서 임직원의 위법행위를 방지하기 위한 노력이 적정했는지 여부에 대한 논란이 제기되었다. 특히, 개인 또는 일부의 일탈행위가 금융회사 손실 및 금융소비자 피해와 함께 금융권 전반의 신뢰 하락을 초래한 만큼, "내부통제 업무를 담당하는 금융회사나 임원이 직접 책임을 져야 한다"는 주장이 제기되었다. 이에 금융위원회와 금융감독원 및 금융협회 등 금융권은 이러한 문제인식을 바탕으로, 2022년에 각계 전문가들로 구성된 TF 운영을 통해 "내부통제 제도개선 방안" 마련을 추진하였다. 동 TF에서는 내부통제제도의 운영실태, 입법취지 구현을 위한 바람직한 규율방식, 실효성 확보방안 등을 중점적으로 검토 및 논의하였고, 2022년 10월 4일 "은행·중소서민 내부통제 운영 개선과제(4개 부분 20개 과제)"를, 2022년 11월 4일 "국내은행 내부통제 혁신방안"을 각각 발표하였다. 또한, 2023년 6월 22일 "금융회사지배구조법 상 내부통제 개선방안"을 추가로 발표하였고, 해당 개선방안의 입법화를 추진하여 2023년 12월 8일 금융회사지배구조법 개정안이 국회 본회의를 통과(개정일 : 2024년 1월 2일)되었고 2024년 7월 3일 시행되었다.

금융회사에서 대규모 불완전판매와 횡령 등 금전사고 그리고 법규·윤리의식 위반

사건을 선제적으로 차단하기 위해서는 내부통제체계가 제대로 작동하여야 한다. 이를 위해서는 금융회사지배구조법과 금융소비자보호법 상 내부통제기준 마련 의무를 준수해야 하고, 최근 발표된 3大 내부통제 개선대책과 동 개선대책에 따라 제정된 '금융사고 예방지침' 등과 개정·시행된 금융회사지배구조법에 따른 책무구조도 마련 및 임원의 내부통제 관리의무 도입 등을 각 금융회사의 내규에 반영함은 물론 이의 준수 여부를 상시적으로 점검하고 미흡사항을 즉시 개선하여야 한다. 그런데, 금융현장 실무자의 입장에서 보면 금융회사지배구조법과 금융소비자보호법으로 복잡하게 나누어 규정되어 있는 금융회사의 내부통제기준과 최근 발표된 다양한 내부통제 개선대책을 모두 이해하여 내부통제체계의 구축에 빠뜨리지 않고 반영해야 하는 어려움이 있다. 바로 이러한 금융현장 실무자의 애로사항을 조금이나마 덜어주기 위한 것이 이 책을 쓰게 된 주요 동기이다.

이 책은 제1강에서 금융회사의 내부통제 실패에 대한 유형별 사례 및 원인을 살펴보고 금융감독당국이 마련한 3大 내부통제 개선대책에 대해 알아보았으며, 금융회사 종사자들이 갖추어야 할 고도의 금융윤리에 대해 기술하였다. 제2강에서는 내부통제제도의 의의, 도입 배경, 목적 및 구성요소, 운영주체, 수단 등을 통해 내부통제제도를 이해하는 데 도움을 주었다. 제3강에서는 금융회사지배구조법 상 내부통제제도를 살펴보았다. 금융회사지배구조법 개요, 적용 대상 금융회사, 임원의 자격요건, 내부통제기준 및 위험관리기준, 내부통제위원회 및 위험관리위원회, 준법감시인 및 위험관리책임자 등을 기술하였으며, 특히 2024년 7월 3일 시행된 개정 금융회사지배구조법에 따른 책무구조도 마련 및 임원의 내부통제 관리의무 등을 일아보았다. 제4강에서는 금융소비자보호법 개요, 금융소비자보호 내부통제기준, 금융회사지배구조법과 금융소비자보호법 상 내부통제기준 비교 등을 통해 금융소비자보호법 상 내부통제제도를 살펴보았다. 제5강에서는 은행법 상 내부통제제도와 관련하여 금융사고 예방대책 마련 및 내부통제기준 반영·준수의무, 금융사고 보고 및 공시, 경영실태평가와 내부통제 평가 등을 기술하였다. 특히, 이 책은 금융회사의 내부통제제도에 대한 금융현장 실무자들의 궁금증 해소에 도움을 주는 데 주안점을 두었고, 그러한 차원에서 금융감독당국과 금융관련기관 등에서 발표한 금융회사의 내부통제제도와 관련된 여러 대책이나 연구보고서를 참고자료로 담기 위해 노력하였다. 아무쪼록 이 책이 금융현장 실무자들이 금융회사의 내부통제제도에 대한 의문을 해소하는 데 조금이나마 도움이 되기를 희망한다. 또한, 대규모 불완전판매 및 횡령 등 금전사고 그리고 법규·윤리의식 위반 사건을 선제적으로 차단하는 굳건한 내부통제 체계의 구축을 통해 국민의 신뢰를 받는 금융산업을 육성하는 데 기여할 수 있기를 바란다.

여러모로 부족한 점이 많은 필자가 이 책을 내놓을 용기를 갖게 된 것은 전적으로 주변 지인들의 도움 덕분이다. 한 분 한 분 소개할 수 없을 정도로 많은 분들의 조언과 수고가 있었다. 이 분들께 깊이 감사드린다. 또 이 책의 출판을 기꺼이 허락해 주신 라의눈 출판사 설응도 대표님과 관계자 여러분께도 고마움을 표한다.

성 수 용

2016년 시행된 금융회사지배구조법은 금융회사에게 철저한 내부통제체계를 구축하여 금융소비자가 맡긴 소중한 돈을 잘 관리·운영하도록 의무를 부과하였습니다. 2021년 시행된 금융소비자보호법에서도 금융회사에게 금융소비자보호 내부통제기준 마련의무를 법제화하여 불완전판매를 선제적으로 차단할 것을 요구하였습니다. 그럼에도, 2019년 사모펀드(약 7조 원) 불완전판매에 이어 2024년 홍콩 H지수 ELS 사태(약 20조 원)가 발생하여 금융소비자가 큰 피해를 입었습니다. 또한, 최근 금융회사 임직원의 횡령 등 금융사고가 연이어 발생하고 있습니다. 이에 금융소비자들은 금융상품 불완전판매 및 금융사고를 예방하는 장치인 금융회사의 내부통제시스템이 "제대로 작동되는지"에 대한 의문점을 가지고 있으며, 이러한 상태가 지속될 경우 신뢰를 기반으로 하는 금융산업의 기반마저 위협받을 수 있다는 우려가 제기되고 있는 실정입니다.

이에 따라, 금융감독당국과 금융권은 금융회사의 내부통제 개선을 위해 "은행·중소서민 내부통제 운영 개선과제(2022년 10월)", "국내은행 내부통제 혁신방안(2022

년 11월)", "금융회사지배구조법 상 내부통제 개선방안(2023년 6월)" 등 대책을 마련하였고, 2024년 7월 3일 내부통제에 대한 대표이사의 총괄관리의무와 임원의 관리의무 부여 및 책무구조도 작성 등을 골자로 하여 금융사고 시 CEO 등 고위경영진에게 책임을 강하게 묻는 개정 금융회사지배구조법이 시행되었습니다.

이 책은 최근 발생한 금융회사의 내부통제 실패 사례와 원인을 살펴보았고, 재발방지를 위한 최근 발표된 3大 내부통제 개선대책을 기술하고 있습니다. 또한, 금융회사지배구조법과 금융소비자보호법으로 나누어 복잡하게 규정되어 있는 금융회사의 내부통제기준를 알기 쉽게 정리하였으며, 2024년 7월 3일 시행된 개정 금융회사지배구조법에 따른 책무구조도의 마련 및 임원의 내부통제 관리의무 등에 대해서도 자세하게 기술하고 있습니다. 아울러, 금융회사의 내부통제제도와 관련된 금융감독당국과 금융관련기관의 여러 대책이나 연구보고서 등 참고자료를 충실하게 담고 있습니다.

이러한 점을 감안했을 때, 금융감독기관에서 오랫동안 관련 업무를 담당한 이 책의 저자가 금융회사지배구조법과 금융소비자보호법 그리고 은행법 상 내부통제제도에 대한 상세한 해설을 담은 본서를 적기에 내놓은 것은 매우 의미 있는 일이라고 생각합니다. 아무쪼록 이 책이 금융회사의 내부통제제도를 이해하고 대규모 불완전판매 및 횡령 등 거액의 금전사고를 선제적으로 예방하여 국민의 신뢰를 받는 금융산업의 육성에 노력하고 있는 금융인들에게 좋은 참고서가 되었으면 하는 바람입니다. 그리고 최근 발표된 3大 내부통제 개선대책 및 개정 금융회사지배구조법에 따른 책무구조도 마련 및 내부통제에 대한 대표이사의 총괄관리의무와 임원의 관리의무 등이 큰 무리 없이 빠른 시일 내에 정착하는 데도 기여함으로써 금융회사의 준법경영과 금융소비자의 권익제고에 밑거름이 되길 바랍니다.

전 금융감독원 원장

진 웅 섭

진 웅 섭

2024년 7월 3일부터 개정 금융회사지배구조법이 시행에 들어갔습니다. 이 법률의 핵심은 금융회사 임원별로 책무구조도를 마련하고 그에 따라 내부통제에 관한 책임을 부과하는 것입니다.

이 법률이 시행되기 전에는 대규모 불완전판매나 거액의 금전사고가 발생하더라도 일탈행위를 한 당사자와 일부 관리책임자에게만 책임을 부과하였고, 이에 직접 관여하지 않은 금융회사 대표이사나 임원에게 책임을 묻는 데는 한계가 있었습니다. 그러나 이제 금융회사는 각 임원별로 내부통제 책임을 배분한 "책무구조도(responsibilities map)"를 작성해야 합니다. 그리고 책무구조도에 기재된 임원은 자신의 책임범위 내에서 내부통제기 적절히 이루어질 수 있도록 내부통제기준의 적정성, 기준 준수 여부 및 기준의 작동 여부 등을 상시 점검하는 내부통제 관리의무를 이행해야 합니다.

특히, 대표이사는 내부통제 총괄 책임자로서, 전사적 내부통제 체계를 구축하고 각 임원의 통제활동을 감독하는 총괄 관리의무가 부여됩니다. 대표이사에게 기존의 내부통제기준 마련의무에 더하여 관리의무가 추가된 것입니다.

또한, 이사회의 내부통제 감시역할도 명확히 하였습니다. 이사회의 내부통제 및 위험관리에 관한 심의·의결사항 추가, 이사회 내 위원회로 내부통제위원회 신설 등 상법 상 이사회의 내부통제 감시의무가 구체화되었습니다.

이와 같은 내부통제제도의 개선은 금융감독당국의 획일적인 규율이 아닌, 금융회사 스스로 각자의 특성과 경영여건에 맞게 내부통제시스템을 구축·운영하도록 하는 동시에, 임원 개개인의 책임을 명확히 정함으로써 내부통제에 대한 임원들의 관심과 책임감을 제고하려는 취지로 이해됩니다.

아무튼 개정 금융회사지배구조법의 시행은 우리나라 금융회사의 경영행태에 큰 변화를 가져올 것으로 보이며, 그만큼 금융업계의 최대 관심사로 떠오르고 있습니다.

이러한 상황에서 저자가 금융회사의 내부통제제도 해설서를 내놓은 것은 매우 의미 있는 일이라고 생각됩니다. 특히, 저자는 금융감독원에서 오랫동안 일해 왔고 한국금융연수원에서 내부통제제도, 금융윤리, 금융소비자보호 등에 대한 강의를 해 온 경험을 바탕으로 금융회사지배구조법과 금융소비자보호법 그리고 은행법 상의 내부통제제도에 대한 조문 하나 하나에 대해 해석함은 물론 금융감독당국 등이 발표한 제반 보고서와 법원 판례 등 관련 자료를 빠짐없이 제시함으로써 독자들의 이해를 돕고 있습니다. 아마도 지금까지 나온 금융회사 내부통제제도에 대한 해설서로는 가장 상세하고 관련 자료를 종합적으로 정리한 책이 아닐까 싶습니다.

아무쪼록 이 책이 굳건한 내부통제 시스템 구축에 노심초사하는 수많은 금융회사 종사자들에게 많은 도움이 되었으면 하는 바람입니다. 나아가 새로 도입된 내부통제제도의 조속한 정착에도 기여함으로써 우리나라 금융산업의 신뢰 제고 및 선진화에도 보탬이 되기를 바랍니다.

한국금융연수원 원장

서 태 종

목차

제 1 강 금융회사의 내부통제 실패 사례와 개선대책

01 ◆ 금융회사의 내부통제 실패 유형

02 ◆ 내부통제 실패 유형별 주요 사례

03 ◆ 금융회사의 내부통제 실패 원인

제 2 강   내부통제제도의 이해

제 3 강   금융회사지배구조법 상 내부통제제도

01 ◆ 금융회사지배구조법 개요

02 ◆ 금융회사지배구조법 적용 대상 금융회사

제 4 강　　금융소비자보호법 상 내부통제제도

01 ◆ 금융소비자보호법 개요

02 ◆ 금융소비자보호 내부통제기준

03 ◆ 금융회사지배구조법과 금융소비자보호법 상 내부통제제도 비교

제 5 강　　은행법 상 내부통제제도

01 ◆ 금융사고 예방대책 마련 및 내부통제기준 반영·준수의무

02 ◆ 금융사고 보고 및 공시

03 ◆ 경영실태평가와 내부통제평가

제 1강

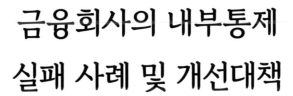

금융회사의 내부통제
실패 사례 및 개선대책

금융회사의 내부통제 실패 유형

　금융회사에서 내부통제장치[1]가 제대로 작동하지 않아 내부통제에 실패하는 사례가 지속적으로 발생하고 있다. 금융회사의 내부통제 실패 유형으로는 크게 3가지가 있다. 먼저, 대규모 불완전판매이다. 고객에게 부적합한 금융상품을 권유하거나 금융상품의 위험도 등을 제대로 설명하지 않는 등 위법·부당하게 금융상품을 판매하여 금융소비자에게 큰 손실을 입히는 것이다.

　둘째, 횡령이나 업무상 배임 등 거액 금전사고이다. 고객의 예금 또는 대출금을 몰래 빼돌려 편취하거나 담보가격을 부풀려서 위법·부당하게 대출을 취급하는 등 방법으로 제3자에게 이익을 제공하고 금융회사에 부실대출 발생 등으로 큰 손해를 입히는 것이다.

　셋째, 법규·윤리의식 위반이다. 법규의식 위반이란 금융회사가 금융관련법규 등

---

1) 내부통제제도에 대한 자세한 내용은 "제2강 내부통제제도의 이해"를 참조한다.

을 준수하고 법적 책임을 다해야 함에도 이를 위반하는 것을 말한다. 윤리의식 위반이란 비록 법률과 규정에 명문화되어 있지 않아 법적인 책임이 없더라도 사회통념상 비윤리적인 것이라면 이를 지켜야 함에도 이를 해태하는 것을 말한다.

• 그림 1-1. 금융회사의 내부통제 실패 유형 •

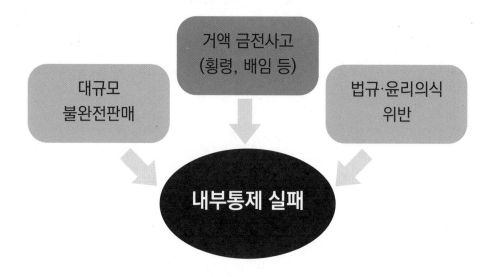

내부통제 실패 유형별 주요 사례

1. 대규모 불완전판매

1-1. 금융상품의 복잡 · 다기화

1990년대 이후 금융산업은 규제완화, 겸영화 및 글로벌화가 진전되고 2000년대에 이르러 금융공학의 발달로 금융상품이 복잡 · 다기화되었다. 또한 전 세계적으로 저금리 · 저성장이 지속됨에 따라 파생상품 · 파생결합증권 등 다양하고 복잡한 구조화상품을 활용한 고수익 추구 금융상품의 판매가 늘어나고 있다.

즉 과거에는 금융상품이 예 · 적금, 대출, 주식매매, 펀드, 저축성 · 보장성 보험 등으로 비교적 단순했으나 최근에는 ELD(Equity-Linked Deposit; 주가연계예금), ELT(Equity-Linked Trust; 주가연계신탁), ELF(Equity-Linked Fund; 주가연계펀드), ELS(Equity-Linked Securities; 주가연계증권), ETF(Exchange Traded Funds; 상장지

수펀드), DLF(Derivative-Linked Fund; 파생결합펀드), 변액보험 등 일반금융소비자에게는 용어도 생소하고 분별하기조차 쉽지 않은 금융상품이 쏟아져 나오고 있다.

따라서, 일반금융소비자가 복잡·다기화된 금융상품의 내용과 내재된 위험을 충분히 파악하고 금융회사와 상호 대등한 정보력을 바탕으로 공정한 금융거래를 하기는 쉽지 않게 되었다. 다양하고 난해한 금융상품의 출현과 이로 인한 금융소비자의 피해 발생에 대한 우려가 2000년대에 들어서면서 국내외를 막론하고 현실화되었다.[2]

1-2. 우리나라의 대규모 불완전판매 사례

우리나라의 경우에는 A은행이 2005년 11월부터 금융전문가도 이해하기 어려운 수익구조를 가지고 있는 B펀드[3]를 "우리나라 국채와 유사한 위험을 가진 상품이고 은행금리보다 높은 고수익을 보장한다"라며 과대광고로 2,300여 명에게 총 1,506억원 가량을 불완전판매하였다가 2008년 글로벌 금융위기가 발생하자 투자원금의 약 80%를 지급하지 못하는 큰 피해를 입혔다.[4]

2007년과 2008년초에는 다수의 은행들이 수출대금의 환율 변동 위험에 대비하고자 하는 800~900여 개[5] 수출중소기업 등에게 통화옵션상품[일명 "키코(KIKO; Knock-in Knock-out)][6]을 판매하였다가 2008년 발생한 글로벌 금융위기로 예상치 못하게 원·달러 환율이 급등하여 키코 거래 중소기업들이 3조 4천억 원[7] 가량의 막대한 손실을 입었다.[8]

또한 일부 상호저축은행에서 후순위채[9]를 판매하면서 그 위험성을 제대로 설명하

---

2) 서태종·성수용, 금융소비자보호법 강의(2022년 11월, 라의눈) p23 참조

3) 6년만기로 매분기 확정이자를 지급하나 만기상환금이 해외주식에 연동되어 변하는 장외파생상품 펀드라서 기초자산 구성 종목들이 급격히 하락할 경우 원금 전액 손실이 발생할 수 있는 위험자산임에도 "대한민국 국가신용등급(A3)으로 국고채 금리 + 1.2% 수익추구" 등으로 과대광고하였다.

4) 2008.11월 금융감독원 금융분쟁조정위원회는 A은행에 50%를 배상하라고 조정 결정(A은행은 조정결정을 수용)하였으며, 2014년 대법원은 손실금액의 20~40%를 배상하라고 판결하였다.

5) 금융감독원 금융분쟁조정위원회, 2019.12.13.일자 "키코 불완전판매 배상 결정" 참조

지 않고 고금리만을 강조하는 등 불완전판매를 하였는데 2011년 부산상호저축은행 등 다수의 상호저축은행들이 파산하면서 8만여명이 약 3조원의 피해를 보았다.[10]

2013년에는 동양증권이 사실상 투기등급에 해당하는 동양그룹 계열사가 발행한 CP · 회사채 등을 4만여 명에게 1조 3천억원어치를 판매하면서 부적합한 금융소비자에게 투자권유하거나 투자위험을 충분히 설명하지 않는 등 불완전판매하였다가 동양그룹 계열사의 부도로 큰 피해가 발생하였다.[11]

2019년부터 2020년 사이에는 해외금리연계 DLF(파생결합펀드)[12], 라임펀드[13], 옵티머스펀드[14] 등 다수의 사모펀드[15]에서 대규모 불완전판매가 발생하여 약 1만 6천명의 금융소비자가 약 7조 935억원의 피해를 보는 사건이 일어났다.[16]

---

6) 환율이 일정 범위 안에서 변동하면 미리 약정한 환율에 달러를 팔 수 있지만 환율이 상한선(Knock-in) 위로 올라가면 기업은 약정금액의 1~2배를 같은 고정환율에 매도해야 하고, 하한선(Knock-out) 이하로 떨어지면 계약이 해지되어 환손실을 입는 상품이다.

7) 자본시장연구원 조사보고서 15-04(정윤모·이효섭) "금융투자상품 불완전판매 규제 현황 및 시사점" p53 참조

8) 피해기업들이 은행을 상대로 소송을 제기하였으나 2013년 9월 대법원은 불공정성 · 사기성 관련사항에 대해서는 원고 패소 판결하고 불완전판매 관련사항만을 일부승소 판결하여 23개 기업에 대해 평균 26.4% 배상비율(5%~50% 범위)로 총 105억원을 손해배상할 것을 판결하였다. 한편, 금융감독원 금융분쟁조정위원회는 2011.10월 4개 피해기업에 대해 20%~55%(평균 42%) 배상 조정을 결정(약 166억원)하였으며, 2019년 12월 12일에는 소송 참가하지 않은 4개 피해기업을 대상으로 다시 금융분쟁조정위원회를 개최하여 15%~41%(평균 23%)를 배상하도록 조정결정을 하였으나 일부 은행만 조정안을 수용하였다.

9) 일반 기업 또는 금융회사 등이 필요한 경영자금을 조달하기 위해 채권을 발행한 기관이 파산했을 경우 일반 다른 채권자들의 부채가 모두 청산된 다음에 원리금을 상환받을 수 있는 채권을 말한다. 예를 들어 예금자보호법 적용 대상인 금융회사의 부도나 파산 시 예금은 예금자보호법에 따라 5천만원까지 원리금이 보장되어 돌려받을 수 있지만 후순위채에 투자한 돈은 금융회사가 다른 빚을 모두 갚은 뒤에야 돌려받을 수 있다.

10) 2011년 10월 금융감독원 금융분쟁조정위원회는 20%~55%(평균 42%) 배상 조정을 결정하였다.

11) 2014년 7월 금융감독원 금융분쟁조정위원회는 15%~50% 손해배상을 조정 결정하였다.

12) 은행 등이 독일, 영국, 미국 등 주요 해외금리 연계 파생결합상품을 권유·판매하면서 환위험상품임에도 원금 손실 가능성 등을 제대로 설명하지 않아 2천5백여 명, 약 7,950억원(2019.8.7일 기준)의 피해가 발생하였다. 이에 금융감독원 금융분쟁조정위원회는 2019년 12월 40%~80% 손해배상을 조정 결정을 하였다.

13) 라임자산운용의 4개 모펀드 및 이에 투자한 173개 자펀드에서 4천6백여명, 약 1조 6천억원(2019년 12월 기준) 피해가 발생하였는데, 고수익을 위해 비시장성 자산에 투자하여 유동성 위험 발생으로 부실화되었다. 금융감독원 금융분쟁조정위원회는 2020년 7월 라임 관련 펀드 중 무역금융펀드에 대해 투자원금 전액의 반환을 조정결정하였다.

14) 옵티머스자산운용의 46개 펀드에서 3천여 명, 약 2,400억원(2020년 7월 기준)의 피해가 발생하였는데, 투자제안서에는 안정자산인 공공기관 매출채권에 투자하는 것으로 기재되었음에도 부동산 등 위험자산에 투자하여 부실화되었다.

15) 소수의 투자자(49명 이하)로부터 사모방식으로 자금을 조성하여 주식, 채권 등에 운용하는 펀드이다. 투자대상, 투자비중 등에 대한 규제가 공모펀드보다 크게 완화되어 있어 주식, 채권, 부동산, 원자재 등에 자유롭게 투자할 수 있다.

2024년에는 홍콩 H지수[17]를 기초자산으로 하는 ELS(Equity-Linked Securities; 주가연계증권)[18]를 구입한 금융소비자들이 H지수의 급락[19]에 따라 대규모 피해를 보는 사건이 발생하였다. 금융감독원의 검사결과에 따르면, 2023년말 기준 40만 계좌(개인 39만계좌, 법인 0.5만계좌), 18.8조원(개인 17.3조원, 법인 1.5조원)이 판매되었다. 판매사별로는 은행이 15.4조원을, 증권회사가 3.4조원을 각각 판매하였는데, 홍콩 H지수 ELS를 구입한 금융소비자는 2024년말까지 약 5.8조원의 대규모 피해를 볼 것으로 추정되었다. H지수가 높았던 2021년초 ELS에 가입한 금융소비자가 많았고 이후 6개월 만기가 돌아왔을 때 재가입한 경우도 많아 H지수 급락에 따라 피해 금액이 더욱 확대되었다.

한편, 금융감독원은 2024년 3월 11일 홍콩 H지수 ELS를 판매한 금융회사와 투자자간 분쟁이 최대한 조기에 해결될 수 있도록 금융감독원의 검사결과 등에서 파악한 내용 등을 기초로 판매 금융회사의 책임과 투자자별 특성을 고려한 투자자 책임을 종합적으로 반영하여 결정되는 분쟁조정기준(안)을 제시하였다. 판매 금융회사 요인(23~50%)은 적합성 원칙, 설명의무 등 판매원칙 위반 여부와 판매정책 및 소비자보호 관리체계 부실 여하에 따라 결정되고 투자자 요인(±45%)은 판매사의 고령자 등 금융취약계층 보호 소홀, 투자자의 과거 ELS 투자경험 및 금융상품 이해도 등 판

---

16) 우리나라의 불완전판매 사례는 금융위원회·금융감독원의 관련 보도자료, 자본시장연구원의 조사보고서, 언론기사 등을 참고하여 작성하였다.

17) 홍콩 H지수(Hang Seng China Enterprises Index: HSCEI)는 홍콩증권거래소에 상장된 중국기업 가운데 시가총액 및 거래량을 기준으로 선별한 50개 기업의 시가총액을 기반으로 산출되는 지수이다. 홍콩 H지수는 중국 본토의 경기 및 기업 실적을 반영하는 지수로서 EuroStoxx50, S&P500, Nikkei225 등의 주요 주가지수와 함께 국내 ELS 상품의 기초자산으로 활용되고 있다.

18) 개별 주식의 가격이나 주가지수에 연계되어 투자수익이 결정되는 파생결합증권이다. 연계되는 기초자산은 주가지수, 섹터지수, 개별종목 등 다양하고, 주가뿐 아니라 원유와 같은 상품가격에 연계되어 발행되기도 한다. 만기는 6개월, 1년 등 다양하지만 일정한 수익이 발생하면 만기 전에 수익이 실현되는 녹아웃(knock-out)이나 기초자산 가격이 일정 수준 이상 상승 또는 하락하면 새로운 손익구조가 적용되는 녹인(knock-in)이 발생하기도 한다.

19) 2020년 3분기 이후 증가세를 보였던 홍콩 H지수는 2021년 2월 12,228.6의 고점을 기록한 이후 지속적으로 하락하여 2022년 10월에는 4,938.6까지 하락한 이후 2023년 1월 중 7,773.6까지 소폭 회복되었다가 다시 하락하여 2023년 12월 이후 5,000대를 이어오고 있으며, 2024년 1월말 현재 5,194.04를 기록하였다.

20) 금융감독원, 2024.3.11일자 보도자료 "홍콩 H지수 ELS 검사결과(잠정) 및 분쟁조정기준(안)"

매사 및 투자자의 과실사유에 따라 개별 투자건별로 배상비율이 가감되며, 기타 조정요인(±10%p)이 반영된다.[20]

• 그림 1-2. 홍콩 H지수 ELS 관련 분쟁조정기준(안) •

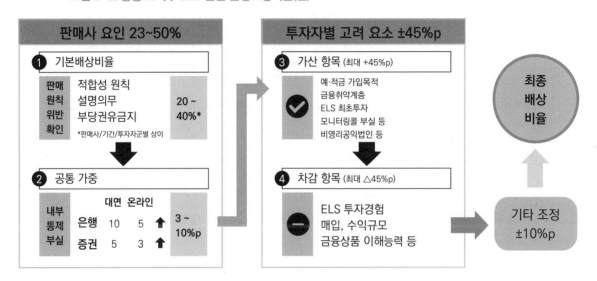

• 표 1-1. 우리나라의 대규모 불완전판매 사례 •

구분			발생연도	피해자 수	피해금액
A은행 B펀드			2005년	2,300여 명	1,506억원
KIKO 사태			2008년	800~900여 개 수출중소기업 등	약 3조 4천억원
저축은행 후순위채			2011년	8만여 명	약 3조원
동양그룹 CP 등			2013년	4만여 명	약 1조 3천억원
사모펀드 사태	해외금리연계(DLF)		2019~2020년	2,876명	4,453억원
	5대 펀드	라임, 옵티머스, 헤리티지, 디스커버리, 헬스케어		약 1만 3천명	2조 8,845억원
	기타	젠투, 피델리스 등			3조 7,637억원
	계			약 1만 6천명	7조 935억원
홍콩 H지수 ELS			2024년	40만 계좌	18.8조원

2. 횡령, 업무상 배임 등 거액의 금전사고

2-1. 거액의 금전사고가 반복하여 발생 중

금융회사가 금융감독원에 보고한 금전사고 현황을 살펴보면 2019년부터 2023년 8월까지 총 1조 171억원으로 매년 2,000억원 규모에 달하고 있다. 거액의 금전사고를 예방하기 위해서는 금융회사의 내부통제장치가 제대로 작동되어야 한다. 하지만, 일부 금융회사의 경우 내부통제 중요성에 대한 임직원의 인식이 부족하고 내부의 업무 프로세스 관리 및 조직 문화 등이 여전히 미흡하여 금전사고에 취약한 것으로 나타났다. 이에 금융소비자들은 횡령, 유용, 업무상 배임, 사기 등 거액의 금전사고가 지속적으로 발생하고 있는 금융회사를 믿고 자신의 소중한 돈을 "계속 맡겨도 될까"라는 의문을 표시하는 등 금융산업의 신뢰 훼손에 대한 우려가 커지고 있다.

• 표1-2. 우리나라의 최근 5년간 금전사고 현황 •

(단위 : 억원)

연도	2019	2020	2021	2022	2023.8	누적
횡령·유용	111	143	228	897	626	2,005
업무상 배임	282	167	219	233	142	1,043
사기	4,106	1,085	315	1,207	125	6,838
기타	4	27	67	171	16	285
소계	4,503	1,422	829	2,508	909	10,171

주 : 「금융기관 검사 및 제재에 관한 시행세칙」〈별지 제3호 서식〉 상 금전사고로서 금융회사가 금감원에 보고한 '사고금액 및 '보고접수일' 기준으로 산출된 자료
자료 : 금융감독원

2-2. 거액의 금전사고 발생 주요 사례[21]

가. 은행

A은행은 본점 기업개선부 소속 직원이 2012년 6월부터 2020년 6월까지 총 8회에 걸쳐 A은행이 채권단을 대표하여 관리 중이던 M&A 계약금을 총 697.3억원을 횡령하는 금전사고가 발생하였다. 해당 사고자는 10년 이상 동일 부서에서 동일 업체를 담당하였으나 명령휴가 대상에 한번도 선정되지 않았다. 팀장의 OTP를 도용하고 공·사문서를 위조하며, 허위 출금요청서를 작성하는 등 위법행위를 저질렀다. 또한, 금융감독원 파견공문서를 가짜로 만들어 인사부서에 제출하고 1년간(2019년 11월 ~ 2020년 11월) 무단결근까지 한 것으로 밝혀졌다.

B은행은 2차례에 걸쳐 거액의 금전사고가 발생하였다. 먼저, 2006년 12월부터 2010년 10월 4년간 구조화금융부에서 장기근무하던 부서장이 자신이 관리하던 펀드의 부실을 감추기 위해 은행장인감증명서를 도용하고 사용인감계를 위조하여 저축은행 등에 허위 지급보증서를 발급하거나 채권양수도계약을 부당하게 체결하는 등 방법으로 총 5,258억원의 금전사고를 유발하였다. 금전사고가 적발된 이후에도 특별감사를 미실시하고 해당 사고부서장을 복귀발령하여 문제해결을 맡겼다가 사고금액이 확대되었다. 또한, B은행은 2009년 5월부터 2022년 7월까지 15년간 투자금융부에서 팀원·팀장·부장으로 근무하던 직원이 총 2,988억원의 금전사고를 일으켰다. 해당 사고자는 투자금융부에서 장기간 PF대출 업무를 담당하면서 본인이 관리하던 17개 PF사업장의 대출서류를 위조하여 대출금 및 상환자금을 횡령한 것으로 밝혀졌다. 또한 사고자는 횡령한 돈을 골드바와 상품권 구매, 부동산 매입, 골프나 피트니스 회원권 구매, 자녀유학비, 주식 투자 등에 사용하였다.

---

21) 금융감독원의 금융사고 관련 보도자료와 언론기사 등을 참고하여 재작성하였다.

• 그림 1-3. B은행 투자금융부 횡령사고 구조도 •

나. 저축은행

저축은행에서는 PF대출을 취급하는 과정에서 서류를 위조하여 대출금을 빼돌리거나 뒷돈을 받는 사례가 발생하였다. 이에 대한 주요 사례는 다음과 같다.

• 표 1-3. 저축은행의 금전사고 주요 사례 •

구분	발생연도	사고금액	피해규모
A저축은행	2015년 5월 ~2021년 10월	98억원	정상대출을 요청하는 것처럼 허위로 서류를 꾸민 뒤 PF대출금을 모친 계좌로 빼돌리는 방법으로 횡령하여 90% 이상을 도박으로 탕진
B저축은행	2020년 10월 ~2021년 1월	59억원	자금인출요청서를 위조해 PF사업장으로 입금될 자금의 수취인을 동생계좌로 변경한 후 송금하여 횡령

구분	발생연도	사고금액	피해규모
C저축은행	2022년 4월 ~2022년 12월	8억원	팀장 비밀번호를 공유하거나 2천만원 이하는 팀장 승인 없이 출금이 가능한 점을 악용하여 대출 승인된 PF대출금 송금액의 일부를 약 40회에 걸쳐 조금씩 본인계좌로 빼돌림
D저축은행	2019년 4월 ~2019년 8월	7.1억원	PF대출(3건, 232억원)을 취급하면서 차주(3개사)로 하여금 본인이 실질적으로 운영하는 회사와 컨설팅 계약(4건)을 체결하도록 하여 용역수수료 명목으로 금품(7.1억원)을 수수
E저축은행	2016년 6월 ~2022년 3월	3억원	대출 사후관리 업무를 담당하면서 7년간 250여 차례에 걸쳐 대출수수료 등을 횡령

다. 신용카드

A카드 마케팅팀 직원 2명은 협력업체 대표와 짜고 부실한 제휴 계약을 맺도록 한 뒤 105억원을 카드발급 수수료 명목으로 부당하게 지급하였다. 이 가운데 66억원은 페이퍼 컴퍼니와 가족회사로 흘러가 카드사 직원들이 부동산 개발 투자, 자동차와 상품권을 사는 데 쓰였고, 나머지 39억원은 협력업체 대표에게 돌아간다.[22]

• 그림 1-4. A카드의 횡령사고 구조도 •

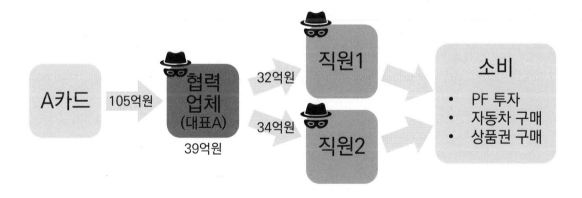

---

22) 뉴스웰 2023.8.30.일자 기사를 참조한다.

라. 보험회사

보험회사가 2018년부터 2023년 6월까지 금융감독원에 보고한 금전사고는 연 평균 14.5건, 88.5억 원으로, 보험설계사 또는 보험회사 직원이 보험료나 보험계약대출금 등을 횡령 또는 유용하는 소액 금전사고가 매년 지속적으로 발생하고 있다.[23]

• 표 1-4. 2018년부터 2023년 6월 중 보험회사 금융사고 보고 현황 •

(단위 : 건, 억원)

구분		´18	´19	´20	´21	´22	´23 上	합계	연평균 (18~23.6)
생보사	건수	9	8	10	7	4	2	40	7.3
	금액	25.6	8.4	21.5	9.5	2.6	2.1	69.6	12.7
손보사	건수	7	7	9	10	5	2	40	7.3
	금액	9.7	256.3	122.4	18.0	10.8	0.2	417.4	75.9
합계	건수	16	15	19	17	9	4	80	14.5
	금액	35.3	264.7	143.9	27.5	13.4	2.3	487.0	88.5

마. 증권회사

증권회사의 금전사고 발생 규모는 2019년부터 2022년까지 기간 중 평균 7.8건, 143억원에서 2023년 14건, 668억원으로 크게 증가하고 있으며, 그 유형도 사금융 알선, 사문서 위조, 고객자금 사적편취, 횡령 등 다양화되고 있다.[24]

---

23) 금융감독원 2023.11.28.일자 보도자료 "보험회사 내부통제 강화를 위한 감사·준법감시인 간담회 개최"를 참고한다.

24) 금융감독원, 2023.11.14.일자 보도자료 "증권사 내부통제 강화를 위한 감사·준법감시인·CRO 간담회"를 참고한다.

• 표 1-5. 증권회사의 금전사고 주요 사례 •

구분	회사	사고금액	주요 사고내용
사금융알선	A증권	187억원	증권사 직원이 다수 고객들에게 계좌 및 공인인증서를 제3자(주가조작 혐의자)에게 대여하도록 알선하였으며 이후 해당 계좌가 주가조작에 활용되었음
사문서 위조 등	B증권	111억원	증권사 PB직원이 11년간 고객자금을 관리하며 투자손실을 감추기 위해 허위잔고증명서를 발부
고객자금 사적편취	C증권	44억원	증권사 PB직원이 다수의 고객에게 우리사주 등에 투자한다고 말하고, 본인 계좌로 투자자금을 수령하여 편취
횡령	D증권	19억원	IB 부서 직원이 SPC 관리 등 업무를 수행하면서 5개월 간 총 13회에 걸쳐 SPC 자금을 무단으로 인출

3. 법규 · 윤리의식 위반

3-1. 직무 상 취득한 미공개 중요정보를 이용한 부당이득 취득

C은행은 본점 증권대행부서 직원들이 2021년 1월부터 2023년 4월까지 기간 중 61개 상장사의 무상증자 업무를 대행하는 과정에서 무상증자 규모 및 일정 등에 관한 미공개 중요정보를 사전에 지득하였고, 이 정보를 이용하여 본인 및 가족 명의로 정보공개 전 대상종목 주식을 매수하고 무상증자 공시로 주가가 상승하면 대상주식을 매도하여 66억 원 규모의 매매 이득을 취득하였다. 또한, 이들 직원 중 일부는 은행 내 타 부서 동료직원, 가족, 친지, 지인(회계사, 세무사 포함)에게 무상증자 실시 정보를 전달하여 매매에 이용하게 하여 61억 원 규모의 매매 이득을 취득하게 하였다. 이에 금융위원회와 금융감독원은 자본시장법 상 미공개 중요정보 이용 금지를 위반하여 총 127억원의 부당이득을 취득한 혐의로 C은행의 증권대행부서 직원 등을 검찰에 통보하였다.[25]

• 그림 1-5. C은행 미공개 중요정보 이용 구조도 •

3-2. 착오 입고된 주식배당 무단 매도

　E증권은 2018년 4월 6일 09:30경 우리사주 조합원(2,018명) 계좌로 현금배당(주당 1,000원) 대신 동사 주식 총 28.1억주(주당 1,000주)를 착오입고하였다. 이에 동사 직원 중 일부(총 22명)가 착오 입고된 주식(1,208만주)을 바로(9:35~10:06, 31분간) 무단 매도하여 총 16명의 501만주가 매도체결되었다. 갑자기 E증권 주식이 대량으로 매도되자 당일 오전 E증권 주가가 전일종가대비 최대 11.7% 하락하는 등 주식시장에 큰 충격을 미쳤다. 금융당국은 이 사건에 대한 책임을 물어 E증권에 대해 '업무 일부정지 6월' 등 중징계하였고 착오 입고된 주식을 무단 매도한 직원 중 일부에 대해 검찰에 고발조치 및 자본시장법 상 시장질서 교란행위 금지 위반으로 과징금 부과를 결정하였다.[26]

---

25) 금융위원회·금융감독원, 2023.8.9.일자 보도자료 '금융회사 직원들이 연루된 미공개 중요정보 이용행위 적발'을 참고한다.

26) 금융위원회·금융감독원, 2018.7.26일자 보도자료 "E증권의 배당사고 관련 검사결과에 대한 조치" 등을 참고한다.

• 그림 1-6. 2018년 4월 6일 오전 E증권 주가 변동 추이 •

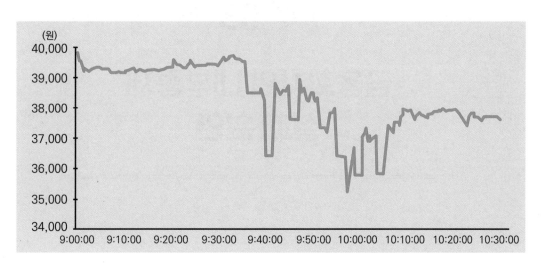

금융회사의 내부통제
실패 원인

금융감독원이 2022년 10월 4일 저축은행중앙회 등 금융협회들과 함께 발표한 "금융사고 예방을 위한 내부통제 운영 개선과제"와 금융위원회 · 금융감독원이 2023년 6월 22일 발표한 "금융권 내부통제 제도개선 방안" 등에 따르면, 금융회사는 다음과 같이 내부통제 운영 상 취약점을 가지고 있어 대규모 불완전판매 및 거액의 금전사고 발생 위험에 노출되어 있는 것으로 파악되었다.

1. 상호견제 등 내부통제 기본기능 미작동

출납 등 고위험 업무 장기 수행자는 금융사고 위험에 쉽게 노출될 수 있음에도 특정 직원이 장기간 동일 업무를 수행하거나, 직원에 대해 예고 없이 명령휴가를 실시하고 해당 직원 업무를 감사하는 명령휴가제가 형식적으로 운영되는 등 내부통제의 기본인 상호견제 기능이 제대로 작동하지 않는다. 또한, 수기로 문서대장 작성이 가능하고 문서의 전자등록과 상관없이 수기로 문서번호를 부여할 수 있는 등 수기문서에 대한 전산통제가 미흡하고, 업무편의를 위해 직원 상호간에 비밀번호를 공유하는 등 금융사고 위험에 노출되어 있다.

2. 준법감시 등 금융회사 자체 내부통제 역량 취약

금융회사지배구조법에 따르면 금융회사는 충분한 경험과 능력을 갖춘 적절한 수의 인력으로 지원조직을 구성 및 운영하여 준법감시인의 직무수행을 지원하여야 함에도 불구하고 인력 및 전문성에 대한 구체적인 기준 없이 준법감시부서를 운영하여 준법감시의 인력과 전문성이 부족하고, 실질적인 통제효과도 미미하였다. 또한, 인력 부족 등의 사유로 일부 자점감사자가 본인업무를 점검하거나 감사실 직원이 여수신업무를 겸직하는 등 사례도 있어 이해상충 문제가 발생하였다.

3. 임직원 준법 · 윤리의식 부족 등 기본원칙에서 벗어나는 조직문화

온정주의 및 업무편의주의 등으로 규정을 엄격히 준수하지 않고 업무를 처리하는 등 내부통제에 대한 인식이 부족하다. 내부고발자 제도는 있으나 직접적 사고적발 금액을 기준으로 포상하고 있어 절차적 위반 사항 등 금전적 평가가 곤란한 신고에 대하여 구체적인 포상기준이 부재하는 등 내부고발자에 대한 포상기준이 미흡하였다. 또한, 위법 · 부당행위를 한 임직원을 알고 있음에도 이를 금융회사에 알리지 않아 내부고발의무를 위반한 자에 대한 사후조치가 부재하는 등 내부고발의무 운영 실적이 매우 부진하였다.

4. 내부통제에 대한 임직원의 책임소재 인식 부족

내부통제 기준마련 의무를 위반한 임직원이, 사전에 자신이 책임자였음을 모르는 경우가 다수이고, 금융회사 내 위임전결 등에 따라 직무권한이 위임된 만큼, 내부통제 책임도 위임된 것으로 오해하는 실정이다. 조직문화에 큰 영향을 미치는 대표이사(CEO)조차 조직내 내부통제 의식(tone- at-the-top) 고취보다 성과중심 경영에 치중하고 있다. 실제 내부통제 위반사건 처리과정에서 임직원은 자신의 통제 노력을 설명하기보다, "하급자의 위법행위를 알 수 없었다"고 소명하고 있다.

5. 법령 상 요구 수준의 외형만을 갖춘 내부통제기준

現 법령은 내부통제 기준마련의 형식적 의무만 부과하고, 실제 운영방식에 대해서는 규율하지 않고 있어 금융회사는 법령상 요구하는 수준의 외형을 갖추는 데 집중하고 있어, 실제 실효성 있는 통제기능의 작동을 기대하기 곤란하다. 금융회사들은 각 社별 특성에 맞는 내부통제기준을 마련하기보다, 업계 표준내부통제기준을 그대로 활용하는 경우가 빈번하다. 통제기능이 실효적으로 작동할 정도로 기준이 마련되어야 한다는 판례[27]에도 불구하고 실효성 있는 작동을 담보할 수 있는 수단이 미비하다. 또한, 내부통제 기준마련 의무를 위반한 임직원이, 사전에 자신이 책임자였음을 모르는 경우가 다수이다.

---

27) (우리은행 DLF제재 2심판결) "내부통제기준 마련의무를 위반하였는지는 해당 법정사항이 실질적으로 흠결된 것으로 볼 수 있는지... 실제적으로 내부통제기준의 목적 즉 '내부통제기능'이 전혀 효과를 발휘하지 못하는 정도에 이르렀는지를 함께 따져보아야 한다."

6. 내부통제에 대한 이사회의 역할 미미

現 법령은 내부통제에 대한 최종적인 책임을 가진 이사회의 역할이 미미한 것으로 파악되었다. 경영진 감시책임이 있는 이사회는, 회사와 주주의 이익을 보호하기 위해 내부통제 적정성을 지속 점검 · 보완하는 노력이 필요하지만 현실에서 이사회는 경영진에 대한 견제 · 감시를 제대로 수행하지 못해 "거수기", "경영진 방패막이"라는 비판이 제기되고 있다. 이사회의 내부통제 책임에 대한 인식도 부족하지만, 관련 정보에 대한 접근성도 제약이 큰 상황이다.

7. 금융회사의 이익 중심 경영문화가 여전히 변화하지 않음

금융소비자보호법 시행(2021.3.25.)을 앞두고 대부분 금융회사들이 기존의 금융상품판매시스템을 외부 법률자문 등을 받아 금융소비자보호법 등 금융관련법률의 위반 여부를 점검하였다. 하지만, 2024년 발생한 홍콩 H지수 ELS 불완전판매 관련 금융감독원의 검사결과에 따르면, 일부 금융회사의 금융상품판매시스템이 금융소비자보호법 상 영업행위 규제를 제대로 반영하지 않은 상태에서 운영됨으로써 금융소비자보호 장치들이 실제 판매과정에서는 그 취지에 맞게 충실히 작동되지 않은 것으로 나타났으며, 금융상품의 판매정책과 판매시스템이 고객 최우선 원칙이 아닌 금융회사의 이익을 우선하도록 설계 및 운영된 것으로 파악되었다.

이에 따라 홍콩 H지수 ELS를 판매한 금융회사들은 고객 손실위험 확내기에 과도한 영업목표, 부적절한 성과지표 등을 통해 전사적 판매를 독려하면서도 금융소비자보호를 위한 판매한도 관리, 비예금상품위원회 운영 등에는 소홀하여 불완전판매 환경을 조성하였던 것으로 파악되었다. 또한, 본점의 금융상품판매시스템의 설계 미흡으로 인한 위험상품 투자에 적합하지 않은 고객에게 해당 상품의 판매가 가능하도록 상품판매 기준을 임의로 조정한 사례도 확인되었다. 일부 금융회사들은 투자자성향 분석 시 필수 확인 항목을 누락하고, "손실감내수준 20% 미만, 원금보장 희망, 단기투자희망" 등 고난도 장기위험상품에 부적합한 투자자에게 판매가 가능하도록 금융상품판매시스템을 설계한 경우가 발견되었으며, ELS 상품 판매 시 설명해야 하는 손실위험 시나리오, 투자위험등급 유의사항 등을 누락하거나 왜곡하는 사례도 확인되었다.

아울러 영업점의 개별 판매과정에서도 다양한 형태의 불완전판매가 적발되었는데, 안정적 성향의 투자자에게 투자성향을 상향하도록 유도하거나, 청력이 약한 고령투자자에게 상품내용을 "이해했다"라고 답하도록 요청하고, 영업점 방문이 어렵다는 투자자를 대신하여 투자성향진단설문지, 상품가입신청서 등을 대리 작성 및 서명하는 사례들도 발견되었다.

따라서, 2019년 발생한 라임·옵티머스 등 사모펀드 사태의 재발 방지를 위해 고위험 금융투자상품 투자자보호 조치 강화와 금융소비자보호법 시행 등에 따라 금융소비자보호 규제 및 절차가 대폭 강화되었음에도 불구하고 실제 금융상품의 판매과정에서는 금융소비자 보호장치들이 일선 영업 현장뿐만 아니라 금융회사 전체 차원에서 충실히 작동되지 않은 것으로 나타났는 바, 금융권 전체의 금융소비자보호 체계 및 절차를 재점검할 필요가 있다.

• 그림 1-7. 홍콩 H지수 ELS 관련 금융감독원의 검사결과 요약 •

본사의 고객보호의무 해태 및 이익우선 영업구조 설계

부적정한 영업목표 설정
- 위험확대기 과도한 영업목표 설정
- 부적절한 KPI설계, 판매독려 행위

고객보호 관리체계 미흡
- 고객별, 상품별 한도관리 형해화
- 비예금상품위원회의 형식적 운영

판매시스템 부실 (본사 불완전판매 소지 등)

〈적합성 원칙〉
- 투자자성향분석체계 부적정
- 부적합 상품 분류 부적정

〈설명의무〉
- 설명서 상 투자위험 안내 미흡
- 법규상 필수기재사항누락 등

〈설명서교부, 자료보관〉
- 설명서교부의무 위반
- 투자권유 자료 보관의무 위반

〈시스템 및 절차〉
- 녹취제도운영 미흡
- ELS 상품 승인절차 미이행 등

영업점 단위 불완전판매 발생

적합성 원칙 위반
- 투자자정보 파악 미실시
- 정보파악시 특정 답변 유도

불건전영업행위
- 판매과정녹취 부적정
- 온라인가입 유도

설명의무 위반
- 상품 주요내용 왜곡 설명
- 투자자 서명 누락 등

8. 내부통제 3선 모형 상 주체별 역할 취약

가. 내부통제 3선 모형의 의의

세계내부감사인협회(IIA; Institute of Internal Auditors)[28]는 조직 내 효과적인 내부통제를 설계하고 이행하기 위하여 2013년 "3차 방어선 모형(The three lines of defense model)"을 제안하였고, 2020년 7월 이를 "3선 모형(The three lines model)"으로 개선하여 발표하였다. 내부통제 3선 모형의 제1선 조직은 제품이나 서비스를 고객에게 제공하는 기능(Front office)과 그 지원 기능(Back office)으로 구성되어 있으며, 일차적인 리스크 관리를 책임진다고 명시하고 있다.

제2선 조직은 제1선 조직의 리스크 관리에 대한 보완적인 역할이 있으며, 법규제에 대한 조직적인 대응이나 윤리경영 추진 등 광범위한 리스크 관리를 책임진다는 점에서 '전사적 리스크 관리(ERM: Enterprise Risk Management)[29]의 핵심적인 역할을 담당한다. 제1~2선 조직은 경영진의 지휘명령하에 각자 책임을 맡은 내부통제의 역할을 수행하며, 경영진은 제1~2선 조직에 대해 리스크 관리를 포함한 조직의 목표달성하기 위한 조치를 실시함은 물론 지배기구(이사회, 내부감사기구, 감사위원회)에 내부통제에 대한 결과·조치사항을 보고한다.

제3선 조직인 내부감사의 경우 지배구조(이사회, 내부감시기구, 감사위원회)에 일방적으로 보고하면서도 경영진과 제1~2선 조직과는 쌍방향 커뮤니케이션 및 활발하게 연계를 하도록 제시하고 있다. 건전한 기업 거버넌스를 유지하기 위해서는 내부와 외부의 접점이 되는 내부감사기능을 적극적으로 활용하고 있다.[30]

---

28) 세계내부감사인협회(IIA)는 1941년에 설립된 국제적인 내부감사전문가 조직으로 미국 플로리다주에 글로벌 본부를 두고 있으며, 170여 개 국가 및 지역에서 2십만 명 회원을 보유하고 있다.

• 그림 1-8. 내부통제 3선 모형 구조도 •

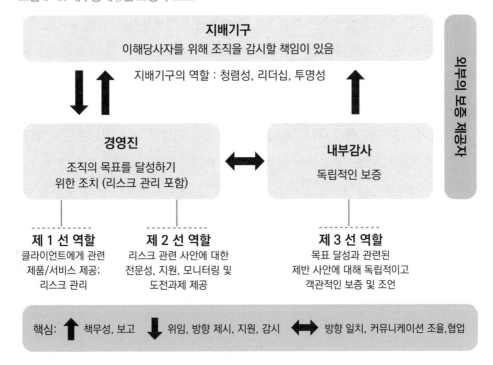

나. 내부통제 3선 모형의 주체별 역할 취약

제1선 조직에 해당하는 본점 및 영업점의 임직원은 스스로 내부통제의 주체라는 인식이 미흡하고, 내부통제를 등한시하는 조직문화가 상존하고 있다. 예를 들어 형식적인 자점감사 수행, 책임자 ID/패스워드 공유, 순환근무/명령휴가

---

29) ERM(Enterprise Risk Management)은 기업이 직면하는 주요 경영 위험들을 전사적인 차원에서 통합하여 인식, 관리하는 새로운 위험관리 방식이다. ERM은 전사적인 시각에서 여러가지 위험들을 인식하고, 일정한 허용 한계 내에서 적절하게 관리하며, 기업의 궁극적인 목표 달성을 위해 효과적인 대응 방안을 수립, 실행하는 지속적인 프로세스라고 정의할 수 있다. 금융시장 등 경영 환경의 불확실성 증가, 전통적인 개별 위험관리 방식의 효율성 한계 인식, 정부 및 관련 기관의 규제 강화 등으로 인해 전사적인 통합 위험관리, ERM의 도입 필요성이 증대되고 있다.

30) COSO 2015년 "Leveraging COSO across the Three Lines of Defense", FMSB(Financial Markets Standards Board) 2023년. "The 3 Lines Model: A lens on risk management frameworks", 2021 CCO Form "The Three Lines Model", 딜로이트 한글번역 "Leveraging COSO across the Three Lines of Defense" 등을 참고한다.

미실시 등이 대표적이다.

제2선 조직에 해당하는 준법감시 및 위험관리 관련부서는 인력 및 전문성 부족 등으로 내부통제 기능이 미흡하여 일부 업무 프로세스 및 내부 관리체계가 취약한 실정이다.

제3선 조직에 해당하는 내부감사 부서는 내부감사 인력 등 인프라 부족으로 독립적이고 객관적인 내부감사 활동 등을 통한 경영진 견제 기능이 미흡하다는 평가이다. 상호금융조합의 경우 상임감사 등이 없거나, 감사 지원조직이 미흡한 사례가 있다.

나아가 경영진 및 이사회는 내부통제 최종 책임자로서의 인식이 부족하여 내부통제를 비용만 유발하는 규제로 인식하여 관련 인력 확충 등에 여전히 소극적이다. 또한, 내부통제 관련 경영진 및 이사회의 구체적인 역할 및 책임이 미비한 실정이다.

9. 금융회사에 대한 국민적 신뢰 부족

금융위원회는 2020년 3월 31일 "2020년 금융소비자 보호에 대한 국민인식조사 결과"를 발표하였다. 이 발표자료에 따르면, 국민들의 62.1%가 "금융회사가 금융소비자 보호에 노력하지 않는다"고 부정적으로 인식하는 것으로 나타났다. 또한, 국민들은 금융회사의 형태·윤리의식에 대해서도 부정적으로 인식하는 것으로 조사되었다. 구체적으로 '상품판매 후 고객에게 신경쓰지 않음'(73.0%), '사고·피해 발생시 책임지지 않음'(75.7%), '경영진이 소비자 보호에 관심 없음'(71.7%) 등 부정적 답변비율이 높게 나타났다. 특히, 금융회사의 윤리의식이 충분한지에 대해서는 '충분치 않다'는 응답율이 73.9%로 더욱 심각한 것으로 나타났다.

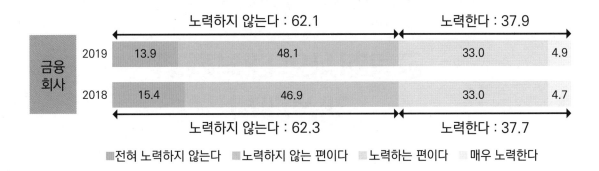

• 그림 1-9. 금융회사의 금융소비자 보호 개선 노력에 대한 국민인식조사 결과 •

금융회사의 내부통제 개선대책

1. 3大 내부통제 개선대책 발표

금융상품 판매 과정에서 연이어 발생한 대규모 불완전판매로 인해 금융소비자의 피해가 지속되고 있고, 횡령 또는 업무상 배임 등 거액의 금전사고 그리고 법규·윤리의식 위반 사건이 여러 금융회사에서 잇따라 일어남에 따라 개별 위법행위자를 제재·처벌하는 것과는 별개로, 금융회사 차원에서 임직원의 위법행위를 방지하기 위한 노력이 적정했는지 여부에 대한 논란이 제기되었다. 특히, 개인 또는 일부의 일탈행위가 금융회사 손실 및 금융소비자 피해와 함께 금융권 전반의 신뢰 하락을 초래한 만큼, "내부통제 업무를 담당하는 금융회사나 임원이 직접 책임을 져야 한다"는 주장이 제기되었다.

이에 금융위원회와 금융감독원 및 금융협회 등 금융권은 이러한 문제인식을 바탕으로, 2022년에 각계 전문가들로 구성된 TF 운영을 통해 "내부통제 제도개선 방안"

마련을 추진하였다. 동 TF에서는 내부통제제도의 운영실태, 입법취지 구현을 위한 바람직한 규율방식, 실효성 확보방안 등을 중점적으로 검토 및 논의하였고[31] 2022년 10월 4일 "은행ㆍ중소서민 내부통제 운영 개선과제(4개 부분 20개 과제)"를, 2022년 11월 4일 "국내은행 내부통제 혁신방안"을 각각 발표하였다. 또한, 2023년 6월 22일 "금융회사지배구조법 상 내부통제 개선방안"을 추가로 발표하였다.

• 그림 1-10. 3大 내부통제 개선대책 •

> 은행·중소서민 내부통제 운영 개선과제 (2022년 10월 4일)

> 국내은행 내부통제 혁신방안 (2022년 11월 4일)

> 금융회사지배구조법 상 내부통제 개선 방안 (2023년 6월 22일)

책무구조도 마련 및 임원의 내부통제 관리의무

2. 은행ㆍ중소서민 내부통제 운영 개선과제

금융감독원은 최근 잇따라 발생한 금융사고[32]가 재발하지 않도록 업계와 함께 각 업권별(은행ㆍ저은ㆍ상호ㆍ여전) T/F를 운영(2022.5월~)하였다. 각 권역별 T/F에서는 내부통제 운영실태에 대한 금융회사 자체 점검, 금융감독원 검사결과 및 주요 사고 사례 분석 등을 기초로 금융회사 내부통제 기능이 보다 실효성 있게 작동되기 위한

---

31) 금융위원회·금융감독원, 2022.8.12일자 보도자료 「금융권 내부통제 제도개선」 첫 회의 개최"를 참고한다.

32) 은행·중소서민 금전사고 : (2021년 상반기) 41건 226억원 → (2022년 상반기) 40건 927억원

개선방안을 검토 및 논의하였으며, 2022년 10월 4일 "은행·중소서민 내부통제 운영 개선과제(4개 부분 20개 과제)"를 발표하였다.[33]

• 그림 1-11. 은행·중소서민 내부통제 운영 개선과제(4개 부문 20개 과제) 요약 •

(Control) 사고 취약부문에 대한 통제기능 강화

인사관리 등 기본 내부통제 기능강화	최근 사고분석을 통한 취약부문통제
1. 순환근무·명령휴가제 실효성 제고(공통) 2. 고위험 업무에 대한 직무분리(공통) 3. 결재단계별 문서 등 검증체계 강화(공통)	1. PF대출 자금집행 관리 강화(저은·여전) 2. 채권단 공동자금 검증절차 마련(은행) 3. 대출취급 시 서류 진위확인 강화(저은) 4. 자동차금융 관리 강화(여전) 5. 예치금 이체 시 책임자 승인(상호)

(Capability) 금융회사 자체 내부통제 역량 제고

❶ 자점감사 실효성 제고(공통)　❷ 준법감시 역량 강화(은행·저은·여전)
❸ 은행 자체 상시감시 체계 강화(은행)　❹ 중소형 여전사 내부감시운영 활성화(여전)
❺ 조합 감사조직 운영 내실화(상호)

(Culture) 건전한 내부통제 문화 정착

❶ 내부고발자제도 실효성 제고(공통)　❷ 금융사고 예방지침 실질화(공통)
❸ 교육 강화 및 캠페인 실시(공통)　❹ 자율적인 내부통제문화개선 유도(공통)

(Supervision) 사고예방 감독기능 확충

❶ 내부통제 운영실태 검사등 강화(공통)　❷ 경영실태평가시 내부통제 중요성 제고(공통)
❸ 조합 내부통제 수준 평가 및 활용도 제고(상호)

* 동 과제는 각 업권의 주요 과제를 종합한 것으로 업권별 별도 과제 추진 등 차이가 있을 수 있음

---

33) 금융감독원, 2022.10.4일자 보도자료 "금융사고 예방을 위한 내부통제 기능을 강화하겠습니다. - 금융감독원은 최근 발생한 일련의 금융사고가 재발하지 않도록 은행·저축은행·상호금융·여전업권과 함께 내부통제 운영 개선과제를 마련하여 추진할 계획 -"을 참고한다.

은행·중소서민 내부통제 운영 개선과제 주요 내용

1. 내부통제 운영상 취약점

가. 상호견제 등 내부통제 기본기능 미작동

◑ 특정 직원이 장기간 동일 업무를 수행*하거나, 명령휴가제** 형식적 운영 등 내부통제의 기본인 상호견제 기능 미작동

> * 출납 등 고위험업무 장기 수행자는 금융사고 위험에 쉽게 노출

> ** 예) 직원에 대해 예고 없이 명령휴가를 실시하고 해당 직원 업무를 감사

• 또한, 수기문서에 대한 전산통제가 미흡*하고, 업무편의를 위해 직원간 비밀번호 공유 등 금융사고 위험에 노출

> * 예) 수기로 문서대장 작성, 문서의 전자등록과 상관없이 수기로 문서번호 부여 가능 등

나. 준법감시 등 금융회사 자체 내부통제 역량 취약

◑ 인력 및 전문성에 대한 구체적인 기준 없이 준법감시부서를 운영*하여 준법감시 인력·전문성이 부족하고, 실질적 통제효과 미미

> * (「금융회사지배구조감독규정」 §11③) 금융회사는 충분한 경험과 능력을 갖춘 적절한 수의 인력으로 지원조직을 구성·운영하여 준법감시인의 직무수행을 지원하여야 함

• 또한, 인력 부족 등의 사유로 일부 자점감사자가 본인업무를 점검하거나 감사실 직원이 여수신업무를 겸직하는 등 이해상충 문제가 발생

다. 임직원 준법·윤리의식 부족 등 기본원칙에서 벗어나는 조직문화

◑ 온정주의 및 업무편의주의 등으로 규정을 엄격히 준수하지 않고 업무를 처리하는 등 내부통제에 대한 인식 부족

• 내부고발자 제도는 있으나 포상기준 미흡*, 동 의무 위반시 사후조치 부재 등으로 운영 실적이 매우 부진

* 예) 직접적 사고적발 금액을 기준으로 포상하고 있어 절차적 위반 사항 등 금전적 평가가 곤란한 신고에 대하여 구체적인 포상기준 부재 등

2. 내부통제 운영 강화를 위한 개선방향

가. 사고 취약부문에 대한 통제기능 강화 (Control)

◑ 사고위험 직원에 대한 순환근무, 명령휴가제*, 직무분리 등 인사관리체계를 개선하고, 단말기 접근통제 강화** 등 상호견제 및 사고예방 기능의 실효성을 제고

    * 예) 〈순환근무제〉 예외 허용절차 강화, 예외 근무기간 한도 설정 등

            〈명령휴가제〉 대상자 확대(위험직무 → 장기근무자), 강제명령 의무화 등

    ** 예) 정기적 비밀번호 변경, 생체인증(지정맥 등) 방식 결재 등

※ 명령휴가제도 세부 운영기준(예시)

① (명령휴가 대상자) 위험직무뿐만 아니라 동일부서 장기근무자(영업점, 본부부서 모두)

② (강제명령 의무화) 위험 직무 등에 원칙적으로 강제 명령휴가 실시

– 위험업무 또는 장기근무 직원에 해당하지 않는 경우 휴가 또는 파견 시 점검 등 대체수단 허용

③ (명령방식) 불시 명령이 이루어질 수 있도록 명령휴가 전산 입력시간을 제한

– (예) 명령휴가 전일 오후 5시 00분~명령휴가 당일 오전 9시 00분 등

※ 직무분리 세부기준(예시)

① (분리대상 필수직무) 직무분리(겸무제한) 대상업무는 원칙적으로 금융회사 자율로 운영하되, 필수직무를 금융사고 예방지침에 명시

– (예) 일반대출 : 〈Front〉 대출영업 〈Back〉 서류 진위확인, 심사, 기표, 송금지급 등

        여신심사 : 〈Front〉 여신심사 〈Back〉 감정평가사 및 법무사 지정 등

② (관리시스템 운영) 직무분리 대상거래 및 담당자를 시스템에 등록

③ (정기점검 실시) 직무분리 운영현황을 자점감사 및 준법감시부서 등에서 정기점검 실시

> **※ 접근통제 강화 방안(예시)**
>
> ① (접속방식 변경) ID/비밀번호 방식 운영 시 주기적으로 비밀번호를 변경하도록 하거나, 시스템 접근방식을 본인인증(신분증, 핸드폰 등) 또는 생체인식 방식으로 고도화
>
> ② (전산적 차단장치) 단말기 IP주소와 담당직원을 연동하여 다른 단말기에서 로그인할 수 없도록 제한 등

◑ 또한, PF대출금 자금인출요청서 위변조 방지(저은·여전), 채권단 공동자금관리 강화(은행) 등 최근 각 업권별 금융사고에서 나타난 취약업무 프로세스에 대한 통제를 즉시 강화*

      * (여전) 자동차금융에 대한 관리 강화, (상호) 대외예치금 이체시 책임자 승인 의무화 등

> **※ PF대출 자금집행 관련 사고예방 대책(예시)**
>
> ① (직무분리) PF대출 영업업무, 기성고에 따라 대출기표(승인)업무, 자금송금업무 담당부서(또는 담당자) 분리
>
> ② (수취인명 임의변경 차단) 송금 시 수취인명을 임의로 변경하지 못하도록 송금시스템 개선
>
> ③ (지정계좌 송금제) 사전 등록한 지정계좌(신탁사·거래처 계좌 등)로 PF대출금이 입금가능하도록 제한하고, 지정계좌 등록·변경 시 사전 확인절차 강화
>
> ④ (자금인출요청서 위변조 방지대책) 회사 공용메일 등을 통한 자금인출요청서 수신, PF대출금 송금 시 차주 앞 문자발송, PF대출 잔액 정기통지 등

나. 금융회사 자체 내부통제 역량 제고(Capability)

◑ 이해상충 방지장치 마련* 등을 통해 자점감사의 실효성을 제고하고, 준법감시조직의 인력 및 전문성 확충 등 금융회사의 자체내부통제 역량을 강화**(은행·저은·여전)

      * 예) 자점감사자 취급업무에 대한 제3자 점검 강화 등

      ** 예) 준법감시조직 역량 제고를 통한 준법감시인 권한 활성화 유도

◑ 아울러, 중소형 여전사(총자산 2조원 미만)에 '자율진단제도*'를 도입(여전)하고, 상호금융조합의 감사실 설치 대상 조합기준을 확대(상호)하는 등 금융회사 내부감사 기능을 강화

* 리스크 취약 부문을 자율진단 과제로 선정하여 체크리스트에 따라 자체적으로 점검 및 개선

다. 건전한 내부통제 문화 정착 (Culture)

◗ 내부고발자 포상기준을 확대하여 제도의 실효성을 높이는 한편, 업권별 표준 '금융사고 예방지침'을 마련(개선)하고, 사고예방 교육·캠페인을 확대 실시

◗ 이 밖에, 금융회사의 내부통제가 실효성 있게 작동될 수 있는 건강한 조직문화가 금융권에 정착되도록 적극 유도*

  * 예) 영국·호주·싱가포르 등 주요국 사례를 참고해서 금융회사 내부통제 문화를 자체 진단토록 하거나 감독당국이 평가

※ 금융사고예방지침 표준안(예시)

① (범죄행위 방지대책) 명령휴가제, 고위험사무 직무분리 등에 대한 세부운영기준 명시

② (금융사고 재발방지 대책) 사고예방교육, 지침 실효성 정기점검 및 최신화 의무부과

③ (이행상황 자체검사) 단위업무 · 직급별 점검사항 마련, 자점감사, 준법감시부서(또는 감사부) 점검, 명령휴가자 특명검사 실시 등

④ (업무상 고객정보 이용기준 등) 직급별 · 업무별로 조회권한 차등부여, 마케팅 동의서 內 명시된 정보만 이용 등

※ 내부통제문화 개선 유도방안(예시)

① 감독당국이 금융회사 내부통제문화 등을 평가하여 개선토록 하는 방안

  – (호주건전성감독청) 경영실태평가 제도(PAIRS)의 평가항목에 해당 금융회사의 리스크문화(Risk Culture) 및 준법의식(Compliance Culture) 포함

  – (싱가포르 통화감독청) 금융회사의 리스크문화에 대한 지속적인 모니터링과 평가 진행

② 업권 자체적으로 내부통제문화를 평가하여 자율개선토록 하는 방안

  – (영국) 금융서비스문화위원회(FSCB), (아일랜드) 아일랜드 은행업 문화위원회(IBCB) : 설문조사 등으로 조직문화를 평가 · 분석하고 결과를 제공하여 금융회사 자율개선 유도

라. 사고예방 감독기능 확충 (Supervision)

◑ 금융회사 내부통제 운영실태에 대한 금감원(또는 상호금융중앙회)의 상시감시 및 사고검사를 강화하고, 경영실태평가 시 내부통제비중 확대* 및 평가기준 구체화 등을 추진할 계획

　*예) (은행) 내부통제 평가부문을 독립된 평가항목으로 분리

　　　　(CAMEL-R → CAMEL-RIC)

　　　(상호) 경영관리(M)부문 내부통제 비중 15% → 25%

> **※ '금융사고' 관련 평가기준 구체화(예시)**
> (기존) 사고보고 및 처리의 적정성
> (개선) 금융사고 발생 시 사고수습, 처리 및 사고보고가 적정하였는지 여부
> 　　　사회적으로 이슈가 되는 외부의 금융사고나 자체 금융사고가 발생할 경우 원인을 분석하여
> 　　　취약한 점을 개선하는 등 재발방지대책이 적정한지 여부

◑ 아울러, 내부통제시스템이 영세한 상호금융조합에 대해서는 중앙회의 조합에 대한 내부통제 평가모형을 개편*(상호)하여 사고예방을 위한 지도·관리를 강화

　*예) 내부통제 환경·활동·효과 부문별 체계적 평가모형을 구축하고, 평가(1~5등급) 관대화 해소

3. 국내은행 내부통제 혁신방안

　금융감독원은 은행연합회, 국내은행과 함께 금융사고 예방 및 내부통제 개선을 위한 은행권 T/F를 2022년 7월 26일부터 동년 10월 18일까지 운영하였다. 은행권 T/F에서는 최근 금융사고 발생원인 분석, 은행권 내부통제 운영현황 점검결과 등을 바탕으로 내부통제 실패와 이로 인한 거액 금융사고가 되풀이되지 않도록 손에 잡히는 가시적인 목표를 설정하고 이를 실천하기 위한 구체적 방안을 심도 있게 논의하

였다. 그 결과, 2022년 10월 4일 발표한 "은행·중소서민 내부통제 운영 개선과제(4개 부분 20개 과제)"와는 별도로 2022년 11월 4일 "국내은행 내부통제 혁신방안"을 마련하였으며, 그간의 최소주의[34]와 형식주의[35]에서 탈피하고, 내부통제문화 조성 및 인식 전환의 중대한 전환점이 될 것으로 기대되고 있다.

"국내은행 내부통제 혁신방안"의 핵심기조를 살펴보면, 첫째로 내부통제 인프라 혁신을 위하여 준법감시부서 인력 및 전문성 확충, 장기근무자감축 등 구체적 목표를 설정하여 내부통제 문화의 기틀을 마련하기로 하였다. 둘째로 내부통제 실질화를 위하여 명령휴가, 직무분리 등 법상 사고예방조치 운영기준을 체계적이고 꼼꼼하게 재설계하여 목적에 부합한 실효성 있는 제도 운영을 추진하기로 하였다. 셋째로 내부통제 상시화를 위하여 준법감시부서 기능(상시감시, 자점감사 점검 등) 강화, 취약프로세스 지속 개선 등을 통해 내부통제를 일상 업무의 필수 과정으로 자리매김하도록 하였다.[36]

한편, 금융감독원은 2022년 11월 4일 발표된 "국내은행 내부통제 혁신방안"이 은행권에 조기에 안착되어 실효성 있게 작동되도록 일부 과제의 이행시기를 앞당기고, 순환근무 예외직원에 대한 별도의 사고예방 통제장치를 마련토록 하는 등 "국내은행 내부통제 혁신방안"에 대한 보완대책으로 "국내은행 내부통제 혁신방안 개선안"을 2023년 12월 21일 발표하였다.[37]

---

34) 최소주의(minimalism)란 법규상 내부통제 의무를 충족하기 위한 최소한의 외양만 구축하는 것을 말한다.

35) 형식주의(formalism)란 내부통제 절차를 본래 취지(금융사고 예방 등)를 생각하지 않고 피상적으로 운영하는 것을 말한다.

36) 금융감독원, 2022.11.4일자 보도자료 "금감원, 은행권과 함께 「국내은행 내부통제 혁신방안」 마련"을 참고한다.

37) 금융감독원 2023.12.21.일자 보도자료 "2023년 하반기 은행(지주) 내부통제 워크숍 개최 – 금감원, 최근 금융사고에 대응한 「은행 내부통제 혁신방안」 개선안 발표 –"를 참고한다.

• 그림 1-12. 국내은행 내부통제 혁신방안 •

❶ 내부통제 인프라 혁신

준법감시부서
인력·전문성
최소기준 설정

전 임직원의 0.8% 이상
(향후 5년간 단계적 추진)

'22. 3말
529명 (0.48%)
전문인력 비중 10%

'27말
903명 (0.8%)
전문인력 비중 20%

5년간
+ 374명
(70.7%↑)

동일부서
장기근무자
비율제한

순환근무 대상의
5% 이내로 축소 ('25년말)

'22. 3말
6,043명 (8.2%)

'25말
3,199명 (5.0%)

3년간
- 2,844명
(47.1%↓)

준법감시인
자격요건 강화

준법관련 업무경력
2년 이상 의무화
('25.1.1. 선임 이후)

금융기관
10년 이상 등

현재

유관 경력
2년+

'25.1.1. 이후 선임시

준법감시인
전문성 제고

❷ 주요 사고예방조치 세부 운영기준 마련

- 명령휴가
- 직무분리
- 내부고발자
- 사고예방대책

법규 = 내규 ▶ 내규 + | 대상 확대 | 운영 기준 | | 전산 관리 | 사후 점검 |

제도 취지에
부합한
시스템 구축
운영

❸ 사고 취약 업무 프로세스 고도화 추진

1. 비밀번호 공유·유출
2. 채권단 공동자금 횡령
3. 자금인출 통제 부실
4. 수기문서 조작

| 시스템 접근통제 고도화 | 자금인출 단계별 검증강화 |
| 채권단 공동자금 검증 의무화 | 수기문서 전산관리 체계 구축 |

대형
금융사고
재발방지

❹ 내부통제 일상화 및 체감도 제고

- 이상거래상시감시
- 자점감사 점검

은행업무   내부통제

은행업무   내부통제

내부통제와
일상업무
연계

국내은행 내부통제
혁신방안

1. 내부통제 인프라 혁신

가. 준법감시부서 인력·전문성 확보 최소기준 설정

◗ 준법감시부서 인력*은 총 임직원의 0.8%** & 15명 이상 의무화

   * 준법감시인 산하 부서 인력으로 하되, 자금세탁방지 및 영업점 자점감사 전담인력은 제외, 상시감시 및 내부통제 관련 법무 인력은 포함

   ** 은행 직무실적 자료 바탕 추정 최소 필요인력 비중, '22.3월말 수준(0.48%)의 약 1.5배

   • 소규모 은행(총직원 1,500명 이하)은 최소비율(1.0%) 및 인력(8명) 차등 전문인력 확보기준 구체화

◗ 준법감시부서 인력 중 전문인력* 비중 20% 이상** 의무화

   * ①전문 분야 석사 이상 학위 소유자, ②변호사, 회계사, CFA, FRM, CISA 등 관련 분야 자격증(해외 자격증 포함) 보유자, ③이외 은행의 전문 분야에서 5년 이상 근무한 직원

   ** '22.3월말 주요 6개 분야 전문인력 비중(9.7%)의 2배 수준

◗ 주요 6개 분야(여신, 외환, 파생, 리스크, IT, 회계)는 최소 1명 이상확보(소규모 은행은 4개 분야 최소 1명 이상)

나. 준법감시인 자격요건 강화

◗ 준법감시인 자격요건*에 관련 업무 종사 경력**(2년 이상)을 추가

   * 금융경력자 자격요건으로 선임 시, ** 준법, 감사, 위험관리, 회계, 법무, 자금세탁

다. 동일부서 장기근무자 인사관리 체계 마련

◗ 장기근무자 비율 제한 실시

   • 장기근무자*는 순환근무 대상 직원 중 5%** 이내 또는 50명 이하로 관리

* 동일 영업점 3년, 동일 본점 부서 5년 초과 근무 직원으로, 이중 순환근무 적용배제대상(고도의 전문성이 요구되거나 계좌·실물관리를 하지 않는 업무지원부서 직원 등) 제외

** '22.3월말 시중은행 수준(11.4%)의 약 1/2

◑ 장기근무자 인사관리 기준 마련

• 승인권자를 기존 부서장에서 인사담당 임원으로 상향

• 장기근무 승인시 장기근무 불가피성, 채무·투자현황 확인 등을 통한 사고위험 통제 가능성* 심사 의무화

* 채무 · 투자현황 등 확인이 곤란할 경우 1회에 한하여 은행장 승인으로 장기근무 가능

• 장기근무 승인은 매년 심사, 최대 2회까지만 가능

2. 주요 사고예방조치 세부 운영기준 마련

가. 명령휴가 제도

◑ 명령휴가 대상자 대폭 확대

• 영업점 직무 위주의 위험직무자*를 본점 직무까지 대폭 확대하고 동일부서 장기근무자, 동일직무 2년 이상 근무자도 포함

* (영업점) 출납, PB, RM 등, (본점) 자산 운용 담당, 기업구조조정 및 IB 자금관리 담당 등 명령휴가 강제력 제고

• 위험직무자, 장기근무자는 강제명령휴가(최소 연 1회, 회당 1~3영업일 이상) 의무화

• 명령휴가의 불시성 제고를 위해 시스템 등록시간 제한* 설정, 명령자의 비밀준수 의무 명문화

* 명령휴가 전일 오후 5시~당일 오전 9시 이전 시스템 입력, 대상자 업무 종료 시 통보 등 명령휴가 운영실태 모니터링 강화

• 준법감시부서는 매년 명령휴가 실시 현황을 평가하여 그결과를 내부통제위원회에 보고

나. 직무분리 제도

◑ 직무분리 대상 구체적으로 명시

- 거액 자금·실물거래 및 관리가 수반되는 직무에 대해서는 원칙적으로 분리하도록 하고, 주요 업무를 구체적으로 열거

◑ 직무분리 관리시스템 구축

- 직무분리 대상 업무 등록·관리 시스템을 구축하고 직무분리대상직무와 담당 직원의 현황을 체계적으로 관리

◑ 직무분리 운영실태 모니터링 강화

- 준법감시부서는 매년 직무분리 실시 현황을 평가하여 그 결과를 내부통제위원회에 보고

※ 직무분리 대상 주요 업무(예시)

① 영업점 등 시재관리 업무
- 모출납, 출납담당책임자, 금고당번책임자(외화 포함) / ATM 담당자, 금고당번책임자 / 내금고 관리자, 외금고 관리자

② 은행명의통장 거래 : 통장 관리자, 인감 관리자

③ CD영업 : 영업담당자, 발행·교부 담당자, 미발행증서 보관담당자

④ 보호예수·보관어음 : 업무담당자, 보관담당자

⑤ 대출업무 : 대출담당자, 보험판매담당자, 감정평가담당자

⑥ 기업 구조조정 자금, IB 자금(PF, 투자금융 등) 관리 업무
- 업무 담당자, 통장 관리자, 인감 관리자, 자금결제 담당자

⑦ 유가증권 거래 : 업무 담당자, 보관 관리자, 자금결제 담당자

⑧ 중요인장 관리자, 법인인감증명서 관리자

⑨ 중요용지 : 업무담당자, 보관담당자

⑩ 전산개발 : 개발담당자, 운영담당자

⑪ 기타 사고발생 우려가 높아 은행이 필요하다고 선정한 거래

다. 내부고발자 제도

◐ 내부고발 익명성 강화

• 내규상 실명신고 원칙 문구 삭제, 익명신고 시에도 원칙적으로 조사결과 회신 의무화

◐ 내부고발 대상행위 확대

• 주요 사고예방조치 미이행·소홀 및 사고발생이 예상되는 내규불비사항을 기존 고발대상 행위(범죄혐의, 상사부당지시 등)에 추가

• 고발 유형* 구분 및 유형별 보상방안 마련 의무화

* ① 기발생 금융사고 조기 인지 및 손실 최소화에 기여한 경우

② 금융사고가 실제화되지 않았으나, 내부통제기준·절차 위반에 대한 선제적 고발

③ 내규·절차의 중대한 불비사항에 대한 제보로 금융사고 예방에 기여

◐ 고발의무 위반시 조치 강화

• 사고금액 3억원 이상 금전사고에 대하여 내부고발 의무위반 여부 조사 의무화 및 제재

• 다만, 내부고발 의무 위반자가 사고조사 시 실체 파악 및 손실 회복에 중대한 기여를 한 경우 제재 시 참작 가능

라. 사고예방대책 마련

◐ 사고예방대책 대상 부점 확대

• 지점뿐 아니라 본점 부서 업무*도 사고예방대책 마련 의무화

* (예) 기업구조조정, IB, 유가증권투자, 국제금융, 자금 등

◐ 직급별 내부통제 책임 구분·구체화

• (임원) 사고예방대책 마련 및 준수 여부에 대한 점검 의무

• (부점장) 부점단위 내부통제 제도 및 정책 실행 책임

• (임직원) 수행업무 내부통제에 대한 1차적 책임

◐ 사고예방대책 활용도 제고

• 직급별·업무별 R&R(Role and Responsibilities)을 세부적으로 명시

• 사고예방대책 준수 여부를 자점감사·명령휴가 검사에 반영

• 매분기 직원 대상 사고예방대책 교육 실시 및 자기평가 의무화

3. 사고 취약 업무 프로세스 고도화

가. 시스템 접근통제 고도화
◗ 비밀번호를 대체할 인증방식 도입·확대
- 개인 소유 기기 기반 인증(신분증, 모바일 OTP 등)이나 생체인식인증(지문, 홍채, 안면인식 등) 방식 또는 이에 준하는 수단*으로 고도화
  * 예산 등 감안하여 중요시스템부터 단계적('23년~'24년)으로 추진
◗ 시스템 인증수단 관리실태 점검 강화
- 사고예방대책에 시스템 인증 기기 관리 사항을 명시하여 관리

나. 채권단 공동자금 검증 의무화
◗ 기업구조조정 과정에서 발생하는 채권단 공동자금에 대하여 채권단이 자금관리 적정성을 정기 검증하는 절차 마련
- (정기보고) 공동자금관리 금융기관은 정기적으로 예금잔액증명서발급 등을 통하여 입출금, 잔액 내역을 운영위원회 등에 보고
- (집행내역 제공) 공동자금관리 금융기관은 채권금융기관이 자금집행 내역을 요청하는 경우 신속히 제공

다. 자금인출 시스템 단계별 검증 강화
◗ 자금인출 시스템 연계 의무화
- 결재 단계별 확인을 의무화*하여 단계별 핵심 내용이 불일치하는 경우 자금이체가 제한되도록 시스템 운영
  * (예) ①직인날인 시 기안문서 결재내용 검증, ②자금지급 시 직인날인 승인정보 검증 등

라. 수기문서 전산관리 체계 구축
◗ 수기 기안문서 관리체계 강화
- 수기 기안 문서는 불가피한 경우로 제한하고 전자문서시스템 등록 및 문서번호 자동부여* 의무화
  * 전자문서와 동일한 체계로 통합관리

◗ 외부 수신문서 검증 강화

　• 외부 수신문서의 중요업무 활용 시 전산등록 및 적정성 확인 의무화

4. 내부통제 일상화 및 체감도 제고

가. 상시감시 대상 확대·체계화

◗ 상시감시 대상 확대

　• 상시감시 대상을 본점 부서의 자금·실물관리 업무까지 확대하고 주요 금융사고 관련 탐지지표*를 즉시 추가

　　* (예) 은행명의계좌 고액거래, 대출 실행 후 본인계좌 미입금 거래 등

◗ 주요 이상거래에 대한 보고·처리 프로세스 강화

　• 사고 위험도 등을 고려하여 이상거래의 중요도(상·중·하) 차등화

　• 중요 이상거래의 경우 발생사실, 조치결과 등의 상급자(임원 또는 부서장) 보고 의무화

　　* (예) 이상거래의 사고 위험도가 높고 고의·중과실이 있는 경우 임원에게 발생 및 처리 결과 보고 의무화

◗ 상시감시시스템 정기 점검 의무화

　• 상시감시시스템의 적정성에 대한 정기 점검* 절차 마련

　　* 정기적으로 금융사고 발생현황, 업무환경 변화에 따른 사고위험 가능성 및 항목별 위규사항 적발·조치율 등을 감안하여 시스템 보완

나. 자점감사 점검기능 실질화

◗ 영업점 자점감사 점검 의무화

　• 영업점 자점감사 결과에 대한 준법감시부의 적정성 점검 의무화

◗ 자점감사 적정성 점검업무 효율화

　• 자점감사 결과 입력 체계를 정비*하고, 입력 내용의 실효성 제고

　　* 점검항목별 점검방법, 증빙방법, 적정여부 판단기준 마련

- 자점감사 부실실시 부점에 대한 불이익 조치(KPI 등) 부과 및 현장점검(필요시) 절차 마련

◑ 자점감사 결과 활용체계 마련
- 자점감사 모니터링 등을 통해 파악한 내부통제상 취약점에 대하여는 재발방지 대책을 마련하는 절차* 운영
  * (준법감시부) 내부통제상 미비점 소관부서 전달 → (소관부서) 재발방지대책 마련 → (준법감시부) 미비점 및 개선내용을 이사회 등에 보고

국내은행 내부통제 혁신방안 관련 보완대책

1. 배경
- 2022년 11월 4일 마련한 「국내은행 내부통제 혁신방안」은 당초 계획대로 이행 중에 있으나, 최근 금융사고 발생 등에 대응하여 동 방안을 보완할 필요
- 그간 은행권과 내부통제 혁신방안 보완방안을 지속 논의해왔으며, 전국은행연합회도 현재 관련 모범규준 개정을 추진 중*
  * 2023년 12월 중 「인사 관련 내부통제 모범규준」, 「금융사고 예방지침」, 「지배구조 및 보수체계 연차보고서 작성기준」 개정 예정이며, 2024년 3월말까지 은행 내규 반영 및 2024년 4월 1일 시행

2. 국내은행 내부통제 혁신방안 관련 보완대책

가. 장기과제 이행시기 단축
◑ (현황) 당초 혁신방안 마련시 장기근무자 인사관리 등 일부 과제의 경우 2025년 ~2027년말까지 단계적으로 이행하도록 경과규정 마련

◐ (개선안) 장기근무자 인사관리, 준법감시인 자격 강화, 준법감시부서 인력 확보, 시스템 접근통제 고도화 등의 이행시기를 <u>6개월~2년 단축</u>

> ① (장기근무자 인사관리) 장기근무직원을 전체 직원의 5% 이하로 관리('25년말→'24년말), 장기근무 승인을 최대 2회까지 허용(은행장 승인은 1회) ('26.1.1.→'24.8.1.)
>
> ② (준법감시인 자격요건 강화) 준법감시인 선임시 자격요건에 관련 업무(준법·감사·법무 등) 경력 추가('25.1.1. 선임시→'24.1.1. 선임시)
>
> ③ (준법감시부서 인력 확보) 준법감시부서 인력을 전직원의 최소 0.8% 이상 & 15명 이상 확보('27년말→'25년말)
>
> ④ (시스템 접근통제 고도화) 비밀번호를 대체할 소유, 생체기반 인증방식 도입, 확대('24.1.1.~25.1.1.→'24.1.1.~'24.7.1.)
>
> ⑤ (자금인출 시스템 검증 강화) 기안, 날인, 지급시스템간 연계 체계 구축 및 단계별 중요사항 검증 의무화('24.1.1.~25.1.1.→'24.1.1.~'24.7.1.)

나. 순환근무 예외 직원에 대한 별도의 금융사고 예방대책 마련

◐ (현황) 자본시장법 제71조 제3호[38]에 따른 기업금융, IT, 외환·파생운용, 리스크관리, 법무, 회계, PB, 기업RM 등과 같은 높은 전문성이 요구되는 업무를 담당하는 전문계약직 및 이와 동등한 수준의 업무를 수행하는 직원은 순환근무 적용을 배제할 수 있음

- 이는 높은 전문성이 요구되는 업무는 충분한 전문인력을 확보하기 힘들고 전문성 확보를 위해 장기근무가 불가피하여 사실상 순환근무를 하기 힘든 현실적 상황을 반영한 것임
- 그러나, 최근 발생한 횡령 등 거액의 금전사고는 기업금융 등과 같은 특정 업무를 순환근무 없이 장기간 담당하는 과정에서 발생하고 있어 고도의 전문성이 요구되는 직무에 대해 금융사고 예방대책을 한층 강화해야 한다는 지적이 제기됨

◐ (개선안) 이에 따라, "인사 관련 내부통제 모범규준"에 따라 순환근무 적용을 배제받는 직원 중 기업금융, 외환·파생운용 업무 담당 직원에 대하여는 별도의 금융사고 예방대책을 마련하도록 함

① 동일기업(사업장) 등에 대한 담당 기간을 최대 2년(장기근무에 해당하는 시점부터 기산하되, 그 시점 전 담당기간을 합산)으로 한정

② 특별 명령휴가 제도(일반 명령휴가 외에 별도 실시) 도입

③ 영업(front)과 자금결제(back) 업무의 명확한 직무분리 등

다. 준법감시인 자격요건 강화

◑ (현황) 준법감시인* 자격요건이 관련 경력(준법, 감사, 법무 등) 2년 이상으로 규정되어 있어 전문성 확보가 미흡할 우려

  * 지배구조법상 요건인 '금융회사 10년 이상 근무경력자'로 준법감시인 선임시

◑ (개선안) 준법감시인 자격요건을 관련 업무 경력(준법, 감사, 법무 등) '2년 이상'에서 '3년 이상'으로 강화

라. 부동산 PF 등 기업금융 담당 직원에 대한 인사관리 강화

◑ (현황) 기업금융, 외환·파생운용 담당 직원 등에 대하여 전문인력 관리의 어려움 등을 사유로 순환근무 적용 배제

• 이에 따라 장기근무자 비율 관리(전체 직원의 5% 이하), 장기근무 승인시 사고위험통제 가능성 심사 등 강화된 인사관리 기준 미적용

◑ (개선안) 전문인력 특성을 감안해 순환근무 적용배제는 인정하되, 별도의 사고예방 대책을 마련

• 장기근무(동일 본부부서 5년, 동일 영업점 3년 초과)에 해당하는 기업금융, 외환·파생운용 담당 직원에 대하여는 동일 기업 등에 대한 담당 기간을 최대 2년으로 제한하고,

  - 특별 명령휴가제도(일반 명령휴가 외에 별도 실시), 영업과 자금결제 업무의 명확한 직무분리 등 별도의 사고예방대책을 마련해야 함

마. 부동산 PF대출 사업장에 대한 자금집행체계 강화

◑ (현황) 부동산 PF대출 관련하여 약정서 등에 명시된 정당계좌를 통해서만 PF대출금이 지급되도록 제한하는 등 자금집행에 대한 통제 강화 필요

◑ (개선안) ①지정계좌 송금제 도입*, ②차주 앞 거래내역 통지절차 마련, ③사후관리 등 PF대출 자금집행에 대한 내부통제 강화방안을 추가

  * 대출금 지급계좌뿐만 아니라 원리금 상환 계좌에 대해서도 사전 지정 · 운용토록 명확화

① (지정계좌송금제) 대출금 지급계좌 및 은행이 원리금을 상환받을 부점명의 계좌를 사전에 지정하고, 대출실행 및 원리금 상환이 동 지정계좌를 통해서만 거래되도록 통제하는 장치 마련

② (자금인출요청서 위변조 방지) 자금집행시 자금인출요청서의 전자문서시스템 등록 여부를 확인하고, 회사 공용메일을 통한 수신, 차주앞 거래내역 통지 등 자금인출요청서 위변조 방지대책을 마련

③ (사후관리) 부동산 PF대출 등 고위험업무의 자금집행에 대한 내부통제의 적정성을 정기적으로 점검하고, 은행이 대리은행 업무 수행시, 대리은행 자금관리업무의 적정성에 대해서도 정기적으로 점검

바. 임직원 위법행위 등에 대한 고발 기준 강화

◑ (현황) 은행권은 횡령 · 배임 등의 금융사고 발생시 은행 내부기준에 따라 형사고발 여부를 결정

  • 기본적으로 고발을 원칙으로 하고 있으나, ①고발제외시 기준 · 절차, ②필수 고발대상, ③사후관리 등에 대한 구체적인 기준이 다소 미흡한 측면

    * 구체적인 기준 없이 건별판단(정상참작 등) 및 내부절차(❶인사위결정, ❷은행장 결정)만으로 고발제외 · 세부기준이 없어 자의적 · 온정적 판단 소지

◑ (개선안) ①고발대상 및 ②필수 고발사항, ③고발제외시 판단 기준 및 절차 등을 마련토록 개선

① (기본 원칙) 고발대상을 범죄혐의로 포괄 명시하고 고발대상에 해당할 경우 원칙적으로 고발하도록 명시

② (고발 제외 및 필수 고발 기준) 자의적 고발업무 운영을 방지하기 위해 고발 제외가 가능한 유형 및 금액 등 구체적인 기준 등을 명시하고, 예외 없이 반드시 고발해야 할 범죄 유형, 금액 기준, 그 외 기타 관련 사항에 대해 내규에 명시

③ (사후관리) 고발 주체(부·점장)가 정당한 사유 없이 미고발하는 사례가 없도록 감사 등의 사후관리(점검) 및 미고발시 고발 지시 및 필요시 징계할 수 있는 조항을 신설

사. 임직원 성과평가지표(KPI) 관리 강화

◑ (현황) 특정 금융상품 판매실적과 직원 성과평가지표(KPI)를 연계시 금융사고* 및 불건전영업행위 발생 가능성 증가

> * 최근 발생한 일부 은행의 증권계좌 무단개설 사고와 관련해서도 증권계좌 개설 독려를 위한 KPI 강화가 사고 발생 원인 중 하나로 작용

◑ (개선안) KPI가 특정 상품 판매실적과 연계되어 금융사고 및 불건전 영업행위를 유발할 가능성이 있는지 여부 등을 준법감시부서 등에서 정기적으로 점검하고 개선토록 체계 구축

아. 내부통제 관련 경영실태평가(CAMEL-R) 제도 개편

◑ 은행 내부통제에 관한 감독을 보다 체계적이고 정교하게 수행하기 위해 경영실태평가 제도 등 감독제도의 개편도 추진할 계획

※ 내부통제 관련 경영실태평가(CAMEL-R) 제도 개편방안

① (내부통제 평가비중 확대) 현재 경영관리(M) 하위 항목인 내부통제 부분을 별도 항목(Internal Control)으로 분리하고 평가비중 확대(예시 : 5.3%→10%)

② (검사매뉴얼 확대·개편) 내부통제 혁신방안, 사고예방 장치의 적정성 평가 항목 등을 금감원 검사 시 활용하는 체크리스트에 대폭 반영

⇒ 금융위 협의를 거쳐 세부방안을 확정하고, 내년 중 시행을 목표로 관련 규정 및 매뉴얼 등 개정 추진 예정

---

4. 금융회사지배구조법 상 내부통제 개선방안

금융위원회와 금융감독원은 사모펀드 불완전판매, 대규모 횡령 등 잇따른 금융사고에 대응하여 금융권의 책임경영 확산을 위하여 2022년 8월부터 약 10개월에 걸쳐 학계·법조계 등의 전문가들과 금융회사 실무자와 함께 내부통제 개선 T/F를 운영하여 검토 및 논의한 결과를 바탕으로 2023년 6월 22일 "금융회사지배구조법 상 내부통제 개선방안"을 발표하였다.

동 개선방안에서는 금융회사가 임원별 내부통제 책무(responsibility)를 사전에 명확히 구분하고, 각 임원이 금융사고 방지 등 내부통제 의무를 적극적으로 이행하도록 하는 새로운 제도가 도입되었다. 이는 금융당국의 획일적인 규율이 아닌, 금융회사가 스스로 각자의 특성과 경영여건 변화에 맞는 내부통제시스템을 구축·운영하도록 하는 동시에, 임원 개개인의 책임을 명확히 정함으로써 내부통제에 대한 임원들의 관심과 책임감을 제고하려는 목적이다.

---

38) 자본시장법 제71조(불건전 영업행위의 금지) 투자매매업자 또는 투자중개업자는 다음 각 호의 어느 하나에 해당하는 행위를 하여서는 아니 된다. 다만, 투자자 보호 및 건전한 거래질서를 해할 우려가 없는 경우로서 대통령령으로 정하는 경우에는 이를 할 수 있다.

   1.~2. (생 략)

   3. 조사분석자료 작성을 담당하는 자에 대하여 대통령령으로 정하는 기업금융업무와 연동된 성과보수를 지급하는 행위

자본시장법 시행령 제68조(불건전 영업행위의 금지) ② 법 제71조제3호에서 "대통령령으로 정하는 기업금융업무"란 다음 각 호의 어느 하나에 해당하는 업무를 말한다.

   1. 인수업무

   2. 모집·사모·매출의 주선업무

   3. 기업의 인수 및 합병의 중개·주선 또는 대리업무

   4. 기업의 인수·합병에 관한 조언업무

   4의2. 설비투자, 사회간접자본 시설투자, 자원개발, 그 밖에 상당한 기간과 자금이 소요되는 프로젝트를 수주(受注)한 기업을 위하여 사업화 단계부터 특수목적기구(특정 프로젝트를 사업으로 운영하고 그 수익을 주주 등에게 배분하는 목적으로 설립된 회사, 그 밖의 기구를 말한다)에 대하여 신용공여, 출자, 그 밖의 자금지원(이하 이 항에서 "프로젝트금융"이라 한다)을 하는 자금조달구조를 수립하는 등 해당 사업을 지원하는 프로젝트금융에 관한 자문업무

   4의3. 프로젝트금융을 제공하려는 금융기관 등을 모아 일시적인 단체를 구성하고 자금지원조건을 협의하는 등 해당 금융 기관 등을 위한 프로젝트금융의 주선업무

   4의4. 제4호의2에 따른 자문업무 또는 제4호의3에 따른 주선업무에 수반하여 이루어지는 프로젝트금융

   5. 사모집합투자기구의 집합투자재산 운용업무(법 제249조의7제5항 각 호의 방법으로 운용하는 경우로 한정한다)

구체적으로, 금융회사 대표이사는, 각 임원별로 내부통제 책임을 배분한 "책무구조도(responsibilities map)"를 작성해야 한다. 책무구조도에서 금융회사의 주요 업무에 대한 최종책임자를 특정함으로써, 내부통제 책임을 하부로 위임할 수 없도록 하는 원칙을 구현하고자 하는 취지이다. 책무구조도에 기재된 임원은 자신의 책임범위 내에서 내부통제가 적절히 이루어질 수 있도록, 내부통제기준의 적정성, 임직원의 기준 준수여부 및 기준의 작동여부 등을 상시점검하는 내부통제 관리의무를 이행해야 한다. 특히, 대표이사는 내부통제 총괄 책임자로서, 전사적 내부통제체계를 구축하고 각 임원의 통제활동을 감독하는 총괄 관리의무가 부여[39]된다. 기존의 내부통제기준 마련의무에 더하여 관리의무가 추가됨으로써, 금융회사 내부통제의 원활한 작동이 이루어질 것으로 기대된다.

물론 평소에 상당한 주의를 다하여 내부통제의무를 충실히 이행하는 임원은, 금융사고가 발생하더라도 책임을 감경 또는 면제받을 수 있게 된다. 이를 통해 사전에 예측·통제하기 어려운 불의의 금융사고로부터 담당 임원의 소신과 판단, 노력이 보호받게 된다. 즉, 금번 제도개선의 핵심은 임원제재에 있다기보다는, 임원이 스스로 내부통제를 더욱 충실히 수행하도록 유도하는 데 있다. 이는 영국, 싱가포르 등 주요국에서 성공적으로 운영해왔던 규제방식으로서, 금번 제도개선은 우리나라 내부통제 제도의 국제적 정합성을 높이고, 우리 금융산업의 발전과 도약의 계기가 될 것으로 기대한다.

또한, 이사회의 내부통제 감시역할도 명확해진다. 이사회의 내부통제 및 위험관리에 관한 심의·의결사항 추가, 이사회 내 소위원회로 내부통제위원회 신설 등 상법상 이사의 내부통제 감시의무가 구체화되었다. 이사회의 감시기능이 강화됨에 따라 지배구조의 견제와 균형의 원리가 회복될 것으로 기대된다.[40]

---

39) 내부통제에서는 경영진의 의지(tone-at-the-top)가 중시되며, 내부통제가 조직문화로 정착되도록 임직원 교육·훈련 등의 가치를 공유하고, 잠재적 위험요인에 대한 점검을 통해 효과적 전략 수립이 필요하다.

40) 금융위원회·금융감독원, 2023.6.22일자 보도자료 "금융사고, 제재보다 예방에 주력 – 금융권 내부통제 제도개선 방안 발표-"를 참고한다.

한편, "금융회사지배구조법 상 내부통제 개선방안"의 내용은 금융회사지배구조법 개정안에 반영되어 2023년 12월 8일 국회 본회의를 통과(개정일 : 2024년 1월 2일)하였고 2024년 7월 3일 개정된 금융회사지배구조법이 시행되었으며, 이에 대한 자세한 내용은 "제3강 금융회사지배구조법 상 내부통제제도"에서 설명한다.

금융회사지배구조법 상 내부통제 개선방안

1. 내부통제 제도개선 기본방향
※ 내부통제 규율의 명확성 및 예측가능성 제고를 통해 금융회사의 자율성과 책임성 있는 내부통제 유도 → 금융권 신뢰회복

가. 금융회사 스스로 각 경영진별 내부통제 책임영역을 사전에 획정
○ 경영진이 실제 업무수행 권한을 하급자에게 위임하는 경우에도, 위임된 업무에 대한 통제 · 관리 책임은 여전히 본인이 부담
○ 각 경영진이 내부통제에 대한 책임의식을 가지고 소속 직원의 업무활동을 관리 감독하도록 유도
☞ 권한은 위임 가능하나, 책임은 위임하지 못한다는 원칙 구현

나. 내부통제 기준 마련뿐 아니라 운영 준수 등 일련의 과정(process) 전체를 규율대상에 포함
○ 경영진은 자신의 책임영역 내에서 내부통제 기준의 적정성 및 효과성 점검, 미흡사항 개선 등 단계별로 관리조치 실행
○ 충분한 관리조치가 이루어졌을 경우, 하급자에 의해 금융사고가 발생하더라도 담당 경영진의 제재수준 감경 · 면제 가능
☞ "알 수 없었다"는 변명이 아닌, "어떤 노력"을 기울였는지 소명

다. 이사회의 내부통제 책임 명시

○ 내부통제의 최종(ultimate)책임이 있는 이사회의 내부통제 의무와 권한을 구체적으로 명시(→경영진의 내부통제 관리조치 감독 감시)

○ 내부통제의 미흡·실패 등 문제가 발생하는 경우, 주주들의 이사회에 대한 책임 추궁 활성화 여건 조성

☞ 경영진↔이사회↔주주의 내부통제 관련 지배구조의 원활한 작동 유도

· 제도 개선의 기대효과 ·

구분	현행	개선
책임소재	‣ 책임소재 불분명	‣ 각 경영진별 책임영역 사전배분
규율내용	‣ 내부통제 기준마련에 한정	‣ 내부통제 일련의 과정 전체 포함
이사회 역할	‣ 이사회 책임의식 미미	‣ 이사회 최종 책임 명시

2. 내부통제 제도개선 세부방안

※ 금융사 임원은 책무구조도상 책임영역별로 내부통제 관리→이사회 사전적 감시 및 감독당국의 사후제재로 실효성 제고

가. 책무구조도(Responsibilities Map) 도입

◑ 책무구조도란, 금융회사 ❶임원이 담당하는 직책(function)별로 ❷책무(responsibility)를 ❸배분한 내역을 기재한 문서

❶ (대상) 지배구조법 상 임원*(이사 감사 업무집행책임자등, 통상C-레벨**)

 * 회사의 규모, 해당 직책의 특성 등을 고려하여 일부 조정 가능토록 시행령에서 규정 예정(예: 임원의 수가 5명 이하인 소규모 회사의 경우 일부 직원도 임원급으로 추가 가능)

 ** CEO, CRO, CCO 등의 직책으로, 대형은행 기준 2-30여 명 수준

 – 다만, 상근 경영진 대비 사외이사의 제약된 정보접근성 등을 감안, 이사회 의장*이 아닌 사외이사는 적용대상에서 우선 제외

* 이사회 의장에 대해서도 정보접근성 및 업무시간 등 현실적 제약을 감안하고, 개별 이사에게 부여되는 상법상 감시의무의 범위로 책임영역을 한정

❷ (책무) 금융회사의 법령준수, 건전경영, 소비자보호 등에 영향을 미칠 수 있는 업무분야별 내부통제 책임을 의미

– 책무구조도 상 임원에게 의무적으로 책무를 배분해야 할 업무영역은 시행령에서 예시적으로 열거*할 예정

* ①경영관리, ②위험관리, ③영업 부문 등 3가지 영역으로 구분하여 열거

> ※ **(해외사례) 영국 FCA는 ① Prescribed 및 ② Overall responsibilities 제시**
> ① **(Prescribed)** 금융범죄 방지, 임직원 교육, 내부감사 · 준법 · 위험관리 업무 등
> ② **(Overall)** 청산 · 결제, 투자관리, 금융 · 투자자문, 기업/개인 투자상품 개발 · 판매, IT 등

❸ (배분) 특정 직책을 가진 임원의 책임내용(책무)을 지정

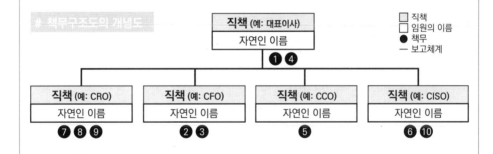

◖ 각 임원은 해당 직책별 책무를 수행하기에 적합한 적극적 자격요건을 갖출 것을 요구

• 책무구조도 도입으로 해당임원의 책무가 명확해짐에 따라 현행 소극적 결격요건 외에 책무수행의 적극적 요건*도 신설

* 전문성, 업무경험, 정직성, 신뢰성 등

- 금융회사는 임원의 신규 선임시뿐만 아니라, 기존 임원의 책무구조도 상 직책 변경시에도 자격 충족여부를 확인할 의무

• ※ 직책 · 책무 변경 시 담당 임원에 대한 적격성 심사 •

구분	현행	개선
임원의 자격요건	소극적 결격요건만 열거 (*사외이사만 적극적 자격요건)	해당 직책별 책무를 수행하기에 적합한 적극적 자격요건 추가
자격요건 확인	임원의 신규선임 시에만 자격요건 충족여부 확인	임원 신규선임뿐만 아니라, 임원으로 기 선임된 자의 직책변경 시에도 자격요건 충족여부 확인

※ 영국에서는 내부통제제도와 임원적격성 심사제도를 면밀히 연계하여 운영

◑ 책무구조도는 대표이사(CEO)가 마련*

   * 책무구조도상 CEO의 책무에 "책무구조도 작성" 포함 예정

- 대표이사는 책무의 중복 공백 누락 등 작성 미흡*, 실제 권한 행사자와 책무구조도 상 임원의 불일치 등 거짓작성에 대해 책임

   * 한 명의 임원이 다수의 직책을 수행할 수는 있으나, 회사내 모든 주요 책무를 적용대상 임원에 대해 "중복 없이, 빈틈없이" 배분 필요

- 책무구조도는 이사회의 심의 · 의결을 거쳐 확정

◑ (특칙) 해당 회사가 아닌 他社 임원이 업무에 실질적 영향력을 행사하는 경우, 영향력을 미치는 해당 임원도 책무구조도에 표기

   * (예) 지주회사 임원이 자회사 업무에 실질적 영향력 → 자회사 책무구조도에 반영, 글로벌 본사에서 외국금융회사에 실질적 영향력 → 외국금융사 책무구조도에 반영

◑ 작성된 책무구조도는 금융당국에 제출

- 책무구조도 최초 작성 및 주요사항 변경*시 감독당국에 제출

   * (예) 인사로 직책 담당 임원이 변경되거나, 영위업무 변화로 책무가 신설 · 폐지되는 경우 등

- 감독당국으로부터 그 적정성 여부를 승인받는 것이 아님

  – 다만, 감독당국은 필요시 시정요구 가능

나. 내부통제 관리의무 부여

◑ 내부통제 관리의무란, 책무구조도 상 해당 임원이 소관책무의 범위 내에서 실제로 실행해야 하는 내부통제 관리조치를 의미

• 관리조치는, 소관영역에서 내부통제 위험관리기준이 효과적으로 작동되도록 임원이 소속직원과 관련하여 취해야 할 조치*를 의미

* (예) (i)기준 마련의 적정성 점검, (ii)운영의 효과성 점검, (iii)기준 준수여부 점검, (iv) 미흡사항 파악 · 대응 · 개선, (v)주요사항 이사회 보고 등

◑ 특히, 내부통제 전반의 책임자인 대표이사의 내부통제 "총괄" 관리의무*도 명확히 규율하여, 대표이사의 책임의식 고취

* [대법원 2021.11.11.선고 2017다222368 판결] "특히 회사 업무의 전반을 총괄하여 다른 이사의 업무집행을 감시 · 감독하여야 할 지위에 있는 대표이사"

• 대표이사는 각 社별 사업특성 및 경영환경 변화 등을 고려하여 실효적으로 작동할 수 있는 전사적 내부통제체계*를 구축할 의무

* 전사적인 내부통제 체계(framework) 구축과 전반적인 임원 통제활동의 적정성 점검 등에 대해 책임 → 모든 세세한 개별 통제행위에 대해서까지 책임지는 것은 아님

• 회사 내에서 조직적, 장기간 반복적 또는 광범위한 문제가 발생하는 등 내부통제 시스템적 실패(systemic failure)에 대해 책임

다. 이사회의 내부통제 역할 명확화

◑ 이사회의 역할 명확화를 위해, 내부통제 및 위험관리 정책수립과 그 집행에 관한 사항을 이사회 심의 의결 대상에 포함

• 이사회는 회사 내부통제체계 및 운영 전반의 적정성을 점검하는 등 내부통제에 대한 궁극적 책임*을 부담

* (BCBS) 적절하고 효과적인 내부통제체계의 구축 및 유지에 대한 궁극적인 책임 (ultimately responsible)은 이사회(board of directors)에 있음

• 책무구조도상 개별 임원은 소관 영역별로 구체적인 관리조치(management)를 취하며, 이사회는 내부통제체계를 감시(oversight)

◑ 이사회가 내부통제 역할을 충실히 수행할 수 있도록 이사회 내 소위원회로 내부통제위원회* 신설

　* 현재도 내부통제위원회가 있으나, CEO 및 관련 경영진으로 구성

• 내통위는 내부통제 기본방침 전략, 임직원 윤리 준법의식 제고를 위한 기업문화 정착방안 등을 심의 의결

– 아울러 내통위는 책무구조도 적용대상이 수행하는 내부통제 관리업무를 점검하고, 미흡한 사항에 대해서는 개선요구 가능

• 내통위는 필요시 위험관리위원회, 감사위원회 등 기존 이사회 내소위원회와 통합 운영 허용

라. 제재 및 면책기준

◑ 내부통제 관리조치를 未실행하거나 불충분하게 실행하여 관리의무를 위반한 임원에 대해서는 신분제재* 부과

　* (업무집행책임자가 아닌 임원) 해임요구, 직무정지, 문책경고, 주의적 경고, 주의
　　(업무집행책임자) 면직, 정직, 감봉, 견책, 주의 등의 요구

• 금융사고의 발생을 초래한 위법행위에 대한 감독자책임이 아닌, 관리의무 위반행위*에 대한 고유의 자기책임

　* 책무구조도상 임원은 소관 영역에 대한 최종 책임자이므로, 현행 검사 · 제재규정에 따른 "감독자–지시자–보조자" 책임은 별도로 묻지 않을 예정

◑ 다만, 금융사고 발생시에도 상당한 주의를 다하여 내부통제 관리조치를 한 경우 책임 경감 또는 면제

• "상당한 주의"는 사전적으로, 객관적으로 예측가능한 정도의 관리조치를 취했는지 여부로 판단

• 관리조치의 구체적인 방법 및 수준 등은 각 회사 및 업계에서 회사별 · 업권별 특성에 맞게 자체적으로 마련

– 제도시행 前後로 금융당국과 업계는 지속적으로 업무영역별 "Best Practice*"를 집적(集積)할 예정

　* (예) 금감원 · 은행권 공동으로 마련한 「국내은행 내부통제 혁신방안」('22.11월)

– 하위규정에서 상당한 주의여부 판단시 고려사항을 명시할 예정

> ※ **상당한 주의 판단 시 고려사항(예시) [주요사례]**
>
> ▶ 권한과 책임의 명확한 배분 여부, 의사결정 규칙의 명확성, 예산·인력·시간의 투입수준, 위험요소에 대한 파악여부, 내부통제에 대한 정기적 감사 또는 외부평가 실시여부, 내부통제 개선노력 및 성과, 사고발생 예방 및 후속조치, 관련 문서·기록 관리·유지, 감독당국과의 정보교환 및 협조 수준 등

◑ 당국이 관리의무 위반여부를 점검하여 임원에 책임을 묻는 상황을 미리 정하여 공개(금융위 고시)함으로써 법집행의 투명성 일관성 제고
  - 사고발생시 내부통제 관리의무 위반까지 다룰지 여부를 결정하는 "내부통제책임규명 절차로의 이행(移行) trigger" 기준 설정
  – 임원의 관리의무 위반과 관련한 내부통제 책임 여부에 대한 예측가능성을 제고하여 막연한 불안감을 해소
  - 일정 수준 이하의 내부통제 실패에 대해서는 감독당국의 제재가 아닌 내부 자체 조사 및 징계 등을 통해 조치

> ※ **'내부통제 책임규명 절차로의 이해 trigger' 설정 시 고려요인(예시)**
>
> ❶ **(위법의 양태)** 해당 임원의 위법행위 방치·조장·지시 여부 등
> ❷ **(위법행위 발생 가능성에 대한 예측수준)** 과거 유사사건의 발생 여부, 위법행위 발생가능성에 대한 외부 경고, 민원·언론 등의 집중적·반복적 문제제기 등
> ❷ **(위법행위 결과의 중대성)** 피해규모, 가담인원의 규모, 위반의 지속기간, 반복성 등
> ❷ **(위법행위의 파급효과)** 금융시장 파급 정도, 시장질서의 훼손수준, 위반행위의 결과로 인한 금융회사 이익 또는 손실의 규모, 신뢰 훼손정도 등

마. 제도 시행방안
  ◑ 충분한 준비기간을 부여하고, 업권별로 단계적 시행

	금융업권별 책무구조도 제출 시기		
	제출시기	해당 업권	
1단계	법 시행 후 6개월 전까지	은행, 금융지주회사	
2단계	법 시행 후 1년 전까지	금융투자	자산총액 5조원↑ 운용재산 20조원↑ + 종금사
		보험	자산총액 5조원↑
3단계	법 시행 후 2년 전까지	금융투자	자산총액 5조원↓ 운용재산 20조원↓
		보험	자산총액 5조원↓
		여전	자산총액 5조원↑
		저축은행	자산총액 7천억↑
4단계	법 시행 후 3년 전까지	여전	자산총액 5조원↓
		저축은행	자산총액 7천억↓

5. 저축은행 내부통제 개선방안

　　3大 내부통제 개선 대책과는 별도로 금융감독원은 저축은행중앙회, 저축은행과 함께 T/F를 구성하여 2023년 1월 16일 금융사고 예방 및 내부통제 개선을 위한 종합적인 대책을 마련하였다. 금번 대책에서는 저축은행 업권의 특성을 반영하여 고위험업무(PF대출 / 개인사업자대출 / 자금관리 / 수신업무)에 대해 별도의 대책을 마련함으로써 선제적 사고예방의 기틀을 마련할 수 있을 것으로 기대된다. 특히, PF대출의 경우 과거 사고사례를 분석하여 직무분리 및 자금관리업무 개선과 함께 사후 점검도 강화하여 재발방지에 주력하였다.[41]

저축은행 내부통제
개선방안

최근 금융사고 발생사례, 상시감시·검사 등을 통해 발견된 내부통제, 업무절차 상 미비점 등 실무사례 등을 반영하여 저축은행 업계 특성·실무를 고려한 "내부통제 개선방안" 마련

고위험업무에 대한 내부통제 실패	취약한 내부통제체제 및 통제기능 미작동	내부통제조직의 형식적 운영 및 사고예방조치 미흡	내부통제 준수 문화 미정착 및 업계자정기능 취약

저축은행 업계 특성에 맞는 내부통제 개선방안 마련

4大 高위험업무 사고예방대책 마련	금융사고 예방을 위한 업무절차 개선	준법감시 등 역량제고 및 사고예방조치 실효성 제고	금융사고 근절을 위한 업계 자정능력 강화
• PF대출 사고예방을 위한 종합대책 마련 • 개인사업자대출 사고예방대책 마련 • 자금관리업무 사고예방대책 마련 • 수신업무 사고예방대책 마련	• 견제기능 작동을 위한 직무분리 강화 • 문서보안 강화 및 전결제도 취약점 보완 • 금융 디지털화에 따른 전자금융사기 방지능력 제고 • 기타 취약 프로세스 개선	• 준법감시 / 감사조직의 역량 제고 • 사고예방조치 실효성 제고 – 명령휴가제/순환근무제 실효성 제고 – 내부고발제도 활성화 – 자점감사 실효성 제고	• 금융사고 예방지침 표준안 마련 • 임직원 교육 강화 등 내부통제 문화 확산 유도

---

41) 금융감독원, 2023.1.16일자 보도자료 "금감원, 저축은행 업계와 함께「금융사고 예방을 위한 내부통제 개선방안」마련" 을 참고한다.

1. 4대 고위험업무에 대한 내부통제 강화

가. PF대출 사고예방을 위한 내부통제 강화

최근 PF대출 금융사고는 PF 영업과 자금송금업무 직무분리 미흡, 수신계좌 전산입력시 실제 수취인명 임의 변경, 자금인출요청서 위조 등으로 인해 발생

1) PF대출 직무분리 강화
   - PF대출의 경우 영업, 심사, 자금송금, 사후관리 등 업무에 대해 담당 부서(또는 담당자)를 명확히 직무분리
     * 특히, PF대출 영업담당자는 기성고에 따른 대출승인, 자금송금 등 복수 업무를 담당할 수 없도록 직무분리
2) 수취인명 임의변경 금지
   - 송금시스템 개선을 통해 송금시 수취인을 임의로 변경하지 못하도록 전산 차단 (중앙회 통합전산 저축은행은 '22.3월 조치 완료)
3) 지정계좌 송금제 시행
   - PF 대출금이 사전에 등록된 지정계좌(예: 신탁사 · 거래처 계좌 등)로만 입금 가능하도록 제한
   - 지정계좌 등록 · 변경시 3단계 승인절차(예: 담당자 → 책임자 → 승인자)를 거치도록 하는 등 사전 확인절차 강화*
     * 승인시 관련증빙(신탁사 등 통장, 자금인출요청서 등)을 통해 정당계좌 여부 등 확인
4) 자금인출요청서 위변조 방지책 시행
   - 자금인출요청서 위변조에 대한 복수의 대응방안을 동시 시행하여 다층(多層) 구조의 안전장치 마련
     - 회사 공용메일을 통한 자금인출요청서 수신
     - 차주에게 사용인감을 사전 신고토록 하여 승인절차 진행시 자금인출요청서 상 인감과 사전신고 인감의 일치여부 대조
     - PF 대출금 송금시 차주 앞 문자발송 또는 유선확인
     - 차주 앞 PF 대출잔액 정기 통지 등

5) 대리 저축은행* 자금관리업무 개선

　* 참여사들을 대리하는 저축은행으로, 대주단 공동자금 관리, 기성고·담보 관리 등 담당

　• PF대출 대리 저축은행 취급업무의 적정성에 대해 자점감사 및 준법감시부(또는 감사부) 정기·수시점검 실시

6) PF대출 자금인출 관련 점검 강화

　• PF 자금인출의 적정성, 인출정보(지정계좌·사용인감 등) 변경의 적정 여부 등에 대해 자점감사 및 준법감시부(감사부) 정기·수시점검 실시

나. 개인사업자대출 사고예방을 위한 내부통제 강화

저축은행 검사를 통해 작업대출 조직이 개입하여 서류 위변조 등을 통해 사업자 주택담보대출이 부당취급된 사례 확인

1) 대출취급시 제출서류 진위확인 강화

　• 대출 증빙은 원칙적으로 진위확인이 가능한 자료*를 징구하여 확인하고, 예외적으로 진위확인이 어려운 서류가 제출된 경우 추가 확인절차**를 의무적으로 실시

　　* 전자세금계산서(국세청), 건강보험자격득실확인서(건강보험공단) 등

　　** (예) 해당기관에서 직접 자료 수신, 현장방문, 유선통화 등을 통해 재확인

2) 사후관리 및 자체점검 강화

　• 개인사업자 차주 주택담보대출의 자금 용도외 유용 사후점검을 철저히 이행하고, 자점감사 및 준법감시부(또는 감사부) 정기·수시점검 등을 통해 적정성 확인

다. 자금관리업무 사고예방을 위한 내부통제 강화

자금송금시 본인 전결금액 이하로 분할 송금하는 방식을 이용하거나, 중요증서(전표, 통장 등) 및 인감을 임의 도용하여 사고 발생

1) 고액 자금거래 등에 대한 내부통제 강화
- 주요 자금인출건에 대해 승인절차를 강화(예: 3단계 이상)하고, 자점감사 및 준법 감시부(감사부) 사전 · 사후점검 실시

2) 누적 송금액 기준 전결권 신설(건당 송금액 기준 전결권과 병행 운영)
- 일정기간(예: 일단위, 월단위) 누적 송금액 기준의 전결권을 신설하여 전결권자에 의한 분할 송금 및 임의송금 억제

3) 중요증서 · 실물 및 인감에 대한 내부통제 강화
- 중요증서 · 실물 및 인감에 대한 별도 담당자(부서)를 지정하여 금고 등에 보관하는 등 물리적 통제를 강화하고, 사용 및 반납 이력을 전산관리대장 등에 기록 · 관리
  * 사용인감 사용시 사전승인 절차를 마련하고, 외부 반출시 강화된 내부통제절차 마련 (예: 직원 2인 동반, 당일 반납 의무화 등)

4) 계좌주명 불일치거래 등에 대한 내부통제 강화
- 계좌주명 불일치, 거래계좌 중도 변경계좌 등 특이거래는 3단계 이상 승인절차를 거치고, 자점감사 및 준법감시부(또는 감사부) 정기·수시점검 실시

5) 고액의 경비 · 자본예산 집행에 대한 점검 강화
- 일정 금액 이상의 경비 · 자본예산 관련 계약은 일반경쟁(입찰)계약을 통해 투명하게 집행하고, 고액의 경비 · 자본예산 집행내역에 대한 자점감사 및 준법감시부(또는 감사부) 사후점검 강화

라. 수신업무 사고예방을 위한 내부통제 강화

직원이 고객 연락처를 만기도래 전 임의로 변경하고, 정기예금 고객의 만기가 경과된 후 미해지된 예금을 임의로 해지하는 사고 발생

1) 수신잔액 통보 등 수신업무 내부통제 강화
- 수신업무에 필요한 중요실물(OTP, 인증서 등)에 대한 별도 담당자를 지정하여 관리하고, 수신업무 담당자에 한하여 수신업무 전산시스템 접근권한 부여

- 고액 수신거래(신규, 입출금, 해지 등)시 3단계 승인절차를 설정하고 별도 부서(본점)에서 수신 잔액을 정기적으로 고객 앞 통지
2) 고객원장 변경 등에 대한 내부통제 강화
- 고객 신원정보에 대한 확인절차를 강화하고 고객원장 변경에 대한 승인절차 강화(예: 3단계 승인절차)
  * 고객정보 입력 및 고객원장 변경이력에 대해서는 자점감사 및 준법감시부(또는 감사부)에 의한 사전·사후점검 등 실시

2. 금융사고 예방을 위한 업무취급절차 개선

가. 견제기능 작동을 위한 직무분리 강화

사고발생 우려가 높은 거래에 대한 직무분리기준 마련·운영이 미흡하고, 업무분장을 임의로 변경할 경우 사고 인지가 어려움

1) 직무분리 세부 관리기준 마련
- 직무분리가 필요한 필수직무를 내규(예 : 금융사고 예방지침)에 반영하고, 직무분리 대상거래 및 담당자를 등록 · 관리

구분	일선(Front) 업무	후선(Back) 업무
여신	영업	심사, 송금, 사후관리
자금관리	지출결의	자금집행
여신심사	심사	감정평가사 및 법무사 지정
수신	영업	사후관리(잔액통보 등)

2) 업무분장 변경에 대한 승인절차 강화
- 업무분장 변경가능 사유 등을 내규에 명확히 규정하고, 업무분장 변경시 승인절차 강화(예: 3단계 이상 승인)

나. 문서보안 강화 및 전결제도 취약점 보완

수기문서 조작 등을 통한 사고위험 존재, 업무상 편의상 공유한 비밀번호 부정사용으로 인해 금융사고 발생위험 증가

1) 수기문서에 대한 관리 강화
- 전자결재를 원칙으로 하되 서면결재문서 및 외부수신문서는 전산등록을 의무화하고, 자점감사 및 준법감시부(감사부) 점검 실시
2) 시스템 접근통제 고도화
- 책임자 또는 직원간 비밀번호 공유 등을 차단하기 위한 시스템 접근통제 고도화 추진
   - ID / PW 방식 운영시 주기적(매분기)으로 비밀번호를 변경하고, 생체인증시스템*(정맥, 지문 등) 도입하여 시스템 접근방식 고도화
   * 현재 중앙회 수요조사 및 업체선정 절차 진행 중으로 '23년 중 도입 예정
- 단말기 IP 주소와 담당자를 연동시켜 다른 단말기에서는 로그인이 되지 않도록 통제
3) 지점장(부서장) 부재시 대결사항에 대한 내부통제 강화
- 지점장(부서장) 부재시 하위 직급자가 대결한 사항에 대해서는 지점장 사후결재를 의무화
4) 지점장(부서장) 전결 내부자금에 대한 점검 강화
- 지점장(부서장) 전결로 지출되는 내부자금에 대해서는 자점감사 및 준법감시부(감사부)가 집중점검 실시

다. 금융의 디지털화에 따른 전자금융사기 방지능력 강화

타인의 신분증을 촬영·칼러복사 방식으로 도용하여 비대면계좌를 개설 후 대출을 받거나, 탈취한 고객정보로 알뜰폰 등을 개통하여 금융거래를 진행하는 전자금융사기 증가

1) 신분증 사본 판별시스템 도입
   - 전자금융사기에 대한 대응을 위해 신분증 사본 판별시스템을 도입하여 비대면 업무(여수신 등)에 활용('23년 중 도입 추진)
2) 비대면거래시 본인확인조치 강화
   - 전자금융사기 대응을 위해 비대면거래시 이용된 연락처가 저축은행이나 CB사에 등록된 종전 연락처와 상이한 경우 기 등록 연락처에 고객 거래의사를 재확인하는 절차 도입
3) 중앙회 예금·부채증명서 발급시스템 고도화
   - 저축은행중앙회 IFIS(통합금융정보시스템)의 "예금잔액·부채증명서 진위확인 시스템" 개발 및 고도화 추진('22.10월 서비스 오픈)

라. 기타 취약 프로세스 개선

가수금계정(초과이자·수수료 환급액 등) 일괄 지급, 무전표거래(이연대출부대비용 등) 및 지급수수료(감정평가수수료 등) 허위 계상을 통한 금융사고 발생 위험

1) 가수금계정 일괄지급시 내부통제 강화
   - 사고가능성이 높은 가수금계정은 원칙적으로 건별 처리하되, 예외적으로 일괄 지급할 경우 승인절차 강화(예 : 3단계 승인 등)
2) 무전표거래, 지급수수료에 대한 내부통제 강화
   - 사고가능성이 높은 무전표거래 및 지급수수료 계정에 대한 내부통제를 강화하고(예: 3단계 승인절차), 자점감사 및 준법감시부(감사부) 정기·수시점검 실시

3) 햇살론 등 보증기관 대위변제 전산처리 고도화

- 햇살론 등 보증부상품 대위변제 청구 · 상환업무를 전산화하여 일괄 처리함으로써 사고 예방('23년 중 중앙회 전산개발)

4) 주식 등 주문대리인에 대한 내부통제 강화

- 주문대리인의 대리주문에 필요한 중요증서*에 대해 별도 관리자를 지정하고, 관리대장 등을 통해 사용 · 반납 이력을 관리
  * OTP, 인증서, 인감, 통장 등

5) 금전혜택 지급처리시 내부통제 강화

- 금리우대쿠폰, 사은품 등 금전혜택 지급에 대한 내부통제 수준강화(예 : 2단계 승인절차)하고, 이에 대한 사전 · 사후점검 실시

3. 준법감시조직 등의 역량제고 및 사고예방조치 실효성 제고

가. 준법감시 / 감사조직의 역량 제고

내부통제를 전담하는 준법감시인력이 다른 업무를 겸직하는 등 컴플라이언스 기반이 미흡하고, 일부 저축은행은 준법점검대상에서 본점을 제외

1) 내부통제 담당 임직원의 과도한 겸직 해소

- 준법감시인력의 과도한 겸직 해소를 위해 저축은행 자체적으로 겸직상황을 점검하고 필요조치를 취하도록 내규에 반영

2) 준법감시 / 감사조직의 충분한 인력지원

- 준법감시/감사조직의 적정인력 확보를 위해 저축은행이 인력 상황을 주기적으로 진단하고 필요조치를 취하도록 내규에 반영

3) 준법감시인 자격요건 강화

- 준법감시인의 선임조건으로 관련업무 종사경력을 우선 고려하도록 내규에 반영

4) 준법감시 활동 강화

- 준법감시조직의 준법점검 대상을 본지점 전체로 확대*하고 준법점검 사항에 '자

점감사 적정여부' 포함

    * 준법점검대상에서 본점을 제외함으로써 발생할 수 있는 공백(loophole) 보완

나. 사고예방조치 실효성 제고

> 인력부족 등의 이유로 명령휴가제 대상이 협소하고 순환근무제 실시비율이 저조하여, 사고예방을 위한 실효성있는 운영기준 도입·운영 필요

1) 명령휴가제 실효성 제고

- 내규에 명령휴가제 관련 세부 운영기준을 명시

[명령휴가제 운영방안]

▸ **(명령휴가 대상 확대)** 高위험직무 담당자 및 동일 부서 · 직무 장기근무자(본/지점 모두 포함)는 반드시 포함

▸ **(명령휴가 운영실적 제고)** 3영업일 이내에서 연 1회 이상 실시 및 명령휴가 실시결과(명령휴가 실시율, 특명감사 결과 등)를 감사(위원회) 보고

▸ **(명령휴가 실효성 제고)** 高위험직무 담당자 및 장기근무자는 강제휴가를 의무화, 그 외 대상자는 대체수단 허용(일정주기 內 1회 이상 강제휴가 실시 등)

---

2) 순환근무제 실효성 제고

- 내규에 순환근무제 관련 세부 운영기준을 명시

[순환근무제 운영방안]

▸ **(순환근무 도입)** 순환근무제를 내규상 도입(순환근무 주기 및 미적용대상 명시 포함)하여 체계적으로 시행

▸ **(예외허용 절차)*** 인사부서 책임자 등의 사전승인 절차 마련

    * 사고위험 높은 고위험직무 담당 임직원은 예외허용 제도를 엄격히 적용

▸ **(사고예방조치 강화)** 장기근무자에 대한 강화된 사고예방조치 실시(연 1회 이상 명령휴가를 통한 특명감사 실시 등)

---

3) 내부고발자(whistle-blower) 제도 실효성 제고

- 내부고발제도 등 자진 신고제도의 포상범위를 합리화*하고, 未신고 시 사후조치 강화**

  * 현재는 직접적인 손실감축금액으로 정하고 있어 금액적 평가가 어려운 제보는 포상 제약

  ** 자체감사시 고발의무 위반을 점검항목에 포함하여 의무위반이 명백한 경우 징계

4) 자점감사 실효성 제고

- 자점감사자 취급업무에 대해 제3자가 점검하는 등 이해상충 방지방안을 마련하고, 자점감사 대상 항목을 개선*

  * (예) PF 자금집행, 고액경비·자본예산 집행, 중요실물 관리, 고객원장 변경 등 포함

4. 금융사고 근절을 위한 업계 자정능력 강화

1) 금융사고 예방지침 표준안 마련

- 저축은행업계·중앙회 공동으로 금융사고 예방대책 관련 세부 운영기준 등을 포함한 "금융사고 예방지침 표준안" 마련(신설)

  * 저축은행은 자체 실정에 맞게 동 표준안 내용을 내규에 반영하고, 본·지점별 / 단위 업무별 / 직급별 세부 운영기준 명시

2) 임직원 교육 강화 등 내부통제 문화 확산 유도

- 사고예방 문화 정착을 위해 임직원 교육 강화 및 사고예방 캠페인 실시* 등 다각적 방안 추진

  * 전산시스템 접속시 팝업 안내, 위법행위에 대한 자진 신고기간 운영 등

6. 여신금융회사 내부통제 개선방안

여신금융회사는 다수 이해관계자와 제휴하고, 중고차·PF대출 등 고위험 업무비중이 높으며, IT·결제 업무의 중요성이 높아 은행 등 수신금융기관과는 다른 업권 고유의 금융사고 발생 가능성이 상존한다. 최근 발생한 A카드사의 업무상 배임 금전사고[42]도 업권 고유의 제휴업무에 내재한 사고발생 위험에 대한 경각심 부족이 원인이었다.

• 표 1-6. 여신금융회사 내부통제 특성 •

구분	업무 특성	취약 부분	금융사고 가능성
카드사	• 카드혜택 제공을 통한 영업확장 • IT 및 결제기능 수반	• 협력업체와 연계업무 多 • 보안·인증 취약 가능성	• 제휴서비스 업체 통제 실패 • 개인정보 유출 가능성
캐피탈사	• 중고차 금융 특화 • PF대출 취급 비중 高 • 틈새시장(렌트·상용차) 공략	• 대출모집인 의존도 高 • 담당자 복수업무 수행 등 • 低신용 차주/금융이용 정보 부족	• 대출모집인 통제 부족 • 자금집행단계 위변조 可 • 사기대출 인지 부족 등

이에 금융감독원은 2023년 11월 16일 여신금융협회, 여신금융회사들과 함께 금융사고 예방을 위한 「여전업권 내부통제 개선방안」을 마련하였고, 이의 일환으로 2024년 4월 내부통제 관련 모범규준(4종)의 제·개정을 완료하였다. 여신금융회사는 다수 이해관계자와 제휴하는 업무가 많고, 중고차·PF대출 등 고위험 업무 비중이 높으며 IT·결제업무의 중요성이 높아 내부통제 강화 필요성이 지속 제기됨에 따라 지금까지 여신금융회사가 개별적으로 운용 중이던 내부통제기준을 「표준내부통제기준」 등 4가지 모범규준으로 정비하였으며, 각 모범규준에는 내부통제기준 마

련, 중고차금융 및 카드사 제휴업체 관리 강화, 순환근무 · 명령휴가제 도입, 준법감시체제 강화 등 여전업권 금융사고 감축을 위한 내용을 포함하였다.[43]

• 표 1-7. 여전업권 내부통제 관련 모범규준(4종) •

구분	제·개정 목적	비고
1. 표준내부통제기준	법령 준수 및 건전경영을 위한 내부통제체계 기틀 마련	'24.3.29. (제·개정) 24.3.31. (시행)
2. 중고차금융 영업관행 개선 가이드라인	건전한 중고차금융시장 조성 및 소비자 권익보호	
3. 제휴서비스업체 선정 및 관리 가이드라인	제휴업체 선정·관리 관련 표준 업무절차 마련	
4. 금융사고 예방지침 표준안	금융사고 예방을 위한 실무절차 마련	'24.4.24. (제정) '24.4.26. (시행)

※ 모범규준의 구체적인 내용은 여신금융협회 홈페이지(Crefia.or.kr) – 정보센터 – 규제개선 – 자율규제현황'에서 확인 가능

---

42) A카드사의 금전사고는 "제1장 제2절 내부통제 실패 유형별 주요 사례"에서 자세히 설명하고 있다.

43) 금융감독원·여신금융협회, 2023.11.16일자 보도자료 "금감원, 여전업계와 함께 「여전업권 내부통제 개선방안」마련" 그리고 금융감독원·여신금융협회, 2024.4.25일자 보도자료 "여전업권 금융사고 예방을 위한 「여전업권 내부통제 모범규준」이 시행됩니다"를 참고한다.

여신금융회사
내부통제 개선방안

1. 표준내부통제기준

여전업권의 「지배구조법」 관련 법령 준수 및 내부통제조직의 역할 정립 등을 위한 표준기준을 마련

☐ (내부통제 조직별 권한과 역할) 이사회, 대표이사, 내부통제위원회, 준법감시인의 권한 및 역할 등 규정

☐ (준법감시체제 운영기준) 준법감시인 임면, 지위, 임기, 독립성 보장, 내부통제기준 위반시 시정·개선 등 처리근거 구체화

☐ (준수사항) ❶ 임직원의 겸직현황 주기적 관리, ❷ 자금세탁행위 및 공중협박자금 조달행위 방지, ❸ 이해상충 발생 우려 업무 관리 등

내부통제 조직별 권한과 역할 정립

이사회, 대표이사, 내부통제위원회 등 권한 및 역할 규정

준법감시체제 운영기준 마련

- 준법감시인 임면, 지위, 임기, 독립성 보장
- 임직원의 내부통제기준 위반 시 시정 등 처리근거 마련

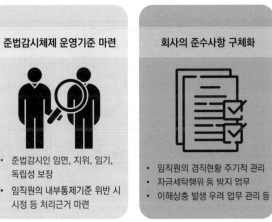

회사의 준수사항 구체화

- 임직원의 겸직현황 주기적 관리
- 자금세탁행위 등 방지 업무
- 이해상충 발생 우려 업무 관리 등

2. 중고차금융 영업관행 개선 가이드라인

중고차 대출 관련 대출금 편취 예방 및 사후 관리를 강화

□ (중고상용차 대출금 유용·횡령 가능성 차단) 대출금 제3자 입금시* 문자서비스 등을 통해 대출 주요 내용을 고객에게 안내토록 하고,

> * 대출금은 고객 본인 계좌 입금이 원칙이나, 예외적으로 상용차의 경우 고객의 동의를 받아 제3자(중고차매매상 등) 계좌 입금 가능

- ❶ 고객과의 전화통화(해피콜), ❷ 대출실행 이전 또는 이후 고객이 제출한 차량 사진 확인(차량의 실재성, 노후화 정도 등), ❸ 에스크로 계좌를 활용한 지급 중 2가지 이상의 조치를 취하도록 개선

□ (사후관리 강화) 대출 취급 후 일정 기간* 내에 차량 명의 이전 및 근저당 설정 여부를 확인하고, 명의이전 여부에 대한 주기적 점검 실시 등

> * 중고 승용차는 10일, 중고 상용차는 25일

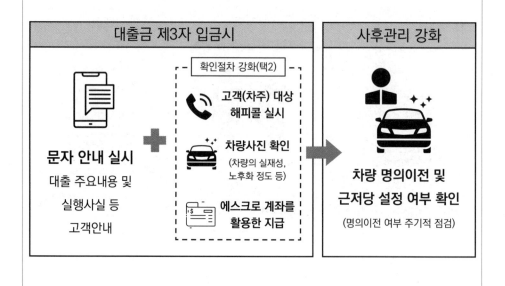

3. 제휴서비스업체 · 제휴업체 선정 및 관리 가이드라인

제휴서비스업체 선정·관리에 관한 내부통제 강화를 위해 업권 표준규정을 마련하여
제휴업체 휴 · 폐업 등에 따른 소비자 보호를 강화

☐ (제휴업체 임의결정 방지) 현업부서의 제휴서비스업체 선정 요청시 지원부서*(예:
총무부) 및 통제부서**(예: 준법지원부 등)의 합의결재 진행

　* 입찰업체 사전 신용평가, 입찰공고 및 평가계획 수립, 업체평가 및 선정업무 등 수행

　** 계약금액별 위임전결규정 마련, 현업부서 내부기준 준수 여부 점검, 지원부서 평가 ·
　　선정업무 점검 등 수행

☐ (제휴업체 조사) 제휴업체 기본 자격요건 기준(신용도, 업력, 매출액 등)을 사전에 마
련하고, 자격기준에 대한 평가 실시

☐ (제휴업체 확인사항) 계약 체결시 제휴업체의 건전성, 평판 등을 확인토록 하고, 계
약 체결 후에도 정상 영업여부, 카드사 제공 개인(신용)정보에 대한 안전성 확보
조치사항 등을 확인토록 의무화

☐ (자금집행 사후관리 강화) 제휴서비스 위탁계약 중 일상감사 미진행 건에 대해 예
산집행 통제(예: 일상감사 대상금액과 계약금액 비교 등)를 강화

• 또한, 계약기간이 1년을 초과하고 매월 또는 매분기 대금을 지급하는 계약에 대
해 연 1회 이상 대금지급의 적정성 등 점검

제휴업체 임의결정 방지

현업부서의 제휴서비스업체 선정
요청시 유관부서* 합의결재 실시

*지원부서(총무부) 및 동제부서(준법지원부 등)

제휴업체 조사

제휴업체 기본 자격요건 기준 마련
(업체 신용도, 업력, 매출액 등)

업체 자격기준 평가 실시

제휴업체 확인사항 명확화

계약시 제휴업체 건전성, 평판 등 확인
계약 후 제휴업체 확인사항 구체화
정상 영업 여부, 개인(신용)정보
안정성 확보 조치사항 등 확인

자금집행 사후관리 강화

일상감사 미진행건 예산집행 통제
대금지급의 적정성 점검
① 계약기간 1년 초과,
② 매월 또는 매분기 대금을 지급하는 계약 등

4. 금융사고 예방지침 표준안

> 직무분리 철저, 순환근무 · 명령휴가제 도입, 대출 관리 강화 등 사고예방활동의 실효성을 제고

□ (고위험업무 직무분리) 자금관리 등 직무분리가 필요한 고위험업무를 규정하고, 업무분장 변경시 3단계 이상 강화된 승인절차 적용하는 한편,

   – 직무분리 운용의 적정성 부문에 대해 검사부서 필수 점검항목으로 운영

   • (순환근무제 실효성 제고) 동일 부서 연속근무 5년 초과 금지, 인력 운영상 불가피한 경우 인사담당임원의 승인절차 의무화

     (1회 연장시 최대 3년 연장 가능)

   • (명령휴가제도) 고위험업무 담당직원 및 동일 부서 5년 초과 장기근무직원에 대해 명령휴가제도*를 도입

    * 매년 고위험업무 담당직원은 1영업일 이상, 장기근무직원은 2영업일 이상 명령휴가 실시

□ (준법감시 역량 제고) 준법감시 인력을 임직원의 1% 이상으로 의무화*하고, 준법감시인 선임시 내부통제 등 관련 업무경력**을 고려

    * 자산 2조원 이상 및 임직원 100명 이상 대형사 ☞ 인력확충 소요기간 등을 감안해 '28년 말까지 시행

    ** 2년 이상의 내부통제, 검사, 회계, 법률 등의 업무 ☞ 채용기준 정비 등을 감안해 '26.1.1.부터 시행

□ (PF대출 관리 강화) 부동산 토지신탁을 통하여 PF사업 영위시 최초 등록한 신탁사 관리계좌 또는 거래처 계좌 등으로 대출금 송금

   • 대출 송금시 차주에게 문자메시지, 유선 등으로 송금내용을 알리고, 지정계좌 · 사용인감 등 인출정보 변경의 적정성에 대해 정기적인 점검 실시 등

□ (여신업무 통제) 대출 취급시 증빙서류는 진위확인 가능한 자료 및 방법(스크래핑, 행정안전부 공공마이데이터 정보 등)을 통해 확인

- 대출 실행(송금)시 대출 신청시점 이후 차주가 보유한 대출내역의 변화 여부에 대한 확인 등

☐ (비대면거래 인증 강화) 비대면 금융거래시 이용된 연락처가 본인 명의 확인이 되지 않거나, 회사에 등록된 종전 연락처와 상이한 경우 본인확인 절차* 강화

  * ARS인증, 공동인증서, 금융인증서, 카드본인확인서비스, 계좌 인증 등

금융사고 예방지침

고위험업무 직무분리 등 사고예방을 위한 업무절차 도입

- 자금관리 등 고위험업무 직무분리 강화
- 순환근무제(동일부서 5년초과 근무 금지)
- 명령휴가제(고위험업무 장기근무직원 대상)

준법감시인 역량 제고

- 대형사 준법감시 인력 확충 (임직원의 1% 이상)
- 준법감시인 선임시 내부통제 관련 업무경력 고려 등

PF대출 관리 강화

- 사전 등록된 지정계좌 앞 자금 송금
- PF대출자금 송금시 차주 안내 강화
- 지정계좌·사용인감 등 인출정보 변경시 적정성 점검

금융사고 방지를 위한 비대면거래 인증절차 강화

- 비대면 금융거래시 본인명의 확인 절차 강화

고도의 금융윤리를
갖춘 금융인

1. 윤리경영, 준법경영 그리고 금융윤리

1-1. 금융윤리의 의의

금융권에서는 대규모 불완전판매, 횡령과 배임 등 거액의 금전사고, 법규·윤리의식 위반 등과 같은 금융사고가 계속해서 발생하고 있다. 이로 인해 금융소비자와 금융회사가 거액의 금전적 손실을 보는 것은 물론 금융산업 전체의 신뢰도를 저하시키고 있다. 금융사고 예방을 위해 금융회사가 내부통제체제를 한층 강화하고 있으나 금융회사 임직원의 금융윤리에 대한 의식제고가 선결되어야 할 것으로 보인다.

금융윤리는 금융회사에 적용하는 윤리경영이다. 오늘날 대부분의 기업은 윤리경영을 경영철학으로 채택하고 있고, 금융회사 역시 기업에 해당하므로 당연히 윤리경영을 실천하고 있다. 그런데, 윤리경영 대신에 금융윤리라는 용어를 특별히 사용하는 것은 금융회사가 일반 기업과 다른 특징을 갖고 있기 때문이다. 금융윤리를 제대로 알려면 먼저 윤리 및 윤리경영에 대한 이해가 필요하다. 그리고 윤리경영과 준법경영의 차이점도 알아야 한다.

1-2. 윤리와 윤리경영

윤리란 개인이나 집단이 옳고 그른, 선하고 악한 행동을 판단하고 지켜야 할 원칙과 가치를 말한다. 즉, 사람들이 어떤 행동을 선택하고 실천할 때, 그것이 옳은지 혹은 틀린지에 대한 근거를 제공하는 바람직한 행동기준이다.

윤리경영은 윤리를 기업의 경영에 접목한 것이다. 기업이나 조직이 이익 추구와 경영 활동을 수행하는 과정에서 준수해야 하는 윤리적 가치와 원칙으로 기업이 이윤을 추구하면서도 사회적 책임과 윤리적 원칙을 고려하여 활동하는 경영철학이다.

1-3. 윤리경영과 준법경영

윤리경영과 함께 준법경영이라는 말이 자주 사용된다. 준법경영을 실천하면 윤리경영을 잘 하는 것으로 이해하는 측면도 있지만 준법경영은 윤리경영의 일부분에 해당한다. 준법경영은 기업이 관련 법률과 규정을 준수하고 기업의 법적 책임을 다하는 데 중점을 두고 있다. 준법경영은 기업이 법적인 위험에 노출되지 않도록 하는 것을 목표로 하고, 법과 규정을 준수하여 기업의 합법성과 안정성을 유지하는 것을 강조한다. 이에 반해, 윤리경영은 기업이 윤리적 가치와 원칙을 중심으로 경영활동을 수행하는 것을 강조한다. 윤리경영에 관한 사항은 모든 법률과 규정으로 명문화하기 어렵기 때문에 설령, 법적인 책임이 없는 경우라도 사회통념 상 비윤리적인 것이라면 윤리경영의 기준으로 선택하지 말아야 한다.

• 그림 1-13. 윤리경영과 준법경영 관계도 •

1-4. 금융윤리와 윤리경영 차이점

금융윤리는 금융회사에 적용하는 윤리경영이다. 금융윤리는 윤리경영과 비교할 때 적용범위, 적용대상 및 적용영역에서 많은 차이점이 있다. 먼저, 적용범위와 관련하여 윤리경영의 경우 기업의 조직과 조직 구성원을 대상으로 윤리적 행동을 실천하고 조직의 가치와 목표를 달성하도록 하는 경영활동이다. 이에 반해 금융윤리의 경우 금융회사의 금융상품판매대리 · 중개업자, 금융소비자 등 금융시스템에서 금융거래와 관련된 모든 이해관계자들에게도 적용한다.

둘째, 적용범위와 관련하여 윤리경영의 경우 기업의 조직 전반에 적용되는 원칙과 가치를 포괄하고 있어 모든 부서의 기업활동, 기업의 이해관계자와의 상호 관계에 대한 윤리적 원칙과 행동규범을 다루고 있다. 이에 반해 금융윤리의 경우 금융회사와 그 금융상품판매대리 · 중개업자(보험대리점, 대출모집인 등), 금융소비자, 지역사회, 정부(금융감독당국 등) 등과 같은 금융 분야에서 특수한 여러 이해관계자 간 금융거래와 관련된 이슈에 대한 윤리적 원칙과 행동규범까지도 다루고 있다.

셋째, 적용영역과 관련하여 윤리경영의 경우 기업 조직의 경영전략, 인사정책, 재무관리, 마케팅, 생산 · 공급망 관리 등 기업활동에 관련된 영역에 적용한다. 이에 반해 금융윤리의 경우 금융 분야에서 발생하는 다양한 상황과 거래까지도 적용 대상으로 한다.

따라서, 윤리경영은 기업의 조직 전반에 대한 윤리적 원칙과 행동규범을 다루는 반면, 금융윤리는 윤리경영을 포함하여 금융분야에서 발생하는 특수한 상황까지도 함께 다루고 있으므로 금융회사의 경우 일반 기업의 윤리경영 수준보다 더 높은 수준의 윤리적 잣대와 준법의식이 요구되는 금융윤리를 갖추어야 한다.

2. 금융산업의 특징과 금융윤리

2-1. 신뢰라는 원재료로 만드는 금융상품

일반 기업이 만든 제품이나 서비스는 통상적으로 주주들이 투자한 자기자본과 채권자로부터 빌린 차입금을 재원으로 하여 만들어진다. 이에 반해, 예금, 대출, 보험, 펀드 등과 같이 금융회사가 만든 금융상품은 금융소비자가 금융회사에 맡긴 돈(예금, 보험료, 펀드 투자금 등)을 주요 재원으로 한다. 금융소비자가 금융회사에 돈을 맡기는 이유는 "자신의 돈처럼 잘 관리·운영해 줄 것이다"는 신뢰가 전제되기 때문이다. 만일, 금융회사가 신뢰가 없다면 해당 금융회사는 원재료(고객의 돈)를 구하지 못해 금융상품 자체를 만들 수 없게 될 것이다. 즉, 금융상품을 만드는 主 원재료는 금융소비자의 신뢰라 할 수 있다. 따라서, 금융회사는 일반 기업의 윤리경영보다 더 높은 수준의 윤리의식(금융윤리)을 갖추고 고객의 이익을 最우선으로 하는 경영활동을 수행하여 고객뿐만 아니라 기업을 둘러싼 모든 이해관계자로부터 신뢰를 획득하여야 한다.

• 그림 1-14. 일반 기업과 금융회사의 대차대조표 비교도 •

일반 기업	
(자산)	(부채)
• 현금 • 금융자산 • 토지 • 건물	• 차입금
	(자본)
• 재고자산(상품) • 기타	• 자본금 • 잉여금

금융회사(은행)	
(자산)	(부채)
• 현금 • 대출금(상품) • 유가증권(상품) • 토지 • 건물 • 기타	예금(고객 돈) • 차입금
	(자본)
	• 자본금 • 잉여금

2-2. 신뢰를 전제로 형성된 금융시장

금융상품은 전자제품, 자동차 등과 같은 일반 상품과는 달리 눈에 보이거나 손에 잡히는 실물 자체가 존재하지 않는다. 금융상품은 실물 자체가 없고 금융거래 당사자의 약속에 기초한 무형의 가치만 있다. 그러므로 금융상품이 거래되는 금융시장은 "공정하다"는 신뢰가 전제되어야 금융거래 관계자의 참여를 통해 금융시장의 형성이 가능하다. 따라서, 높은 수준의 금융윤리를 갖춘 금융회사 종사자가 금융시장에 존재해야 금융시장을 믿고 금융거래를 할 수 있다.

2-3. 독점적 권리로 보호받는 금융산업

금융회사는 불특정 다수로부터 자금을 조달 및 운용할 수 있도록 은행법 등 개별 금융업법에 근거하여 법적 신뢰성을 부여받고 있다. 또한, 금융업은 인허가 또는 등록을 받아야만 영위할 수 있는 진입장벽이 높은 업종이다. 예를 들면, 산업자본으로 지칭되는 非금융주력자는 시중은행에 대한 동일인 주식보유 한도를 4%로 제한하고 있는데, 이는 非금융주력자[44]가 아닌 자의 10%보다 크게 낮은 수준이다. 이와 같이 금융회사는 금융당국으로부터 금융업 영위에 대한 독점적 권리를 부여받고 있어 일반 기업의 금융업 진출로부터 보호되고 있다. 따라서, 금융회사는 금융업 영위에 대한 독점적 권리 및 보호를 받는 대신에 일반 기업보다 더 높은 수준의 금융윤리를 준수할 책임을 요구받고 있다.

2-4. 금융윤리 부재와 금융회사의 생존 위협

금융윤리가 부재한 금융회사는 대규모 불완전판매와 횡령이나 업무상 배임 등 거액의 금전사고가 발생할 개연성이 높아서 고객의 신뢰를 잃고 건전성의 악화를 가져올 경우 지속가능성마저 위협받을 수 있다. 1995년 한 직원의 무모하고 불법적인 파생상품 거래로 거액의 금융사고가 발생하여 파산한 베어링은행이 단돈 1파운드에 팔린 사례는 시사하는 바가 크다.

베어링은행 파산 사례

1995년 파산한 베어링은행은 영국 여왕도 거래를 했던 영국 6위의 베어링스금융그룹 소속 계열사이었다. 베어링은행은 싱가포르 지점에서 근무했던 닉 리슨(Nick Leeson)이라는 한 직원의 무모한 투자실패로 파산했다. 닉 리슨은 고위험 파생상품 거래로 이름을 날리며 수십만 파운드의 연봉을 받는 베어링스그룹 스타 핀드매니저였다. 그는 일본 증시의 상승을 예측하며 선물(先物) 시장에서 주가가 오르는 쪽에 거액을 투자했다.

---

44) 비금융주력자란 동일인 중 비금융회사인 자의 자본총액의 합계액이 당해 동일인 중 회사인 자의 자본총액 합계액의 25%이거나 동일인 중 비금융회사인 자의 자산총액의 합계액이 2조 원 이상인 경우 당해 동일인 등을 의미하며 통상 산업자본으로 지칭된다. 1982년을 전후하여 정부소유 시중은행의 민영화가 이루어짐에 따라 산업자본의 은행지배 방지를 위하여 1982년 12월 은행법 개정시 동일인 주식보유한도제도가 도입되었다.

그러나 1995년 1월 일본 고베에 대지진이 일어나면서 도쿄 닛케이지수가 하루에 6%나 폭락했다. 큰 손실을 입은 리슨은 이를 만회하기 위해 더 많은 돈을 추가로 투자했으나 결국 13억 달러를 날렸다. 이로 인해 당시 영국 6위의 금융그룹이었던 베어링스그룹은 파산으로 내몰렸다. 같은 해 네덜란드 최대 금융그룹인 ING그룹이 10억 달러의 부채를 모두 떠안는 조건으로 베어링스그룹을 단돈 1파운드에 인수했다.

2-5. 금융회사의 공공적인 책임

금융회사는 영리를 목적으로 하는 기업이지만 주주의 이익만을 추구하는 영리기업의 차원을 넘어서 금융소비자, 지역사회 등 이해관계자를 보호해야 함은 물론, 금융산업의 발전을 통해 국민경제의 발전에 이바지해야 할 공공적인 책임까지 부여받고 있다. 은행법 제1조에서 "이 법은 은행의 건전한 운영을 도모하고 자금중개기능의 효율성을 높이며 예금자를 보호하고 신용질서를 유지함으로써 금융시장의 안정과 국민경제의 발전에 이바지함을 목적으로 한다"고 규정되어 있고 보험업법, 자본시장법 등에서도 이와 유사한 규정이 있다.

따라서, 금융회사는 궁극적으로 금융시장의 안정과 국민경제의 발전에 이바지하는 방향으로 경영활동을 영위해야 할 공공적 책임을 부여받고 있다고 할 것이다. 우리나라의 IMF 외환위기, 해외의 2008년 글로벌 금융위기 등은 금융회사의 비윤리적·불법적인 경영활동이 해당 금융회사의 경영위험을 넘어서 국가 전체의 금융시스템 위기로 전이될 수 있음을 보여준 대표적 사례라 할 것이다.

• 표 1-8. 각 금융법의 제정 목적 •

구분	제정목적
은행법	제1조(목적) 이 법은 은행의 건전한 운영을 도모하고 자금중개기능의 효율성을 높이며 예금자를 보호하고 신용질서를 유지함으로써 금융시장의 안정과 국민경제의 발전에 이바지함을 목적으로 한다.
자본시장법	제1조(목적) 이 법은 자본시장에서의 금융혁신과 공정한 경쟁을 촉진하고 투자자를 보호하며 금융투자업을 건전하게 육성함으로써 자본시장의 공정성·신뢰성 및 효율성을 높여 국민경제의 발전에 이바지함을 목적으로 한다.
보험업법	제1조(목적) 이 법은 보험업을 경영하는 자의 건전한 경영을 도모하고 보험계약자, 피보험자, 그 밖의 이해관계인의 권익을 보호함으로써 보험업의 건전한 육성과 국민경제의 균형 있는 발전에 기여함을 목적으로 한다.
저축은행법	제1조(목적) 이 법은 상호저축은행의 건전한 운영을 유도하여 서민과 중소기업의 금융편의를 도모하고 거래자를 보호하며 신용질서를 유지함으로써 국민경제의 발전에 이바지함을 목적으로 한다.

2-6. 금융상품의 복잡·다기화 및 정보의 비대칭성

과거에는 금융상품이 예·적금, 대출, 주식매매, 펀드, 저축성·보장성 보험 등으로 비교적 단순하였으나 금융의 겸영화 및 글로벌화, 금융공학의 발달로 금융소비자에게는 용어도 생소하고 분별하기조차 쉽지 않은 ELD(Equity-Linked Deposit; 주가연계예금), ELT(Equity-Linked Trust; 주가연계신탁), ELF(Equity-Linked Fund; 주가연계펀드), ELS(Equity-Linked Securities; 주가연계증권), ETF(Exchange Traded Funds; 상장지수펀드), DLF(Derivative-Linked Fund; 파생결합펀드), 변액보험 등 복잡한 금융상품이 쏟아져 나오고 있다. 금융전문가인 금융회사 종사자는 금융상품에 대한 지식과 경험이 풍부한 데 비해 금융소비자는 정보, 전문성, 경험 등에서 취약한 경우가 많아 금융회사와 금융소비자 간 정보의 비대칭성이 필연적으로 발생하고 있다. 그러므로, 금융상품의 내용과 내재된 위험을 충분히 파악하기 힘든 금융소비자가 금융회사와 상호 대등한 입장에서 공정한 금융거래를 하기는 쉽지 않다.

또한, 2008년 KIKO 사태, 2011년 저축은행 사태, 2013년 동양증권 사태, 2019년 사모펀드 사태, 2024년 홍콩 H지수 ELS 등 금융회사의 대규모 불완전판매로 금융소비자가 큰 피해를 입는 사례가 끊이지 않고 있다. 대규모 불완전판매는 금융회사의 수익위주 경영방침에 따른 무리한 영업드라이브가 불러온 결과이다. 일부 현장 판매직원들은 판매실적을 높이기 위해 투자위험도가 매우 높은 금융상품을 수익구조와 위험성에 대한 충분한 설명도 없이 마치 원금이 보장되는 안전한 상품인 양 판매하기도 한다는 비판이 지속되고 있다.

따라서, 금융회사 종사자가 높은 금융윤리를 갖추고 금융소비자의 이익을 최우선으로 할 것이라는 신뢰가 뒷받침되지 않는다면 금융상품의 복잡·다기화와 정보의 비대칭성에 따른 금융소비자의 권익 침해와 불완전판매로 인한 금융소비자의 피해를 방지하기 힘들 것이다.

3. 금융윤리의 핵심원칙

금융윤리의 핵심원칙은 금융산업에 종사하는 금융전문가가 금융소비자로부터 위탁받은 재산을 다루는 과정에서 준수해야 하는 6가지 기본적인 원칙을 말한다. 첫째, 금융소비자의 이익 최우선이다. 금융회사는 금융소비자에게 적절한 투자 조언과 금융상품을 제공함은 물론 이해상충의 문제가 발생할 경우 금융소비자의 입장에서 금융소비자의 이익을 최우선으로 하는 쪽으로 선택을 해야 한다.

둘째, 신뢰와 정직성이다. 금융거래는 금융소비자와 금융회사 간에 신뢰가 기반이 되어야 한다. 금융회사는 금융소비자와의 관계에서 정보를 왜곡하거나 은밀하게 처리하지 않아야 하며, 정확하고 투명한 정보를 제공하는 등 정직성을 유지해야 한다.

셋째, 공정성이다. 공정성이란 자신이 받기 원하는 것과 동일하게 다른 사람을 대우하고 금융소비자가 당연하게 기대하는 것을 금융소비자에게 합리적으로 제공하며, 이해관계의 균형을 유지하기 위하여 금융소비자에게 중대한 이해상충(conflict of interest)의 사실을 정직하게 알려야 하는 것을 말한다. 금융회사는 모든 금융소비자를 공평하게 대우하고, 모든 거래와 결정에 있어서 편견 없이 금융소비자의 이익을 위해 최선을 다하는 것을 말한다.

넷째, 금융소비자에게 충분한 정보를 이해 가능하게 제공한다. 금융회사는 복잡한 금융 용어와 개념을 금융소비자가 이해할 수 있는 방식으로 설명해야 하며, 금융소비자가 자신의 금융거래에 대해 충분히 이해하고, 불필요한 위험에 노출되지 않도록 도와야 한다.

다섯째, 개인정보 보호이다. 금융회사는 금융소비자의 개인정보를 적법하게 처리하고 보호해야 하고 개인정보 보호에 관련된 법률과 규정을 준수하며, 금융소비자의 동의를 얻은 경우에만 개인정보를 사용해야 한다.

여섯째, 금융 법규를 준수한다. 금융회사는 금융 관련 법규와 규정을 엄격히 준수해야 하며, 합법적인 절차와 규정을 따르지 않는 행위는 금융시스템의 안정성을 약화시킬 수 있으므로 지양되어야 한다.

4. 고도의 금융윤리를 갖춘 금융인 양성

상기 "제3절 금융회사의 내부통제 실패 원인"에서 설명하였듯이 금융위원회가 실시한 "2020년 금융소비자 보호에 대한 국민의식조사 결과"에 따르면, 국민들의 62.1%가 금융회사의 소비자 보호 개선 노력에 부정적 인식을 가지고 있는 것으로 나타났다. 또한, '상품판매 후 고객에게 신경쓰지 않음'(73.0%), '사고·피해 발생 시 책임지지 않음'(75.7%), '경영진이 소비자 보호에 관심 없음'(71.7%) 등으로 나타났고 특히, 금융회사의 윤리의식이 충분한지에 대해서는 '충분치 않다'는 응답율이 73.9%나 되는 등 금융회사의 형태·윤리의식에 대해서도 국민들의 부정적 인식이 심각한 수준이다. 이는 연이어 발생하고 있는 대규모 불완전판매와 횡령이나 업무상 배임 등 거액의 금전사고들이 국민들의 인식에 매우 부정적인 영향을 미친 것으로 보인다.

금융소비자들은 "자신보다 훨씬 능력이 뛰어난 금융회사가 위탁받은 재산을 금융소비자에게 가장 이익이 되는 방향으로 관리·운영해 줄 것이다"는 기대를 갖고 자신의 소중한 재산을 금융회사에 맡기고 있다. 금융산업 종사자의 불법적·비윤리적 행위로 금융소비자가 위탁한 재산을 되돌려줄 수 없는 상황이 발생한다면 금융소비자는 더 이상 금융회사를 신뢰하지 않아 금융회사에 맡겨 둔 자신의 금융자산을 모두 찾아가 버리는 일이 발생할지도 모른다. 만일 이러한 일이 현실화된다면 해당 금융회사의 신뢰 훼손 및 지속가능성 위협을 넘어서 국가 전체의 금융시스템 불안으로 전이될 우려가 있다.

그러므로, 사람의 생명을 다루는 의사에게 히포크라테스 선서와 제네바선언에 근거한 엄격한 직업윤리가 요구되듯이 타인의 소중한 재산을 위탁받아 운영·관리하는 금융회사 및 그 종사자들도 당연히 의사 못지않게 고도의 금융윤리를 필요로 한다. 금융사고를 선제적으로 예방하기 위해서는 의사의 직업윤리와 같은 고도의 금융윤리를 갖춘 금융인을 양성하기 위한 실질적인 대책 마련이 필요한 이유이다.

제네바 선언(1948)

이제 의업에 종사할 허락을 받음에

나의 생애를 인류 봉사에 바칠 것을 엄숙히 서약하노라.

나의 은사에게 대하여 존경과 감사를 드리겠노라.

나의 양심과 품위를 가지고 의술을 베풀겠노라.

나는 환자의 건강과 생명을 첫째로 생각하겠노라.

나는 환자가 나에게 알려준 모든 것에 대하여 비밀을 지키겠노라.

나는 의업의 고귀한 전통과 명예를 유지하겠노라.

나는 동업자를 형제처럼 여기겠노라.

나는 인종, 종교, 국적, 정당관계 또는 사회적 지위 여하를 초월하여 오직 환자에 대한 나의 의무를 지키겠노라.

나는 인간의 생명을 그 수태된 때로부터 더 없이 존중하겠노라. 나는 비록 위협을 당할지라도 나의 지식을 인도에 어긋나게 쓰지 않겠노라.

나는 자유의사로서 나의 명예를 걸고 위의 서약을 하노라.

제 2강

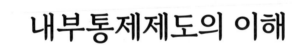

내부통제제도의 이해

내부통제제도의 의의

1. 내부통제

내부통제(Internal Control)는 기업의 임직원 모두가 기업의 목표 달성을 위해 회사재산을 관리하거나 업무를 수행함에 있어 강행 법규뿐만 아니라 회사 내규와 윤리의식 등 사회적 규범까지 철저하게 준수하도록 사전 또는 상시적으로 통제·감독하는 일련의 과정을 말한다.

2013년 미국 회계부정방지위원회(COSO)[1]가 발표한 보고서에 의하면 내부통제(Internal Control)를 "사업운영(operation), 보고(reporting), 법령준수

---

1) COSO(Committee of Sponsoring Organizations of the Treadway Commission) : 미국에서 효과적인 내부통제체계를 확립하기 위하여 미국회계학회(AAA), 미국공인회계사협회(AICPA), 국제재무고위관리자협회(FEI), 경영회계인협회(IMA) 그리고 세계내부감사인협회(IIA) 등 5개 민간단체가 1985년에 설립한 민간조직이다. 내부통제, 위험관리, 거버넌스 및 사기억제를 강화하는 가이드 등을 개발하여 제공하고 있다.

(compliance)에 관하여 사업목적의 달성에 관한 합리적인 확신(reasonable assurance)을 제공하기 위해 어떤 조직의 이사회, 경영진 및 기타 인력에 의해 만들어진 과정이다"라고 정의하였다.[2] COSO는 "절대적 확신(absolute assurance)"이 아니라 "합리적 확신(reasonable assurance)"이라는 용어를 사용하였는데, 이는 효과적인 내부통제제도의 운영이 기업의 사업목적 달성을 반드시 보증하는 것은 아니지만 기업을 안전하고 건전하게 운영하는 데 기초가 되는 기업 경영관리의 필수적인 요소라는 뜻이다.

2. 내부통제와 준법감시

내부통제(Internal Control)와 함께 준법감시(Compliance)라는 용어가 많이 사용된다. 준법감시란 내부통제의 일부분으로서 기업 임직원의 직무 수행시 법령을 준수하도록 하거나 법령 위반행위를 신속히 발견하도록 하는 사전적·상시적 통제 과정을 말한다. 이에 반해, 내부통제는 준법감시에 그치지 않고 위험관리, 내부회계 등 경영상 위험에 대한 전사적 관리체제를 포괄한다. 즉, 내부통제는 준법감시를 포괄하는 개념이나 실무에서는 내부통제와 준법감시를 혼용하여 사용하기도 한다.

3. 외부통제의 내부화

정부 또는 규제기관이 기업의 부정부패와 금전사고 예방을 위해 법령에 따라 기업의 경영활동과 영업행위를 규제하고 있으나, 현실적으로 외부규제를 통해 세부적으

---

2) Internal control is a process, effected by an entity's board of directors, management, and other personnel, designed to provide reasonable assurance regarding the achievement of objectives relating to operations, reporting, and compliance.

로 단속하기 어려운 것이 현실이다. 내부통제는 이러한 한계를 극복하기 위하여 외부통제를 내부화한 것이라 할 것이다. 즉, 경직적인 외부규제가 포착하지 못하는 회사 고유위험을 효과적인 내부통제를 통해 스스로 조기에 식별하여 조속히 대응할 수 있다. 날로 지능화되고 있는 기업의 부정부패와 금전사고를 사전에 예방하고 윤리적 경영활동을 유도하기 위해서는 내부통제의 강화가 필수적이라 하겠다[3]

4. 내부통제제도

기업이 효율적으로 내부통제를 운영하기 위해서는 내부통제기준을 마련하고 내부통제체계를 구축해야 한다. 내부통제기준은 법령을 준수하고 경영을 건전하게 하며 주주 및 이해관계자 등을 보호하기 위하여 기업의 임직원이 직무를 수행할 때 준수하여야 할 기준 및 절차이다. 내부통제체계는 효과적인 내부통제 활동을 수행하기 위한 조직구조, 업무분장 및 승인절차, 의사소통·모니터링·정보시스템 등의 종합적 체계를 말한다.

바젤위원회[4]는 1988년 9월 '은행의 내부통제시스템 체제(Framework for Internal Control System in Banking Organization)'라는 제하의 보고서에서 "역사적으로 사기, 횡령, 오류 등 사례를 감소시켜 온 내부통제 프로세스는 은행 조직이 직면한 모든 다양한 리스크를 대응하기에 더욱 유용하다"고 밝힌 바 있다.

효과적인 내부통제제도의 운영은 회사 자산의 보전, 신뢰성 있는 재무보고체계의 유지, 법규준수 등을 통해 기업의 목표를 달성하는 데 도움을 주고 기업을 안전하고

---

3) 자본시장연구원, 이효섭 자본시장포커스 2021-09호 "금융회사의 내부통제 개선 방향"을 참고한다.

4) 바젤은행감독위원회(바젤위원회)는 1974년 독일의 헤르슈타트은행 파산 당시 국제 금융시장이 불안해지자 주요 10개국(G10)의 중앙은행 총재들이 각 국가별로 다른 은행감독기준에 대한 국제적인 공조를 강화하기 위해 설립한 기관이다. BIS 기준 자기자본비율 등 은행 건전성 기준을 제정하고, 각 금융당국 간 협력 및 정보교환을 촉진하는 역할을 담당하고 있으며, 스위스 바젤의 국제결제은행 내에 본부를 두고 있다.

건전하게 운영하는 데 기초되는 기업 경영관리의 필수적인 요소이다. 또한, 기업의 경영활동 과정에서 중요한 오류나 위법행위가 발생할 가능성을 낮추고 설령 발생하더라도 선제적인 적발 및 조속한 시정조치를 통해 추가적인 손실 발생을 신속하게 차단하는 효과가 있다.

만일, 기업이 효과적인 내부통제제도를 갖추지 못할 경우 중요한 오류나 위법행위 등으로 인한 재무적 또는 비재무적 리스크가 발생하더라도 이를 조속히 인지하기 어려우며, 이로 인해 리스크 규모가 점차 확대되면 기업의 목표 달성을 크게 저해할 뿐만 아니라 지속가능성마저 위협을 받을 수 있다.

따라서, 내부통제제도는 기업에 나쁜 영향을 미칠 수 있는 모든 문제들을 스스로 발견하고, 사전에 방지하거나 조속히 해결하고자 하는 기업문화(corporate culture)라 할 수 있다.[5]

---

5) 금융연구원, 이성복 금융감독연구 제8권 제1호 2021.4월 "은행지주회사의 그룹 내부통제체계 실태와 개선 방향"을 참고한다.

내부통제제도의
도입 배경

기업의 내부통제제도가 가장 발전한 미국과 영국 그리고 G20/OECD, 우리나라 등을 중심으로 내부통제제도의 도입 배경을 살펴보고자 한다.

1. 미국

1-1. 해외부패방지법(FCPA) 등

미국은 1960년대 초 전기산업 독점금지 스캔들(scandal)을 계기로 민간단체를 중심으로 "반독점 컴플라이언스 행동강령 및 프로그램"의 발전이 촉진되었다. 1977년 미 연방의회가 '해외부패방지법(FCPA: Foreign Corrupt Practices Act)'을 제정하여 외국에서 사업촉진을 위해 뇌물을 제공하는 것을 범죄로 규정하는 등 내부통제에 대한 공적규제가 실시되었다. 이사회의 감독책임과 의무를 다루고 있는 델라웨어 기업법과 함께 1991년 미국 양형위원회(The United States Sentencing Commission)는 '미연방기업양형지침(USSG; The United States Sentencing Guidelines for Organizations)'을 제정하여 효과적인 컴플라이언스 프로그램(준법통제)을 갖춘 기업에 대해 기소 단계에서도 인센티브를 제공하면서 기업의 컴플라이언스 운영을 적극 유인하고 있다. 또한, 동 지침에 근거하여 "윤리 및 컴플라이언스 책임자(Ethics & Compliance Officer)"가 도입되었다.[6] 이에 미국 기업은 사전 예방 및 사후 리스크 관리를 위해 보다 실효적이고 역동적인 컴플라이언스 운영에 노력하고 있다.

1-2. 사베인스-옥슬리법(SOX법)

2001년 엔론(Enron)[7], 2002년 월드컴(WorldCom)[8] 등의 대규모 분식회계 사건 발생을 계기로 2002년 사베인스-옥슬리법(Sabanes-Oxley Act; 'SOX법')이 시행되면서 기업 투명성에 대한 이사회와 경영진의 의무가 크게 증가하였다.

1-3. 소비자금융보호법(CFPA)

2008년 글로벌 금융위기[9] 당시 일어난 대형 투자은행(Invest Bank) 임직원의 비

---

6) 육태우, 2017.1.24. "미국·일본·독일에서의 기업 컴플라이언스 개념 및 제도의 발전과 우리 법제에 대한 시사점"을 참고한다.

7) 미국 7대 기업으로 선정되기도 하였던 굴지의 에너지 기업인 엔론은 2001년말에 1997년부터 수익을 매년 6억 달러씩 분식회계를 한 사실이 밝혀지면서 주가와 신용등급이 순식간에 추락하여 몇 달이 지나지 않아 파산하였다.

8) 월드컴 사건은 미국 역사상 가장 큰 회계부정사건 중의 하나인 것으로 알려지고 있다. 가입자 2천만명, 직원 5만 4천명에 달했던 대형 통신회사인 월드컴은 IT거품이 꺼지기 시작했던 2000년말부터 회장이었던 버나드와 CFO였던 설리반이 비용을 줄이고 수익은 부풀리는 방식으로 회계조작을 해 110억 달러에 달하는 회계부정을 한 사실이 검찰에 발각되자 주가가 폭락하고 결국 파산하였다.

9) 2008년 9월 15일 미국의 투자은행 리먼브라더스 파산에서 시작된 글로벌 금융위기를 말한다. 미국의 부동산 가격이 급락하고 서브프라임모기지(Subprime Mortgage; 비우량 주택담보대출)가 부실화되자 이에 투자한 많은 금융회사와 투자자들이 대규모 투자손실을 입었다. 미 FRB 의장 버냉키와 미국기업연구소(AEI)에 따르면 미국 서브프라임 부실 사태와 관련된 미국금융회사의 손실규모는 500~2,500억 달러로 추정된다.

도덕적 행위[10]로 인해 대규모 금융소비자 피해가 발생하자 Dodd-Frank 금융개혁법(소비자금융보호법; Consumer Financial Protection Act)[11]이 제정(2010년)되었고, OCC[12]와 FINRA[13] 등 금융감독기구의 규제가 강화되는 등 내부통제제도에 대한 책임과 역할이 보다 강화되는 추세를 보이고 있다.

1-4. 해외착취방지법(FEPA)

바이든 대통령은 2023년 12월 22일에 미 의회 양원에서 통과된 '해외착취방지법(FEPA; Foreign Extortion Prevention Act)'에 서명하였다. FEPA는 미국 기업 등에게 뇌물을 요구하거나 미국 기업 등으로부터 뇌물을 수수하는 미국 이외 국가의 공무원(외국 공무원)을 미국의 부패 수사 범위에 포함시키는 내용이다.

---

10) 글로벌 금융위기의 주범으로 지목돼온 미국 월스트리트의 주요 금융회사들이 경영난으로 파산 위기에 몰렸음에도 불구하고 경영진에게 천문학적인 규모의 보너스를 지급하여 미국인들이 크게 분노하는 사건이 발생하였다. 대표적으로 미국 최대 보험사 아메리칸인터내셔널그룹(AIG: American International Group)은 미 정부로부터 총 1800억 달러의 공적자금을 지원받았음에도 신용디폴트스와프(CDS) 등 파생상품을 만들어 팔아 AIG에 막대한 손실을 끼친 금융파생상품 부서인 AIG 파이낸셜프로덕트의 임직원들을 대상으로 금융위기가 터지기 직전에 연봉 계약을 맺었다는 이유만으로 2년에 걸쳐 총 4억5000만 달러의 보너스를 주기로 결정하여 사회적으로 큰 비난을 받았다. 오바마 미 대통령은 "AIG의 보너스 지급 결정은 무모하고 탐욕스러운 행동"이라고 말했고 미 의회에선 공적자금이 투입된 금융기관의 경영진에게 지급된 보너스를 회수하는 법안을 마련할 계획이라고 밝혔다. 미국 누리꾼들도 AIG 회사명을 패러디하여 '미국의 보증받은 사기꾼들(America's Insured Grifters)'이라고 비난에 가세했다. 또한, 미국 정부로부터 총 450억 달러의 구제금융을 받은 씨티그룹의 비크람 팬디트 최고경영자(CEO)도 글로벌 금융위기가 발생한 2008년 1,080만 달러(약 150억원)를 받은 것으로 드러나자 역시 사회적으로 큰 비난을 받았는데, 팬디트 CEO는 앞으로 씨티그룹이 수익을 낼 때까지는 성과급은 받지 않은 채 연봉을 1달러만 받겠다고 밝히기도 했다.

11) 2008년에 발생한 글로벌 금융위기의 재발을 막기 위해 2010년 7월 오바마 정부가 발표한 금융개혁법안이다. 2008년 금융위기는 서브프라임모기지론을 통해 상환능력이 떨어지는 사람들에게 무분별하게 대출을 해준 것이 가장 큰 원인이었고, 일반 투자자들이 금융시장의 정보를 충분히 이해하지 못하고 투자에 임해 피해가 급증하였다. 본 개혁법안을 통해 독립적 소비자금융보호국(Consumer Financial Protection Bureau, CFPB)을 설치하고 장외파생상품 등의 규제·감독을 강화하였으며, 은행들이 헤지펀드 및 사모펀드에 자본금 3% 이내에서만 투자할 수 있도록 규제하는 볼커룰이 도입되었다.

12) 통화감독청(OCC: Office of the Comptroller of the Currency)은 주로 대형은행을 감독 대상으로 하는 미 연방 소속 금융감독기구이다.

13) 금융산업규제청(FINRA: Financial Industry Regulatory Authority)은 미국의 모든 금융중개인과 중개기관을 규제하는 규정을 만들고 직접 집행하는 비영리 비정부 독립조직으로 2007년에 만들어졌다. 금융투자자를 사기와 잘못된 금융중개기관 행위로부터 보호하는 것으로 알려져 있는데 구체적으로는 주식이나 채권을 중개하는 금융상품 중개기관의 불법이나 위법행위를 규제할 규정 제정과 집행, 시장투명성 제고 그리고 투자자 교육이 목적이다.

1977년 제정된 '해외부패방지법(FCPA; Foreign Corrupt Practices Act)'은 미국 이외의 지역에서 미국기업 등이 외국 공무원에게 부당한 이익을 제공 또는 약속하는 행위 등에 대해 미국기업이나 관련된 개인들을 처벌하는 수단으로 작용해 왔는데, 뇌물을 '제공'하는 측에만 적용 가능한 법이라서 뇌물을 '요구'하거나 '수수'하는 외국공무원에 대하여는 자금세탁법령 등 다른 법령위반이 성립하는 경우에만 처벌이 가능하였다.

바이든 대통령이 서명한 해외착취방지법(FEPA)은 해외부패방지법(FCPA)이 가진 처벌의 공백을 메우고, 외국 공무원이 뇌물을 요구하거나 수수하는 행위를 직접적인 범죄행위로 규정함에 따라 앞으로는 미국기업 등에게 뇌물을 요구하거나 제공받는 외국 공무원들도 미국 사법기관으로부터 미국법에 따라 처벌될 수 있게 되었다.[14]

1-5. 유인부합적 인센티브 제공 방식의 외부통제의 내부화

미국은 금융회사 및 기업 임직원의 도덕적 해이(Moral Hazard) 등 화이트컬러 범죄가 증가하고, 금융회사 업무가 확대되고 복잡해짐에 따라 지능화된 범죄가 증가하고 있으며, 글로벌 금융위기를 계기로 금융범죄로 인한 소비자 피해규모가 증가함에 따라 정부 또는 규제기관에 의한 외부통제에 한계가 노정되었다. 이에 외부통제의 한계를 극복하기 위하여 외부통제를 금융회사 또는 기업에 내부화하는 방안이 활성화되었다. 즉, 인센티브 제시, 엄격한 제재 및 정보공개 확대 등 유인부합적 인센티브를 제공하여 금융회사 및 기업 임직원의 도덕적 해이(Moral Hazard)를 선제적으로 차단하고 이사회 등 감독자 책임을 강화하고 있다.

한편, 2022년 1월 발표된 자본시장연구원의 "주요국 내부통제 제도 현황 및 한국 내부통제 제도 개선방향"에 따르면, 미국에서는 감독자 책임에 대한 이사의 주의의

---

14) 법무법인 세종, 2024.1.18. "美 반부패법, 외국공무원도 직접 미국서 처벌"을 참고한다.

무·감시의무 면책과 관련하여 선관주의의무 중 주의의무는 경영판단원칙[15]에 해당할 경우 면책 요건에 해당되는 것으로 보고 있다. 또한, 미국 회사법 상 이사는 선관주의의무 중 하나로 감시의무(감독자 책임)을 부여받고 있는 바, 판례에서 이사가 내부통제시스템 구축·운용 등을 충실히 이행한 경우 감시의무 면책 사유로 인정되고 있다.[16]

미국의 감독자 책임에 대한
이사의 주의의무 · 감시의무 면책과 관련된 판례

□ **감시의무 관련 면책 판례로는 Caremark(1996년) 판결, Stone(2006년) 판결, Morgan Stanley(2012년) 판결, Citigroup(2009년) 판결 등이 있음**

① Caremark 판결은 헬스케어사 Caremark 직원이 의사들에게 커미션을 지급해 연방법 위반으로 벌금, 과태료를 부과받았는데, 이때 Caremark의 이사에게 감시의무(감독자 책임) 판단기준으로 내부통제 충실 마련을 제시하였음
  - 과거 Grahan(1963년) 판결은 이사회로 하여금 의심할 이유가 발생했을 때만 감독자 책임을 부과한 반면, Caremark 판결은 내부통제 충실 마련을 이사의 감독자 책임 및 면책 사유로 제시함.

---

15) 경영판단의 원칙이란 경영자가 기업 이익을 위해 신중하게 판단했다면 예측이 빗나가 기업에 손해가 발생한다 해도 배임죄로 처벌할 수 없다는 원칙을 말한다. 대법원은 2004년 대한보증보험의 한보그룹에 대한 특혜 보증 사건에서 '기업 경영에는 원천적으로 위험이 있기 때문에 경영자가 개인적인 이익을 취할 의도 없이 기업 이익에 합치한다고 믿고 신중하게 결정했다면 결과적으로 기업에 손해가 발생해도 배임죄로 벌할 수 없다'고 판시했다. 배임죄에서 이른바 '경영판단의 원칙'을 정립한 첫 판례다. 당시 대법원이 경영판단의 원칙을 제시한 것은 형법·상법 상 배임죄의 '임무에 위배해 타인에게 손해를 가한 행위'라는 모호한 범죄 요건으로 수많은 기업인이 검찰의 무리한 기소로 법정에 서는 사례가 속출했기 때문이다.

16) 자본시장연구원, 2022.1월 이효섭·이석훈·안수현 "주요국 내부통제 제도 현황 및 한국 내부통제 제도 개선방향" 등을 참고한다.

- Caremark 판결은 감독자 책임의 면책 조건으로 "선한 신념으로 적절한 내부통제 시스템을 갖추고 노력해야 하고, 내부통제시스템을 갖추더라도 의도적으로 감시를 소홀하여 문제, 위험을 인식하지 못하면 안된다"고 제시

② Stone(2006년) 판결은 AmSouth은행의 직원이 폰지업자의 허위진술을 믿고 의심거래보고 의무를 이행하지 않아 벌금, 과태료를 부과받았는데, 은행의 이사에게 내부통제 소홀에 대한 감독자 책임 위반 여부가 쟁점이 되었음
- Caremark 판결이 다소 추상적이라는 지적이 있자, 이사의 감독자 책임 및 면책 조항으로서 '내부통제 구축 및 운영 의무'에 대한 구체적 기준을 명시하였음
- Stone 판결은 감독자 책임의 면책 조건으로 "❶ 이사가 보고 및 정보시스템 구축을 수행하지 않았거나 ❷ 이사가 보고 및 정보시스템을 구축하였더라도 의도적으로 관련 내부통제시스템 운영에 대한 감시 또는 감독을 게을리하여 이사들이 주의를 기울여야 할 위험이나 문제에 대해 정보를 얻지 못하였을 경우"를 제시하여 면책 조건이 Caremark 판결보다 구체화되었음
- 즉, 이사가 내부통제시스템을 합리적으로 구축하려는 노력을 수행하였고 임직원들의 위법행위를 알지 못하였을 경우에는 이사의 감시의무를 이행한 것으로 봄. 이 경우 합리성 여부는 통상 감당할 수 있는 범위에서 상당한 시간과 비용을 투자했는지 등으로 판단함

③ Morgan Stanley(2012년) 판결은 Morgan Stanley의 전직 고위 임원이 영향력 있는 중국 관리에게 부동산 지분과 자금을 비밀리에 제공하고 회사에 허위 보고한 사유로 기소되었는데, 담당 CEO에게도 감독자 책임 소홀을 이유로 제재를 요구하였음
- Morgan Stanley가 평소 강력한 내부통제 체계 및 컴플라이언스 프로그램을 구축하고 정기적으로 유지하고 있었다는 점을 반영하여 Morgan Stanley 및 담당 CEO에게는 어떠한 형사 및 민사 책임을 묻지 아니함
- Morgan Stanley 판결은 감독자 책임 면책과 관련된 내부통제 충실 마련의 조건으로 "❶ 부패방지를 위해 적절한 내부통제 정책을 구축할 것, ❷ 내부통제 정책을

구축하고 이를 지속적으로 업데이트할 것, ③정기적으로 임직원들에게 부패방지 및 컴플라이언스 강화를 위해 정기적인 교육 프로그램을 수행할 것"를 제시하였음

④ Citigroup(2009년) 판결은 2008년 글로벌 금융위기 당시 Citigroup이 부채담보부증권(CDO) 영업 부문에서 대규모 손실이 발행하자 주주들이 CEO와 이사가 CDO 파산을 우려하는 Red Flag를 무시했다는 이유로 주주대표소송을 제기하였음

- 당시 비즈니스 리스크 관리가 이사의 감시의무 대상인지 여부가 쟁점이었는데, 판사는 Citigroup의 전문가로 구성된 감사 및 위험관리위원회의 설치와 운영, 내부통제를 통한 검토 절차와 위험관리를 위한 체계적인 시스템 등을 인정하였음
- Citigroup 판결은 CEO 등의 감독자 책임 범위와 관련하여 금융회사가 수행하고 있는 비즈니스 관리 부분에 있어 내부통제시스템을 바탕으로 한 의사결정에 대해 경영판단의 원칙을 적용함
- 즉, 법원은 적절한 내부통제시스템을 바탕으로 한 의사결정에 대해 사후적 결과를 보고 의사결정의 잘잘못을 추론하기보다는 경영판단의 원칙을 적용하였는 바, 내부통제제도를 충실하게 마련한 경우 사업부분 손실에 대해 감독자 책임을 면제하였음

미국 소재 금융기관 2020년 중
내부통제 관련 제재사례 및 시사점[17]

1. 2020년 중 내부통제 관련 제재사례

□ BHBM 사례

◦ Bank Hapoalim B.M.은 이스라엘에 본점을 둔 은행으로 뉴욕지점 및 스위스 소재 계열은행(BHS)을 통하여 미국 거주자가 해외에 재산을 은닉하고 과세당국의 감시를 피할 수 있도록 협조한 사실이 적발됨

① 미국인의 해외재산 은닉을 위한 계좌개설
- BHBM이 미국 고객을 대상으로 계좌의 실소유주가 드러나지 않는 코드화된 계좌*(계좌주명을 숫자, 코드, 가명 등으로 표기)를 제공
  * 코드화된 계좌는 약 1,100개이고 이중 뉴욕거주자 소유 계좌는 246개
- BHBM에 신탁회사(자회사) 명의로 계좌를 개설하고 고객들로 하여금 동 신탁회사에 신탁계좌를 개설하도록 함으로써 은행에 개설된 계좌에는 실소유주의 신원이 드러나지 않도록 하는 서비스 제공
- BHBM 직원들이 미국 국적의 고객을 대상으로 미국외 다른 국가의 ID를 사용하여 계좌를 개설하도록 유도함으로써 은행 자체 컴플라이언스 기능 또는 규제당국의 모니터링을 회피
- 이 과정에서 은행 본점(BHBM) 및 스위스 현지법인(BHS) 관계자들이 뉴욕 등 미국으로 건너와 미국 고객들에게 해외계좌 개설을 권유
② 백투백 대출(Back-to-Back Loan Scheme)
- 미국 고객이 보유한 해외자산을 담보로 미국내에서 대출을 실행하였는데,

---

17) 금융감독원 홈페이지, 뉴욕사무소 2020년 12월 조사자료 "2020년 중 내부통제 관련 금융기관 제재사례 및 시사점"을 참고한다.

동 대출은 아무런 경제적 이유 없이 단지 고객이 해외재산 보유 사실을 과세 당국에 숨긴 채로 동 재산을 활용할 수 있도록 하는 제도로서 뉴욕주 금융청은 은행 직원들도 이러한 점을 잘 알고 있었다고 판단

- 특히 은행 직원이 고객으로 하여금 대출신청인과 담보제공자(동일인) 이름을 다르게 사용하도록 하는 등 의도적으로 고객이 은행의 정책을 우회할 수 있도록 권유한 사례도 발견

◦ 이에 뉴욕주 금융청(NYS DFS)은 2020년에 BHBM에 2억2천만 달러의 제재금을 부과하고 직원교육 및 재발방지 방안 마련 등의 후속조치를 이행하도록 명령 (Consent Order)

□ Deutche Bank 사례

◦ Deutsche Bank(뉴욕지점 및 현지법인 포함)은 거액의 자산가인 제프리 엡스틴 (Jeffrey Epstein)*과 거래관계를 유지하는 과정에서 고객위험평가 및 거래모니터링 등 내부통제 기능을 충실히 수행하지 아니한 사실이 적발됨

  * 2005년 이후 미성년자 성매매 등 혐의로 수차례 구설에 오르고 수사를 받은 끝에 2019년 뉴욕에서 체포되어 구속 수감 중 자살

- Deutsche Bank는 제프리 엡스틴과의 거래 개시 후 동 계좌를 고위험 계좌로 분류하고 거래모니터링을 강화하였으나, 제프리 엡스틴과 관련된 특수한 위험요소들을 발견하고 필요한 조치를 취하는 데에는 실패

  〈주요 사례〉

    · 2013년 11월부터 제프리 엡스틴은 과거 언론에서 엡스틴의 공범자로 언급된 적이 있는 사람들에게 1만달러 이상의 이체거래를 수십 차례 실시

    · 2014년 1월 엡스틴은 'The Butterfly Trust' 명의의 계좌를 개설하고 120회에 걸쳐 265만 달러를 송금하였는데, 동 Trust의 수익자는 엡스틴의 공범자로 거론된 이들 및 동유럽식 이름을 가진 여성이 다수 포함

◦ 이에 뉴욕주 금융청은 2020년 Deutsche Bank에 1억 5천만 달러의 제재금을 부과하고 독립적인 제3의 감시인이 은행의 후속조치를 감시하도록 명령 (Consent Order)

□ **Goldman Sachs 사례**

◦ Goldman Sachs는 말레이시아 국영 투자회사인 1MDB의 채권발행 과정에서 말레이시아 정부 관계자들에게 뇌물을 제공한 사건이 적발됨

① 불건전 영업행위 관련 내부통제 미흡

 - Goldman Sachs 그룹 내부통제 과정에서 1MDB 거래에 위험인물인 Jho Low*가 중개인(intermediary) 역할을 하고 있다는 의심이 제기되었으나

   * Goldman Sachs와 1MDB 및 말레이시아 정부관료 간 연결고리로서 당초 GS에 개인계좌 개설을 신청하였으나 거절된 적이 있고 GS는 Jho Low의 재산 형성 과정이 의심스럽다는 이유 등으로 이미 내부적으로 위험인물로 분류하고 있었음

 - Goldman Sachs는 충분한 조사를 실시하지 않고 1MDB 거래 담당자들의 주장(1MDB 채권발행은 Jho Low와 무관하다고 거짓 소명)을 수용

 - 또한 이러한 Goldman Sachs 그룹 차원의 내부통제 실패로 인해 계열사인 GSBUSA는 동 1MDB 채권의 위험성을 충분히 인지하지 못한 채로 2013년 3월 1MDB 채권에 2.5억달러를 투자

 - Goldman Sachs는 1MDB 거래에 관여한 자사 직원이 뇌물공여 범죄에 연루된 정황을 인지*하였음에도 이에 관하여 조직 차원에서 공식적인 대응은 전혀 이루어지지 않음

   * 2013년 5월 1MDB 거래 관련 직원이 상위 경영진과 전화로 외국 관료의 뇌물 요구 사실을 상의한 점, 2015년 1MDB 관련 뇌물·횡령 스캔들이 보도된 이후 자사 직원도 이에 연루되었다는 강한 의혹이 내부적으로 제기된 점 등

② 정보공유 및 보고의무 미이행

 - 2013년 이후 GS그룹은 1MDB 및 그 관계자들에 관한 의심스러운 정황 (red flags)*을 다수 인지하였으나 이러한 사실이 1MDB 채권의 미국내 주요 투자자인 GSBUSA에 제대로 전달되지 않았음

* 1MDB가 단기간에 과도한 자금조달에 나서는 점에 관한 내부적 의문 제기, Goldman Sachs 내부인사가 1MDB 부정에 관련되었다는 의혹, 1MDB 스캔들에 관한 말레이시아 정부의 조사 및 언론보도 등

  – 이에 따라 다수 금융기관에 영향을 미칠 수 있는 중대한 컴플라이언스 이슈가 발생하였음에도 뉴욕주 감독청에 보고되지 않음

∘ 이에 뉴욕주 금융청(NYS DFS)은 2020년 Goldman Sachs에게 1억 5천만 달러의 제재금을 부과하고 내부통제 강화를 위한 개선방안을 제출 · 이행할 것을 명령(Consent Order)

∘ 한편, Goldman Sachs는 뉴욕주 금융청의 제재조치와는 별개로 美법무부 및 뉴욕검찰과도 기소유예 조건으로 23억 달러의 벌금과 6억 달러의 과징금을 납부하고 재발방지를 위한 내부통제 개선 등을 이행하는 데에 합의(deferred prosecution agreement)

2. 시사점

□ **최근 미국 금융 · 사법당국은 금융기관에 매우 높은 수준의 내부통제시스템 구축을 요구하고 내부통제 실패 사례 발생 시 강도 높은 제재조치를 부과**

∘ 이는 금융기관이 다양한 범죄행위를 예방하기 위한 매우 중요한 방어선이라는 인식에 기반한 것으로서 금융기관이 범죄행위에 가담하지 않거나 의심거래 발생 시 단순히 법상 보고의무*를 이행하는 수준을 넘어 범죄에 활용될 소지가 큰 자금이 금융기관을 경유하지 않도록 보다 적극적으로 감시해야 할 책임**을 요구

  * SAR(Suspicious Activity Report), CTR(Currency Transaction Report) 등

  ** 예) DB 제재사례에서 DFS는 DB가 Epstein의 과거 범죄이력을 고려하여 범죄 연루 의혹이 있는 거래(과도한 현금인출, 공범자 계좌로의 이체 등)에 관해서는 거래중단 등의 보다 적극적인 조치를 취했어야 한다는 입장

□ 또한 해외부패방지법(FCPA) 위반 등의 위법행위가 발생하는 경우 동 범죄행위에 관한 처벌과 병행하여 이러한 범죄 발생의 배경이 된 금융기관의 내부통제 미흡에 관하여 별도로 제재

　◦ 미 법무부가 1MDB 관련 Goldman Sachs의 해외부패방지법(FCPA) 위반 혐의에 관하여 조치(벌금납부 및 기소유예)하면서 동사의 내부통제 부실에 대해서도 지적, 이에 더하여 뉴욕주 금융청(NYS DFS)도 내부통제 미흡에 관하여 별도의 제재를 부과

□ 미국에 진출한 우리나라 금융기관의 경우에도 고객확인제도(Customer due diligence) 및 이상거래 모니터링을 철저히 실시하는 한편 내부통제 과정에서 의심거래가 발견되는 경우 내부절차에 따라 엄중히 검토·대응하는 관행을 확립해 나갈 필요

2. 영국[18]

2-1. 글로벌 금융위기와 금융회사의 지배구조 및 내부통제 강화

영국에서는 2008년 글로벌 금융위기 이전 영국회사법 상 상장회사의 경우에는 재무보고와 관련한 이사의 책임 강화, 회사의 장기적인 성공을 촉진하는 이사의 의무 명확화, 이사회의 구성과 역할 개선, 이사 보수 및 주주·외부감사인의 역할 강화 등 정부주도로 내부통제 강화 조치를 해 왔으나, 2008년 글로벌 금융위기를 계기로 금융회사의 지배구조와 내부통제에 큰 변화를 가져왔다.

특히, 2009년 영국 금융감독청(FSA; Financial Service Authority)은 보고서

---

18) 자본시장연구원, 2022.1월 이효섭·이석훈·안수현 "주요국 내부통제 제도 현황 및 한국 내부통제 제도 개선방향"을 참고한다.

('Turner Review')를 통해 "금융회사의 지배구조에 대한 정책을 제시하면서 높은 수준의 리스크 관리를 갖출 것과 사외이사들이 회사의 복잡한 업무를 적절히 감독·감시할 수 있도록 충분한 시간 투입과 위험파악을 위한 전문성을 갖추어야 한다"고 강조하였다. 이러한 보고서에 기초하여 2011년 6월 1일 임원 적격성을 위한 사전 심사 가이던스를 개정하여 개별 이사의 업무수행을 위해 투입하는 시간의 충족에 관한 기준을 개정하였다.

2-2. 고위 경영자 적격성 심사 제도(SMCR) 도입

2011년 은행개혁위원회(ICB; Independent Commission on Banking)[19]는 보고서를 통해 "은행산업의 장기적인 안정을 촉진하기 위해서는 소매영업을 하는 상업은행과 위험한 투자를 하는 투자은행 간의 분리가 필요하다"고 제안하였고, 이를 위해 "소매영업을 영위하는 자회사의 이사회는 독립이사가 다수일 것 그리고 의장은 독립이사가 되어야 한다"고 주장하였다. 이 내용은 2013년 Financial Services Banking Reform Act 제142조에 반영되어 조직분리가 된 소매영업을 맡은 은행은 독자적인 위험관리, 감사, 비업무집행의 선임 및 보수위원회를 설치하는 것이 의무화되었다.

2013년 의회·은행기준위원회(PCBS)[20]는 금융회사의 광범위한 지배구조 개혁을 위해 100개가 넘는 제안을 담은 보고서를 공표하였다. 이에 따라 기존의 금융회사의 임원 및 중요직원의 적격성을 심사하는 제도인 'Approved Person Regime'을 폐지하고 금융회사의 최고경영자 및 임원의 행동을 규율하고 행위기준에 관한 '고위 경영자 제도(SMR; Senior Manager Regime)' 제도가 새롭게 도입되었다.

SMR 제도는 금융회사의 고위 경영자 개인에 대해 책임을 강화하는 제도로 고위

---

19) 은행제도 개혁을 위해 2010년 6월 영국정부와 Sir John Vickers가 공동으로 설립하였다.

20) PCBS(Parliamentary Commission on Banking Standards)는 금융위기와 LIBOR 조작이 발각된 후 은행분야 개혁을 위한 자문기구로서 2012년 7월에 설치되었다.

경영자의 보수정책과 관련하여 위험과 보상 간에 장기적인 관점에서 균형을 갖도록 할 것과 이들 고위 임원의 무모한 위법행위에 대해서는 형사처벌이 부과되도록 관련 규정을 개정할 것을 제안하였다. 이에 대한 후속조치로 영국의 금융감독기관인 금융행위감독청(FCA; Financial Conduct Authority)과 건전성감독청(PRA; Prudential Regulation Authority)은 '고위 경영자 적격성 심사 제도(SMCR; Senior Managers and Certification Regime)'를 도입하였다. SMR은 은행의 경우 2016년 3월 7일부터, 보험회사의 경우 2018년, 나머지 금융회사의 경우 2019년 12월부터 적용되었다. 이에 따라 영국내 소재한 금융회사의 임직원들은 자신이 한 행동과 의사결정과 관련하여 명확한 책임을 지게 되었으며, 이러한 규제는 영국내 소재한 영국의 금융회사뿐 아니라 비영국계 금융회사에게도 영국에 현지법인 · 지점을 둔 경우라면 적용대상이 된다.

영국의 금융회사 임원 적격성 심사 제도[21]

□ **영국은 금융회사 임원의 적격성을 심사하는 고위 경영자 및 인증 제도**(SMCR; Senior Managers and Certificate Regime)**를 운영 중에 있음**

□ **고위 경영자 제도**(SMR; Senior Managers Regime)
- 고위 경영자란 금융행위감독청(FCA; Financial Conduct Authority) 또는 건전성감독청(PRA; Prudential Regulation Authority)이 정하는 고위 경영기능(SMF; Senior Management Function)을 수행하는 자로서 대표이사, 최고재무기능, 최고운영기능 등 핵심 집행기능들과 위험위원회, 감사위원회, 보수위원회 등 위원회의 장, 준법감사기능, 자금세탁보고기능 등이 포함됨
- 금융회사는 고위 경영자 선임 시 회사에서 자체적으로 후보 적격성을 검증한 후

감독당국에 신청하여 대상자에 대한 적격성 심사 및 허가를 받아야 함

- 감독당국은 적격성 심사시 인성, 업무능력, 재무건전성의 세 가지 요소에 대해 검토를 하는데, 감독규정에 따라 정직성(honesty), 진실성(integrity) 및 평판(reputation), 능력과 역량(competence and capability), 재무건전성(financial soundness) 등을 검토함
- 금융회사는 매년 최소 1회 이상 선임된 고위 경영자에 대해 적격성 여부를 심사하여 결격사유가 있다고 판단되면 감독당국에 관련 사실을 통지하여야 하며, 감독당국은 결격사유가 인정될 경우 기존에 부여한 적격성 허가를 철회할 수 있음

□ **인증 제도**(CR; Certificate Regime)

- 인증기능(Certification Function)이란 금융회사나 고객에게 중대한 해를 가할 위험이 있는 기능(significant-harm function)을 말함
  - FCA 규정에 따르면 금융회사의 시스템 및 통제 운영의 효율성 감시, 프랍 트레이더(proprietary traders)[22], 상위 관리기능, 업무수행에 자격요건이 부과되는 기능, 인증직원의 관리·감독, 중요위험 부과 기능, 고객거래, 알고리즘 트레이딩 등이 포함
- 인증기능을 담당할 직원을 고용할 때에는 금융회사는 적격성 심사를 하여 해당 사람의 적격성 여부를 판단하여야 하며, 인증기능의 경우 적격성 심사는 회사만 하면 되고 따로 감독당국의 심사나 허가는 거치지 않음

---

21) 금융연구원 이경영 2023.11월 "해외의 금융회사 임원 적격성 심사제도와 시사점", 은행법학회 vol.16 No.2[2023] 송지민 "금융회사의 내부통제: 고위 경영진 및 인증제도의 해외 입법례를 중심으로" 등을 참고한다.

22) 프랍 트레이더란 금융회사의 자기자본을 운용하여 수익을 내는 사람을 말한다. 이에 반해 고객의 자금을 운용하는 사람은 일반트레이더라고 부른다.

2-2. 금융회사 경영진의 책임지도 마련 및 내부통제 관리의무 법제화

2016년 5월 10일부터 금융서비스시장법(Financial Services and Markets Acts 2000: FSMA)에 금융회사 경영진의 내부통제 책임에 대한 법적의무(Duty of responsibility)가 명문화되었다. 법적의무는 '중요경영기능(SMF; senior management function)'을 담당하는 고위 경영자에 대해서만 부과되며, 중요경영기능(SMF)의 책임이 어떤 직책을 가진 고위 경영자에게 배정되었는지 기술한 '책임지도(Responsibility Map)'와 '지배구조지도(Governance Map)', 그리고 각 SMF 책임·담당업무에 관하여 설명한 '책임문서(Responsibility Statement) 또는 'SoR(Statement of Responsibility)'을 금융감독기관에 제출하여야 한다. 중요경영기능(SMF)의 책임을 담당하는 고위 경영자들은 책임문서에 기술된 소관 영역에서 발생한 위반행위에 대해 법적 책임(duty of responsibility)을 지게 된다.[23]

따라서 중대한 금융사고가 발생한 경우 금융감독기관은 해당 법적의무 규정에 의거하여 우선 누가 책임지는지 여부를 확인하기 위하여 고위 경영자에 관해 기술한 책임문서를 우선적으로 체크하여 ❶ 금융회사의 규정 위반이 있고 ❷ 당해 위반 행위가 발생한 기업의 업무와 관련하여 고위 임원이 책임지는 지위에 있으며, ❸ 그와 같은 위반행위가 발생하는 것에 대해 그 지위상 예방할 것으로 기대되는 합리적 조치(reasonable steps)[24]를 취하지 않은 경우에는 해당 임원에 대하여 제재조치를 부

---

23) 우리나라도 2024년 7월 3일 시행된 개정 금융회사지배구조법에서 영국의 제도를 벤치마킹하여 책무구조도 작성, 임원의 내부통제 및 위험관리 관리의무, 대표이사의 내부통제 및 위험관리 총괄관리의무 등이 도입되었다. 이와 관련된 자세한 내용은 "제3장 금융회사지배구조법 상 내부통제제도"를 참고한다.

24) FSMA에 의하면 "합리적인 조치"란 유능한 고위 임원이라면 당시 임원의 지위에서 갖는 역할과 책임면에서 어떤 상황에서든 취했을 것으로 보여지는 조치를 말한다. 다만 다음의 경우에 FCA는 고위 임원으로 반드시 조치를 취하지 않으면 '법적 책임질 의무'의 위반이 된다고 보고 있다. 이에는 (i)자신이 책임을 맡은 기업의 업무와 관련해서 직원간에 명확하게 보고라인을 갖추지 않은 경우 그리고 이러한 보고시스템이 효과적으로 운영되도록 합리적인 조치를 취하지 않은 경우, (ii)회사사업 영역 관련 이슈들을 적절하게 이해하고 독립적, 전문가의 의견을 구하는 것이 적절한 경우임에도 이를 하지 않은 경우가 해당되며 이 외 (iii)매우 수익이 나는 거래 및 비즈니스 실무 및 통상적이지 않은 거래 또는 회사의 수익에 상당한 수준으로 기여하거나 사업운영에 중요한 영향을 미치는 개인에 대한 모니터링 등을 하지 않은 경우 '법적 책임질 의무'를 위반한 것으로 본다.

과할 수 있다. 이 경우 해당 경영자가 지위상 기울여야 할 주의를 기울이지 않은 것에 대한 증명책임은 금융감독기관에게 있다. 또한, FCA는 고위 경영자가 각자 맡은 업무와 관련해 효과적으로 내부통제를 함으로써 FSMA상에 마련한 법적 책임의무(duty of responsibility)를 위반하지 않았다고 판단하는 데 있어 고려하는 요소들을 지침(Guidance)으로 제공하고 있다. 한편, 이외에 최근에는 영국판 SOX[25]법을 마련하자는 안이 정부차원에서 제안되어 이해관계자의 의견을 수렴하는 과정에 있다.

• 그림 2-1. 고위 경영자의 '법적 의무(duty of responsibility)' 위반시 고려요소 •

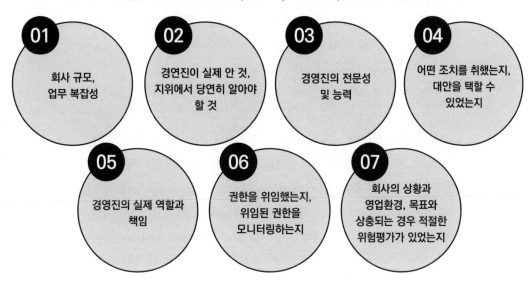

01 회사 규모, 업무 복잡성

02 경연진이 실제 안 것, 지위에서 당연히 알아야 할 것

03 경영진의 전문성 및 능력

04 어떤 조치를 취했는지, 대안을 택할 수 있었는지

05 경영진의 실제 역할과 책임

06 권한을 위임했는지, 위임된 권한을 모니터링하는지

07 회사의 상황과 영업환경, 목표와 상충되는 경우 적절한 위험평가가 있었는지

---

25) 2021년 3월 18일 BEIS(Department for Business, Energy & Industrial Strategy)는 감사와 회사지배구조에 대한 신뢰회복을 목적으로 백서에서 98개의 이슈를 다루면서 미국의 Sarbanes-Oxley법과 같이 강력한 내부통제 제도를 마련하여야 한다고 제안하였다. 예컨대 재무보고서에 내부통제의 유효성에 대하여 이사가 명시적으로 기술하고 이를 평가하기 위하여 사용되는 benchmark system을 기술하고 기술한 내용의 담보를 어떻게 제공할 것인지도 기술하도록 제안하고 있다. 아울러 회사는 감사 및 보장(Audit and Assurance) 정책을 수립하여 재무보고의 내부통제의 보장수준을 기술하며, 이사의 진술에 대해 외부감사를 받았는지 여부를 회사의 감사 및 보장정책서에 기술하도록 하는 내용들이 포함되어 있다.

영국 금융감독기관이 금융회사 고위 경영자에게 개인 책임을 부과한 사례[26]

□ 영국 금융감독기관이 내부통제 미비로 금융회사에 제재조치를 부과하면서 동시에 금융회사 고위 경영자에 대해서도 인적 제재를 부과한 경우는 많지 않지만 최근까지도 개인적 책임을 지우는 경향을 보이고 있음

① Peter Cummings 사건

- HBOS Plc의 전직 대표인 Peter Cummings에 대해 50만파운드의 제재금과 UK 내 은행, 건설공제조합, 투자회사, 보험회사의 이사(significant influence function) 의 지위에 취임하는 것을 금지하는 조치가 내려짐

- Cummings는 2006년 1월부터 2008년 12월 HBOS그룹의 계열인 Bank of Scotland Plc의 법인부문 대표를 맡았는데, FSA는 Cummings가 내부통제 프레임워크에 취약점이 있음을 알면서도(즉 직원이 위험보다 수익에 인센티브가 있음을 인식) 관련된 위험을 적절히 통제할 장치 없이 지나치게 공격적인 사업확장 정책을 추구하여 온 것과 스트레스 조짐을 보이는 대규모 거래를 적절하고 법인파트가 신중하게 관리하도록 합리적인 조치를 취하도록 주의를 기울이지 않음을 이유로 Approved Persons 제도상의 Statements of Principle 6과 FSA의 principles for Businesses의 Principle 3(management and control)을 위반하였다고 결정하였음

- 적절한 수준의 리스크 관리가 되도록 조직하고 통제를 효과적으로 하도록 합리적인 조치가 이루어지지 않고 있음을 알고 있었다는 이유로 제재조치를 받은 것임

② Angela Burns 사건

- 2013년 5월 부과된 것으로 FCA는 Angela Burns에 대하여 154,800파운드의 제재금과 금융회사의 임원 취임을 금지하는 명령을 부과하였음

- Burns는 2009년 1월과 2010년 5월 각각 상호공제조합의 비업무집행이사, 대표집행임원이었는데, 자신이 자문서비스를 제공하는 투자회사에 대하여 비업무집행이

사로 있는 상호공제조합의 비즈니스 기회에 관한 정보를 제공하면서 자문서비스를 갱신한 것에 대해 이해상충 위반을 이유로 부과된 것임

③ James Staley 사건

- 2018년 5월 FCA와 PRA가 공동으로 Barclays의 최고경영자인 James Staley에 대하여 개인제재조치를 부과한 건
- Staley는 2016년 6월 Barclays가 받은 '자신이 Barclays의 주주라고 한 익명의 서신'을 받은 데 대해 선량한 관리자의 주의를 다하지 않았다고 인정되었음
- Staley는 2015년 12월 1일 CEO로 취임하였고 FCA로부터 Senior Manager Regime 상의 SMF1(Chief Executive) 기능을 승인받았으므로, 행위규칙인 Individual Conduct Rule 2에 규정된 선관주의(act with due skill, care and diligence)를 준수하여야 함
- Barclay는 그룹 직원에 대해 우려를 표명한 두 통의 서신을 받았는데 한 통은 주주로부터 온 것이라고 믿었으며, 두 번째 서신은 내부고발정책에 따라 직원이 보낸 것이었음
- Staley는 두 통의 서신을 보낸 자를 확인하려고 시도하였고 이 서신에는 여러 가지 주장이 담겨져 있었는데, Staley는 첫 번째 서신을 보낸 자를 찾으려고 하였고 동일인이라고 보아 내부고발자 정책을 준수하는 데 실패하였음
- FCA는 이러한 시도에 대해 CEO로서 민원을 제기한 자를 찾으려고 하기보다는 적절한 거리를 유지했어야 하였는데 그러지 않았다고 보아 Staley의 행위는 선량한 관리자로서 행동할 의무(to act with due care, skill and diligence)를 위반한 것이라고 하여 642,430파운드의 제재금을 부과하였음
  - 첫 번째 서신의 민원 조사와 관련하여 이해상충이 있을 수 있음을 감안하여 관여하지 않도록 조치를 취했어야 하며, 민원 제기자에게 철회하거나 민원을 반복해서 내지 않도록 압박을 주려는 인상을 주지 않았어야 하는데 그러지 못했다는 것임

---

26) 자본시장연구원, 2022.1월 이효섭·이석훈·안수현 "주요국 내부통제 제도 현황 및 한국 내부통제 제도 개선방향" 등을 참고한다.

3. G20/OECD 기업지배구조원칙

G20/OECD 기업지배구조원칙은 1999년 제정된 이후 2004년 1차 개정, 2015년 2차 개정 이후 8년 만인 2023년에 3차 개정이 발표되었다. G20/OECD 기업지배구조원칙(G20/OECD Principles of Corporate Governance)은 법적 구속력은 없으나, OECD 및 G20 회원국 등 50여 개국을 포함하여 전 세계 많은 국가에서 이를 기업지배구조에 대한 기준(benchmark)으로 활용하고 있으며, 국내외 ESG 평가 기준 작성시에도 중요하게 참고되고 있다. 또한, 의결권 행사 등 주주 참여활동에 적극적인 기관투자자들은 G20/OECD 기업지배구조 원칙을 중요한 행동기준으로 활용하고 있다.

우리나라에서도 한국ESG기준원의 기업지배구조 모범규준 및 한국 스튜어드십 코드, 한국거래소의 기업지배구조 원칙에 G20/OECD 기업지배구조 원칙이 반영되어 있다. 이번 3차 개정은 기업지배구조 개선을 통해 경제의 지속가능성과 회복력에 기여하고 기업 금융에 대한 접근성을 개선하기 위하여 글로벌 상장기업의 소유구조 집중화, ESG 위험 관리 필요성 증대, 기관투자자의 역할 및 스튜어드십 코드, 디지털화 확산 등 최근 동향을 반영하였다.[27]

4. 국제 표준 컴플라이언스 프로그램[ISO 37301(2021)]

ISO 37301(2021)은 미국을 포함해 세계 각국이 참여하는 국제표준화기구(ISO)[28]에서 제안하는 컴플라이언스 프로그램이다. 우리나라의 경우 청탁금지법 제정 이

---

27) 법무법인 세종, 2023.10.12.일자 보고서 "G20/OECD 기업지배구조 원칙 3차 개정 발표"를 참고한다.

28) 국제 표준화 기구(ISO; International Organization for Standardization)는 1946년에 설립된 민간기구로 전 세계 165개국이 참여하여 2만여 건의 국제 표준을 제안하는 단체이다.

• 표 2-1. 3차 개정된 G20/OECD 기업지배구조원칙의 주요 내용 •

구성요소	세부 내용
1. 기업의 지속가능성과 회복력	• 거버넌스 원칙, 지속가능성 관련 정보의 공시, 주주 및 이해관계자에 대한 고려, 지속가능성 위험 관리에 관한 이사회의 책임 등을 포함하는 VI장(지속가능성 및 회복력)을 신설 • 기업의 지속가능성과 회복력을 지원하기 위한 거버넌스, 위기 및 위험 관리에 대한 내용을 추가
2. 기업집단 감독 및 공시	• 기업집단에 대한 명확한 규제 프레임워크를 통해 그룹 내 상장회사들에 대한 효과적인 감독을 보장해야 한다고 규정 • 자본구조, 기업집단 구조 및 지배방식에 대한 공시, 특수관계자 거래에 대한 주의 및 이사회 구성원의 정보 접근성에 대한 규정
3. 기관투자자의 역할	• 기업지배구조 정책을 통해 기업에 대한 기관투자자의 참여를 촉진하고 지원해야 하며, 스튜어드십 코드는 이러한 참여를 장려하는 보완기제 • 기존에 규정한 이해상충 방지 주체에 ESG 평가기관에 관한 내용을 추가하여 ESG 평가 방법론의 투명한 이용을 강조
4. 이사회의 책임	• 이해관계자들의 이익을 고려하고 공정하게 다루어야 한다는 규정을 신설 • 이사회의 위험관리 감독 중요성을 강조하고, 이때 실질적인 지속가능성 문제를 고려해야 한다고 규정 • 이사회가 이사들의 성별 및 기타 다양성 요소에 대하여 정기적으로 평가할 것을 권고
5. 디지털 기술의 활용	• 기업 거버넌스에 대한 디지털 기술의 활용에 관한 내용을 신설 • 디지털 기술의 이점과 함께 보안 등 디지털 기술로 인한 위험관리에 주의를 기울여야 함 • 주주들의 참여를 촉진하고 비용을 절감하기 위하여 전자주주총회가 법적으로 허용되어야 하나, 이 경우 정보 접근성 및 참여 기회의 균등이 보장되어야 한다고 규정

후 국민권익위원회에서 글로벌 수준의 부패방지를 위해 공공과 민간의 분야에 ISO 37001(2016) 부패방지경영시스템 도입을 유도한 바 있다. 또한, 국가기술표준원에서는 ISO 37001(2016)을 KS 표준화하여 KS AISO 37001(2016)을 제정하여 청탁금지법 및 반부패관련 법규 이행을 보조하며 사회적인 부패방지에 역할을 하도록 하고 있다.

국제표준화 기구(ISO)가 제안한 국제 표준 컴플라이언스 프로그램은 ISO 7301(2021) Compliance management system(준법경영시스템)으로 ISO 19600(2014)이 2014년 제안된 이후 6년 여의 검토 후 2021년 4월에 개정되었다. ISO 37301(2021)은 국제표준화기구가 정한 각 나라의 인증기관에 의해 사전요건을 충족하고 인증을 받아야 외부에 표시할 수 있어 별도의 인증절차가 필요하다.[29]

5. 우리나라

5-1. IMF 외환위기와 내부통제제도 도입

우리나라에서 내부통제제도의 도입은 금융회사로부터 시작되었다. 1997년 발생한 IMF 외환위기의 주요한 원인으로 재벌총수 등 소수의 독단적 경영, 부실하고 불투명한 여신관리로 인한 금융자산 부실화, 경영진 견제장치 미흡, 효과적인 금융리스크 관리체제 취약 등이 지적되었다. 이에 국제통화기금(IMF)[30]은 금융시장의 규제완화, 구조조정 및 개방화와 동시에 내부통제제도 강화를 정책적 권고사항으로 요구

---

29) 윤지훈, 2021년 "은행의 컴플라이언스 프로그램 운영에 관한 고찰 – ISO 37301(2021) Compliance Management System을 중심으로"를 참고한다.

30) 국제통화기금(IMF: International Monetary Fund)은 2차 세계대전 이후 정치적, 경제적으로 세계적인 주도권을 잡은 미국의 주도로 1944년 브레턴우즈협정에 따라 1945년 12월 설립되었다. 국제 수지 적자 누적으로 인한 외화 부족이나 신용 추락으로 외화를 차입할 수 없는 국가에 대하여 단기자금을 제공하여 세계 경제를 안정시키고, 나아가 국제 무역을 증진시키기 위하여 설립된 국제경제기구이다. 우리나라는 1997년 외환위기로 IMF에 구제금융을 신청하였고, 1999년 5월 20일까지 총 10차에 걸쳐 195억 달러를 차입하는 등 IMF 구제금융으로 외환위기를 극복한 바 있다.

하였다. 우리나라 정부는 IMF의 권고를 받아들여 은행법 등 개별 금융업법의 개정을 통해 2000년부터 2001년까지 은행, 저축은행, 종합금융회사, 보험회사, 증권회사 등 금융회사에 대해 내부통제기준과 준법감사인 제도를 도입하였다.

5-2. 금융회사지배구조법 제정 · 시행으로 내부통제제도 일원화

개별 금융업법에 근거하여 업권별로 각각 규제하고 있던 금융회사의 내부통제제도는 2016년 8월 1일 「금융회사의 지배구조에 관한 법률」(이하 "금융회사지배구조법")이 시행되면서 모두 통합되어 현재에는 금융회사지배구조법에서 규율하고 있다. 금융회사지배구조법의 제정 · 시행으로 준법감시인의 지위 격상 및 임기 보장, 준법감시인의 독립성 강화, 준법감시부서의 인력 확충 및 권한 강화, 경영진의 내부통제 관련 책임 강화 등 내부통제제도가 한층 제고되었다.

5-3. 일반 기업에 대한 내부통제제도

금융회사가 아닌 일반 기업에 대한 내부통제제도는 2001년 "재무보고에 관한 내부통제제도(내부회계관리제도[31])"가 기업구조조정촉진법[32]에 처음 도입되었다. 내부회계관리제도는 기업의 전체 업무에서 발행하는 회계처리의 절차와 과정이 적절하게 작동하는지를 확인하고 검증하는 것으로서 회계처리의 오류를 줄이는 데 목적이 있

---

31) 내부회계관리제도는 기업이 경영목적을 달성하기 위하여 설치·운영하는 내부통제제도의 일부분으로서, 기업회계기준에 따라 작성·공시되는 회계정보의 신뢰성을 확보하기 위하여 기업내부에 설치하는 회계통제시스템이다.

32) 기업구조조정촉진법은 1997년 IMF 외환위기 상황에서 신속한 기업의 워크아웃을 추진 및 지원하기 위해 임시적으로 만들어진 일종의 '기업도산 지원제도'이다. 2001년 한시법으로 시작된 기업구조조정촉진법은 워크아웃의 근거법으로서, 하이닉스 · 현대건설 등 주요 기업 정상화에 기여한 바 있으며, 그간 수 차례 실효되었으나 조속한 기업 정상화를 위한 유용한 제도임을 인정받아 2023년 10월 일몰되기에 이르기까지 6차에 걸친 제 · 개정을 거쳐 유지되어 왔다. 그러나, 일몰 조건에 따른 자동폐지에도 불구하고 고금리·고환율·고물가의 3高의 어려움 속에 취약 중소기업을 중심으로 한계기업 증가 등 부실 확대 우려가 제기되면서 기업구조조정촉진법의 중요성이 점차 부각되었고, 일몰 이후에도 워크아웃 제도의 필요성에 대한 금융권 및 경제단체 등 각계 각층의 공감대 속에 재입법을 추진하여 왔다. 이에 2023년 12월 8일 기업구조조정촉진법(3년간 일몰제 조건 유지)이 국회 본회의를 통과하여 같은 달 26일 다시 제정 · 시행되었다.

다. 현재에는 「주식회사등의 외부감사에 관한 법률」(이하 "외부감사법")에서 내부회계관리제도를 규율하고 있다.

아울러, 2011년에는 상법 개정을 통해 상장회사에 대한 준법통제기준과 준법지원인(Compliance Officer)이 도입되었다. 최근 사업연도 말 현재의 자산총액이 5천억 원 이상인 상장기업은 의무적으로 준법통제기준을 적용하여야 한다. 준법통제기준이란 법령을 준수하고 회사경영을 적정하게 하기 위하여 임직원이 그 직무를 수행할 때 따라야 할 준법통제에 관한 기준 및 절차이다.[33] 준법통제기준이 적용되는 상장회사는 그 기준의 준수에 관한 업무를 담당하는 1인 이상의 준법지원인을 두어야 한다.[34] 일반 기업은 내부회계관리제도 내지 준법통제기준에 국한되지만 금융회사는 일반 기업보다 상대적으로 보다 광범위한 내부통제 규제가 적용되고 있다.

5-4. 금융소비자보호법 제정 · 시행으로 금융소비자보호 내부통제제도 도입

2021년 3월 25일 「금융소비자 보호에 관한 법률」(이하 "금융소비자보호법")이 시행되었다. 금융소비자보호법은 금융회사지배구조법 상 내부통제제도와는 별도로 금융상품 판매행위 및 금융소비자보호와 관련된 내부통제기준 및 조직 운영에 대해 규정하고 있다.

KIKO, 저축은행 후순위채, 동양그룹CP 등 불완전판매로 인한 대규모 피해가 연이어 발생하자 2011년 7월 박선숙 의원이 금융소비자보호법 제정안을 처음 발의하였다. 이후 총 11개 법률안이 논의되었으나 장기간 합의점을 찾지 못하였다. 2019년 라임펀드 등 사모펀드 불완전판매로 금융소비자가 또다시 큰 피해를 입게되자 금융소비자보호법 제정에 대한 사회적 공감대가 확산되었다. 이에 2020년 3월 5일 첫 법률안 제출 후 9년여 만에 국회 본회의를 통과하여 같은 해 3월 25일 금융소비

---

33) 금융회사지배구조법 상 내부통제기준과 유사하다.
34) 금융회사지배구조법 상 준법감시인과 유사하다.

자보호법이 제정되었으며, 2021년 3월 25일부로 시행되었다.

5-5. 금융회사지배구조법 개정 · 시행 및 책무구조도 도입 등

사모펀드 등 대규모 불완전판매, 직원횡령 등 거액 금융사고가 잇따라 발생하자 금융위원회와 금융감독원은 2022년 각계 전문가들로 구성된 T/F 운영을 통해 "내부통제 제도개선 방안"을 검토 · 논의하였다. 그 결과, "은행 · 중소서민 내부통제 운영 개선과제(발표일 : 2022년 10월 4일)", "국내은행 내부통제 혁신방안(발표일 2022년 11월 4일)" 그리고 "금융회사지배구조법 상 내부통제 개선방안(발표일 2023년 6월 22일)"이 각각 발표되었다. 또한, 해당 개선방안의 입법화를 추진하여 2023년 12월 8일 금융회사지배구조법 개정안이 국회 본회의를 통과(개정일 : 2024년 1월 2일)되었고 2024년 7월 3일 시행되었다.

개정 금융회사지배구조법은 금융회사 내부통제의 효과적 작동을 위해 금융회사로 하여금 책무구조도(Responsibility map)[35]를 마련토록 하고 각 대표이사 · 임원에게 내부통제 관리의무[36]를 부여하였으며, 이사회의 내부통제 감시 역할을 강화[37]하였다. 또한, 중대 금융사고[38]가 발생한 경우에는 해당 사고를 유발한 사람뿐만 아니라 내부통제 관리조치를 未실행하거나 불충분하게 실행하여 관리의무를 위반한 대표이사와 소관 임원에 대해서는 직접적으로 신분적 제재[39]를 부과할 할 수 있는 근거도 마련하였다. 다만, 금융사고 발생시에도 상당한 주의[40]를 다하여 내부통제 관리조치

---

35) 책무구조도에 대한 자세한 내용은 "제3강 금융회사지배구조법 상 내부통제제도"를 참고하길 바란다.

36) 내부통제 관리의무에 대한 자세한 내용은 "제3강 금융회사지배구조법 상 내부통제제도"를 참고하길 바란다.

37) 이사회의 내부통제 감시 역할 강화와 관련한 자세한 내용은 "제3강 금융회사지배구조법 상 내부통제제도"를 참고하길 바란다.

38) 중대 금융사고란 사회적 파장이나 금융소비자 및 금융회사 건전성에 미치는 영향이 심각한 금융사고를 말한다.

39) 금융사고의 발생을 초래한 위법행위에 대한 감독자책임이 아닌, 관리의무 위반행위에 대한 고유의 자기책임으로 제재조치를 받는다. 책무구조도 상 임원은 소관 영역에 대한 최종 책임자이므로, 현행 「금융기관 검사 및 제재에 관한 규정」(이하 "검사 · 제재규정"에 따른 "감독자-지시자-보조자" 책임은 별도로 묻지 않는다.

를 한 경우 제재조치와 관련하여 책임 경감 또는 면제를 받을 수 있다. 개정 금융회사지배구조법은 금융회사 경영진 및 이사회 구성원 각자가 내부통제 역할과 책임에 대해 명확히 인식하고 책임 영역 내에서 상시 점검하며, 견제와 균형 속에서 내부통제가 원활하게 이루어질 수 있는 토대를 구축하는 데 도움이 될 것으로 기대된다.[41]

• 그림 2-2. 우리나라의 내부통제제도 연혁 •

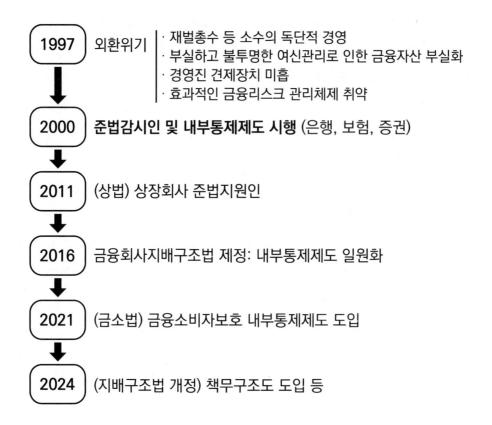

40) "상당한 주의"는 사전적으로, 객관적으로 예측가능한 정도의 관리조치를 취했는지 여부로 판단한다.

41) 보험연구원, 양승현 연구위원 2024.2.4. "금융회사지배구조법 개정의 주요 내용 : 내부통제 개선 관련"을 참고한다.

138

03

내부통제제도의
목적, 역할 및 구성요소

1. 내부통제제도의 목적

　기업이 내부통제제도를 운영하는 이유는 성과목적(Performance Objective), 정보목적(Information Objective), 준법목적(Compliance Objective)으로 크게 나누어진다. 먼저, 성과목적은 영업활동의 효율성 달성과 관련된다. 기업은 자산과 자원을 효율적으로 사용하고 손실발생을 최소화하는 등 영업활동과 관련하여 효율성을 제고하기 위해 내부통제제도를 운영한다. 또한 내부통제제도는 과도한 비용을 유발하지 않고 기업의 이익을 최우선적으로 고려하면서 모든 구성원이 기업의 목표를 효율적으로 달성하기 위해 노력하는 것이다.

　둘째, 정보목적은 재무 및 경영정보의 신뢰성·완전성·적시성 유지와 관련된다. 기업은 내부통제제도를 통해 경영의사결정을 위한 시의적절하고 신뢰성 있고 합목적적인 각종 보고서를 준비하고 경영진, 주주, 감독당국, 여타 이해관계자 등 정보이용자에게 신뢰성 있는 재무적 정보를 제공할 수 있다. 경영진 등 정보이용자에게 전달된 정보는 이들이 의사결정에 유용하게 이용할 수 있도록 질적으로도 양질이어야 한다.

셋째, 준법목적은 관련 법령, 규정 및 정책의 준수와 관련된다. 내부통제는 기업의 모든 활동이 관련법규, 감독기준, 당해 기업의 제반 정책과 절차를 준수하면서 이루어지도록 함으로써 기업의 영업권과 지명도를 보호하기 위하여 실시된다.

이러한 개별적인 목적들은 기업의 전반적인 목표달성 과정상 서로 중복(overlapping)되며 상호 보완적인 성격을 지닌다. 기업은 영업규모, 영업활동의 특성 및 리스크 특성 등을 고려하여 개별적인 목적 달성뿐만 아니라 전체적인 조직목표 달성에 부합하는 효과적인 내부통제체제를 구축 · 운영하여야 한다.

따라서, 기업의 내부통제체제는 성과목적, 정보목적, 준법목적을 각기 달성하는 것이 아니라 3가지 목적을 동시에 달성하는 방향으로 구축되었을 때 경영목표 달성과 계속기업으로 생존이 가능하다는 것을 의미한다.[42]

• 그림 2-3. 내부통제제도의 목적 구조도 •

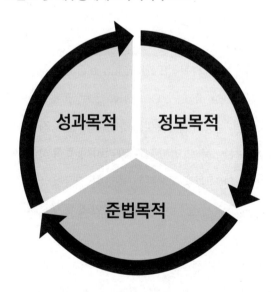

성과목적   정보목적

준법목적

"내부통제제도는 3가지 목적을 동시에 달성하는 방향으로 구축되었을 때 경영목표 달성과 계속기업으로 생존이 가능"

---

42) 금융감독원 2002년 '미 감독당국의 내부통제 및 감사제도 운영기준', 금융감독원 2023.3월 "저축은행 검사업무 매뉴얼"을 참고한다.

2. 내부통제제도의 역할

내부통제제도는 회사가 직면한 제반 위험의 관리를 위해 스스로 마련한, 임직원이 준수하는 일련의 절차를 지칭한다. 법률위반과 관련된 준법위험뿐만 아니라, 회사의 건전경영, 주주 및 이해관계자 보호 등에 지장을 초래할 수 있는 위험을 관리하는 데 목적이 있다. 조직 구성원의 업무처리와 관련된 절차를 사전에 마련함으로써 위험규모와 발생확률을 낮추는 것이 가능하다.

동시에, 내부통제는 소유와 경영이 분리된 회사내 주인-대리인 문제[43]를 해결하기 위한 대리인 감시장치로서 역할을 수행한다. 즉, 수임자의 업무수행에 관한 프로세스 구축 및 모니터링을 통해 수임자의 업무처리가 위임자의 이익에 기여하도록 유도한다. 내부통제를 충실히 구축 운영한 임원진은, 회사에 손해를 초래하는 사건 사고가 발생하더라도 면책받을 수 있는 보호막으로도 작용한다. 임원진이 의사결정 당시 최선으로 보이는 합리적 선택을 하였다면 결과적으로 회사에 손해를 초래하더라도 경영판단의 원칙[44]에 따라 개별 경영진 또는 이사에게 법적책임을 묻지 않고 보호하듯이, 내부통제원리를 통해 감시의무 위반에 대한 면책이 가능하다.

마지막으로, 외부통제의 내부화를 통해 외부장치만으로는 적발이 어려운 내부 위법행위를 포착함으로써 사회적 비용도 절감할 수 있다. 또한, 경직적인 외부규제가

---

43) 주인-대리인 문제(principal-agent problem)란 주주(주인)-회사(대리인) 또는 이사회(주인)-경영진(대리인) 관계와 같이 주계약관계에서 권한을 위임하는 사람을 주인(principal)이라고 하며 권한을 위임받는 사람을 대리인(agent)이라고 한다. 이때 주인은 대리인에게 자신의 권한을 위임하면서 주인을 위해 노력해 줄 것을 약속받고 그에 따른 보상을 해주기로 계약을 맺는다. 하지만, 정보의 비대칭성으로 인해 대리인이 주인이 아니라 자신의 이익을 위해 일하는 도덕적 위해(moral hazard)가 발생하면서 주인의 경제적 효율성이 달성되지 않거나 피해를 입을 수도 있는데 이러한 상황을 가리켜 대리인 문제라고 한다.

44) 경영판단의 원칙이란 경영자가 기업 이익을 위해 신중하게 판단했다면 예측이 빗나가 기업에 손해가 발생한다 해도 배임죄로 처벌할 수 없다는 원칙을 말한다. 대법원은 2004년 대한보증보험의 한보그룹에 대한 특혜 보증 사건에서 '기업 경영에는 원천적으로 위험이 있기 때문에 경영자가 개인적인 이익을 취할 의도 없이 기업 이익에 합치한다고 믿고 신중하게 결정했다면 결과적으로 기업에 손해가 발생해도 배임죄로 벌할 수 없다'고 판시했다. 배임죄에서 이른바 '경영판단의 원칙'을 정립한 첫 판례다. 당시 대법원이 경영판단의 원칙을 제시한 것은 형법·상법 상 배임죄의 '임무에 위배해 타인에게 손해를 가한 행위'라는 모호한 범죄 요건으로 수많은 기업인이 검찰의 무리한 기소로 법정에 서는 사례가 속출했기 때문이다.

포착하지 못하는 회사 고유위험을 스스로 조기에 식별 대응토록 하여 규제비용과 사회적 부담을 경감할 수 있다.[45]

3. 내부통제제도의 구성 요소

3-1. 개요

2013년에 COSO는 개정된 '내부통제-통합 프레임워크(the COSO Internal Control—Integrated Framework; ICIF-2013)'를 발표하였다.[46] COSO의 ICIF-2013에 의하면 내부통제제도는 통제환경(control environment), 위험평가(risk assessment), 통제활동(control activities), 정보와 소통(information and communication), 감시활동(monitoring activities) 등 다섯 가지 요소로 구성된다.[47]

또한, COSO의 ICIF-2013에 의하면, 내부통제제도의 5개 구성요소에는 각 요소별로 2~5개의 원칙이 포함되어 있고 이를 합하여 총 17개의 원칙이 있다. 이는 내부통제가 얼마나 효과적으로 운영될 수 있는지 설명하는 프레임워크의 핵심을 구성한다. 기업은 내부통제제도의 5개 구성요소와 각 요소별 모든 원칙들이 상호유기적

---

45) 금융위원회·금융감독원, 2023.6.22일자 보도자료 "금융사고, 제재보다 예방에 주력 – 금융권 내부통제 제도개선 방안 발표-" [별첨 2] 중 참고1

46) COSO는 1992년(1994년까지 일부 개정 포함)에 내부통제-통합 프레임워크(ICIF: the COSO Internal Control—Integrated Framework)를 발표하고 내부통제에 대한 정의와 내부통제시스템의 평가 및 개선에 대한 공통 프레임워크를 제공하였다. ICIF는 2002년 SOX법(Sarbanes-Oxley Act)을 운영하는 수단이 되었다.

47) 바젤위원회는 1988년 9월 발표한 "은행의 내부통제시스템 체제(Framework for Internal Control System in Banking Organization)"라는 제하의 보고서를 통해 내부통제시스템의 구성요소를 경영감독 및 통제문화(management oversight and the control culture), 리스크 인식 및 평가(risk recognition and assessment), 내부통제활동 및 직무분리(control activities and segregation of duties), 정보 및 의사소통(information and communication), 모니터링 활동 및 결점의 시정(monitoring activities and correcting deficiencies) 등 5가지 요소를 제시하였다. 은행의 대규모 손실에서 관찰되는 문제는 이 다섯 가지 요소와 일맥상통한다고 지적하면서 은행의 성과, 정보, 컴플라이언스 목표를 달성하기 위해서는 필수적으로 5가지 구성요소와 각 요소별로 갖추어야 할 원칙(총 12개)이 효과적으로 기능해야 한다고 주장하였다.

으로 작동할 수 있는 효과적인 내부 통제시스템을 구축하고 운영하여야 한다.

내부통제제도의 5개 구성요소 및 각 요소별 원칙에 대한 구체적인 내용을 COSO의 ICIF-2013과 바젤위원회의 "은행의 내부통제시스템 체제(Framework for Internal Control System in Banking Organization, 1998년 9월 발표)" 등을 참고하여 살펴보고자 한다.

3-2. 5개 구성요소별 세부 내용

먼저, 통제환경은 이사회와 경영진의 역할과 책임하에 조성되어야 하고 기업문화와 임직원의 직업윤리가 포함된다. 세부적으로는 윤리적 가치에 대한 약속, 독립적인 이사회 감독, 구조·보고라인·권한 책임, 유능한 인재의 유치·개발·유지, 내부통제에 대해 책임지는 사람 등 5개 원칙이 있다.

둘째, 위험평가는 내부통제제도의 3가지 목적인 성과목적(Performance Objective), 정보목적(Information Objective), 준법목적(Compliance Objective)에 부정적인 영향을 미칠 수 있는 각종 위험을 파악하고 통제하는 체제와 활동을 말한다. 세부적으로는 명확한 목표 지정, 목표달성을 위한 식별된 위험, 사기(fraud) 잠재성 고려, 중요한 변화 확인 및 평가 등 4개 원칙이 있다.

효과적인 내부통제시스템은 기업의 목표 달성에 부정적인 영향을 미칠 수 있는 중대한 위험을 인식하고 지속적으로 평가할 것을 요구한다. 이 평가는 개별 기업 및 소속된 그룹 전체가 직면한 모든 위험(즉, 신용위험, 국가위험, 시장위험, 이자율위험, 유동성위험, 운영위험, 법적위험 및 평판위험)을 다루어야 한다. 새로운 위험이나 이전에 통제되지 않았던 위험을 적절하게 해결하기 위해 내부 통제절차를 개선해야 할 수도 있다.

셋째, 통제활동은 이사회와 경영진이 제시한 경영목표에 맞게 내부통제정책 및 절차를 수립하고 그 정책과 절차가 제대로 준수되고 있는지를 점검하는 활동이다. 세부적으로는 통제활동 선택 및 개발, 일반 IT 제어 선택 및 개발, 정책 및 절차를 통해 배포된 통제수단 등 3개 원칙이 있다.

통제활동은 기업의 일상 활동의 필수적인 부분이어야 한다. 효과적인 내부통제시스템을 위해서는 모든 비즈니스 수준에서 고위경영진의 리뷰, 다양한 부서에 대한 적절한 활동통제, 물리적 통제 등과 같은 적절한 통제구조가 설정되어야 한다. 노출된 위험이 제한된 범위에서 준수되는지 여부를 확인하고 만일 준수되지 못한 경우 후속 조치를 취할 수 있는 검증과 허가시스템을 갖추어야 한다. 또한, 내부통제시스템에서는 업무가 적절하게 분리되고 직원에게 이해상충되는 책임이 할당되지 않아야 한다. 잠재적인 이해상충이 발생할 수 있는 영역을 식별하고 최소화해야 하며 신중하고 독립적인 모니터링을 받아야 한다.

넷째, 정보와 소통은 시의적절하게 내부통제와 관련된 정보가 공유되고 의사가 소통되는 체계를 갖출 것을 요구한다. 세부적으로는 품질정보의 획득·생성·사용, 내부통제정보의 내부적 전달, 내부통제정보의 외부적 전달 등 3개 원칙이 있다. 효과적인 내부통제시스템을 위해서는 적절하고 포괄적인 내부 재무, 운영 및 규정 준수 데이터는 물론, 외부시장정보도 있어야 한다. 의사결정 및 정보는 신뢰할 수 있고 시의적절하며 접근 가능해야 하며, 일관된 형식으로 제공되어야 한다.

기업의 모든 중요한 활동을 포괄하는 신뢰할 수 있는 정보 시스템이 마련되어 있어야 한다. 전자형식으로 데이터를 보유하고 사용하는 시스템을 포함하여 안전하고 독립적으로 모니터링되며 적절한 비상조치를 통해 지원되어야 한다. 모든 직원이 자신의 의무와 책임에 영향을 미치는 정책과 절차를 완전히 이해하고 준수하며 기타 관련 정보가 해당 직원에게 전달되도록 보장하는 효과적인 의사소통 채널이 필요하다.

다섯째, 감시활동은 내부통제체계를 구축하고 운영하는 과정에서 문제점을 조기에 인식하고 이를 즉각적으로 시정하는 활용으로 준법감시인에 의한 통제활동 모니터링과 내부감사에 의한 내부통제체계 점검을 포함한다. 세부적으로는 지속적인 평가 및(또는) 별도의 평가 수행, 내부통제 결함의 평가 및 전달 등 2개 원칙이 있다. 주요 위험에 대한 모니터링은 기업의 일상 활동의 일부일 뿐만 아니라 사업부문 및 내부 감사에 의한 주기적인 평가도 포함되어야 한다. 독립적이고 적절한 교육을 받은 유능한 직원이 효과적이고 포괄적인 내부감사를 수행해야 한다. 내부감사 기능은 내부통제시스템 모니터링의 일환으로 이사회나 감사위원회, 고위 경영진에게 직접 보고해야 한다.[48]

• 표 2-2. 내부통제제도의 5개 구성요소 내용 및 각 요소별 원칙 •

구성요소	내용	각 요소별 원칙
통제환경 (control environment)	• 이사회와 경영진의 역할과 책임하에 조성 • 기업문화와 임직원의 직업윤리 포함	① 정직하고 윤리적 가치에 대한 약속 ② 독립적인 이사회 감독 ③ 구조, 보고라인, 권한 책임 ④ 유능한 인재의 유치, 개발 및 유지 ⑤ 내부통제에 대해 책임지는 사람
위험평가 (risk assessment)	• 내부통제제도의 3가지 목적인 성과목적, 정보목적, 준법목적에 부정적인 영향을 미칠 수 있는 각종 위험을 파악하고 통제하는 체제와 활동	⑥ 명확한 목표 지정 ⑦ 목표달성을 위한 식별된 위험 ⑧ 사기(fraud) 잠재성 고려 ⑨ 중요한 변화 확인 및 평가
통제활동 (control activities)	• 이사회와 경영진이 제시한 경영목표에 맞게 내부통제 정책 및 절차를 수립하고 그 정책과 절차가 제대로 준수되고 있는지를 점검하는 활동	⑩ 통제활동 선택 및 개발 ⑪ 일반 IT 제어 선택 및 개발 ⑫ 정책·절차를 통해 배포된 통제 수단
정보와 소통 (information and communication)	• 시의적절하게 내부통제와 관련된 정보가 공유되고 의사가 소통되는 체계를 갖출 것을 요구	⑬ 품질정보의 획득, 생성, 사용 ⑭ 내부통제정보의 내부적 전달 ⑮ 내부통제정보의 외부적 전달
감시활동 (monitoring activities)	• 내부통제체계를 구축하고 운영하는 과정에서 문제점을 조기에 인식하고 이를 즉각적으로 시정하는 활용 • 준법감시인에 의한 통제활동 모니터링과 내부감사에 의한 내부통제체계 점검	⑯ 지속적인 평가 및(또는) 별도의 평가수행 ⑰ 내부통제 결함의 평가 및 전달

---

48) COSO 2023년판, ACHIEVING EFFECTIVE INTERNAL CONTROL OVER SUSTAINABILITY REPORTING (ICSR): Building Trust and Confidence through the COSO Internal Control—Integrated Framework p19

내부통제제도의
운영주체

1. 의의

내부통제제도는 내부통제조직에 의해 운영된다. 내부통제제도의 운영주체인 내부통제조직을 금융회사를 기준으로 살펴보면, 이사회, 대표이사, 내부통제위원회, 준법감시인 및 준법감시부서 등으로 구성된다. 내부통제제도가 성공적으로 운영되기 위해서는 조직의 모든 구성원이 내부통제 프로세스에서 자신의 역할을 이해하고 프로세스에 전적으로 참여해야 한다. 따라서, 내부통제조직에 소속된 임직원뿐만 아니라 조직내 모든 구성원이 내부통제제도의 운영주체에 해당한다고 봄이 타당하다. 특히, 이사회와 경영진은 모든 임직원이 내부통제제도의 중요성과 동 제도의 운영과정에서 자신의 역할을 이해하고 내부통제활동에 적극 참여할 수 있도록 통제문화를 형성하는 데 노력하여야 한다.

바젤위원회가 1998년 9월에 발표한 "은행의 내부통제시스템 체제(Framework

for Internal Control System in Banking Organization)"와 2010년 10월에 발표한 "기업지배구조 강화 원칙(Principles for enhancing corporate governance)", 우리나라 전국은행연합회의 "은행권 표준내부통제기준"[49] 등을 참고하여 내부통제제도의 운영주체별로 역할과 책임에 대해 살펴보고자 한다.

2. 내부통제제도의 운영주체 및 역할

2-1. 이사회

이사회는 사업 및 전략, 조직, 재무건전성, 거버넌스 등 기업에 대한 전반적인 책임을 적극적으로 수행해야 하며, 기업의 전반적인 사업 전략과 중요한 정책을 승인하고 정기적으로 검토할 책임이 있다. 기업이 운영하는 주요 위험을 이해하고, 이러한 위험에 대해 허용 가능한 수준을 설정하며, 고위 경영진이 이러한 위험을 식별, 측정, 모니터링 및 통제하는 데 필요한 조치를 취하도록 보장(ensuring)한다. 고위 경영진이 내부통제시스템의 효율성을 모니터링하고 있는지 확인한다. 이사회는 적절하고 효과적인 내부 통제 시스템을 확립하고 유지하는 데 궁극적인 책임을 진다.

전국은행연합회의 "은행권 표준내부통제기준"에 따르면, 이사회는 기업의 내부통제에 대한 최종적인 책임을 지고 내부통제체계의 구축 및 운영에 관한 기본방침을 정하며, 내부통제에 영향을 미치는 경영전략 및 정책을 승인하고 내부통제기준, 내부통제체계 등 내부통제와 관련된 주요시항을 심의·의결한다. 또한, 이사회는 내부통제 취약부분에 대한 개선계획 등의 제출을 대표이사에게 요구할 수 있으며, 내부통제기준을 위반하거나 내부통제 취약부분에 대해 책임있는 임직원에 대한 징계조치를 대표이사에게 요구할 수 있다.

---

49) 2016년 시행된 금융회사지배구조법의 안착을 위해 각 금융협회는 업권별로 '표준내부통제기준'을 제정하였으며, 소속 금융회사들은 동 표준기준을 벤치마킹하여 자체 실정에 맞게 내부통제기준을 마련하여 준수하고 있다.

2-2. 고위 경영진(Senior management)

대표이사를 포함한 기업 경영의 핵심임원에 해당하는 고위 경영진은 기업의 활동이 사업전략, 위험감수(risk tolerance)와 위험성향(risk appetite) 및 이사회의 승인 정책과 일치하는지 확인하고 이를 실행할 책임이 있다. 기업에 발생한 위험을 식별, 측정, 모니터링 및 통제하는 프로세스를 마련해야 한다. 책임, 권한 및 보고 관계를 명확하게 할당하는 내부통제체제를 구축하고 유지해야 하며, 조직의 임직원별로 위임된 책임이 효과적으로 수행되도록 보장해야 한다. 적절한 내부통제기준을 마련하고 그 기준이 제대로 준수될 수 있도록 내부통제시스템의 적절성과 효율성을 모니터링해야 한다.

전국은행연합회의 "은행권 표준내부통제기준"에 따르면, 대표이사는 이사회가 정한 내부통제체계의 구축 · 운영에 관한 기본방침에 따라 내부통제체계를 구체적으로 구축 · 운영하여야 하고, 내부통제체계가 적절히 운영되도록 조직구조 등을 구축 · 확립하는 등 내부통제 환경을 조성하여야 하며, 영업환경 변화 등에 따라 내부통제체계의 유효성에 대해 재검토하여야 한다. 또한, 대표이사는 내부통제체계 구축 · 운영 등과 관련하여 ❶ 내부통제기준 위반방지를 위한 예방대책 마련, ❷ 내부통제체계 · 운영에 대한 실태점검, ❸ 내부통제기준 위반시 위반내용에 상응하는 조치방안 및 기준 마련 그리고 ❹ 기타 이 기준에서 대표이사에게 부과한 업무를 수행하여야 하고[50] 내부통제 업무의 효율적인 수행을 위하여 인적 · 물적 자원을 적극 지원하여야 하며, 내부통제체계 · 운영에 대한 실태 점검결과를 매년 1회 이상 정기적으로 이사회에 보고하여야 한다. 한편, 이사회와 고위 경영진은 조직 구성원 모두가 높은 윤리의식을 갖추고 내부통제의 중요성을 인식할 수 있도록 조직 내 통제문화를 확립할 책임이 있다.

---

50) 대표이사는 해당 업무의 전부 또는 일부를 임직원에게 위임할 수 있다.

148

2-3. 내부통제위원회

금융회사지배구조법에서는 금융회사의 내부통제 관련 주요 사항을 협의하기 위하여 "내부통제위원회"를 설치·운영하도록 요구하고 있다. 내부통제위원회는 개정 금융회사지배구조법의 시행(2024.7.3.)에 따라 이사회 내 소위원회로 설치하도록 하였다. 내부통제위원회는 ❶ 내부통제 점검결과의 공유 및 임직원 평가 반영, ❷ 금융사고 등 내부통제 취약부분에 대한 점검 및 대응방안 마련, ❸ 내부통제 관련 주요 사항 협의, ❹ 임직원의 윤리의식·준법의식 제고 노력 등의 역할을 수행한다. 금융소비자보호법에서는 금융회사지배구조법 상 내부통제위원회와는 별도로 금융소비자 보호에 관한 내부통제를 수행하는 데 필요한 의사결정기구인 "금융소비자보호 내부통제위원회"의 설치·운영을 의무화하고 있다.

2-4. 준법감시인 및 준법감시부서

금융회사지배구조법에서는 내부통제기준의 준수 여부를 점검하고 내부통제기준을 위반하는 경우 이를 조사하는 등 내부통제 관련 업무를 총괄하는 1명 이상의 준법감시인(Compliance Office)을 두도록 요구하고 있다. 준법감시인은 필요하다고 판단하는 경우 내부통제기준 위반에 대한 조사결과를 감사위원회에 보고할 수 있으며[51], 내부통제기준을 기초로 내부통제의 구체적인 지침 및 내부통제기준 준수 매뉴얼 등을 제정·시행할 수 있다. 준법감시업무가 효율적으로 수행될 수 있도록 충분한 경험과 능력을 갖춘 적절한 수의 인력으로 구성된 지원조직인 준법감시부서를 갖추어 준법감시인의 직무수행을 지원해야 한다. 또한, 금융소비자보호법에서는 준법

---

51) 2000년부터 2001년까지 은행법 등 개별 금융업법에 근거하여 준법감시인 제도가 도입되었을 때에는 상법 상 준법지원인과 같이 준법감시인은 내부통제기준 위반에 대한 조사결과를 감사위원회에 반드시 보고해야 할 의무가 있었다. 2016년 시행된 금융회사지배구조법에서는 준법감시인에게 내부통제기준 위반에 대한 조사결과에 대해 감사위원회에 보고할 수 있는 재량권을 부여하여 준법감시인의 독립성이 강화되었다.

감시인과는 별도로 금융소비자보호 업무를 총괄 담당하는 금융소비자보호 총괄 담당임원(CCO : Chief Customer Officer)을 두도록 규정하고 있다.[52]

2-5. 임직원

임직원은 자신이 수행하는 직무와 관련하여 내부통제에 대한 1차적인 책임이 있으며, 직무수행 시 자신의 역할을 이해하고 관련 법령 및 내규(내부통제기준과 윤리강령을 포함)를 숙지하여 이를 충실히 준수하여야 한다. 임원은 소관업무 및 소관조직에 대한 내부통제기준 위반방지를 위한 예방대책을 마련하고 내부통제기준 준수여부를 충실하게 점검하는 등 소관업무 및 소관조직에 대한 내부통제를 총괄한다. 부점장은 소관부점과 관련된 금융사고 예방대책 등 내부통제 제도 및 정책의 실행에 대한 책임을 진다.

---

52) 준법감시인과 금융소비자보호 총괄 담당임원(CCO)의 임명자격 등 자세한 내용은 "제5강 금융지배구조법 및 금융소비자보호법 상 내부통제제도 비교"를 참고한다.

내부통제의 수단

1. 의의

금융회사의 특성 등에 따라 그 형태 및 적용강도에 차이가 있으나 전형적인 형태의 내부통제의 수단은 권한의 적절한 배분 및 제한, 회사자산 및 각종 기록에의 접근(이용) 제한, 직무분리 및 순환근무(separation and rotation of duties), 정기적인 점검 및 데스트, 불시점검 및 테스트 등이 있다. 내부통제의 수단에 대한 구체적인 내용을 우리나라의 금융회사지배구조법 등 관련 법규와 미국 연방예금보험공사(FDIC)[53]의 검사매뉴얼(Risk Management Manual of Examination Policies)에 기술된 내용을 참고하여 살펴보고자 한다.

---

53) 연방예금보험공사(FDIC: The Federal Deposit Insurance Corporation)는 국가금융시스템의 안정성과 대중의 신뢰를 유지하기 위해 미국 의회가 설립한 독립기관으로 예금자 보호, 금융회사의 건전성 감독 및 부실금융회사 처리 등 업무를 담당하고 있다.

2. 금융회사지배구조법 등 관련 법규 상 내부통제의 수단

금융회사지배구조법 등 관련 법규에서는 한도관리, 직무분리, 순환근무, 명령휴가, 윤리실천, 내부고발자제도 운영 등을 내부통제의 주요 수단으로 제시하고 있다. 세부적으로 살펴보면, ❶ 자산의 운용이나 업무의 수행, 각종 거래에서 발생하는 위험을 점검하고 관리하는 위험관리책임자(1명 이상)를 선임할 것, ❷ 사고발생 우려가 높은 단일거래에 대해 복수의 인력 또는 부서가 참여하도록 하는 직무분리기준을 마련할 것, ❸ 직원의 장기근무로 인한 금융사고 등을 예방하기 위해 장기근무자 관리에 대한 세부기준을 마련할 것, ❹ 임직원의 위법·부당한 행위를 사전에 방지하기 위하여 명령휴가제도를 시행할 것, ❺ 임직원 윤리강령(또는 행동규범)을 마련하고 준수여부를 점검할 것 그리고 ❻ 임직원이 타 임직원의 위법·부당한 행위 또는 내규 등의 불비 등을 인지하여 내부고발을 담당하는 부서에 신고하는 내부고발자 제도를 운영할 것 등이 있다.

그 밖에도 ❼ 이해상충 발생 우려가 있는 업무 간에는 이해상충이 발생할 가능성에 대하여 인식·평가하고 정보교류를 차단하는 등 공정하게 관리할 것, ❽ 임직원 상호간 원활한 의사소통으로 금융회사의 비전과 전략, 핵심가치 등이 효율적으로 전달 및 공유되도록 적절한 정보전달체제를 구축할 것, ❾ 각 부점의 업무가 법규에 맞게 처리되고 있는지 여부를 해당 부점장 책임하에 자체적으로 검사하는 자점검사를 실시할 것 그리고 ❿ 본부부서 및 영업점의 이상거래를 상시적으로 감시할 것 등과 같은 내부통제의 수단들이 제시되고 있다.

3. 미 연방예금보험공사 검사매뉴얼 상 내부통제의 수단

미 연방예금보험공사(FDIC) 검사매뉴얼의 내부루틴과 통제(Internal routine and controls)에서 기술하고 있는 내부통제의 수단은 다음과 같다.

3-1. 직무분리

　직무분리(Segregation of Duties)는 한 사람이 특정 거래의 처음부터 끝까지 담당하지 않도록 업무가 분장될 수 있도록 경영진이 책임을 할당해야 한다고 규정하고 있다. 예를 들면, 대출 담당자는 대출심사와 대출금 지급, 대출금 회수 관련 업무를 중복하여 수행하지 말 것[54], 수표에 서명권을 가진 직원에게는 수표원장과 거래처 계정을 조정(reconcile)하는 업무를 부여하지 말 것[55], IT센터 직원은 거래를 개시하거나 사전에 승인 없이 데이터를 수정하는 것을 허용하지 말 것 등을 권고하였다. 두 사람 이상의 더 많은 사람이 직무를 분리하여 업무처리에 참여할 경우에는 다른 직원이 적절하게 일을 처리하였는지 확인할 수가 있어 사기를 당할 가능성이 크게 줄어든다고 지적하였다.

　또한, 수작업 업무의 직무분리(manual segregation of-duty controls)와 유사하게 소프트웨어 프로그램에 의한 자동화된 통제(Automated controls)를 적용해야 한다. 예를 들면, 휴면계정(dormant accounts), 장기 미거래 펀드(large uncollected funds) 등과 같이 자동적으로 유예 처리(automated holds)된 고객의 계정은 특별한 주의를 필요로 한다.

3-2. 공동관리와 이중통제

　공동관리(Joint Custody)와 이중통제(dual control)[56]란 항목이나 기록의 물리적 보

---

54) 대출심사, 대출금 지급, 대출금 회수 관련 업무를 분리하여 담당할 경우 크로스 체크를 통해 부당대출의 취급, 대출금의 횡령 등을 방지할 수 있다.

55) 수표에 서명권을 가진 직원이 수표원장과 거래처 계정을 조정하는 권한도 가지고 있을 경우 수표를 부정 발급한 후에 거래처 계정을 조작하여 이를 은폐할 우려가 있다.

56) 공동관리와 이중통제(daul control)는 동의어는 아니지만 보통 같은 맥락으로 사용되고 있다. 이중통제는 공동관리와는 조금 다른 개념으로 개인의 업무를 다른 사람이 확인 또는 승인하는 것을 말한다. 다른 사람을 개입시키는 목적은 거래나 활동을 하게 될 때 또 다른 사람으로 하여금 추가 확인을 하려는 것이다. 또한, 거래나 활동이 적절히 기록되도록 하고, 적절한 결재가 이루어지도록 하기 위한 것이다.

호에 대해 2명 이상의 사람이 동등하게 책임을 지는 절차를 말한다. 즉, 저장소(금고 등), 파일 또는 기타 저장장치를 액세스하려면 서로 다른 개인이 별도로 제어하는 2개의 키(key), 분할조합(split combination) 또는 비밀번호(password)를 사용해야 한다.[57] 공동관리에 대한 책임은 관련된 모든 직원에게 명확하게 전달되어야 하며, 공동관리시스템이 효과적으로 작동하려면 통제권을 행사하는 사람이 자신의 키, 분할조합 또는 비밀번호를 주의 깊게 보호해야 한다. 이렇게 하는 것은 공동관리를 하는 2명이 공모하지 않는 한 저장소 등에 대한 통제가 완벽하게 작동하기 때문이다. 공동관리가 적용되는 아이템으로는 보관현금, 투자유가증권, 금고 보관물, 미발행 수표·여행자수표·직불카드·신용카드, 현금자동인출기, 안전금고, 야간보관소 또는 텔러의 이동금고에 대한 여분의 열쇠 등이 있다.

3-3. 휴가정책

휴가정책(Vacation Policies)[58]과 관련하여 FDIC는 은행에게 모든 임원과 직원에게 연속 2주 이상 중단 없이 직무에서 벗어나도록[59] 요구하는 정책을 가지고 있을 것을 요구하고 있다. 직무에서 벗어나는 방법으로는 휴가, 업무순환 또는 휴가와 업무순환의 조합이 있다. 장기간 업무 배제를 받은 직원의 업무는 다른 직원이 수행하도록 함으로써 불법적인 업무 수행을 적발할 수 있어 횡령을 예방하는 데 매우 효과적이다. 일반적으로 한 사람이 특정 업무를 계속 담당하고 다른 사람이 해당 업무를 맡

---

57) 통상적으로 현금, 중요서류 등이 보관된 금고는 금고책임자와 금고담당자가 출입문의 키를 각각 보관하고 있고 실제로 출입할 때에도 금고책임자와 금고담당자가 함께 출입문의 키를 열어야만 출입을 할 수 있는데, 공동관리의 전형적 형태라 할 수 있다.

58) 우리나라의 금융회사지배구조법 상 명령휴가와 같은 개념이다.

59) 미 FDIC의 휴가정책의 적용기간은 우리나라의 명령휴가와는 비교되지 않을 정도로 길다. 전국은행연합회의 "금융사고 예방지침"에 의하면, 우리나라의 은행은 위험직무직원, 장기근무직원 및 동일 업무에 2년 이상 근무한 직원에게 명령휴가를 실시하는데, 위험직무직원의 경우 1영업일 이상의 명령휴가를 연 1회 이상 실시하고 장기근무직원의 경우 2영업일(채무·투자현황을 확인하지 못하여 은행장이 승인한 장기근무직원에 대해서는 3영업일) 이상의 명령휴가를 연 1회 이상 실시하며, 2년 이상 근무직원의 경우 1영업일 이상의 명령휴가를 연1회 이상 실시하도록 규정되어 있다.

을 일이 없다고 한다면 거래기록을 조작하는 등 횡령을 할 우려가 높아진다.

2주간의 직무 배제 정책이 확립되어 있지 않는 은행에 대해서는 FDIC의 검사역이 해당 은행의 고위 경영진과 은행 직원과 해당 정책이 횡령 등 금융사고 예방에 이점이 있음을 설명하고 이사회에도 연락하여 은행의 실제 휴가정책과 예외 사항을 매년 검토하여 승인하도록 권고하고 있으며, 은행의 휴가 정책이나 보상 통제에 심각한 결함이 있는 경우 ROE(return on equity)[60]에 대해 논의를 한다.

휴가정책은 FDIC의 통일금융회사평가시스템(UFIRS: Uniform Financial Institutions Rating System)의 관리 구성요소에 반영된다. FDIC는 2주간 이상 직무 배제를 받은 개인에 대해서는 장기 부재 기간 동안 일반적인 IT시스템 엑세스 권한을 일시 중단하거나 제한할 것을 권고하고 있다. 특히, 원격 또는 상위수준의 엑세스 권한을 가진 경우 더욱 일시 중단하거나 제한의 대상에 포함하여야 하고, 장기 부재 기간 동안 원격 엑세스 여부를 모니터링하여 경영진에게 보고하도록 권고하고 있다.

3-4. 순환근무

순환근무(Rotation of Personnel)는 동일 영업점이나 동일 본부부서에서 장기간 근무한 직원을 대상으로 다른 영업점이나 본부부서로 보직을 바꿔주는 것을 말한다. 한 사람이 특정 업무를 장기간 담당할 경우 해당 업무의 취약점을 활용하여 횡령 등 금융사고를 일으킬 위험이 높은 것으로 나타났는 바, 순환근무는 효과적인 내부통제를 제공하는 것으로 평가된다. 또한, 순환근무는 많은 직원에게 회사의 다른 업무를 배울 수 있는 교육 기회를 제공하는 효과도 있으므로, 만일 특정 직원이 퇴사하더라도 회사의 비즈니스 연속성을 유지하는 프로그램으로서도 중요한 역할을 한다. 순환근무의 기간은 업무처리의 오류나 사기와 같은 위법·부당행위가 발견될 수 있을 만

---

60) 경영자가 기업에 투자된 자본을 사용하여 이익을 어느 정도 올리고 있는가를 나타내는 기업의 이익창출능력으로 자기자본수익률이라고도 한다. 기업의 당기순이익을 자기자본으로 나눈 뒤 100을 곱하여 산출한다.

큼 충분한 기간 동안 이루어져야 한다. 이는 장기간 교묘한 수법으로 위법·부당행위가 은폐된 경우 적발하기 어려우므로 순환근무의 기간을 새로운 담당자가 전임자의 위법·부당행위를 발견할 수 있을 만큼 충분한 기간을 줄 것을 권고한 것이다.

3-5. 번호가 미리 지정된 문서

번호가 미리 지정된 문서(Pre-numbered Documents)와 관련하여서는 금융회사는 공식수표(official checks), 미발행 주권(unissued stock certificates)과 같은 항목에 대해 가능하면 순차적으로 번호를 부여하여 사용해야 한다. 또한 금융회사는 미리 페이지 번호가 매겨진 이사회 의사록을 사용해야 한다. 번호가 미리 지정된 문서들은 사용되었거나 미사용된 항목들을 입증하고 조정하고 통제하는 데 도움이 된다. 번호관리는 특정 작업에서 분리된 사람이 모니터링해야 하며, 번호가 사전에 부여된 비발행 증서는 항목이나 기록의 물리적 보호에 대해 2명 이상의 사람이 동등하게 책임을 지는 절차인 공동관리(Joint Custody)하에서 보관되어야 한다.

3-6. 현금통제

현금통제(Cash Controls)와 관련하여서 금융회사는 창구직원(tellers)에게 단독으로 관리하는 시재박스함(separate cash drawer)을 제공하고 일반 현금자금(Common cash funds)을 사용하지 못하도록 해야 한다. 현금시재의 불일치가 발생한 경우 책임소재가 규명되지 못했음에도 창구직원의 잘못으로 오해하고 부당하게 해고하는 사례가 일어날 수도 있기 때문이다. 무작위 현금 시재검사(Random cash drawer)는 기본적인 내부통제 수단이다.

3-7. 위규사항 및 현물부족에 대한 보고

위규사항 및 현물부족에 대한 보고(Reporting Irregularities and Shortages)와 관련하여서 금융회사의 경영진은 위규사항과 현물부족이 발견된 경우 신속하게 보고하고 조사하기 위한 절차를 구축해야 한다. 해당 조사결과는 경영진과 내부감사인(internal auditors)에게 정기적으로 보고되어야 하며, 필요한 경우에는 신용보험회사(fidelity insurers)[61], 규제감독기관(regulators) 및 법집행기관(law enforcement agencies)[62]에도 보고해야 한다.

3-8. 비즈니스 연속성 계획

비즈니스 연속성 계획(Business Continuity Plans)과 관련하여서 금융회사는 자연재해, 기술적 문제, 악의적인 활동(예 : 사이버 공격), 전염병 사고 등으로 인해 충격을 받아 경영활동이 중단될 위험을 최소화하고 회사의 물리적 자산과 재무적 기록을 보호하여 비즈니스의 지속성을 확보할 수 있는 계획을 구축해야 한다. 경영진은 비즈니스 중단의 잠재적 영향과 발생 가능성을 기반으로 모든 중요한 운영 영역에 대한 연속성 계획을 개발해야 한다. 연속성 계획을 개발할 때에는 짧은 정전 발생과 같이 발생확률은 높지만 회사에 미치는 영향이 낮은 사건과 토네이도와 같이 발생확률은 낮지만 회사에 미치는 영향이 큰 사건을 모든 포함해야 한다. 또한, 비즈니스 연속성 계획에는 다양한 운영 영역에 대한 책임과 승계 계획, 독립적인 내·외부감사인에 의한 적정성 검토, 수립된 계획에 대한 정기적인 테스트를 실시하고 그 결과를 경영진에게 보고 및 미흡한 사항의 개선, 정기적인 임직원 교육 실시 등이 포함되어야 한다.[63]

---

61) 금융회사는 위규행위 및 현물부족에 따른 손실 발생을 보상받기 위하여 신용보험에 가입하고 있다.

62) 금융회사는 중요한 위규행위나 일정 규모 이상의 현물부족 등 금융사고가 발생한 경우 규제감독기관에 보고하고 수사기관에 고소 또는 고발할 의무가 있다.

3-9. 회계시스템

회계시스템(Accounting System)과 관련하여서는 금융회사는 효율적인 금융업무를 수행하기 위해서는 정직하고 신뢰할 수 있는 정보와 보고서를 생성하여 기록하고 보관하는 회계시스템을 구축해야 한다. 회계시스템은 이사회에 정보를 제공하고 임원이 회사업무를 효과적으로 관리하는 데 필요하다. 또한, 고객, 주주, 감독기관, 세무당국 및 법원의 요구사항을 충족하려면 적절하게 문서화된 기록이 필요하다. 회계시스템은 개별 감독자와 주요 직원의 책임에 부합하는 내부보고서의 준비를 용이하게 하도록 설계되어야 한다. 회계기록은 매일 업데이트되어야 하며 다른 날과 별도로 매일의 활동을 반영해야 한다. 예금, 대출과 유가증권 등 개별 항목에 대한 기록은 총계정원장(general ledger accounts)과 일치해야 한다. 회계의 기록과 시스템은 금융회사마다 다를 수 있지만 모든 금융회사의 회계기록과 원장계좌는 재무상태와 운영 결과를 정확하게 반영해야 한다.

3-10. 검사추적

검사추적(Audit Trail)과 관련하여서는 모든 회계처리의 기록보관시스템은 계좌를 통과하는 모든 거래를 추적할 수 있도록 설계되어야 한다. 가장 일반적인 기록보관의 결함에는 ❶ 총계정원장의 항목이 오래되었거나 적절한 거래를 설명하지 못하고

63) 비즈니스 연속성 계획에 대한 자세한 내용은 FFIEC(연방금융기관검사협의회: Federal Financial Institutions Examination Council)의 "FFIEC IT Examination Handbook, 2019년 11월"을 참고하길 바란다. FFIEC는 금융기관 규제 및 이자율 통제법(the Financial Institutions Regulatory and Interest Rate Control Act of 1978)에 근거하여 1979년에 설립되었고 연방준비제도이사회(FRB), 소비자금융보호국(CFPB), 연방예금보험공사(FDIC), 전국신용협동조합청(NCUA), 통화감독청(OCC) 및 국가연락위원회(SLC)가 회원으로 가입해 있다. 동 핸드북 상 비즈니스 연속성 관리(BCM: Business Continuity Management)은 경영진이 직원, 고객, 제품 및 서비스를 보호하기 위해 탄력성, 연속성 및 대응 능력을 감독하고 구현하는 프로세스이다. 사이버 사건, 자연재해 또는 인재 등의 중단은 기업의 운영을 중단시킬 수 있으며 금융 부문에 더 광범위한 영향을 미칠 수 있다. 탄력성은 파괴적인 사건을 완화하고 기업의 복구 능력을 평가하기 위한 사전 대책을 통합한다. 기업의 BCM 프로그램은 기업의 전략적 목표 및 목적과 일치해야 한다. 경영진은 BCM 프로그램을 개발할 때 전체 금융 서비스 부문 내에서 기업의 역할과 영향을 고려해야 한다.

있는 것, ❷ 고객의 대출기록이 부정확·불완전하거나 존재하지 않는 것, ❸ 현금항목이나 당좌대출(overdraft) 및 정지계정(suspense account)의 기록이 부족한 것, ❹ 텔러의 현금기록이 상세하지 않은 것, 자동 또는 수작업의 보안등록기가 필요한 모든 정보를 포함하지 않는 것, ❺ 거래은행계좌(Correspondent bank account)의 조정(reconcilement)이 오래되었거나 완전한 설명이 부족하거나 미결제 항목의 상태를 반영하지 못하는 것, ❻ 계정 초과 또는 부족에 대한 설명이 충분하지 않은 것, ❼ 신용장(Letters of credit) 또는 기타 우발채무(other contingent liability)의 기록이 부적절한 것 그리고 ❽ 사무실 간 또는 지점 내 계정이 적절하게 통제되거나 모니터링되지 않는 것 등이 있다.

3-11. 회계매뉴얼

회계매뉴얼(Accounting Manual)과 관련하여서는 신뢰할 수 있는 재무보고서를 작성하려면 화폐거래(monetary transaction)를 통일적으로 처리하는 것이 필수적이다. 경영진은 직원이 일관되게 거래를 처리하고 기록하는 데 도움이 되는 회계매뉴얼과 데이터처리지침을 수립해야 한다. 데이터처리지침은 종종 서비스제공자가 제공하고 은행직원이 작성한 절차로 보완된다. 데이터처리지침은 원본문서(예 : 수표 및 거래티켓)를 편집하고 조정하기 위한 지침, 문서를 내부적으로 처리하거나 처리를 위해 서비스제공자에게 전송하기 위한 지침, 출력보고서 배포에 대한 지침 등을 포함한다. 많은 시스템은 직원이 원본문서를 이미지화하고 전자파일을 최종 게시하기 위해 서비스제공자에게 전송할 수 있다. 금융거래의 처리하는 데 사용되는 방법에 관계없이 금융회사는 거래를 기록하고 고객, 은행, 데이터 처리자 간의 문서 및 데이터 이동을 제어하기 위한 명확한 지침을 갖추어야 한다.

세계내부감사인협회(IIA)의 내부통제 모형

1. 내부통제 3차 방어선 모형과 내부통제 3선 모형 도입 배경

효과적인 내부통제를 설계하고 이행하기 위해서는 조직 내에서 리스크와 통제를 관리하는 각각의 그룹이 맡아야 할 역할과 책임은 무엇이며 조직 내 타 그룹과 어떻게 조화를 이룰 것인지가 명확하게 정의되어야 한다. 또한, 누락된 리스크와 통제가 존재해서는 안 되고, 불필요하거나 의도하지 않은 중복 업무도 없어야 한다는 논의가 국제적으로 활발히 전개되었다. 효과적인 내부통제체제를 일반적으로 설명하는 "3차 방어선" 접근 방식은 2000년대 초반 기업에서 나타나기 시작하여 2008년 글로벌 금융위기 이후 확산되었고, 2013년 세계내부감사인협회(IIA; Institute of

Internal Auditors)[64]의 '3차 방어선 모형(The three lines of defense model)'에 의해 성문화되었다.

　　IIA가 2013년에 제안한 3차 방어선 모형은 방어선의 개념을 이용해 기업 내의 내부통제와 상위 거버넌스 기관[65]을 하나의 유기체로 보고 여러 활동을 종합적으로 설명하여 오랫동안 그 유용성이 인정되어 왔지만 한편으로는 리스크 대응에만 너무 치우쳐 있다는 등의 지적도 있었다. 이에 따라, 2020년 7월 IIA는 기존의 "3차 방어선 모형(The three lines of defense model)"에서 "방어선(Defense line)"이라는 단어를 삭제하고 "선(line)"으로 변경하여 "3선 모형(The three lines model)"으로 개선하여 발표하였다. 기존의 3차 방어선 모형과 새로운 3선 모형은 유사한 개념으로 큰 차이가 없어 보이지만, 새로운 3선 모형은 기존의 단순한 방어 개념을 넘어 3선의 모든 조직과 거버넌스 기관(경영진, 이사회, 내부감사기구, 감사위원회) 사이에 역할과 책임이 더 강하게 연결되어 있다는 평가를 받고 있다.[66]

2. 내부통제 3차 방어선 모형

　　IIA의 3차 방어선 모형은 리스크 및 통제와 관련된 특정한 직무를, 조직의 크기나 복잡성과 상관없이, 조직 내에서 할당하고 조율할 수 있는 방안을 제시하였다. 내부통제의 최상위에는 이사회, 감사위원회, 내부 감사기구가 위치하고 그 내부에는 3개

---

64) 세계내부감사인협회(IIA)는 1941년에 설립된 국제적인 내부감사전문가 조직으로 미국 플로리다주에 글로벌 본부를 두고 있으며, 170여 개 국가 및 지역에서 2십만명 회원을 보유하고 있다.

65) 경영진, 내부감사기구, 이사회, 감사위원회를 말한다.

66) COSO 2015년 "Leveraging COSO across the Three Lines of Defense", FMSB(Financial Markets Standards Board) 2023년 "The 3 Lines Model: A lens on risk management frameworks", 2021 CCO Form "The Three Lines Model", 딜로이트 한글번역 "Leveraging COSO across the Three Lines of Defense" 등을 참고하여 작성하였다.

의 방어선이 존재한다. 1차 방어선은 각 현업부서로 리스크에 대한 직접적인 책임이 있으며, 리스크에 초등대응하기 위한 내부통제를 설계하고 실행한다. 2차 방어선은 리스크관리 및 준법지원부서(Risk Management and Compliance functions)로 전문성을 바탕으로 1차 방어선을 모니터링하여 경영진에게 "리스크가 효과적으로 관리되고 있다"는 확신을 가질 수 있도록 지원하는 역할을 수행한다. 3차 방어선은 내부감사부서(Internal audit)로 1차와 2차 방어선의 활동이 경영진과 이사회의 기대에 부합되는지에 대한 합리적인 확신(reasonable assurance)[67]을 제공한다. 3차 방어선은 객관성과 조직 내에서의 독립성을 확보하기 위해 일반적으로 2차 방어선과 같은 관리기능을 수행하지 않고 이사회의 주요 보고라인의 역할을 수행한다. 내부통제 3차 방어선 모형은 경영진이나 이사회가 내부통제의 최상위에 위치하고 있고 경영진과 이사회의 역할이 핵심적이다. 경영진은 이사회의 감독하에 내부통제시스템을 구축하고 개선하며 평가할 책임을 진다.

• 그림 2-4. 내부통제 3차 방어선 모형 구조도(IIA 2013년) •

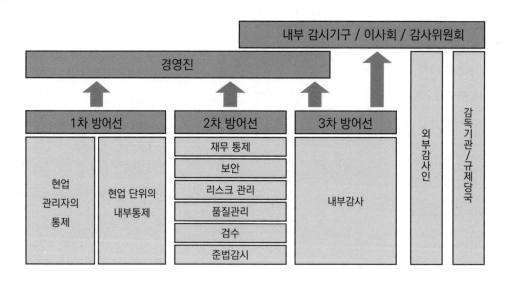

3. 내부통제 3선 모형

IIA의 새로운 내부통제 3선 모형은 기존의 3차 방어선 모형의 리스크 대응이라는 수동적 관점을 버리고 거버넌스의 향상 및 조직의 가치창조에 공헌하는 능동적인 관점을 취하고 있다. 또한, 기존의 3차 방어선 모형은 거버넌스 구조(경영진, 이사회, 내부감시기구, 감사위원회)에서 각각의 방어선들이 서로 경쟁하게 만든 반면, 새로운 3선 모형은 파트너십을 강조하고 각 라인이 다른 라인과 협력하여 견고한 리스크 전략을 구현하였다.

각 선별로 살펴보면, 제1선 조직은 제품이나 서비스를 고객에게 제공하는 기능(Front office)과 그 지원 기능(Back office)으로 구성되어 있으며, 일차적인 리스크 관리를 책임진다고 명시하고 있다. 제2선 조직은 제1선 조직의 리스크 관리에 대한 보완적인 역할이 있으며, 법규제에 대한 조직적인 대응이나 윤리경영 추진 등 광범위한 리스크 관리를 책임진다는 점에서 '전사적 리스크 관리(ERM: Enterprise Risk Management)[68]의 핵심적인 역할을 담당한다. 제1~2선 조직은 경영진의 지휘명령 하에 각자 책임을 맡은 내부통제의 역할을 수행하며, 경영진은 제1~2선 조직에 대해 리스크 관리를 포함한 조직의 목표달성을 위한 조치를 실시함은 물론 지배기구(이사회, 내부감사기구, 감사위원회)에 내부통제에 대한 결과·조치사항을 보고한다. 기존의 3차 방어선 모형의 경우 1차~3차 방어선별로 자신이 맡은 역할을 수행하고 그 결과를 경영진, 이사회, 내부감독기구 및 감사위원회에 일방적으로 보고하는 방

---

67) COSO는 내부통제를 사업목적을 달성하는 데 "절대적 확신(absolute assurance)"이 아니라 "합리적 확신 (reasonable assurance)"을 주기 위한 것이라고 하였다. 이는 효과적인 내부통제제도의 운영은 기업 경영관리의 필수적인 요소로서 기업을 안전하고 건전하게 운영하는 데 기초가 된다는 의미이고 사업목적의 달성까지 반드시 보증하는 것은 아니라는 뜻이다.

68) ERM(Enterprise Risk Management)은 기업이 직면하는 주요 경영 위험들을 전사적인 차원에서 통합하여 인식, 관리하는 새로운 위험관리 방식이다. ERM은 전사적인 시각에서 여러가지 위험들을 인식하고, 일정한 허용 한계 내에서 적절하게 관리하며, 기업의 궁극적인 목표 달성을 위해 효과적인 대응 방안을 수립, 실행하는 지속적인 프로세스라고 정의할 수 있다. 금융시장 등 경영 환경의 불확실성 증가, 전통적인 개별 위험관리 방식의 효율성 한계 인식, 정부 및 관련 기관의 규제 강화 등으로 인해 전사적인 통합 위험관리, ERM의 도입 필요성이 증대되고 있다.

식으로 내부통제체제가 구성되어 있는 반면에, 3선 모형의 경우 경영진과 지배구조 (이사회, 내부감시기구, 감사위원회) 간에 위임, 방향제시, 지원 및 감시의 방법으로 상호 소통하고 있다.

• 그림 2-5. 내부통제 3선 모형 구조도(IIA 2020년) •

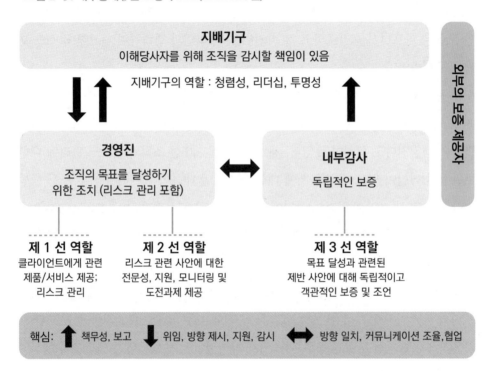

내부통제제도와 내부감사, 외부감사인 및 감독당국과의 관계 등

1. 내부통제제도와 내부감사, 외부감사인 및 감독당국과의 관계

기업이 운영하는 내부통제제도, 내부 및 외부감사제도는 기업의 안전하고 건전한 경영을 위해 상호 보완적인 기능을 수행한다. 내부통제제도는 기업 자산의 보전 등 효율적인 업무운영, 신뢰할 수 있는 재무보고체계의 유지, 관련법규의 준수를 이루면서 기업이 건전하고 안정적으로 운영될 수 있도록 하기 위해 경영진의 책임하에 조직내부에서 고안되어 조직의 모든 구성원들에 의해 지속적으로 실행되는 일련의 통제과정이다. 조직내부에서 운영되는 내부통제제도는 독립적·객관적으로 이를 평가하는 효과적인 내부감사기능에 의해 보완되며, 외부감사는 이러한 내부통제제도 및 내부감사기능의 유효성에 대한 중요한 피드백(feedback)을 제공한다.

내부감사기능(Internal Auditing)은 내부통제제도의 적절한 운영여부를 기업 경영진과는 독립적인 입장에서 평가하고, 그 결과를 이사회 및 경영진에 통보하여 문제점을 시정하게 함으로써 내부통제제도의 원활한 작동을 보장하는 역할을 수행한다. 즉, 내부감사는 경영진이 내부통제제도의 적정성을 모니터링하고 미비점을 개선하는데 기여함으로써 내부의 독립적 점검기능 및 컨설팅기능을 수행한다.

외부감사기능(External Auditing)은 재무보고에 관한 내부통제의 효과성, 거래기록의 정확성 및 신속성, 재무·감독당국 앞 보고서의 정확성 및 완전성에 관한 합리적인 확신을 제공함으로써, 이사회와 경영진에게 회사의 운영과 관련한 유용한 정보를 제공한다. 즉, 외부감사는 재무보고와 관련된 내부통제의 유효성을 평가하여 그 결과에 따라 외부감사 절차의 성격, 시기 및 범위 등을 결정하고, 실제 감사활동을 통하여 내부통제제도 운영의 적정성을 점검하고 평가한다.

한편, 감독당국은 금융회사의 내부통제 및 내·외부감사기능 운영과 관련한 내부정책 및 절차의 적정성, 내·외부감사인에 의해 인식된 내부통제의 취약점에 대해 경영진이 적절한 시정조치를 취하였는지 등을 평가함으로써 전반적인 경영활동의 안전성 및 건전성에 대해 확신을 가질 수 있다. 감독당국의 기본 목표가 개별 금융회사의 경영 건전성 유지에 있으므로 감독당국은 금융회사에 대해 적절한 내부통제제도 및 내·외부감사기능을 구축·운영토록 요구하고, 내·외부감사인과의 협력을 통하여 이러한 감독목적을 가장 효과적으로 달성할 수 있다.[69]

2. 내부통제제도와 감사위원회의 역할

감사위원회는 경영진이 내부통제제도를 적절하게 운영하는지를 평가하여 그 평가결과 및 미비점과 개선방안을 이사회에 보고하는 역할을 수행한다. 이러한 역할을 수행하는 조직으로 독립적인 감사를 임명하는 경우와 이사회 산하의 소위원회로

---

69) 금융감독원 2023.11월 "저축은행 검사업무 안내서" p152~153 참조

감사위원회를 두는 형태가 있다. 우리나라의 경우 상법상 이 두 가지 형태를 선택하여 운영할 수 있으나, 은행 및 종합금융회사, 자산규모 등이 큰 보험회사, 금융투자회사, 여신전문회사, 상호저축은행 등에 대해서는 감사위원회 설치를 의무화하고 있다. 미국의 경우 자산규모 5억 달러 이상인 은행에 대해 감사위원회의 설치를 의무화하고 있으나, 감독당국은 사실상 모든 은행에 대해 조직에 적합한 형태의 감사위원회 설치를 권고하고 있는 것으로 알려져 있다.

독립적인 감사위원회는 내부통제제도 운영에 관한 제반정보 및 보고서에 대한 세부적인 점검을 실시하고 필요한 조치를 취하는 등 감독기능을 수행하고 있다. 즉 감사위원회는 재무보고 및 내부통제시스템 운영상황을 감독하는 책임을 지며, 내부감사 부서의 활동을 지휘하고 이사회, 고위 경영진, 외부감사인 및 감독당국과의 주요한 의사소통 채널이 된다. 감사위원회가 이러한 역할을 제대로 수행하기 위해서는 동 위원회의 구성시 재무보고 및 내부통제업무에 전문적인 지식을 가진 사외이사가 참여하는 것이 무엇보다 중요하다. 또한 감사위원회는 내부통제가 적절하게 운영되는지를 확인하기 위해 필요한 모든 자료 및 기록에 자유롭게 접근할 수 있어야 한다.[70]

3. 내부통제제도의 효과 및 한계

효과적인 내부통제제도는 경영진이 영업성과를 측정하고, 경영 의사결정을 수행하고, 업무 프로세스를 평가하며, 리스크를 관리하는 데 기여함으로써 기업의 목표를 달성하고 예기치 못한 상황을 피하는 데 도움을 준다. 또한, 사기행위 또는 내부 정책 및 절차의 고의적인 위반행위뿐만 아니라 개인적인 부주의, 태만, 판단상 착오 또는 불분명한 지시에 의해 야기된 문제점들을 신속히 노출시킴으로써 기업이 적

---

70) 금융감독원, 미 감독당국의 내부통제 및 감사제도 운영기준(2002) 참조

절한 대응조치를 취할 수 있게 해 준다. 그러나, 아무리 효과적이고 잘 설계된 내부통제제도라 할지라도 인간이 시스템을 운영함으로써 부득이 발생하는 집행리스크(execution risk)는 피할 수 없다. 즉, 최상의 자질과 경험을 지닌 인력도 부주의, 피로, 판단착오 등에 노출될 수 있으며, 이에 따라 이들에 의해 운영되는 내부통제시스템도 모든 리스크를 완벽하게 통제할 수 없다.[71]

---

71) 금융감독원 2023.11월 "저축은행 검사업무 안내서" p151~152 참조

제 3강

금융회사지배구조법 상 내부통제제도

01

금융회사지배구조법 개요

우리나라의 내부통제제도는 1997년 IMF 외환위기를 계기로 도입되었다. 1997년 발생한 IMF 외환위기의 주요한 원인으로 재벌총수 등 소수의 독단적 경영, 부실하고 불투명한 여신관리로 인한 금융자산 부실화, 경영진 견제장치 미흡, 효과적인 금융리스크 관리체제 취약 등이 지적되었다. 이에 국제통화기금(IMF)은 금융시장의 규제 완화, 구조조정 및 개방화와 동시에 내부통제제도 강화를 정책적 권고사항으로 요구하였다. 우리나라 정부는 IMF의 권고를 받아들여 은행법 등 개별 금융업법의 개정을 통해 2000년부터 2001년까지 은행, 상호신용금고(현 상호저축은행), 종합금융회사, 보험회사, 증권회사 등에 내부통제기준과 준법감시인 제도를 도입하였다.

2015년 7월 31일 금융회사지배구조법이 제정되어 다음해 8월 1일 시행됨에 따라 그동안 은행법, 자본시장법, 보험업법 등 개별 금융업법에서 규율되었던 내부통제제도가 금융회사지배구조법으로 일원화되었다. 이에 따라 이전까지 금융업권별로 규제 차이가 존재하던 금융회사의 지배구조에 관한 사항을 통일적으로 규제할 수 있게 되었다. 또한, 준법감시인의 지위 격상 및 임기 보장, 준법감시인의 독립성 강화, 준법감시부서의 인력 확충 및 권한 강화, 경영진의 내부통제 관련 책임 강화 등을 통해 금융회사의 내부통제기능이 한층 제고되었다. 그리고, 금융회사가 과도한 위험에 노출되지 않도록 위험을 관리하여야 할 필요성이 매우 큼에도 위험관리에 전문성이 없는 감사위원회나 준법감시인이 이를 담당하는 것은 적절하지 않다는 정책적 판단에 따라 내부통제제도와는 별도로 위험관리제도를 도입하고 업무집행책임자 및 위험관리책임자에 대한 준수사항을 신설하였다.[1]

또한, 사모펀드 불완전판매, 직원횡령 등 금융권에서 대규모 금융사고가 잇따라 발생하자 금융위원회와 금융감독원은 2022년 각계 전문가들로 구성된 T/F 운영을 통해 "내부통제 제도개선 방안" 마련을 추진하였다. 그 결과, 2022년 10월 4일 "은행·중소서민 내부통제 운영 개선과제(4개 부분 20개 과제)"를, 2022년 11월 4일 "국내은행 내부통제 혁신방안"을 각각 발표하였다. 2023년 6월 22일에는 "금융회사지배구조법 상 내부통제 개선방안"을 발표하였고, 동 개선방안의 입법화를 추진하여 2023년 12월 8일 '금융회사지배구조법' 개정안이 국회 본회의를 통과(개정일: 2024년 1월 2일)되었고 2024년 7월 3일 시행되었다. 개정 금융회사지배구조법은 금융회사 내부통제의 효과적 작동을 위해 책무구조도(Responsibility map) 마련 의무, 각 대표이사·임원에게 내부통제 관리의무 부여, 이사회의 내부통제 감시 역할 강화 등을 새롭게 규율하였다. 또한, 중대 금융사고가 발생한 경우에는 내부통제 관리조치를 未실행하거나 불충분하게 실행하여 관리의무를 위반한 대표이사와 소관 임원에 대해 직접적으로 신분적 제재를 부과할 수 있다. 다만, 금융사고 발생시에도 상당한 주의를 다하여 내부통제 관리조치를 한 경우 그 책임을 경감 또는 면제를 받을 수 있다.[2] 개정 금융회사지배구조법은 금융회사 경영진 및 이사회 구성원 각자가

---

1) 보험연구원, 양승현·손민숙 2022.9월 "보험회사의 내부통제 규제 연구"를 참조하여 기술하였다.

2) 금융위원회·금융감독원, 2022.8.12.일자 보도자료 "금융권 내부통제 제도개선 첫 회의 개최", 2022.11.30일자 보도자료 "금융권 내부통제 제도개선 T/F 중간논의 결과", 2023.6.22.일자 보도자료 "금융사고, 제재보다 예방에 주력 – 금융권 내부통제 제도개선 방안 발표–" 등을 참고한다.

내부통제 역할과 책임에 대해 명확히 인식하고 책임 영역 내에서 상시 점검하며, 견제와 균형 속에서 내부통제가 원활하게 이루어질 수 있는 토대를 구축하는 데 도움이 될 것으로 기대된다.[3]

---

3) 보험연구원, 양승현 연구위원 2024.2.4. "금융회사지배구조법 개정의 주요 내용 : 내부통제 개선 관련"을 참고한다.

금융회사지배구조법 적용 대상 금융회사

금융회사지배구조법의 적용을 받는 금융회사에는 은행[4], 금융투자업자, 보험회사, 상호저축은행, 여신전문금융회사, 종합금융회사 및 금융지주회사가 있다. 단, 최근 사업년도 말 현재 일정 규모 이하의 금융회사(주권상장법인은 자산총액이 2조원 이상 제외, 이하 "소규모 금융회사")의 경우 ❶ 사외이사 수, ❷ 이사회 내 위원회 설치, ❸ 위험관리위원회, ❹보수위원회 및 보수체계, ❺ 내부통제위원회, ❻ 소수주주권의 행사 등과 같은 일부 규정의 적용이 면제된다.[5] 소규모 금융회사로는 자산총액 7천억 원 미만인 상호저축은행, 자산총액 5조 원 미만인 금융투자업자·종합금융회사·보험회사·여신전문금융회사가 해당된다.

다만, 금융투자업자의 경우 최근 사업년도 말 현재 그 금융투자업자가 운용하는

---

4) 한국산업은행, 중소기업은행, 농협은행, 수협은행을 포함한다.
5) 금융회사지배구조법 제3조 ③

집합투자재산, 투자일임재산 및 신탁재산(관리형신탁의 재산 제외)의 전체 합계액이 20조원 이상이면 일부 규정의 적용이 면제되는 소규모 금융회사에서 제외된다.[6]

한편, 금융회사의 국외 현지법인(국외지점 포함), 겸영금융투자업자 중 한국수출입은행·증권금융회사·자금중개회사·외국환중개회사·한국주택금융공사·신용협동조합·신용사업을 영위하는 농업협동조합과 수협협동조합·새마을금고·체신관서, 역외투자자문업자 및 역외투자일임업자는 금융회사지배구조법을 적용하지 아니한다.[7]

---

6) 금융회사지배구조법 시행령 제6조 ③
7) 금융회사지배구조법 제3조 ①

임원의 범위, 자격요건, 임면 및 겸직 등

1. 임원의 범위

금융회사지배구조법 상 임원이란 이사, 감사, 집행임원(상법에 따른 집행임원[8]을 둔 경우로 한정) 및 업무집행책임자를 말한다. 이사에는 사내이사, 사외이사 및 비상임이사[9]가 있다. 사외이사란 상시적인 업무에 종사하지 아니하는 이사로 임원후보추천위원회의 후보 추천에 따라 선임되는 사람을 말한다.[10] 업무집행책임자란 이사가 아니면서 명예회장·회장·부회장·사장·부사장·행장·부행장·부행장보·전무·상무·이사 등 업무를 집행할 권한이 있는 것으로 인정될 만한 명칭을 사용하여

---

8) 상법 제408조의2~제408조의9
9) 비상임이사란 사내이사와 사외이사를 제외하고 상시적인 업무에 종사하지 아니하는 이사를 말한다.
10) 우리나라에선 일본식 표현을 그대로 가져다 사외이사라는 표현을 쓰고 있지만, 주어진 역할에 비춰본다면 "독립이사"라는 표현이 훨씬 적절하다. 사외이사라는 명칭은 '회사 밖의 방관자'라는 부정적 의미가 있다.

금융회사의 업무를 집행하는 사람을 말한다.[11]

2016년 8월 1일 금융회사지배구조법이 시행되기 이전에는 등기이사가 아닌 금융회사의 임원(비등기 임원)은 사실상 등기이사와 거의 동일한 권한을 가지고 회사의 중요한 업무를 집행하고 의사결정에 참여함에도 불구하고 법적인 규제대상에서는 배제되어 왔다. 금융회사지배구조법은 비등기 임원을 '업무집행책임자'로 규정하여 등기이사와 동일한 자격요건 및 공시의무 등을 부과하였다. 특히, 재무 · 전략기획 · 위험관리 업무를 담당하는 '주요업무집행책임자'의 임면은 이사회의 의결을 거치도록 하는 등 규제를 강화하였다.

2. 임원의 자격요건

아래와 같은 결격사유를 가진 사람은 금융회사의 임원이 되지 못한다. 또한, 금융회사의 임원으로 선임된 사람이 아래의 결격사유에 해당하게 된 경우에는 그 직(職)을 잃는다. 하지만, 금융회사지배구조법 또는 금융관계법령에 따라 임직원 제재조치(퇴임 또는 퇴직한 임직원의 경우 해당 조치에 상응하는 통보를 포함)를 받은 사람으로서 조치의 종류별로 5년을 초과하지 아니하는 범위에서 대통령령으로 정하는 기간이 지나지 아니한 사람으로서 직무정지, 업무집행정지 또는 정직요구(재임 또는 재직 중이었더라면 조치를 받았을 것으로 통보를 받은 경우를 포함) 이하의 제재를 받은 경우에는 그 직을 잃지 아니한다.[12]

---

11) 금융회사지배구조법 제2조 2호~5호
12) 금융회사지배구조법 제5조, 동법 시행령 제7조 ④

금융회사지배구조법 상
금융회사 임원의 결격사유

1. 미성년자 · 피성년후견인 또는 피한정후견인

2. 파산선고를 받고 복권(復權)되지 아니한 사람

3. 금고 이상의 실형을 선고받고 그 집행이 끝나거나(집행이 끝난 것으로 보는 경우를 포함) 집행이 면제된 날부터 5년이 지나지 아니한 사람

4. 금고 이상의 형의 집행유예를 선고받고 그 유예기간 중에 있는 사람

5. 이 법 또는 금융관계법령에 따라 벌금 이상의 형을 선고받고 그 집행이 끝나거나 (집행이 끝난 것으로 보는 경우를 포함) 집행이 면제된 날부터 5년이 지나지 아니한 사람

6. 다음 각 목의 어느 하나에 해당하는 조치를 받은 금융회사의 임직원 또는 임직원 이었던 사람(그 조치를 받게 된 원인에 대하여 직접 또는 이에 상응하는 책임이 있는 사람으로서 대통령령[13]으로 정하는 사람으로 한정)으로서 해당 조치가 있었던 날부터 5년이 지나지 아니한 사람

   – 금융관계법령에 따른 영업의 허가 · 인가 · 등록 등의 취소

   – 금융산업구조개선법에 따른 적기시정조치 및 행정처분

---

13) 금융회사지배구조법 시행령 제7조(임원의 자격요건) ① 법 제5조 제1항 제6호 각 목 외의 부분에서 "대통령령으로 정하는 사람"이란 해당 조치의 원인이 되는 사유가 발생한 당시의 임직원으로서 다음 각 호의 어느 하나에 해당하는 사람을 말한다.

  1. 감사 또는 법 제19조에 따른 감사위원회 위원(이하 "감사위원"이라 한다)

  2. 법 제5조제1항제6호가목 또는 다목에 해당하는 조치의 원인이 되는 사유의 발생과 관련하여 위법 · 부당한 행위로 금융위원회 또는 「금융위원회의 설치 등에 관한 법률」에 따라 설립된 금융감독원의 원장(이하 "금융감독원장"이라 한다)으로부터 주의 · 경고 · 문책 · 직무정지 · 해임요구, 그 밖에 이에 준하는 조치를 받은 임원(업무집행책임자는 제외한다. 이하 이 조에서 같다)

  3. 법 제5조제1항제6호나목에 해당하는 조치의 원인이 되는 사유의 발생과 관련하여 위법 · 부당한 행위로 금융위원회 또는 금융감독원장으로부터 직무정지 · 해임요구, 그 밖에 이에 준하는 조치를 받은 임원

  4. 법 제5조제1항제6호 각 목에 해당하는 조치의 원인이 되는 사유의 발생과 관련하여 위법 · 부당한 행위로 금융위원회 또는 금융감독원장으로부터 직무정지요구 또는 정직요구 이상에 해당하는 조치를 받은 직원(업무집행책임자를 포함한다. 이하 이 조에서 같다)

  5. 제2호부터 제4호까지의 제재 대상자로서 그 제재를 받기 전에 퇴임하거나 퇴직한 사람

> 7. 이 법 또는 금융관계법령에 따라 임직원 제재조치(퇴임 또는 퇴직한 임직원의 경우 해당 조치에 상응하는 통보를 포함)를 받은 사람으로서 조치의 종류별로 5년을 초과하지 아니하는 범위에서 대통령령[14]으로 정하는 기간이 지나지 아니한 사람
> 8. 해당 금융회사의 공익성 및 건전경영과 신용질서를 해칠 우려가 있는 경우로서 대통령령[15]으로 정하는 사람

---

14) 금융회사지배구조법 시행령 제7조(임원의 자격요건) ② 법 제5조 제1항 제7호에서 "대통령령으로 정하는 기간"이란 다음 각 호의 구분에 따른 기간을 말한다.

  1. 임원에 대한 제재조치의 종류별로 다음 각 목에서 정하는 기간

    가. 해임(해임요구 또는 해임권고를 포함한다): 해임일(해임요구 또는 해임권고의 경우에는 해임요구일 또는 해임권고일을 말한다)부터 5년

    나. 직무정지(직무정지의 요구를 포함한다) 또는 업무집행정지: 직무정지 종료일(직무정지 요구의 경우에는 직무정지 요구일을 말한다) 또는 업무집행정지 종료일부터 4년

    다. 문책경고: 문책경고일부터 3년

  2. 직원에 대한 제재조치의 종류별로 다음 각 목에서 정하는 기간

    가. 면직요구: 면직요구일부터 5년

    나. 정직요구: 정직요구일부터 4년

    다. 감봉요구: 감봉요구일부터 3년

  3. 재임 또는 재직 당시 금융관계법령에 따라 그 소속기관 또는 금융위원회·금융감독원장 외의 감독·검사기관으로부터 제1호 또는 제2호의 제재조치에 준하는 조치를 받은 사실이 있는 경우 제1호 또는 제2호에서 정하는 기간

  4. 퇴임하거나 퇴직한 임직원이 재임 또는 재직 중이었더라면 제1호부터 제3호까지의 조치를 받았을 것으로 인정되는 경우 그 받았을 것으로 인정되는 조치의 내용을 통보받은 날부터 제1호부터 제3호까지에서 정하는 기간

15) 금융회사지배구조법 시행령 제7조(임원의 자격요건) ③ 법 제5조 제1항 제8호에서 "대통령령으로 정하는 사람"이란 다음 각 호의 구분에 따른 사람을 말한다.

  1. 해당 금융회사가 은행인 경우: 해당 은행, 해당 은행의 자회사등(「은행법」 제37조제2항 각 호 외의 부분 단서에 따른 자회사등을 말한다. 이하 "은행의 자회사등"이라 한다), 해당 은행의 자은행(「은행법」 제37조제5항에 따른 자은행을 말한다. 이하 "은행의 자은행"이라 한다), 해당 은행을 자회사로 하는 은행지주회사 또는 그 은행지주회사의 자회사등(「금융지주회사법」 제4조제1항제2호에 따른 자회사등을 말한다. 이하 "은행지주회사의 자회사등"이라 한다)과 여신거래(대출, 지급보증 및 자금지원 성격의 유가증권의 매입, 그 밖에 금융거래상의 신용위험이 따르는 금융회사의 직접적·간접적 거래를 말한다. 이하 같다)가 있는 기업과 특수관계에 있는 등 해당 은행의 자산운용과 관련하여 특정 거래기업 등의 이익을 대변할 우려가 있는 사람

  2. 해당 금융회사가 금융지주회사인 경우: 해당 금융지주회사 또는 해당 금융지주회사의 자회사등(「금융지주회사법」 제4조제1항제2호에 따른 자회사등을 말한다. 이하 "금융지주회사의 자회사등"이라 한다)과 여신거래가 있는 기업과 특수관계에 있는 등 해당 금융지주회사 또는 해당 금융지주회사의 자회사등의 자산운용과 관련하여 특정 거래기업 등의 이익을 대변할 우려가 있는 사람

  3. 해당 금융회사가 은행 또는 금융지주회사가 아닌 금융회사인 경우: 해당 금융회사와 여신거래규모가 금융위원회가 정하여 고시하는 기준 이상인 기업과 특수관계가 있는 사람으로서 해당 금융회사의 자산운용과 관련하여 특정 거래기업 등의 이익을 대변할 우려가 있는 사람

3. 책무구조도 대상 임원의 적극적 자격요건 신설

거액 금융사고의 근절을 위해 2024년 1월 2일 금융회사지배구조법이 개정(시행일 : 2024년 7월 3일)됨에 따라 금융회사의 임원[16]은 책무구조도에서 정하는 자신의 책무와 관련하여 내부통제 및 위험관리가 효과적으로 작동할 수 있도록 내부통제 관리조치를 하여야 한다.[17] 또한, 해당 임원은 책무구조도에서 정하는 자신의 책무를 수행하기에 적합한 전문성, 업무경험, 정직성 및 신뢰성을 갖춘 사람이어야 한다.[18]

기존의 금융회사지배구조법은 임원의 자격에 대해 소극적 요건만을 규정하되, 예외적으로 사외이사에 대해서는 적극적 요건[19]을 규정하여 전문적인 지식과 그 업무에 관한 경험을 전제로 한 업무능력 있는 사외이사가 선임될 수 있도록 하고 있었다.

그러나, 2024년 7월 3일 시행된 개정 금융회사지배구조법은 책무구조도 적용대상 임원에 대해 전문성, 업무경험, 정직성 및 신뢰성 등의 적극적 자격 요건을 신설하여 금융회사가 책무구조도 적용대상 임원의 선임뿐 아니라 책무구조도상 직책 변경시에도 적극적 자격요건 충족 여부를 확인하여 보고·공시하도록 하였다. 또한, 금융회사는 임원의 신규 선임시 뿐만 아니라, 기존 임원의 책무구조도상 직책 변경시에도 자격 충족 여부를 확인할 의무를 부과하였다. 이는 책무구조도 상 책무를 수행하기에 적합한 사람이 임원이 될 수 있도록 유도하여 내부통제 관리의무의 충실한 이행을 담보하려는 취지이다.

---

16) 해당 금융회사의 책무에 사실상 영향력을 미치는 다른 회사 임원을 포함하며, 금융회사의 자산규모, 담당하는 직책의 특성 등을 고려하여 대통령령으로 정하는 임원을 제외하거나 대통령령으로 정하는 직원을 포함한다.

17) 내부통제 관리조치와 관련된 자세한 내용은 "05. 6. 임원의 내부통제등 관리의무, 책무구조도 및 대표이사등의 총괄관리의무"를 참고하길 바란다.

18) 금융회사지배구조법 제5조 ③

19) 금융회사지배구조법 제6조(사외이사의 자격요건) ③ 금융회사의 사외이사는 금융, 경제, 경영, 법률, 회계 등 분야의 전문지식이나 실무경험이 풍부한 사람으로서 대통령령으로 정하는 사람이어야 한다.
　　금융회사지배구조법 시행령 제8조(사외이사의 자격요건) ④ 법 제6조제3항에서 "대통령령으로 정하는 사람"이란 금융, 경영, 경제, 법률, 회계, 소비자보호 또는 정보기술 등 금융회사의 금융업 영위와 관련된 분야에서 연구·조사 또는 근무한 경력이 있는 사람으로서 사외이사 직무 수행에 필요한 전문지식이나 실무경험이 풍부하다고 해당 금융회사가 판단하는 사람을 말한다.

4. 임원의 자격요건 적합 여부 보고 등

금융회사는 ❶ 임원(책무구조도 작성 대상 임원[20]을 포함)을 선임하려는 경우, ❷ 책무구조도에서 정하는 임원의 직책을 변경하려는 경우, 그리고 ❶과 ❷에 준하는 경우로서 임원의 책무를 변경하거나 추가되는 경우 중 어느 하나에 해당하는 경우 해당 임원이 임원의 자격요건 및 사외이사의 자격요건을 충족하는지를 확인하여야 하며, 어느 하나에 해당하는 사실이 발생한 경우 또는 임원을 선임·해임(사임 포함)한 경우에는 사유발생일 또는 해임일부터 7영업일 이내에 해당 금융회사 및 관련협회등의 인터넷 홈페이지 등에 공시하고 금융위원회에 보고하여야 한다.[21]

5. 사외이사의 자격요건

5-1. 사외이사의 자격요건

금융회사의 사외이사는 금융, 경영, 경제, 법률, 회계, 소비자보호 또는 정보기술 등 금융회사의 금융업 영위와 관련된 분야에서 연구·조사 또는 근무한 경력이 있는 사람으로서 사외이사 직무 수행에 필요한 전문지식이나 실무경험이 풍부한 사람이어야 한다. 다만, 사외이사가 됨으로써 최대주주의 특수관계인에 해당하게 되는 사람은 사외이사가 될 수 있다.[22]

아래와 같은 결격사유를 가진 사람은 금융회사의 사외이사가 되지 못한다. 금융회사의 사외이사가 된 사람이 결격사유의 어느 하나에 해당하게 된 경우에는 그 직을 잃는다.

---

20) 거액 금융사고의 근절을 위해 2024년 1월 2일 금융회사지배구조법이 개정(시행일 : 2024년 7월 3일)됨에 따라 책무구조도 작성 대상 임원에 대해서도 임원의 자격요건 적합 여부에 대한 확인 및 보고 의무가 신설되었다.
21) 금융회사지배구조법 제7조, 금융회사지배구조법 시행령 제3조 및 제8조의2
22) 금융회사지배구조법 제6조, 동법 시행령 제8조 ④

금융회사지배구조법 상
금융회사 사외이사의 결격사유

1. 최대주주 및 그의 특수관계인(최대주주 및 그의 특수관계인이 법인인 경우에는 그 임직원을 말함)

2. 주요주주 및 그의 배우자와 직계존속·비속(주요주주가 법인인 경우에는 그 임직원을 말함)

3. 해당 금융회사 또는 그 계열회사(독점규제 및 공정거래법에 따른 계열회사를 말함)의 상근(常勤) 임직원 또는 비상임이사이거나 최근 3년 이내에 상근 임직원 또는 비상임이사이었던 사람

4. 해당 금융회사 임원의 배우자 및 직계존속·비속

5. 해당 금융회사 임직원이 비상임이사로 있는 회사의 상근 임직원

6. 해당 금융회사와 대통령령[23]으로 정하는 중요한 거래관계가 있거나 사업상 경쟁관계 또는 협력관계에 있는 법인의 상근 임직원이거나 최근 2년 이내에 상근 임직원이었던 사람

7. 해당 금융회사에서 6년 이상 사외이사로 재직하였거나 해당 금융회사 또는 그 계열회사에서 사외이사로 재직한 기간을 합산하여 9년 이상인 사람

8. 그 밖에 금융회사의 사외이사로서 직무를 충실하게 이행하기 곤란하거나 그 금융회사의 경영에 영향을 미칠 수 있는 사람으로서 대통령령[24]으로 정하는 사람

---

23) 금융회사지배구조법 시행령 제8조(사외이사의 자격요건)

　① 법 제6조제1항제6호에서 "대통령령으로 정하는 중요한 거래관계가 있거나 사업상 경쟁관계 또는 협력관계에 있는 법인"이란 다음 각 호의 어느 하나에 해당하는 법인을 말한다.

1. 최근 3개 사업연도 중 해당 금융회사와의 거래실적 합계액이 자산총액(해당 금융회사의 최근 사업연도 말 현재 재무상태표 상의 자산총액을 말한다) 또는 영업수익(해당 금융회사의 최근 사업연도 말 현재 손익계산서 상의 영업수익을 말한다)의 100분의 10 이상인 법인

2. 최근 사업연도 중에 해당 금융회사와 매출총액(해당 금융회사와 거래계약을 체결한 법인의 최근 사업연도 말 현재 손익계산서 상의 매출총액을 말한다)의 100분의 10 이상의 금액에 상당하는 단일 거래계약을 체결한 법인

3. 최근 사업연도 중에 해당 금융회사가 금전, 유가증권, 그 밖의 증권 또는 증서를 대여하거나 차입한 금액과 담보제공 등 채무보증을 한 금액의 합계액이 다음 각 목의 구분에 따른 자본 또는 자본금의 100분의 10 이상인 법인

　가. 해당 금융회사가 은행, 보험회사 또는 금융지주회사인 경우: 해당 법인의 최근 사업연도 말 현재 재무상태표 상의 자본(해당 금융회사가 보험회사인 경우에는 해당 법인의 자본금을 말한다)

5-2. 사외이사 지원 조직 및 체계 관련 모범관행(best practice)

가. 은행지주 · 은행의 지배구조에 관한 모범관행(best practice) 발표

사외이사 제도가 도입(2000년)되고, 2016년 금융회사지배구조법이 시행되었으나, 은행지주 · 은행이 실효성 있는 내부통제와 리스크관리를 통해 지속적인 성장을 하기 위해서는 건전한 지배구조 확립이 필수적임에도 불구하고 국내 은행지주 · 은행의 지배구조는 글로벌 기준에 비추어 볼 때 이사회의 경영진 견제 · 감시 기능이 미흡하고 CEO 선임 및 경영승계 절차의 투명성 · 공정성이 결여되어 있고 이사회의 집합적 정합성(collective suitability)이 부족하는 등 미흡하다는 평가를 받고 있다. 대체로 은행지주 · 은행들은 금융회사지배구조법의 형식적 준수에 치중하여 업계가 활용 가능한 모범관행(best practices)도 부족한 실정이다. 감독 · 검사 측면에서도 해외 감독당국들은 은행 지배구조에 관한 세부 가이드라인을 적극적으로 제시하고 감독에 활용 중이나 국내의 경우에는 미흡한 측면이 있다.

또한, 상당수 금융전문가들은 2023년 상반기 실리콘밸리은행(SVB: Silicon Valley Bank)[25]과 크레디트스위스(CS)[26] 사태가 발생한 원인으로 건전성 규제 · 감독의 미흡도 있으나 보다 근본적으로는 장기 저금리 상황에서 누적된

나. 해당 금융회사가 금융투자업자, 상호저축은행, 여신전문금융회사인 경우: 해당 금융회사의 최근 사업연도 말 현재 재무상태표 상의 자본금(해당 금융회사가 금융투자업자인 경우에는 해당 금융회사의 자본을 말한다)

4. 해당 금융회사의 정기주주총회일(「보험업법」 제2조제7호에 따른 상호회사인 보험회사의 경우에는 정기사원총회일을 말한나) 현재 해당 금융회사가 자본금(해당 금융회사가 출자한 법인의 자본금을 말한다)의 100분의 5 이상을 출자한 법인

5. 해당 금융회사와 기술제휴계약을 체결하고 있는 법인

6. 해당 금융회사의 회계감사인(「주식회사 등의 외부감사에 관한 법률」 제2조제7호에 따른 감사인을 말한다. 이하 같다)으로 선임된 회계법인

7. 해당 금융회사와 주된 법률자문, 경영자문 등의 자문계약을 체결하고 있는 법인

② 제1항에도 불구하고 다음 각 호의 어느 하나에 해당하는 법인 및 이에 준하는 외국법인은 제외한다.

1. 「한국은행법」에 따른 한국은행

2. 「자본시장과 금융투자업에 관한 법률 시행령」 제10조제2항 각 호의 어느 하나에 해당하는 자

3. 「자본시장과 금융투자업에 관한 법률 시행령」 제10조제3항제1호부터 제13호까지의 어느 하나에 해당하는 자

24) 금융회사지배구조법 시행령 제8조(사외이사의 자격요건)

③ 법 제6조 제1항 제8호에서 "대통령령으로 정하는 사람"이란 다음 각 호의 어느 하나에 해당하는 사람을 말한다.

1. 해당 금융회사의 최대주주와 제1항 각 호의 어느 하나에 해당하는 관계에 있는 법인(제2항 각 호의 어느 하나에 해당하는 법인은 제외한다)의 상근 임직원 또는 최근 2년 이내에 상근 임직원이었던 사람. 이 경우 제1항 각 호의 "해당 금융회사"는 "해당 금융회사의 최대주주"로 본다.

2. 해당 금융회사가 은행인 경우

   가. 최대주주가 아닌 대주주의 특수관계인

   나. 다음의 어느 하나와 제1항 각 호의 어느 하나의 관계에 있는 법인(제2항 각 호의 어느 하나에 해당하는 법인은 제외한다)의 상근 임직원 또는 최근 2년 이내에 상근 임직원이었던 사람

      1) 해당 은행, 그 은행의 자회사등 및 자은행

      2) 해당 은행을 자회사로 하는 은행지주회사 및 그 은행지주회사의 자회사등

   다. 나목 1) 또는 2)의 상근 임직원 또는 최근 2년 이내에 상근 임직원이었던 사람의 배우자, 직계존속 및 직계비속

3. 해당 금융회사가 금융지주회사인 경우 해당 금융지주회사의 자회사등과 제1항 각 호의 어느 하나에 해당하는 관계에 있는 법인(제2항 각 호의 어느 하나에 해당하는 법인은 제외한다)의 상근 임직원 또는 최근 2년 이내에 상근 임직원이었던 사람

4. 해당 금융회사 외의 둘 이상의 다른 주권상장법인의 사외이사, 비상임이사 또는 비상임감사로 재임 중인 사람. 다만, 해당 금융회사가 주권상장법인, 은행 또는 은행지주회사인 경우에는 다음 각 호의 구분에 따른 사람을 말한다.

   가. 해당 금융회사가 주권상장법인인 경우: 해당 금융회사 외의 둘 이상의 다른 회사의 이사ㆍ집행임원ㆍ감사로 재임 중인 사람

   나. 해당 금융회사가 은행인 경우: 해당 은행 외의 다른 회사(해당 은행의 자회사등, 해당 은행의 자은행, 해당 은행을 자회사로 하는 은행지주회사 및 그 은행지주회사의 자회사등은 제외한다)의 사외이사, 비상임이사 또는 비상임감사로 재임 중인 사람

   다. 해당 금융회사가 은행지주회사인 경우: 해당 은행지주회사 외의 다른 회사(해당 은행지주회사의 자회사등은 제외한다)의 사외이사, 비상임이사 또는 비상임감사로 재임 중인 사람

5. 다음 각 목의 어느 하나에 해당하는 사람

   가. 해당 금융회사에 대한 회계감사인으로 선임된 감사반(「주식회사 등의 외부감사에 관한 법률」 제2조제7호나목에 따른 감사반을 말한다) 또는 주된 법률자문ㆍ경영자문 등의 자문계약을 체결하고 있는 법률사무소(「변호사법」 제21조제1항에 따른 법률사무소를 말한다)ㆍ법무조합(「변호사법」 제58조의18에 따른 법무조합을 말한다)ㆍ외국법자문법률사무소(「외국법자문사법」 제2조제4호에 따른 외국법자문법률사무소를 말한다)에 소속되어 있거나 최근 2년 이내에 소속되었던 공인회계사, 세무사 또는 변호사

   나. 그 밖에 해당 금융회사에 대한 회계감사 또는 세무대리를 하거나 해당 금융회사와 주된 법률자문, 경영자문 등의 자문계약을 체결하고 있는 공인회계사, 세무사, 변호사 또는 그 밖의 자문용역을 제공하고 있는 사람

6. 해당 금융회사의 지분증권(「자본시장과 금융투자업에 관한 법률」 제4조제4항에 따른 지분증권을 말한다. 이하 같다) 총수의 100분의 1 이상에 해당하는 지분증권을 보유(「자본시장과 금융투자업에 관한 법률」 제133조제3항 본문에 따른 보유를 말한다)하고 있는 사람

7. 해당 금융회사와의 거래(「약관의 규제에 관한 법률」 제2조제1호에 따른 약관에 따라 이루어지는 정형화된 거래는 제외한다) 잔액이 1억원 이상인 사람

8. 「신용정보의 이용 및 보호에 관한 법률」 제25조제2항제1호에 따른 종합신용정보집중기관에 신용질서를 어지럽힌 사실이 있는 자 또는 약정한 기일 내에 채무를 변제하지 아니한 자로 등록되어 있는 자(기업이나 법인인 경우에는 해당 기업이나 법인의 임직원을 말한다)

9. 「채무자 회생 및 파산에 관한 법률」에 따라 회생 절차 또는 파산 절차가 진행 중인 기업의 임직원

10. 「기업구조조정 촉진법」에 따른 부실징후기업의 임직원

주요국의 은행 지배구조에 관한 감독 가이드라인

- 美 통화감독청(OCC) : Director's Book, Role of Directors for National Banks(2020.11월)
- 유럽 은행감독당국(EBA) : Guidelines on internal governance(2021.7월)
- 英 건전성감독당국(PRA) : Supervisory Statement on Corporate governance: Board responsibilities(2018.7월)
- 캐나다 금융감독청(OSFI) : Guideline on Corporate governance (2018.9월)
- 싱가폴 감독청(MAS) : Guidelines on corporate governance(2021.11월)
- 호주 건전성감독청(APRA) : Guide for directors(2022.11월) 등

각종 리스크 요인을 경영진이 제대로 관리하지 못한 상황에서 이를 견제하고 시정시켜야 할 이사회가 적절한 기능을 하지 못하는 등 은행 지배구조의 실패를 지적하였다.

이에 금융감독원은 은행권, 외부전문가와 T/F 논의를 거쳐 은행지주·은행 지배구조의 개선을 유도하고 감독기준의 글로벌 정합성을 제고하기 위해 2023년 12월 12일 "은행지주·은행 지배구조에 관한 모범관행(best practice)"을 발표하였다. 동 모범관행은 은행지주·은행의 지배구조에 관한 국제기준, 글로벌 금융회사 사례, 국내은행 운영실태를 조사·분석하여 바람직한 지배구조에 관한 4개 주요 테마(❶ 사외이사 지원조직 및 체계, ❷ CEO 선임 및 경영승계 절차, ❸ 이사회 구성의 집합적 정합성 및 독립성 확보, ❹ 이사회 및 사외이사 평가체

---

25) 2023년 3월 10일 파산한 SVB는 미국 내 자산 기준 16위 규모로 2008년 워싱턴뮤추얼 붕괴에 이어 미 역사상 2번째로 큰 규모의 은행 파산이었다.

26) CS는 SVB 파산의 여파로 글로벌 은행권의 위기가 고조되면서 고객 이탈과 자금 유출이 이어져 2023년 3월 부도 직전까지 내몰렸으나 당국의 긴급 수혈로 기사회생한 후 2023년 6월 12일 스위스 1위 은행인 UBS에 30억 스위스프랑(약 4조 2400억 원)에 합병되었다.

계)에 대해 30개 핵심원칙을 제시하고 은행지주·은행별 규모, 경영전략, 리스크 프로파일, 영업모델 등에 따라 선택하여 활용할 수 있는 다양한 방안을 마련하였는 바, 이를 토대로 국내 은행지주·은행이 유수의 글로벌 금융회사 수준으로 지배구조를 개선해나가는 데 크게 기여할 것으로 기대된다.

아울러 동 모범관행은 핵심원칙과 방향성을 제시하되, 은행지주·은행별로 선택가능한 다양한 방안을 제시하는 등 원칙 중심의 유연한 적용을 추구하고 있어, 각 은행지주·은행별로 영업 특성, 중장기 경영전략, 조직 문화에 따라 적합한 지배구조를 발전시켜나가는 데 도움이 될 것이다. 또한, 국내에서도 해외 주요 감독당국의 사례를 벤치마킹하여 지배구조 가이드라인이 마련됨에 따라 감독기준의 글로벌 정합성을 제고할 뿐만 아니라 일관된 감독·검사 기준을 제시함으로써 감독행정의 투명성을 강화하고 은행지주·은행 지배구조의 개선을 유도하는 효과를 기대하고 있다.[27]

나. 사외이사 지원조직 및 체계 관련 모범관행(best practice) 주요 내용

1) 현황 및 문제점

가) 지원조직

상당수 은행지주·은행이 사외이사 지원조직을 CEO 소속 부서내에 두고 있고 업무총괄자의 임면·평가 등을 경영진이 전담하고 있어 독립적으로 운영되기 어려운 구조로 조사되었다. 업무총괄자가 타업무를 겸직하거나 지원조직 인력(은행별 실무 전담인력은 대체로 2명 수준)도 충분하지 않아 단순보좌에 그치는 등 사외이사에 대한 총괄 지원이 미흡한 실정이다.

나) 정보제공

사외이사에 대한 회의자료 제공기한이 지나치게 짧은 은행지주·은행[28]의 경우 안건 검토에 충분한 시간을 할애하기 어려운 실정이다. 한편, 국제기준 등은 충실한 안건논의를 위해 사외이사만의 간담회를 권고하고

은행지주 · 은행 지배구조에 관한
모범관행(best practice) 주요 내용

□ 동 모범관행은 바람직한 지배구조에 관한 30개 핵심원칙을 제시하고, 은행별 경영전략, 리스크 프로파일, 조직 규모에 따라 적용할 수 있도록 다양한 방안(옵션)을 마련 → 원칙 중심의 유연한 적용

① **사외이사 지원조직 및 체계** → 사외이사 지원 전담조직을 이사회 산하에 설치하고 업무총괄자의 임면 및 성과평가에 이사회가 관여

② **CEO 선임 및 경영승계절차** → 상시후보군 관리 · 육성부터 최종 후임자 선정까지를 포괄하는 공정하고 투명한 승계계획 마련 · 운영

 ※ 후보자에 대한 공정하고 면밀한 평가를 위해 경영승계절차를 조기 개시하고 후보군에 대한 평가·검증 방식을 다양화

③ **이사회 구성의 집합적 정합성 및 독립성 확보** → Board Skill Matrix 등 집합적 정합성을 확보하기 위한 관리체계를 구축

 ※ 사외이사 후보군의 추천경로를 다양화하고 적정 임기정책을 마련하며, 사외이사 선임시 독립성, 전문성 등 자격 검증을 강화

④ **이사회 및 사외이사 평가체계** → 평가의 객관성 · 공정성을 제고하고 평가결과는 사외이사 재선임과 연계하는 등 환류기능 강화

□ 금번 모범관행은 국제기준, 해외사례, 국내 모범사례를 종합하고, 은행권 · 외부전문가와의 심층논의를 거쳐 마련된 만큼 국내은행 지배구조를 글로벌 수준으로 개선하는 데 크게 기여할 것으로 기대

---

27) 금융감독원, 2023.12.13일자 보도자료 "은행지주 · 은행의 지배구조에 관한 모범관행(best practice) 마련"을 참고한다. 각 테마별 모범관행에 대한 구체적인 내용은 금융회사지배구조법 관련 조문별로 나누어 기술하였다.

28) 금융회사지배구조법에서는 회의 개최 2주 전까지 제공(정관 또는 이사회규정 등에서 기간을 달리 정할 수 있음)하도록 하고 있으나, 3~5일로 규정한 사례 등이 존재하였다.

있으나, 국내의 경우 일부 은행지주·은행만이 사외이사 간담회를 실시하고 있으며 절차 등의 규정화도 미흡하였다.

> ※ 美 OCC Director's Book
> - **이사회 독립성**을 강화하기 위하여 필요 시 **사외이사만을 대상**으로 하는 **사외이사 회의**를 개최하여 경영진이 이사회에서 결정한 정책방향에 부합되도록 세부정책을 수행하고 있는지, 이사회가 효과적으로 운영되고 있는지 등의 이슈에 대해 **경영진으로부터 영향받지 않고 자유롭게 논의**가능해야 함

다) 교육 및 연수

신임·재임 사외이사의 원활한 직무수행을 위해 교육 및 연수가 필수적임에도 체계적인 프로그램을 마련하지 않고 있는 경우가 많으며[29], 은행지주·은행간 편차도 큰 상황인 것으로 파악되었다.

> ※ BCBS corporate governance principles for banks
> - **이사회**는 **신임이사**에게 그 직무수행에 필요한 지식, 기술을 습득, 유지, 제고하기 위한 **전입교육**을 실시해야 하며, **기존 이사**들에게도 **지속적인 교육프로그램**을 제공해야 함. 재무, 규제, 리스크와 관련된 **경험이 부족한 신임이사**에게는 더 많은 **교육**을 제공해야 함

2) 모범관행(best practice)

최고 의사결정기구인 이사회가 그 기능과 역할을 다할 수 있도록 사외이사에 대한 충실한 지원체계를 구축해야 한다. 구체적으로는 사외이사 지원을 위한 전담조직(이사회 사무국)[30]을 이사회 산하에 설치하고, 업무총괄자[31]의

---

29) 신임 사외이사에 대한 교육의 경우 1~3시간 정도의 오리엔테이션 수준에 그치거나 별도 프로그램이 없는 은행지주·은행도 존재하였다.

사외이사 대상 국내 주요 소송 및 결과[32]

□ 최근 수 년 간 회계부정 발생 또는 이사 의무의 위반·태만 등과 관련하여 사외이사에게 책임을 추궁하는 소송이 증가하고 있음

기업	구분	내용
C사	사건 요약	• 사업보고서의 허위기재 등으로 인하여 입은 손해에 대해 C사 주식의 취득자가 사외이사를 대상으로 소송을 제기
	대법원 선고 (2014, 2016)	• '유책' 판결 － 출근하지도 않고 이사회에도 참석하지 않았다는 것은 사외이사로서의 직무를 전혀 수행하지 아니하였음을 나타냄 － 상당한 주의를 다하였다는 사정이 아님은 물론이며 상당한 주의를 다하였더라고 허위기재 사실을 알 수 없었다고 볼 사정도 아님
S사	사건 요약	• 사업보고서 및 감사보고서의 거짓 기재 등으로 인하여 입은 손해에 대해 은행 등 채권단이 사외이사를 대상으로 소송을 제기
	대법원 선고 (2016)	• '유책' 판결 － 주식회사 이사는 선량한 관리자의 주의로써 대표이사 및 다른 이사들의 업무집행을 전반적으로 감시하고 특히 재무제표의 승인 등 이사회에 상정된 안건에 관하여는 이사회의 일원으로서 의결권을 행사함으로써 대표이사 등의 업무집행을 감시·감독할 지위에 있으며, 이는 사외이사라고 하여 달리 볼 것이 아님 － 회사의 재무에 관여할 수도, 관여할 능력도 없었고, 분식회계 내지 사업보고서의 거짓 기재는 더더욱 알 수 없는 위치에 있었다는 사정만으로 손해배상책임을 면할 수 없음
K사	사건 요약	• 지방자치단체로의 기부(150억원)가 K사에 손실이 되었기에 이를 의결한 사외이사를 대상으로 K사가 소송을 제기
	대법원 선고 (2019)	• '유책' 판결 － 기부행위를 결의하면서 기부금의 성격, 기부행위기 회사의 설립목직과 공익에 미치는 영향, 회사 재정상황에 비추어본 액수의 상당성, 회사와 기부상대방의 관계 등에 관해 합리적인 정보를 바탕으로 충분한 검토를 거치지 않았다면, 이사들이 그 결의에 찬성한 행위는 이사의 선량한 관리자로서의 주의의무에 위배되는 행위에 해당
D사	사건 요약	• 분식회계로 인한 투자 손실에 대해 사외이사의 책임을 추궁하는 소송이 다수의 투자자들에 의해 제기됨
	대법원 선고 (2022)	• '면책' 판결 － 상당한 주의를 하였음에도 불구하고 재무제표에 분식으로 인한 허위의 기재가 있었음을 알 수 없었다고 봄이 타당

임면 및 성과평가에 이사회가 관여하도록 한다. 전담조직의 인력을 확충[33]하고 사외이사 요청사항을 독립적이고 체계적으로 처리·관리할 수 있는 시스템을 구축[34]하도록 한다. 회의자료 조기송부(최소 7일 전), 사외이사만의 간담회 실시, 교육강화[35] 등을 통해 사외이사의 충실성, 독립성, 전문성을 제고해야 한다.

6. 주요업무집행책임자

이사가 아니면서 명예회장·회장·부회장·사장·부사장·행장·부행장·부행장보·전무·상무·이사 등 업무를 집행할 권한이 있는 것으로 인정될 만한 명칭을 사용하여 금융회사의 업무를 집행하는 사람을 "업무집행책임자"라 한다.[36]

업무집행책임자 중에서 경영전략 수립 등 전략기획 업무, 재무·예산 및 결산 회계 등 재무관리 업무 및 자산의 운용 등에 대한 위험관리 업무와 같은 주요업무를 집행하는 자를 "주요업무집행책임자"라 하고 이사회의 의결을 거쳐 임면한다. 주요업무집행책임자의 임기는 정관에 다른 규정이 없으면 3년을 초과하지 못한다. 주요업

---

30) 사외이사 전담 지원조직은 이사회 아래 독립조직으로 설치하여야 하고, 지원조직의 업무총괄자는 이사회에 직접 보고할 수 있어야 한다.

31) 사외이사 지원조직 업무총괄자는 (선임)부서장급 이상으로 하고, 임면시 이사회 사전동의 등을 거치도록 한다. 업무총괄자는 가급적 사외이사 지원 外의 업무를 겸직하지 않도록 하며, 이사회가 성과평가에 참여한다.

32) 삼정KPMG, 감사위원회 저널 Vol 22 January 2023을 참고한다.

33) (충분한 인력) 기존에 하던 단순 행정지원 업무 수준에서 벗어나 사외이사에 대한 적극적 지원(정보제공, 요구사항 처리 등)을 위한 전담 인력을 배정해야 한다. (적합한 인력) 리스크관리, 내부통제 등 은행지주·은행내 주요 경영 현안을 처리하는 이사회의 업무수행을 지원하기에 충분한 경력을 갖춘 인력이어야 한다.

34) 사외이사가 자문 및 자료 등을 요청할 경우 이를 처리하기 위한 구체적인 절차를 마련하고 처리 상황 및 처리 결과 등을 전담 지원조직이 총괄적으로 관리할 수 있는 체계 또는 전산시스템을 마련한다.

35) 신임 사외이사의 경우 은행업 및 해당 은행 업무에 대한 신속하고 깊은 이해가 필요하므로 1~3시간의 업무소개는 충분하다고 볼 수 없으며, 경영진, 외부감사인, 감독기관 연수 등을 통해 업무 전반에 대해 일정 시간 이상 교육을 실시해야 한다. 재임 사외이사의 경우 감독정책 변화, 신규 규제도입 등을 포함하여 연수 및 교육을 실시하고 사외이사 평가결과, 이사회 평가결과 등에 따라 교육 수요를 파악하고 사외이사들의 요청 등을 감안해 교육 프로그램을 마련한다.

36) 금융회사지배구조법 제2조 5호

무집행책임자와 해당 금융회사의 관계에 관하여는 「민법」 중 위임에 관한 규정을 준용한다. 주요업무집행책임자는 이사회의 요구가 있으면 언제든지 이사회에 출석하여 요구한 사항을 보고하여야 한다.[37]

한편, 업무집행책임자는 이사는 아니나 금융회사의 업무를 집행하는 자로서 금융회사지배구조법 상 임원으로 취급되고 금융회사지배구조법 전반에서 원칙적으로 임원에 준하여 적용받게 된다. 다만, 업무집행책임자는 특수관계인의 범위(금융회사지배구조법 시행령 제3조)와 관련하여 임원에서 제외하고 임직원의 제재조치(금융회사지배구조법 제35조) 시 직원으로 규정하는 등 일부 조항에서 별도로 규정하고 있다.

7. 임원 등 겸직

7-1. 상근 임원의 겸직 제한

금융회사의 상근 임원은 다른 영리법인의 상시적인 업무에 종사할 수 없다. 다만, 상근 임원이더라도 「채무자 회생 및 파산에 관한 법률(이하 "회생 및 파산법")」 또는 금융산업구조개선법에 따라 관리인으로 선임되는 경우나 금융회사 해산 등의 사유로 청산인으로 선임되는 경우에는 상시적인 업무에 종사할 수 있다.[38] 또한, 금융회사의 상근 임원은 다음의 경우에 따라 다른 회사의 상근 임직원으로 겸직할 수 있다.

첫째, 은행인 경우에는 그 은행이 의결권 있는 발행주식 총수의 15%를 초과하는 주식을 보유하고 있는 다른 회사의 상근 임직원을 겸직할 수 있다. 둘째, 상호서축은행인 경우에는 그 상호저축은행이 의결권 있는 발행주식 총수의 15%를 초과하는 주식을 보유하고 있는 다른 상호저축은행의 상근 임직원을 겸직할 수 있다. 셋째, 보

---

37) 금융회사지배구조법 제8조~제9조, 동법 시행령 제9조
38) 금융회사지배구조법 제10조 ①

험회사인 경우에는 그 보험회사가 의결권 있는 발행주식 총수의 15%를 초과하는 주식을 보유하고 있는 다른 회사의 상근 임직원을 겸직할 수 있다. 이 경우 은행법에 따른 은행, 중소기업은행, 농협은행, 수협은행, 투자매매업자, 투자중개업자, 집합투자업자, 투자자문업자, 투자일임업자, 보험회사, 상호저축은행, 신탁업자, 종합금융회사, 금융지주회사 및 여신전문금융회사의 상근 임직원을 겸직하는 경우는 제외한다. 넷째, 여신전문금융회사인 경우에는 그 금융회사의 고객과 이해가 상충되지 아니하고 금융회사의 건전한 경영을 저해할 우려가 없는 경우로서 다른 회사의 상시적인 업무에 종사할 때에는 상근 임직원을 겸직할 수 있다.

다섯째, 금융지주회사인 경우에는 그 금융지주회사의 자회사등의 고객과 이해가 상충되지 아니하고 그 자회사등의 건전한 경영을 저해할 우려가 없는 경우로서 해당 금융지주회사의 최대주주 또는 주요주주인 회사, 해당 금융지주회사의 계열회사 및 금융감독원의 검사를 받는 기관 중 어느 하나에 해당하지 아니하는 회사(다만, 해당 금융지주회사의 자회사등인 경우에는 제외)의 상시적인 업무에 종사할 때에는 상근 임직원을 겸직할 수 있다.[39] 즉, 경영관리를 주요 업무로 영위하는 금융지주회사의 성격을 감안하여 금융지주회사 그룹 내 임직원의 수직적 겸직(금융지주회사와 자회사등 간의 임직원 겸직) 및 수평적 겸직(자회사등 간의 임직원 겸직)이 허용된다. 이러한 금융지주회사 그룹 내 겸직을 통해 금융지주회사는 경영 효율성을 향상시키고 시너지 효과 제고를 도모할 수 있다.[40] 한편, 은행의 임직원은 한국은행, 다른 은행 또는 은행지주회사의 임직원을 겸직할 수 없다. 다만, 은행법 제37조 제5항[41]에 따른 자은행의 임직원이 되는 경우에는 겸직할 수 있다. 금융지주회사 및 그의 자회사등의 임직원은 일정한 요건[42]에 해당될 경우 겸직할 수 있다.[43]

---

39) 금융회사지배구조법 제10조 ②, 동법 시행령 제10조 ①

40) 금융감독원, 2021년 11월 "금융지주회사등의 업무위탁 및 임직원 겸직 제도 해설"를 참고한다.

41) 은행법 제37조 ⑤ 제6항부터 제8항까지의 규정에서 "모은행(母銀行)" 및 "자은행"이란 은행이 다른 은행의 의결권 있는 발행주식 총수의 100분의 15를 초과하여 주식을 소유하는 경우의 그 은행과 그 다른 은행을 말한다. 이 경우 모은행과 자은행이 합하여 자은행이 아닌 다른 은행의 의결권 있는 발행주식 총수의 100분의 15를 초과하여 주식을 소유하는 경우 그 다른 은행은 그 모은행의 자은행으로 본다.

7-2. 겸직 승인 및 보고

금융회사는 임직원이 다른 회사의 임직원을 겸직하려는 경우에는 이해상충 방지 및 금융회사의 건전성 등에 관한 기준인 '겸직기준'을 갖추어 미리 금융위원회에 승인을 받아야 한다.[44] 다만, 이해상충 또는 금융회사의 건전성 저해의 우려가 적은 경우에는 겸직하는 회사에서 수행하는 업무의 범위, 겸직하는 업무의 처리에 대한 기록 유지에 관한 사항 등을 금융위원회에 보고하여야 한다.

그러나, ❶ 해당 금융회사의 대표이사, 대표집행임원(상법), 사내이사 또는 주요업무집행책임자가 다른 회사의 상시적인 업무에 종사하는 임직원을 겸직하려는 경우,[45] ❷ 해당 금융회사의 감사위원회 위원(감사 포함), 준법감시인 또는 위험관리책임자가 다른 금융회사의 감사위원, 준법감시인 또는 위험관리책임자를 겸직하려는 경우,[46] ❸ 해당 금융회사의 임직원[대표이사, 대표집행임원(상법), 사내이사 또는 주요업무집행책

---

42) 금융회사지배구조법 제10조(겸직제한) ④ 다른 법령, 제6조(제1항제3호는 제외한다), 이 조 제1항 및 제3항에도 불구하고 금융지주회사 및 그의 자회사등(「금융지주회사법」 제4조제1항제2호에 따른 자회사등을 말한다. 이하 같다)의 임직원은 다음 각 호의 어느 하나에 해당하는 경우에는 겸직할 수 있다.

  1. 금융지주회사의 임직원이 해당 금융지주회사의 자회사등의 임직원을 겸직하는 경우

  2. 금융지주회사의 자회사등(금융업을 영위하는 회사 또는 금융업의 영위와 밀접한 관련이 있는 회사로서 대통령령으로 정하는 회사로 한정한다. 이하 이 호에서 같다)의 임직원이 다른 자회사등의 임직원을 겸직하는 경우로서 다음 각 목의 어느 하나의 업무를 겸직하지 아니하는 경우

    가. 「자본시장과 금융투자업에 관한 법률」 제6조제4항에 따른 집합투자업(대통령령으로 정하는 경우는 제외한다)

    나. 「보험업법」 제108조제1항제3호에 따른 변액보험계약에 관한 업무

    다. 그 밖에 자회사등의 고객과 이해가 상충하거나 해당 자회사등의 건전한 경영을 저해할 우려가 있는 경우로서 금융위원회가 정하여 고시하는 업무

      * 고시된 내용은 없다.

43) 금융회사지배구조법 제10조 ③~④

44) 금융회사지배구조법 제11조 ①, 동법 시행령 제11조 ①, 금융회사지배구조감독규정 제4조 ①~②

45) 다만, 아래의 어느 하나에 해당하는 경우는 제외한다.

  1. 금융지주회사와 해당 금융지주회사의 자회사등 간의 겸직인 경우

  2. 해당 금융회사가 신기술사업금융업자인 경우로서 여신전문금융업법 제41조 제1항의 업무를 수행하기 위하여 다른 회사의 임직원을 겸직하려는 경우

46) 다만, 해당 금융회사가 금융지주회사인 경우로서 그 금융지주회사의 자회사등에서 해당 금융지주회사에서 수행하는 업무와 동일한 업무를 겸직하려는 경우는 제외한다.

임직원 겸직 운용기준 및 확인서

1. 금융회사의 임직원 겸직 운용기준에는 아래의 사항이 포함되어야 한다.

1) 임직원 겸직에 따른 위험관리 · 평가

2) 임직원 겸직개시 · 종료절차

3) 겸직 임직원에 대한 관리 · 감독

4) 고객정보(금융지주회사법 제48조의2 제3항에 따른 고객정보) 보호

5) 임직원 겸직에 따른 이해상충 방지체계

6) 겸직 임직원의 업무범위

7) 임직원 겸직에 따른 해당 금융회사(금융지주회사인 경우 금융지주회사와 그 자회사등을 말한다)의 겸직 임직원의 책임범위

8) 고객과의 이해상충 발생 등에 대비한 비상계획 마련, 분쟁해결방법, 해당 금융회사의 손해배상책임 등

9) 그 밖에 겸직에 따른 이해상충 방지 및 금융회사의 건전성 등에 관하여 필요한 사항으로서 금융위원회가 정하여 고시하는 사항

① 겸직 임직원의 자격요건 및 선정절차에 관한 사항

② 겸직 임직원의 담당 업무 관련 업무처리절차 및 보고체계에 관한 사항

③ 금융위, 금융감독원, 준법감시인, 감사위원회(감사 포함) 및 해당 금융회사로부터 독립된 외부의 감사인 등의 임직원 겸직 관련 자료에 대한 접근권 확보에 관한 사항

2. 임직원이 겸직하는 금융회사는 아래의 사항에 대한 각각의 확인서를 마련하여야 한다.

1) 겸직하는 회사에서 수행하는 업무의 범위

2) 겸직하는 업무의 처리에 대한 기록유지

3) 겸직의 목적

4) 겸직의 기간

5) 그 밖에 겸직에 따른 이해상충 방지 및 금융회사의 건전성 등에 관하여 필요한 사항으로서 금융위원회가 정하여 고시하는 사항

① 겸직 임직원, 임직원이 겸직하는 회사의 책임범위

② 겸직 임직원의 담당업무에 대한 적격성

③ 겸직 임직원에 대한 보수산정방식

④ 면책조항 및 분쟁해결(중재 및 조정을 포함) 방법에 관한 사항

임자는 제외]이 다른 금융회사의 상시적인 업무에 종사하는 임직원을 겸직하려는 경우로서 겸직하려는 임직원의 업무가 일정한 요건[47]에 해당하는 경우, ❹ 손해보험회사의 임직원이 생명보험회사의 임직원을 겸직하려는 경우 그리고 ❺ 생명보험회사의 임직원이 손해보험회사의 임직원을 겸직하려는 경우에는 겸직이 허용되지 않는다.[48]

한편, 금융회사는 해당 금융회사의 임원(사외이사, 비상임이사 또는 비상근감사)이 다른 금융회사의 임원을 겸직하는 경우(금융회사지배구조법 제10조에 따른 겸직은 제외) 반기별 겸직 현황을 매 반기 경과 후 1개월 이내에 금융위원회에 제출하여야 한다.[49] 금융위원회는 금융회사가 겸직기준을 충족하지 아니하는 경우 또는 금융위원회가 정한 보고 방법 및 절차를 따르지 아니하거나 보고한 사항을 이행하지 아니하는 경우에는 해당 임직원 겸직을 제한하거나 그 시정을 명할 수 있다.[50]

---

47) 1. 금융회사지배구조법 제10조 제4항 제2호 각 목의 어느 하나에 해당하는 업무

2. 자본시장법에 따른 신탁업의 경우에는 같은 법 시행령 제47조 제1항 제6호 각 목의 업무. 다만, 다음의 어느 하나에 해당하는 업무는 제외한다.

   1) '주식 · 사채 등의 전자등록에 관한 법률' 제2조 제4호에 따른 전자등록주식등, 자본시장법 제308조 제2항에 따른 예탁대상증권등 또는 외화자산인 집합투자재산 · 신탁재산의 보관 · 관리업무(외화자산인 집합투자재산의 운용 및 운용지시의 이행업무를 포함)

   2) 신탁재산 중 외화자산의 운용업무[신탁재산에 속하는 지분증권(지분증권과 관련된 증권예탁증권을 포함한다)의 의결권 행사를 포함]

   3) 신탁재산(외화자산이 아닌 자산만 해당) 총액의 100분의 20 범위에서의 운용업무(금융투자업자에게 위탁하는 경우만 해당)

   4) 신탁재산의 운용업무와 관련한 조사 · 분석업무

   5) 신탁재산 중 증권, 장내파생상품 또는 「외국환거래법」에 따른 대외지급수단의 단순매매주문업무

   6) 자본시장법 제6조 제10항 제3호에 따른 업무48) 금융회사지배구조법 제10조 ③~④

48) 금융회사지배구조법 제11조 ① 단서, 동법 시행령 제11조 ②

49) 금융회사지배구조법 제11조 ②, 동법 시행령 제11조 ⑨

50) 금융회사지배구조법 제11조 ③

7-3. 겸직 관련 연대 배상책임

임직원을 겸직하게 한 금융지주회사와 해당 자회사등은 금융업의 영위와 관련하여 임직원 겸직으로 인한 이해상충 행위로 고객에게 손해를 끼친 경우에는 연대하여 그 손해를 배상할 책임이 있다. 다만, 금융지주회사와 해당 자회사등이 임직원 겸직으로 인한 이해상충의 발생 가능성에 대하여 상당한 주의를 한 경우, 고객이 거래 당시에 임직원 겸직에 따른 이해상충 행위라는 사실을 알고 있었거나 이에 동의한 경우 중 어느 하나에 해당할 때에는 손해를 배상할 책임이 없다.[51]

━━━━━━━━━━━━━━━ 궁금해요! Q&A ━━━━━━━━━━━━━━━

Q 금융회사의 상근임원이 다른 금융회사의 비상근임원을 겸직하는 경우 보고 대상인지?

A □ 금융회사지배구조법 제10조는 금융회사의 상근임원이 다른 영리법인의 상시적인 업무에 종사하는 것을 금지하고 있으나, 다른 영리법인의 비상시적인 업무에 종사하는 것은 별도로 금하고 있지 않음

□ 이 경우의 겸직은 법 제10조 제2항 및 제4항에 따른 겸직이 아니므로, 금융회사지배구조법 제11조 제1항에 따른 보고의무는 발생하지 않음

□ 다만, 해당 비상근임원직이 사외이사 또는 비상임이사인 경우에는 금융회사지배구조법 시행령 제11조 제9항[52]에 따라 다른 금융회사의 사외이사 또는 비상임이사가 금융회사의 임원을 겸직하는 경우에 해당하므로 보고 대상이 됨

[답변출처 : 금융회사 지배구조에 관한 법률 설명서(2016.10.14.)]

---

51) 금융회사지배구조법 제11조 ④

52) 금융회사지배구조법 시행령 제11조(겸직 승인 및 보고) ⑨ 법 제11조 제2항에서 "해당 금융회사의 임원이 다른 금융회사의 임원을 겸직하는 경우(제10조에 따른 겸직은 제외한다)로서 대통령령으로 정하는 경우"란 해당 금융회사의 사외이사, 비상임이사 또는 비상근감사가 다른 금융회사의 임원을 겸직하는 경우를 말한다. 이 경우 금융회사는 금융위원회가 정하여 고시하는 서류를 첨부하여 반기별 겸직 현황을 매 반기 경과 후 1개월 이내에 금융위원회에 제출하여야 한다.

이사회

1. 이사회의 구성 및 운영 등

1-1. 이사회의 구성

금융회사는 이사회에 사외이사를 3명 이상 두어야 한다. 사외이사의 수[53]는 이사 총수의 과반수가 되어야 한다. 다만, 주권상장법인[54], 최근 사업연도 말 현재 자산총 액이 3천억 원 이상인 상호저축은행, 금융투자업자, 종합금융회사, 보험회사 및 여 신전문금융회사[55]의 경우 이사 총수의 4분의 1 이상을 사외이사로 하여야 한다.[56] 금 융회사는 사외이사의 사임·사망 등의 사유로 사외이사의 수가 법상 이사회의 구성 요건에 미치지 못하게 된 경우에는 그 사유가 발생한 후 최초로 소집되는 주주총회 (상호회사인 보험회사의 경우 사원총회를 포함)에서 요건을 충족하도록 조치하여야 한 다.[57]

1-2. 이사회 의장의 선임 등

이사회는 매년 사외이사 중에서 이사회 의장을 선임한다. 이사회는 사외이사가 아닌 자를 이사회 의장으로 선임할 수 있으며, 이 경우 이사회는 그 사유를 공시하고, 사외이사를 대표하는 자(선임사외이사)를 별도로 선임하여야 한다.[58] 선임사외이사는 사외이사 전원으로 구성되는 사외이사회의의 소집 및 주재, 사외이사의 효율적인 업무수행을 위한 지원 및 사외이사의 책임성 제고를 위한 지원의 업무를 수행하며, 금융회사 및 그 임직원은 선임사외이사가 업무를 원활하게 수행할 수 있도록 적극 협조하여야 한다.[59]

---

53) 소규모 금융회사는 사외이사 수의 적용이 면제된다. 소규모 금융회사란 최근 사업년도 말 현재 일정 규모 이하의 금융회사(주권상장법인은 자산총액이 2조원 이상 제외)를 말하는 데, 자산총액 7천억 원 미만인 상호저축은행, 자산총액 5조 원 미만인 금융투자업자·종합금융회사·보험회사·여신전문금융회사가 해당된다. 다만, 금융투자업자의 경우 최근 사업연도 말 현재 그 금융투자업자가 운용하는 집합투자재산, 투자일임재산 및 신탁재산(관리형신탁의 재산 제외)의 전체 합계액이 20조원 이상이면 일부 규정의 적용이 면제되는 소규모 금융회사에서 제외된다.

54) 상법 시행령 제34조 제1항 각 호의 어느 하나에 해당하는 경우는 제외한다.

　　상법 시행령 제34조(상장회사의 사외이사 등) ① 법 제542조의8 제1항 본문에서 "대통령령으로 정하는 경우"란 다음 각 호의 어느 하나에 해당하는 경우를 말한다.

　　1. 「벤처기업육성에 관한 특별조치법」에 따른 벤처기업 중 최근 사업연도 말 현재의 자산총액이 1천억원 미만으로서 코스닥시장(대통령령 제24697호 자본시장과 금융투자업에 관한 법률 시행령 일부개정령 부칙 제8조에 따른 코스닥시장을 말한다. 이하 같다) 또는 코넥스시장(「자본시장과 금융투자업에 관한 법률 시행령」 제11조제2항에 따른 코넥스시장을 말한다. 이하 같다)에 상장된 주권을 발행한 벤처기업인 경우

　　2. 「채무자 회생 및 파산에 관한 법률」에 따른 회생절차가 개시되었거나 파산선고를 받은 상장회사인 경우

　　3. 유가증권시장(「자본시장과 금융투자업에 관한 법률 시행령」 제176조의9제1항에 따른 유가증권시장을 말한다. 이하 같다), 코스닥시장 또는 코넥스시장에 주권을 신규로 상장한 상장회사(신규상장 후 최초로 소집되는 정기주주총회 전날까지만 해당한다)인 경우. 다만, 유가증권시장에 상장된 주권을 발행한 회사로서 사외이사를 선임하여야 하는 회사가 코스닥시장 또는 코넥스시장에 상장된 주권을 발행한 회사로 되는 경우 또는 코스닥시장 또는 코넥스시장에 상장된 주권을 발행한 회사로서 사외이사를 선임하여야 하는 회사가 유가증권시장에 상장된 주권을 발행한 회사로 되는 경우에는 그러하지 아니하다.

　　4. 「부동산투자회사법」에 따른 기업구조조정 부동산투자회사인 경우

　　5. 해산을 결의한 상장회사인 경우

55) 신용카드업을 영위하지 아니하는 여신전문금융회사는 최근 사업연도 말 현재 자산총액이 2조원 이상인 경우에 한정한다.

56) 금융회사지배구조법 제12조 ①～②

57) 금융회사지배구조법 제12조 ③

58) 금융회사지배구조법 제13조 ①～②

59) 금융회사지배구조법 제13조 ③～④

1-3. 지배구조내부규범

　금융회사는 주주와 예금자, 투자자, 보험계약자, 그 밖의 금융소비자의 이익을 보호하기 위하여 그 금융회사의 이사회의 구성과 운영, 이사회내 위원회의 설치, 임원의 전문성 요건, 임원 성과평가 및 최고경영자의 자격 등 경영승계에 관한 사항 등에 관하여 지켜야 할 구체적인 원칙과 절차인 "지배구조내부규범"을 마련하여야 한다.[60] 금융회사는 지배구조내부규범을 제정하거나 변경한 경우 그 내용 및 금융회사가 매년 지배구조내부규범에 따라 이사회 등을 운영한 현황을 인터넷 홈페이지 등에 공시하여야 한다.[61]

・ 지배구조내부규범에 대한 세부 항목 ・
（금융회사지배구조감독규정 제5조 제2항 관련 [별표1]）

구분	지배구조내부규범 세부 항목
1. 이사회의 구성 현황	가. 상임이사 · 비상임이사 · 사외이사의 최소 숫자 · 비율 나. 의장 선임절차 · 임기 · 자격요건 · 권한
2. 이사의 자격요건	가. 상임이사 · 비상임이사 · 사외이사 각각의 결격사유 및 적극적 자격요건
3. 이사회 및 이사의 권한·책임	가. 이사회의 심의 · 의결사항, 보고사항, 기타 권한 및 권한의 위임에 관한 사항 나. 상임이사 · 비상임이사 · 사외이사의 권한과 책임
4. 이사의 선임·퇴임에 관한 기준 및 절차	가. 상임이사 · 비상임이사 · 사외이사 각각의 선임절차(추천절차 포함) · 임기 및 사외이사의 연임기준 나. 이사의 퇴임사유 및 퇴임절차
5. 이사회의 소집절차 및 의결권 행사방법	가. 소집권자, 소집절차, 최소 소집횟수, 의결요건 및 의결권 제한사유
6. 이사회 운영실적 등의 평가에 관한 사항	가. 이사회 운영실적에 대한 평가주체 · 방법 · 절차 · 지표 등
7. 위원회의 종류·구성·기능	가. 위원회의 종류, 위원회별 구성 기준(위원비율, 위원장 선임기준 등) · 권한 및 소집에 관한 사항 등
8. 위원회 운영실적 등의 평가에 관한 사항	가. 위원회 운영실적에 대한 평가주체 · 방법 · 절차 · 지표 및 평가결과 활용방안 등

구분	지배구조내부규범 세부 항목
9. 임원의 자격요건	가. 임원별 결격사유 및 적극적 자격요건
10. 임원의 권한·책임	가. 임원별 권한(업무범위 등) 및 책임에 관한 기본사항
11. 임원의 선임·퇴임에 관한 기준 및 절차	가. 임원후보자 선정기준, 임원별 선임절차(추천절차 포함)·임기·연임기준 나. 임원별 퇴임사유 및 퇴임절차, 유고시 업무대행자 및 후임자 선출방법
12. 임원 및 그 후보자에 대한 교육제도	가. 임원에 대한 교육 및 연수제도 나. 임원후보자에 대한 교육·연수·평가제도 및 평가결과 활용방안 등
13. 임원에 대한 성과평가 및 보수지급의 방법	가. 임원 성과에 대한 평가주체·방법·절차·지표 및 평가결과 활용방안 등 나. 임원 보수의 구성내역·지급방법 등
14. 최고경영자 경영승계 원칙	가. 최고경영자 경영승계 절차, 경영승계 계획의 수립 및 변경 나. 경영승계 절차의 개시사유 및 개시결정 시기 다. 최고경영자 사고 등 비상상황 발생 시 대행자 선정, 신임 후보 선임 등 비상계획
15. 최고경영자의 경영승계 지원	가. 최고경영자 승계 관련업무 담당 지원부서 지정 및 운영현황
16. 최고경영자의 자격	가. 최고경영자의 최소 자격요건
17. 최고경영자 후보자 추천절차	가. 최고경영자 후보자 추천절차, 후보군 선발 및 자격검증 등 관리방법 나. 주주, 이해관계자 및 외부 자문기관 등 금융회사 외부로부터의 추천 활용 방법
18. 최고경영자 추천 관련 공시	가. 다음 각 호의 사항에 대한 공시 여부, 주주총회 소집통지시 공시사실 및 공시확인 방법 고지 여부 1) 최고경영자 후보 추천철자 개요 2) 임원후보추천위원회 위원의 명단 및 위력 3) 임원후보추천위원회 후보 제안자 및 후보자와의 관계 4) 관련 법령에 따른 자격요건 충족여부 및 근거 5) 최고경영자 후보자 추천이유 6) 최고경영자 후보자의 경력

19. 책임경영체제 확립	가. 최고경영자의 임기, 선임과 해임의 이사회 결의·보고 내역 나. 최고경영자의 역할, 권한 위임 사항 다. 최고경영자의 임면을 위한 평가기준 및 절차, 해임 및 퇴임 사유

2. 이사회의 권한

이사회의 심의·의결을 거쳐야 하는 사항으로는 ❶ 경영목표 및 평가에 관한 사항, ❷ 정관의 변경에 관한 사항, ❸ 예산 및 결산에 관한 사항, ❹ 해산·영업양도 및 합병 등 조직의 중요한 변경에 관한 사항, ❺ 내부통제기준 및 위험관리기준의 제정·개정 및 폐지에 관한 사항, ❻ 최고경영자의 경영승계 등 지배구조 정책 수립에 관한 사항 그리고 ❼ 대주주·임원 등과 회사 간의 이해상충 행위 감독에 관한 사항이 있다. 또한, 거액 금융사고의 근절을 위해 2024년 1월 2일 금융회사지배구조법이 개정(시행일 : 2024년 7월 3일)됨에 따라 이사회의 내부통제에 대한 역할을 명확화하기 위해 이사회의 심의·의결을 거쳐야 하는 사항으로 "❽ 내부통제 및 위험관리 정책의 수립 및 감독에 관한 사항"이 추가되었다.

이사회의 심의·의결을 거쳐야 하는 사항은 정관으로 정하여야 하며, 상법에 따른 이사회의 권한 중에서 지배인의 선임 또는 해임 그리고 지점의 설치·이전 또는 폐지에 관한 권한은 정관에서 정하는 바에 따라 위임할 수 있다.[62] 또한, 금융회사지배구조법의 개정에 따라 이사회의 내부통제에 대한 역할을 명확화하기 위해 "이사회에 대해 대표이사등의 내부통제등 총괄 관리의무의 이행을 감독하는 권한"이 새롭게 부여되었다.[63]

---

60) 금융회사지배구조법 제15조
61) 금융회사지배구조법 제14조 ③
62) 금융회사지배구조법 제15조 ①~③
63) 금융회사지배구조법 제15조 ④

(원칙 1) 이사회의 총괄적 책임

이사회는 은행의 전략적 목표, 지배구조체계, 기업문화와 관련된 경영진의 집행 행위를 승인하고 감시하는 등 은행에 대한 총괄적 책임(overalll responsibility) 을 짐

(경영진에 대한 감시)

46. 이사회는 CEO 등 주요 경영진의 승계계획(succession plan)에 적극적으로 관여해야 함

(원칙 2) 이사회의 자격과 구성

이사회의 구성원인 이사는 개인적, 집단적으로 그 직위에 걸맞은 자격요건을 갖추고 있어야 함. 이사는 이사회가 기업지배구조 내에서 하는 역할과 그 감시 기능에 대해 잘 이해하고 있어야 함. 이사는 은행 업무에 대해 건전하고, 객관적인 판단을 내릴 수 있어야 함

(이사회의 구성)

47. 이사회는 그 임무수행에 적합해야 한다. 이사회는 효과적 감시기능을 수행할 수 있도록 구성되어야 함. 따라서 이사회는 충분한 수의 독립이사(independent directors)들로 구성되어야 함

48. 이사회는 기능, 다양성, 전문성 측면에서 균형 잡힌 개인들로 구성되어야 함. 이사회는 집단적 측면에서 은행의 규모, 복잡성, 위험프로파일에 상응하는 자격요건을 갖추고 있어야 함

49. 이사회의 집단적 적합성(collective suitability)을 평가함에 있어서는 다음 사항을 고려함
    • 이사회 구성원인 이사는 관련분야의 일정한 지식과 경험을 보유하고 있어야 하고, 관점의 다양성을 유지하기 위해 다양한 직무배경을 보유하고 있어야 함. 이사에 적합한

관련분야로는 자본시장, 금융분석, 금융안정, 재무보고. 정보통신, 전략기획, 위험관리, 보상, 규제, 지배구조, 경영관리를 들 수 있지만, 이러한 분야에 한정되지 않음

- 이사회는 집단적으로(collectively) 지역경제, 국가경제, 국제경제, 시장의 역학관계, 법률환경, 규제환경에 대한 상당한 지식(reasonable understanding)을 보유하고 있어야 하며, 필요한 경우 국제경험도 갖추고 있어야 함
- 이사 개개인은 이사회의 의사결정과정에서 상호 소통하고, 공조하며, 비판적 토론에 임할 수 있어야 함

(이사의 선임과 자격요건)

50. 이사회는 이사 후보자(board candidate)의 발굴, 평가, 선택을 위한 명확하고 엄격한 절차를 보유하고 있어야 함. 법률에서 달리 정한 경우가 아닌 한 경영진이 아닌 이사회가 후보자추천권을 보유하여야 하며 이사회는 적절한 이사 승계계획(succession plan)을 수립해야 함

51. 이사 선임절차에서는 다음 항목에 대한 검증이 필요함

첫째, 은행영업, 위험 프로파일과 관련하여 이사 후보자가 업무수행에 필요한 지식, 기술, 경험을 보유하고 있는지 여부를 확인하여야 함. 특히, 비집행이사(non-executive directors)의 경우 이사회 내에서 독립적으로 직무를 수행할 수 있는지 여부를 확인하는 것이 중요함

둘째, 이사 후보자가 좋은 평판과 청렴한 근무경력을 보유하고 있는지 여부를 확인하여야 함

셋째, 이사 후보자가 책임완수에 필요한 충분한 시간을 보유하고 있는지 여부를 확인하여야 함

넷째, 이사 후보자가 다른 이사들과 원만한 관계를 유지할 수 있는지 여부를 확인하여야 함

52. 이사 후보자에게는 독립적, 객관적 직무수행을 어렵게 만드는 이해상충(conflicts of interest) 문제가 없어야 함. 후보자는 다음 각호의 부당한 영향력으로부터 자유로워야 함

- 타인(특히 경영진, 주주)의 부당한 영향력
- 전 · 현직으로부터의 부당한 영향력

• 다른 이사, 경영진, 그룹내 다른 자회사와의 개인적, 직업적, 경제적 관계로부터의 부당한 영향력

55. 이사회는 신임이사에게 그 직무수행에 필요한 지식, 기술을 습득, 유지, 제고하기 위한 전입교육(induction programmes)을 실시해야 하며, 기존 이사들에게도 내부자원, 외부자원을 포함하여 관련주제에 대한 지속적인 교육 프로그램을 제공해야 함. 이사회는 이러한 교육을 위해 충분한 시간, 예산, 기타 자원을 제공해야 하고, 필요한 경우 외부전문가를 초빙해야 함. 이사회는 재무, 규제, 리스크와 관련된 경험이 부족한 신임이사에게는 더 많은 교육을 제공해야 함

56. 이사 임명권을 보유한 주주가 있는 경우, 이사회는 동 주주가 이사회의 임무를 충분히 이해할 수 있도록 노력해야 함. 이사는 임명권자의 의사와 무관하게 은행 전체의 이익을 위해 노력할 책임이 있음

(원칙 3) 이사회의 구조와 관행

이사회는 자신의 적절한 지배구조와 지배관행을 정립하여야 한다. 이사회는 지배관행을 정착시키기 위한 수단을 마련하고 동 수단의 유효성을 정기적으로 점검해야 함

(이사회의 조직과 평가)

57. 이사회는 감시업무 등 자신의 임무를 효과적으로 수행하기 위해 조직 운영에 필요한 덕목(leadership), 규모, 위원회의 활용정도 등을 고려하여 이사회 조직을 만들어야 함. 이사회는 모든 필요 사안을 심도 있게 다루기 위한 충분한 시간과 수단을 확보해야 함. 이사회 내에서는 의제에 대한 활발한 토론이 이루어져야 함

58. 이사회는 자신의 조직, 권한, 책임, 주요활동을 규율하는 조직규정, 정관, 기타 유사한 문서를 관리하고 정비해야 함

59. 이사회는 자신의 성과측정을 위해 스스로 또는 외부전문가의 조력을 얻어 이사회 전체, 위원회, 이사 개개인에 대한 평가를 정기적으로 실시해야 함

- 이사회는 이사회의 구조, 규모, 구성뿐 아니라 위원회의 구조 및 협조 관계도 정기적으로 검토해야 함
- 이사회는 이사 각각의 이사회 내 성과를 고려하여 적어도 1년에 1회 이상 정기적으로 이사에 대한 적정성(ongoing suitability) 평가를 실시해야 함
- 이사회는 이러한 평가의 일부로서 정기적으로 이사회의 지배구조관행과 그 절차의 유효성을 검토하고, 개선필요 사항을 발견하여 개선하여야 함
- 이사회는 지속적 개선노력의 일환으로 이러한 평가결과를 이용해야 함

(의장의 역할)

61. 이사회의장은 이사회의 기능수행에 있어서 중요한 역할을 한다. 이사회 의장은 이사회 내에서 리더쉽을 발휘하고, 이사들간 신뢰관계를 유지하는 등 이사회의 효과적 기능 유지에 대한 책임을 진다. 이사회의장은 직무수행을 위해 필요한 경험, 능력, 자질을 갖추고 있어야 함. 이사회 의장은 충분하고 건전한 정보를 바탕으로 이사회의 결정이 내려지게 해야 함. 의장은 비판적 토론을 유도하고 조장하여야 하며, 의사과정에서 반대의견이 자유롭게 개진되고 논의될 수 있도록 해야 함. 의장은 직무수행에 필요한 충분한 시간을 투입해야 함

(위원회)

64. 이사회는 부적절한 권한집중 방지, 새로운 관점의 제공 등을 위해 위원회 의장과 그 구성원을 주기적으로 교체해야 함

(원칙 5) 은행그룹의 지배구조

은행그룹(group structure) 내에서는 모회사의 이사회(board of the parent company)가 은행그룹 전체에 대한 책임(overall responsibility for the group)을 지며, 은행그룹과 소속회사의 구조, 사업, 위험에 상응하는 명확한 지배구조 체계를 정립하고 이를 운영함. 이사회와 경영진은 은행그룹의 조직구조와 위험현황을 잘 알고 이해하고 있어야 함

(모회사 이사회)

95. 모회사 이사회는 은행그룹을 운영함에 있어서 전체그룹과 자회사 모두에게 영향을 미치는 실체적 위험과 문제를 인지하고 있어야 한다. 모회사 이사회는 자회사에 대한 적정한 감시활동을 수행하되, 자회사 이사회의 독립된 법적 책임과 지배구조를 존중해야 함

(원칙 12) 공시와 투명성

은행 지배구조는 주주, 예금자, 기타 이해관계자 및 시장참가자들에게 투명해야 (transparent) 함

151. 건전하고 효과적인 기업지배구조를 갖추기 위해서는 투명성(Transparency)이 필요함. 투명성이 충분히 보장되지 않는 경우 주주, 예금자, 기타 이해관계인, 시장참가자들이 이사회와 경영진을 효과적으로 모니터링하고 이들에게 적절한 책임을 묻는 것이 매우 곤란해짐. 기업지배구조 내에서 투명성이 하는 역할은 은행의 이해관계자들이 은행을 지배하고 있는 이사회와 경영진의 유효성을 평가하는 데 필요한 정보를 제공하는 것임

---

64) 금융감독원, 2023.12.13.일자 보도자료 "은행지주·은행의 지배구조에 관한 모범관행 마련"을 참고한다.

3. 이사회 구성의 집합적 정합성 · 독립성 확보 관련 모범관행(best practice)[65]

3-1. 현황 및 문제점

가. 구성 현황

은행권 사외이사의 직군은 학계 37%, 금융계 22%, 관료 12%, 비금융계 11%로 구성되어 학계 중심으로 편중된 것으로 파악되었고, 일부 은행의 경우 50% 이상(최대 75%)으로 사외이사의 학계 편중이 심한 상황이다.

> ※ (해외사례) 글로벌 금융회사들의 이사회는 **사외이사**가 대부분 **업계 경력자**로 구성되고 **학계 출신은 일부**에 불과
>
> * BoA('23년 이사 중 **64%**가 CEO 레벨 경력자), 미 S&P 500(22년 신규 선임 인사 중 전현직 CEO 25.1%, 기업 출신 19.7%, CFO 111% 등인 데 반해 학계는 **4.3%**)

사외이사의 전문분야는 금융 · 경제 · 경영 위주(61.8%)로서 IT, 소비자, ESG를 전문분야로 하는 사외이사를 보유하지 않은 은행도 많아 금융환경 변화에 대한 대응 측면에서 미흡한 실정이다.

> ※ (해외사례) 금융 外 **다양한 전문분야**로 이사회 **전문 범위를 확대**하는 추세
>
> * cm : '23년 이사 중 디지털/보안(3명), ESG(3명), HR(4명), 지배구조(3명), 보수(4명), 글로벌(5명) 등

한편, 전체 이사 중 여성이사 비중은 약 12%로, 여성 이사가 없는 은행도 8개에 달해 최근 강조되는 젠더 다양성은 크게 미흡하였다.

---

65) 금융감독원, 2023.12.13일자 보도자료 "은행지주 · 은행의 지배구조에 관한 모범관행 마련"을 참고한다. 모범관행 마련의 배경 등에 대해서는 '4-3 나. (1)'을 참고한다.

나. 구성 관리

내규 등에 원칙만 규정하고, Board Skill Matrix 등 집합적 정합성 확보를 위한 관리체계나 목표비율[66] 등 구체적 관리방안은 마련하고 있지 않은 상황이다. 일부 은행이 이사회의 집합적 정합성 확보를 위해 Board Skill Matrix를 작성 중이나 작성 및 평가기준, 평가결과 활용방안 등을 구체적으로 마련하지 않고, 단순 참고자료로 활용하고 있다. 한편, 국내 은행의 이사 수는 평균 7~9명으로, 글로벌 주요은행[67] 대비 매우 적은 수준으로 전문분야 확대에 따른 위원회(ESG위원회 등) 증가와 맞물려 사외이사 1인의 소관 위원회[68]도 과다한 측면이 있다.

글로벌 금융사 사례 등을 감안한 Board Skill Matrix 예시

□ **이사회의 승계계획**

　① 매년 이사회 승계계획을 마련하고 역량평가표를 작성하여 선임 시 핵심자료로 활용

　② 이사회는 이사회 필요성, 구성, 외부 환경 전략의 중요한 변화를 해결하기 위하여 역량평가표를 지속적으로 검토(최소한 매년)

□ **역량평가표**

　① 이사회사무국은 역량평가표를 준비해야 하며 ○○개의 주요 역량으로 구성

　② 복수의 역량일 경우 해당 분야에 충분한 경험이 있어야 함

　③ 너무 오래된 경험(예 : 10년 전)의 경우 고려되지 않아야 함

　④ 모든 이사를 포함해야 하며, 갭 발생 시 점검 및 대응방안은 이사회의 역할

역량*	이사명	이사명	…	집합적 평가**
필수 역량				
경제/금융/경영(Finance)	○	○		높음
리스크관리(Risk)	○	×		양호
인사관리(HR)				
법률(Legal)				
준법(Compliance)				
지배구조(Governance)				
회계(필요시 추가)				
추가역량				
IT / 디지털				
ESG				
소비자보호(필요시 추가)				
업무수행 / 운영경험				
은행업				
보험업, 증권업 등(필요시 세분화 가능)				
정부기관 / 규제기관				
글로벌 업무				
조직 운영(대기업, 중소기업 등)				
교수 / 연구원(필요시 추가)				
인구통계배경 및 기타 사항				
성별, 국적, 연령, 임기 관련(선임일, 6년 임기종료 여부, 9년 임기 종료 여부), 추천경로 등				

* 각 역량별 기준 제시(예 : 해외은행의 사례 Finance : For example, Senior executive with deep financial expertise in balance sheet management , financial control, capital, liquidity and funding)

** **Strong** : (해당 분야에 대해) 2명 이사가 최근 상임, **Good** : 2명 이사가 중요한 비상임, 2명 이사가 5년 전 상임 또는 1명이 최근 상임, **無** : 1명 이사가 비상임 또는 10년 전 상임

---

66) HSBC, ANZ 등은 Board Diversity Policy 등으로 여성이사 목표비율(40%)을 설정하고 있다.

67) 2023년 기준으로 이사 수는 CITI 13명, BoA 14명, 웰스파고 13명 등이다.

68) 글로벌 은행의 경우 1~4개(BoA 2개, 웰스파고 1~3개, CITI 1~4개 등)인 데 반해 우리나라의 경우 최대 6개로 파악되었다.

다. 후보군 관리

사외이사 상시후보군을 관리하지 않거나, 일부 분야만 관리하는 등 사외이사 후보군 관리의 실효성이 다소 미흡하였고, 후보군이 과다(200명 이상)한 경우, 후보군 포함 및 제외기준, 점검 주기 등 구체적 관리지침을 마련하지 않은 경우 등이 있었다. 특히, 내부 지원부서 추천 위주로 후보군을 구성하는 은행의 경우 現 경영진 영향력으로부터의 독립성 저해가 우려된다.

라. 사외이사 임기

상당수 은행이 2+1 체계의 고정적 단기임기[69] 구조를 운영하고 있으며, 장단기 이사회 승계계획(succession plan)이 부재한 것으로 나타났다. 매년 임기가 만료됨에 따라 경영진 견제기능 약화 우려가 있으며, 임기 동시 만료시 이사회의 안정성을 크게 훼손할 우려가 있다.

> ※ **이사 임기 관련 국제기준**
> • (英 FRC Guidance on Board Effectiveness) 임명 시 재임기간에 대해 논의하는 것은 장기적인 승계전략을 알리고 관리하는 데 도움이 되며, 비상임이사의 임기 및 연장에 대해서는 융통성을 갖도록 하는 것이 현명함

3-2. 모범관행(best practice)

이사회가 은행의 규모, 복잡성, 위험 프로파일, 영업모델에 적합한 집합적 정합성(collective suitability)을 갖추고, 경영진에 대한 견제·감시 기능이 충실히 작동되도록 독립성을 확보하도록 한다. 이사회의 집합적 정합성 확보를 위해 Board Skill Matrix를 작성하고 후보군 관리 및 신규 이사 선임시 활용한다.

---

69) 2023년 3월 주총 기준 은행권의 임기 만료 사외이사는 전체의 69.8%인 97명으로 파악되었다.

※ Board Skill Matrix(역량진단표)

이사회 구성원의 전문성, 능력, 경험, 자질뿐만 아니라 성별, 연령, 사회적 배경 등 다양성 정보를 표나 그림 등으로 도식화하여 이사회의 구성이 적절한지 평가하는 수단으로 활용

이사의 전문분야, 직군, 성별 등과 관련하여 은행별 영업특성에 따라 중장기 전략, 가치 등을 감안해 전문성 및 다양성 확보방안(예: 목표비율 등)을 마련하고, 소위원회는 이사의 전문성과 경험에 부합되도록 구성하며, 1인의 사외이사가 다수 위원회를 겸하지 않도록 적정수의 이사를 확보하도록 한다. 사외이사 후보군의 추천경로를 다양화하고 적정 임기정책을 마련하며, 사외이사 선임시 독립성, 전문성 등 자격 검증을 강화한다. 또한, 이사회 구성 현황, 중장기 이사회 구성 목표비율 등에 따른 장단기 이사 승계계획을 수립하고, 이사회에서 이사 승계계획을 주기적으로 논의하여 계획을 수립한다.

※ 세부 기준

1) **장단기 이사 승계계획** : 향후 은행에 필요한 역량 분석 → 현 이사회 역량 평가 → 부족 부문 파악 → 해당 역량 보유 사외이사 선임 등 절차를 마련해야 함
   - 이와 함께 임기정책, 전문성· 다양성 정책 및 확보 방안, 사외이사 후보군 관리, 세부 선임절차 등을 종합적으로 고려해야 함
2) **주기적** : 최소한 연 1회 이상 논의하여야 함

한편, 집합적 정합성 확보를 위한 은행의 정책 및 운영현황을 비롯하여 임기정책, 승계계획 등에 대해 구체적이고 선명하게 공시하도록 하며, 특히 집합적 정합성 제고를 위한 이사회의 관리, 감독 노력을 명확하게 포함하여 공시하도록 한다.

ECB 제시 suitability Matrix 사례

※ EU 은행감독기관인 유럽중앙은행(ECB)이 집합적 정합성 자체평가의 모범사례로 제시

□ 분야별 매트릭스

① 개별 Business Model Requirements

② 공통 ❶ Governance, ❷ Risk Management, Compliance, Audit,

❸ Management and Decision-making, ❹ Experience Overview

(예) Risk Management, Compliance and Audit

This section is meant to map the experience of the members of the management body for a variety of topics from the risk management framework (including first-line-defences and the independent risk management function as a second-line-defence). Furthermore, this section maps the experience of the members of the management body with regard to compliance (a second-line-defence) and internal audit (the third-line-defence)

	Cross the names with an "X" for the individuals who are of most value-added for the particular required experience – add columns for all the members in either the management function or the supervisory function						Fill in a collective score for the management body in its management function / supervisory function as a whole in its current composition :		
	N A M E	N A M E	N A M E	N A M E	N A M E	N A M E	A = Absent		
							L = Low		
							ML = Medium-Low		
							MH = Medium-High		
							H = High		
Setting and implementing the institution's risk strategy. risk culture and risk appetite									
Capital, funding and liquidity, treasury management									
Recovery and resolution									
Stress-testing									
...									

4. 이사회 및 사외이사 평가 체계 관련
모범관행(best practice)[70]

4-1. 현황 및 문제점

가. 평가방식

금융회사지배구조법에 따라 매년 사외이사 활동을 평가하고 있으나, 평가내용이 형식적이고 실효성이 떨어진다는 지적을 받고 있다. 통상 ❶ 자기평가, ❷ 이사 상호평가, ❸ 임직원 평가 등을 조합하여 활용 중이나, 평가결과가 대부분 '우수' 이상으로 관대화[71] 경향을 보이고 있다. 한편, 일부 은행의 경우 자기평가[72]나 임직원 평가의 비중 등이 지나치게 높아 각각 객관성 및 독립성에 부정적인 측면이 있었다. 대부분 '정성평가' 위주이나, 단순 설문방식인 데다 세부 평가기준[73]이 없는 경우도 많으며 정량평가는 제한적으로 실시되고 있다. 일부 은행이 사외이사 평가과정에 외부평가기관을 활용하고 있으나, 활용 정도나 내용은 상이[74]했다.

---

70) 금융감독원, 2023.12.13일자 보도자료 "은행지주·은행의 지배구조에 관한 모범관행 마련"을 참고한다. 모범관행 마련의 배경 등에 대해서는 '4-3 나. (1)'을 참고하길 바란다.

71) 최근 3년간 24개 은행의 사외이사 평가결과 모두 '가장 우수' 또는 '우수'로 평가

72) G은행의 경우 사외이사 평가중 자기평가 비중을 70%로 적용해 객관성이 저하된 것으로 평가

73) 충실성, 전문성, 리더십, 기여도 등 평가항목만을 제시하고 구체적인 평가기준이 없이 운영하거나 일부 은행은 설문지 평가항목을 1개(적절 여부)로만 운영 등

74) ①평가절차에 활용(평가지 발송, 수집, 분석 및 보고서 작성 등 절차를 외부기관이 수행), ②평가에 직접 참여, ③평가체계·설문지 등과 관련한 컨설팅

사외이사 평가 관련 국제기준

- **(BCBS Corporate governance principles for banks)** 이사회는 자신의 성과측정을 위해 스스로 또는 외부전문가의 조력을 얻어 이사회 전체, 위원회, 이사 개개인에 대한 평가를 정기적으로 실시하여야 함
    - 이사회는 이사 각각의 이사회 내 성과를 고려하여 적어도 1년에 1회 이상 정기적으로 이사에 대한 적정성 평가를 실시

- **(OCC Director's Book)** 의미 있는 자체 평가는 이사회의 효율성과 기능, 위원회 운영, 이사의 기술과 전문성을 평가하며, 모든 이사회는 주기적으로 자체 평가를 수행해야 하고, 이사회 자체 평가는 이사회의 전반적인 성과를 개선하는 데 유용

- **(싱가폴 MAS Guidelines on Corporate Governance)** 이사회는 전체로서의 효율성과 각 이사회 위원회 및 개별 이사의 효율성에 대한 공식적인 연간 평가를 수행

- **(홍콩 HKMA 감독정책 매뉴얼)** 이사회는 이사의 지속적인 적합성을 최소한 매년 평가

나. 평가결과 활용

평가의 관대화 경향 등에 따라 평가결과와 사외이사 재선임 기준과의 연계는 제한적[75]이고 이사회가 평가결과를 논의하고 스스로 미흡사항을 개선하는 피드백 절차도 미흡한 것으로 나타났다. 국제적으로 이사회(위원회, 사외이사)의 유효성 평가가 지배구조의 주요 영역으로 포함(OECD Board Evaluation, 2018)되고, 절차, 결과, 개선안을 적극 공시하는 글로벌 금융사들에 비해 국내 은행의 이사회 등 평가, 활용, 공시 수준도 미흡한 것으로 나타났다.

---

75) 최근 3년간 현황 조사 결과, 평가결과를 이유로 재선임되지 못한 사례는 없었다.

글로벌 금융회사들의 이사회 평가 프로세스

① 평가 절차, 평가 질문지에 대한 이사회 논의

② 평가 실시

③ 의장 등과 전체 이사들의 1:1 인터뷰

④ 이사회 의장 및 소위원회 의장 간 평가결과 논의

⑤ 평가결과 도출

⑥ 전체 이사회 공유

⑦ 피드백(개선안) 마련

⑧ 공시

4-2. 모범관행(best practice)

　이사회, 위원회, 사외이사의 활동의 유효성(effectiveness)을 실효성 있게 평가하고 평가결과는 사외이사 재선임 등과 연계하도록 한다. 구체적으로는 이사회, 위원회, 사외이사의 활동에 대해 연 1회 이상 주기적으로 평가하며, 이를 사외이사 재선임시 활용하고 사외이사 평가의 공정성·객관성 제고를 위해 특정 평가주체[76]의 비중이 과도하지 않도록 조정하고 정량평가를 확대한다. 또한, 평가결과 등을 이사회에 공유해 개선방안을 마련하는 등 환류(feedback) 기능을 강화하고 평가결과 공시 내용을 확대한다.

---

76) 통상 ①자기평가, ②이사 상호평가, ③임직원 평가 등을 조합하고 있으나 일부 은행의 경우 자기평가나 임직원 평가의 비중 등이 지나치게 높아 객관성 및 독립성이 부족

※ 세부 기준

1) 재선임 기준 : 일정 점수 이상, 일정 등급 또는 정성적인 평가기준 등

- **(평가결과 활용관련 국제기준)**

  · (홍콩 HKMA) 개별 이사의 성과평가 결과가 기대에 미치지 못하거나 중요한 문제가 있을 경우 이사회는 적기에 적정한 조치를 취해야 하며, 해임 또는 신규 선임 등 포함

  · (UK Corporate Governance Code) 적절한 경우 새 구성원을 임명하거나 이사의 사임을 요청함으로써 성과평가 결과에 따라 조치를 취해야 함

2) 계량화 기준 : 정량지표 사용시 기준을 제시(예: 80% 이상 출석시 "우수" 등)함

3) 실효성 있게 : 이사회 출석률 외에 위원회 활동, 교육/연수 참여률, 투입 시간 등 계량화 할 수 있는 지표를 다양하게 활용하는 것은 바람직하며 이사회 출석률 등 1~2개 지표가 정량지표의 전부인 경우 정량평가 비중이 지나치게 높지 않도록(예: 30% 초과) 운영할 필요가 있음

- **정량지표 사례 (현재 일부 은행들은 기 활용중)**

  ① 출석률(이사회, 소위원회, 간담회 등)

  ② 교육·연수 참석 횟수

  ③ 실제 이사회 참석 시간(지각, 조기 퇴장 등 감안)

  ④ 현안에 대한 추가자료 요청 횟수(일정한 기준을 초과한 횟수)

  ⑤ 중요 발언·지적 횟수(단순한 발언의 횟수나 양이 아닌 실질을 고려)

  ⑥ 선임시 약속한 시간할애 대비 사외이사 활동에 실제 소요 시간(비율) 등

4) 다양한 방법 : 외부기관의 활용은 ① 설문지 구성 등 평가체계 점검, ② 개별 인터뷰 등 평가지원, ③ 평가참여, ④ 보고서 작성·액션플랜 마련 등을 고려할 수 있음

- **국내 A금융지주의 사외이사 평가시 외부기관 활용 사례**

  · 비밀유지 조항 등을 통하여 이사회 및 위원회 의사록을 외부기관에 제공

  · 외부기관 평가자가 사외이사별 1~2시간의 인터뷰 실시

  · 인터뷰 결과 및 다양한 평가 결과들을 조정하여 최종 평가

이사회 등 평가 관련 해외은행 공시* 사례[77]

* J사의 2022년 Annual Report

1) 이사 평가(Directors' Performance)

□ 이사 평가와 관련하여 일대일 세션을 통해 아래 사항들을 고려, 이러한 성과에 대한 검토는 2023년 이사 재선임 추천 및 그룹 의장의 개별 이사 역량 평가 근거로 활용

∘ 핵심 역량 및 개별 효율성에 대한 성과, 그룹에 대한 시간 투입, 지속적 개발 및 교육 필요성, 독립이사의 사임 시기에 따른 이사회 구성, 현재 및 미래의 위원회 구성원 및 구조, 그룹 전체에 대한 이사들의 참여

2) 이사회 평가(Board Effectiveness)

□ 올해 이사회 효율성 검토는 영국 지배구조 모범규준에 따라 외부기관을 이용하여 평가하였으며, ***의 ******가 실시하였음. 이사회의 5개 위원회도 검토 대상이었으며, ******나 ***는 회사 또는 개인 이사와 특별한 관계는 없음. ******가 그룹 의장으로 재임하는 동안 이사회가 수행하는 3번째 외부평가임

□ 이사회의 효율성 검토 형식

> **외부평가 절차(External Evaluation Process)**
> ① 외부평가기관에서 평가 개요 제공 → ②이사회 및 위원회 관찰 → ③개별 인터뷰 → ④평가 및 보고서 준비 → ⑤주요 관찰사항에 대해 그룹 의장, 지배구조 및 지명위원회, 이사회 등과 논의 → ⑥이사회 및 위원회가 동의하는 액션 플랜 수립

---

77) 금융감독원, 2023.12.13.일자 보도자료 "은행지주 · 은행의 지배구조에 관한 모범관행 마련"을 참고한다.

- 7월~10월 기간 중 그룹 의장이 *** 평가팀에 포괄적으로 브리핑을 하였으며 평가팀은 이사회와 위원회를 관찰하였음. 모든 이사회 구성원, 경영진, 기타 주요 구성원 등 총 26명 가량과의 상세한 인터뷰를 실시하여 검토가 진행되었으며 모든 참가자들은 맞춤형 주제에 따라 철저한 인터뷰를 진행하였음. 평가팀은 이사회 및 위원회 회의를 참관하고 정형화된 문서뿐만 아니라 회의자료도 검토하였음
- 평가팀은 인터뷰에 응한 사람들이 제공한 정보와 견해, 이사회 및 위원회 회의에서 관찰한 내용을 바탕으로 보고서를 작성하였음. *******가 참석한 가운데 2022년 12월 그룹 의장과 초안이 논의되고 이어서 전체 이사회와 논의되었음. 이사회 논의에 이어 ***는 각 위원회 의장에게 위원회 성과에 대한 피드백을 제공했으며 현재 그룹 의장의 성과와 현재 및 이전 수석 독립 이사의 성과에 대해서도 논의하였음
- 또한 그룹 의장은 개별 이사에 대한 피드백이 포함된 보고를 받아 개인의 Fit and proper 및 이사들과 함께 수행한 연간 평가에 활용하였음. 지배구조 및 지명 위원회는 이사회와 위원회가 2023년 액션 플랜을 확정하기 전 주요 관찰 사항들을 논의하였음

□ 2022년 액션 플랜에 대한 진행 상황
- 2022년 액션플랜은 2021년에 수행된 내부 이사회 평가 이후 달성해야 할 여러 가지 조치들을 설정하였으며, 2022년 액션 플랜은 연중 정기적으로 검토되어 올해 외부 이사회 효율성 검토에서 입증된 바와 같이 좋은 진전이 이루어졌음

□ 2022년 외부 효율성 검토를 통한 주요 관찰 사항
- 이사회는 지난 외부평가 이후 상당한 진전, 지속적으로 개선될 것이라 생각됨
- 이사회는 동류 대비 풍부한 경험과 우수한 다양성을 가지며 전반적으로 잘 구성
- 순조로운 승계를 위해 독립이사의 표준 임기에 대한 추가적 고려 필요 등

□ **2023년 액션 플랜**

- 이사회와 위원회 의제를 검토하여 중복을 줄이고 효율성을 강화
- 핵심 성과지표 및 정기보고서를 수정하여 성과에 더욱 집중
- 동료 벤치마킹 정보와 데이터를 강화
- 채용 및 의사결정 속도를 높여 독립이사 임명 프로세스를 개선
- 이사회 선임을 위한 책임과 시간계획을 명확화
- 신임이사 교육을 강화하여 전략과 위험성향, 조직화가 어떻게 조화를 이루는지에 대한 신임이사의 이해를 지원
- 전략적이고 연계된 토론에 시간을 더 배정할 수 있도록 이사회 의제간 균형 조정
- 이사회 인력 참여 메커니즘 검토
- 평판 리스크가 이사회 및 위원회에 적절히 보고되도록 프레임웍 강화

5. 이사회 내 위원회

금융회사는 이사회내 위원회[78]로서 임원후보추천위원회, 감사위원회[79], 위험관리위원회, 보수위원회 그리고 내부통제위원회를 설치해야 한다. 각 위원회 위원의 과반수는 사외이사로 구성하고 위원회의 대표는 사외이사로 한다.[80] 거액 금융사고의 근절을 위해 금융회사지배구조법이 2024년 1월 2일 개정(시행일 : 2024년 7월 3일)됨에 따라 그 이전까지 이사회의 밖에서 설치·운영되어 온 내부통제위원회가 이사회 내 위원회에 설치하도록 변경뇌어 이사회의 내부통제에 대한 역할을 명확화하였다.

금융회사의 정관에서 정하는 바에 따라 감사위원회가 임직원에 대한 보수에 관한 사항을 심의·의결[81]하는 경우에는 보수위원회를 설치하지 아니할 수 있으나 최근 사업연도 말 현재 자산총액이 5조원 이상인 금융회사의 경우에는 그러하지 아니하다. 금융회사의 정관으로 정하는 바에 따라 감사위원회 또는 위험관리위원회에서 내

부통제위원회가 심의 · 의결하는 사항[82]을 심의 · 의결하고, 내부통제위원회가 임원의 내부통제등[83] 관리의무[84]와 대표이사등의 내부통제등 총괄 관리의무[85]에 대해 점검 · 평가 및 필요한 조치를 요구하는 경우에는 내부통제위원회를 설치하지 아니할 수 있다.

5-1. 임원후보추천위원회와 CEO 선임 및 경영승계절차

가. 임원후보추천위원회

임원후보추천위원회는 임원(사외이사, 대표이사, 대표집행임원, 감사위원회 위원[86]에 한정)후보를 추천하고 3명 이상의 위원으로 구성한다. 금융회사는 주주총회 또는 이사회에서 임원을 선임하려는 경우 임원후보추천위원회의 추천을 받은 사람 중에서 선임하여야 한다. 임원후보추천위원회가 사외이사 후보를 추천하는 경우에는 주주제안권[87]을 행사할 수 있는 요건을 갖춘 주주가 추천한 사외이사 후보를 포함시켜야 하며, 임원후보추천위원회의 위원은 본인을 임원 후보로 추천하는 임원후보추천위원회 결의에 관하여 의결권을 행사하지 못한다.[88]

---

78) 소규모 금융회사는 이사회 내 위원회 설치의 적용이 면제된다. 소규모 금융회사란 최근 사업년도 말 현재 일정 규모 이하의 금융회사(주권상장법인은 자산총액이 2조원 이상 제외)를 말하는 데, 자산총액 7천억 원 미만인 상호저축은행, 자산총액 5조 원 미만인 금융투자업자·종합금융회사·보험회사·여신전문금융회사가 해당된다. 다만, 금융투자업자의 경우 최근 사업연도 말 현재 그 금융투자업자가 운용하는 집합투자재산, 투자일임재산 및 신탁재산(관리형신탁의 재산 제외)의 전체 합계액이 20조원 이상이면 일부 규정의 적용이 면제되는 소규모 금융회사에서 제외된다.

79) 「상법」 제415조의2에 따른 감사위원회로 본다.

80) 금융회사지배구조법 제16조

81) 금융회사지배구조법 제22조(보수위원회 및 보수체계 등) 제1항 각 호에 관한 사항을 말한다.

82) 금융회사지배구조법 제22조의2(내부통제위원회) 제1항 각 호에 관한 사항을 말한다.

83) 내부통제와 위험관리를 말한다.

84) 금융회사지배구조법 제30조의2(임원의 내부통제등 관리의무)를 말한다.

85) 금융회사지배구조법 제30조의4(대표이사등의 내부통제등 총괄 관리의무)를 말한다.

86) "감사위원"이라고 한다.

나. CEO 선임 및 경영승계절차 관련 모범관행(best practice)[89]

1) 현황 및 문제점

가) 승계계획

형식적인 승계계획은 마련되어 있으나, 후보관리부터 최종 선정까지 경영승계 전체[90]를 아우르는 종합적 승계계획이 부재한 것으로 나타났다. 또한, 상당수 은행이 승계절차 개시시점,[91] 평가기준 및 후보군 압축방식 등 중요사항을 문서화하지 않고 있어 선임과정이 불투명하다.

나) 평가 · 검증

후보군을 조기에 선정하고 장기간의 평가 · 검증을 통해 CEO를 선임하는 글로벌 기업[92]과 비교할 때 미흡한 측면이 있다. 국내 은행은 평가 · 검증 기간이 짧고 평가 · 검증의 다양성 · 객관성이 부족하며, 특히 내부후보에 대해서는 부회장직 부여 등을 통해 역량개발 등을 지원하고 이사회 참석, 워크숍 등 이사들과의 다양한 접촉기회를 제공하면서, 외부후보는 short list 확정 후에야 후보임을 통지하여 1~2주의 짧은 준비기간만 부여하는 등 외부후보에게 불공평하게 작용된다는 시각이 있다.

---

87) 금융회사지배구조법 제33조 제1항에 따른 주주제안권을 말한다. 주주제안권이란 소수주주권을 행사할 수 있는 주주가 이사에게 주주총회일의 6주 전에 서면 또는 전자문서로 일정한 사항을 주주총회의 목적사항으로 할 것을 제안(株主提案)할 수 있는 권리를 말한다.

88) 금융회사지배구조법 제17조

89) 금융감독원, 2023.12.13일자 보도자료 "은행지주 · 은행의 지배구조에 관한 모범관행 마련"을 참고한다. 모범관행 마련의 배경 등에 대해서는 '4-3 나. (1)'을 참고하길 바란다.

90) 통상 CEO 선임 및 경영승계 절차는 ①상시후보군 관리 → ②승계절차 개시 → ③long-list 확정 → ④short-list 확정 → ⑤최종후보 확정 順으로 진행된다.

91) 규정이 없거나, 완료 시기만 정한 경우도 있으며, 개시시점을 정한 경우에도 대부분 상당히 임박하게 규정(임기만료 2개월 전, 주총 통지 30일 전 등)하고 있다.

92) 글로벌 기업은 통상 경영승계 1~2년 전에 유력 후보를 선별하여 역량개발 프로그램에 참여시키고 성과평가, 다면평가(360° 평가), 임원 면접, 이사회 면접 등으로 최종 선임하고 있다.

다) 자회사 CEO

자회사인 은행장 선임과 관련하여 지주 이사회와 자회사인 은행 이사회
의 권한과 책임이 불명확한 것으로 나타났다. 대부분 금융지주가 자회사
CEO후보 추천위원회를 운영 중으로, 법상 기구인 은행 임원후보추천
위원회는 사실상 금융지주가 선정한 단일 후보를 사후 추인하는 데 그
치는 등 역할이 제한적이다.

2) 모범관행(best practice)

상시후보군의 관리 · 육성부터 최종 후임자 선정까지를 포괄하는 공정하고
투명한 CEO 승계계획을 마련한다. 상시후보군 선정 · 관리, CEO 자격요
건[93], 승계절차개시 및 단계별 절차, 비상승계계획[94] 등 중요사항을 구체적
으로 문서화하며, 미리 마련된 CEO 자격요건과 연계하여 상시후보군에 대
해 다각도의 역량개발 프로그램을 운영하고 이사회가 상시평가[95]한다.

공정하고 면밀한 평가를 위해 경영승계절차는 조기에 개시[96]하며, CEO 후
보군에 대한 평가 · 검증 주체[97] 및 방법을 다양화한다. 후보군에 포함된 외

부 후보에게 불공평하지 않도록 내부후보에게 부회장직 등을 부여하여 육성프로그램을 운영하는 경우 경쟁력 있는 외부후보에게도 비상근 직위 부여, 은행 역량프로그램 참여 등 이사회와의 접촉 기회 제공하는 등 공정한 평가 기회를 제공한다.

※ 다양한 평가방식 사례 (붙임3)

- **(글로벌 은행 A)** ❶ 성과 모니터링, ❷ 신원조사(학력, 경력, 이력, 범죄사실 등), ❸ 360° 평가(상사, 동료, 하급직원과 인터뷰로 업무성과, 리더십, 소통, 협업능력 평가), ❹ 심리검사(인격, 심리적 안정성, 직무 적합성 평가), ❺ C-레벨 임원 및 이사회 면접

- **(글로벌 은행 B)** ❶ 그룹 HR 면접, ❷ C-레벨 임원 심층면접(문화적합성, 업무 경험, 성과, 성격 등 전방위), ❸ HR HEAD 면접(직전 단계 면접을 검증하며 후보자 리더십 등 소프트 스킬 평가), ❹ 외부전문기관 신원조사, ❺ 360° 평가 [학력, 경력, 이력, SNS 레퍼런스 체크, 상사·동료·하급직원 인터뷰, 상급자(CEO는 이사회 멤버) 추천서]

- **(글로벌 C사)** ❶ 360° 인터뷰, ❷ 외부 전문가 및 퇴직자 평가, ❸ 이사회 심층 인터뷰

- **(국내 D은행장 선임 사례)** 평가 및 검증에 ❶ 외부 고위경영진, 컨설턴트 등 외부전문가가 참석하여 심층면접 등의 평가, ❷ 은행 임추위원의 평가과정에 참여

---

93) 외부후보의 자격요건 등을 미리 정하고 이에 따라 후보를 물색한다.

94) 비상승계계획에는 CEO 유고 등 비상승계 요건, 직무대행 절차, 후임 CEO 선임절차 등을 포함한다.

95) 이사회는 연 1회 이상 승계계획의 적정성을 점검하고 문제점을 보완·수정하는 등 승계계획을 실효성 있게 관리한다. 임기만료 등 경영승계가 예상될 경우 승계계획 점검 시기를 단축하거나 점검 횟수를 증가시키는 것이 바람직하다.

96) 최소 임기만료 3개월 前으로 경영승계절차 개시 시점을 명문화(현재 다수 은행이 운영중인 임기만료 2개월 前 등은 충분하다고 보기 어려움)하도록 한다. short-list를 조기에 확정할 수 있도록 충분한 시간을 부여하여 조기에 개시하는 것이 바람직하다. 주주총회 등 후속 절차를 고려하여야 하며 후속절차에 소요되는 시간을 제외하고 3개월 前의 시간을 확보하도록 한다. 우선 제도 개선 초기 단계에서 3개월 前 수준으로 개시 시점을 앞당기되, 개선 이후 운영과정을 살펴가면서 점차 장기화하는 방안을 고려하면 좋겠다. 현재 은행권의 short-list 후보 선정 약 1주일 후 면접(PT), 면접 당일 최종후보 결정 등의 관행은 바람직하다고 보기 어려우며 단계별 최소 검토 기간 등을 두어 충분히 검토하도록 일정을 수립하여야 한다.

CEO 승계 관련 국내외 참고사례[98]

[글로벌 은행 A]

☐ 장기간 후보군에 대한 지속적 육성 및 검증을 통해 short-list 도출

- ∘ Long-list : 그룹 내 고위 경영진 주요 계열사 CEO 순환 경력개발프로그램

☐ Short-list 조기 확정 및 육성/평가 다양화 : 경영승계 2년 前 short-list 확정

- ① (육성) ❶ 現 CEO의 1:1 멘토링, 지역 총괄, ❷ CEO 경력개발프로그램 실시, ❸ 최고경영자 과정, ❹ 언론사 대응 훈련 실시
- ② (short-list 평가) ❶ 성과위주 모니터링, ❷ 신원조사(학력, 경력, 이력, 범죄사실 등), ❸ 360° 평가(상사, 동료, 하급직원과 인터뷰로 후보자 업무성과, 리더십, 소통, 협업능력 평가), ❹ 심리검사(인격, 심리적 안정성, 직무 적합성 평가)
- ③ (최종선정) C-레벨 임원 면접, 이사회 면접을 추가로 거쳐 이사회가 후보군에 대한 내·외부 평가 검토 후 회장 선임

[글로벌 은행 B]

☐ Long-list 선정 이전 장기 경력개발프로그램 운영으로 경영관리 역량 검증

- ∘ (임원) Executive Leadership Rotational Program(경영진 추천을 받은 상무~전무급) : 업무성과가 좋은 상무/전무급 임원들은 고위 경영진 추천으로 선정, 다양한 핵심부서를 순환하며 경영관리 업무담당 및 경험(최대 1년, 4개 부서 3개월씩)

☐ 5차례 면접을 통한 전방위적 평가 : 現 회장 임기만료 1년 前 long-list 면접 시작

- ① 그룹 HR이 10~20명 면접
- ② C-레벨 임원이 10명 심층면접(문화적합성, 업무 경험, 성과, 성격 등 전방위)

---

97) 인사부서의 정기적 평가, 이사회 간담회 초청 등을 통해 검증하거나, 내부후보에 비해 평가정보가 축적되지 않은 것을 감안하여 평가 및 검증 방식을 정교하게 구성(예 : 면접시간이나, 면접횟수 확대, 은행 경영전략 등 참고자료 제공 등)할 필요가 있다.

98) 금융감독원, 2023.12.13.일자 보도자료 "은행지주·은행의 지배구조에 관한 모범관행 마련"을 참고한다.

③ HR HEAD가 5명 면접(직전 단계 면접을 검증하며 후보자의 리더십 등 소프트 스킬 평가)

④ 5명에 대한 외부전문기관 신원조사, 360° 평가[학력, 경력, 이력, SNS 레퍼런스 체크, 상사, 동료, 하급직원 인터뷰, 상급자 추천서(CEO는 이사회 멤버 추천서)] 후 3인 압축

⑤ 거버넌스 경험(이사회 미팅 참여, CEO로서 이사회 대응 능력) 평가 및 최종 결정

□ **외부후보 : 내부후보와 동일한 평가 과정에 참여**

[국내지주 소속 D은행]

□ **장기 육성프로그램 운영 : 경영승계절차 순환 주기를 2년으로 정하고 경영승계를 염두에 둔 역량개발 프로그램 및 평가를 실시**

① **(임기만료 2년 前)** 全 임원 대상 CEO 육성 프로그램을 시작하여 ❶ 전략과제 발표, ❷ 1대1 코칭 프로그램 등 임원 연차별(1년차, 2년차) 차별화된 프로그램 운영

② **(임기만료 1년 前)** 잠재 CEO 후보 프로그램을 운영하여 ❶ 주요 현안 토론, ❷ 이사회와 경영현안 토론, 이사회 대상 전략과제 발표 등 실시

□ **평가의 다양화/객관화 : 행장 임기만료 3개월 前 long-list 결정 및 경영승계절차 개시**

① **(단계별 절차)** Long list 후보에게 계열사 OJT, 멘토링 프로그램 등 제공 → Short list 선정 → 은행 비전 및 사업계획 발표, 면접 등(12.8일~21일)

② **(외부전문가 등 참여)** 육성 프로그램, 평가/검증에 외부 고위 경영진, 컨설턴트 등 외부전문가가 참석/평가하고, 은행 임추위원들도 평가과정에 참여

5-2. 사외이사에 대한 정보 제공

금융회사는 사외이사의 원활한 직무수행을 위하여 충분한 자료나 정보를 제공하여야 한다. 금융회사는 사외이사가 회사의 경영실태를 원활히 파악할 수 있도록 영업·재무, 그 밖의 업무집행 상황 등에 관한 자료나 정보를 연 1회 이상 정기적으로 제공하여야 하고, 사외이사가 원활한 직무 수행을 위하여 이사회 의장 또는 선임사외이사를 통하여 해당 금융회사에 대하여 자료나 정보의 제공을 요구하는 경우 금융회사는 정당한 사유가 없으면 요구받은 자료나 정보를 지체 없이 제공하여야 하며, 이사회 및 이사회내 위원회의 회의자료를 회의 개최 2주일 전까지(다만, 해당 금융회사의 정관 또는 이사회규정 등에서 그 기간을 달리 정할 수 있음)[99] 제공하여야 한다. 사외이사는 해당 금융회사에 대하여 그 직무를 수행할 때 필요한 자료나 정보의 제공을 요청할 수 있다. 이 경우 금융회사는 특별한 사유가 없으면 이에 따라야 한다.[100]

---

99) 금융감독원이 2023년 12월 13일 발표한 "은행지주·은행의 지배구조에 관한 모범관행"에 따르면, 회의자료 송부기한을 금융회사지배구조법에서 규정하고 있는 '개최 2주 전'보다 과도하게 단축하여 운영하지 않도록 권고하고 있는데, 만일 정관 또는 이사회규정에 의거 회의자료 송부기한을 개최일 3일 전, 5일 전 등으로 정한 경우 안건 검토 시간이 충분하다고 보기 어려우며, 최소 7일 이상을 확보하도록 하였다.
100) 금융회사지배구조법 제18조, 동법 시행령 제15조

테마별 해외 Guideline 등(발췌)[101]

1. 사외이사 지원조직 및 체계

【사외이사 지원조직 관련】 ※ Corporate Secretary : 우리나라 이사회사무국장 역할

① **(IFC Corporate Secretary Handbook)** 상장사들은 Corporate Secretary를 두어야 하며 Corporate Secretary는 이사회와 경영진 등 이해관계자들 사이에 정보, 소통 등의 교량 역할을 하고 나아가 지배구조 측면의 전문적 지침을 제공할 것으로 기대

  · **(보고)** Corporate Secretary의 보고체계를 정비하는 것이 필수적임. Corporate Secretary가 CEO에게 보고하는 경우 이사회는 독립적·편향되지 않은 지배구조 조력을 받지 못하며 Corporate Secretary가 너무 많은 시간을 경영 이슈에 소비한다고 생각할 수 있음

  · **(Corporate Secretary 성과평가)** 인사부 조력을 받아 이사회의장이 실시

  · **(Corporate Secretary 임면)** 이사회에 의한 것이 가장 좋으며 경영진으로부터 부당한 해임 등이 이루어지지 않도록 해임시의 장치들을 마련할 필요

② **(UK Corporate Governance Code)** Corporate Secretary 임면은 모든 이사회의 문제

  · 모든 이사들은 모든 지배구조 사안에 대해 이사회에 조언할 책임이 있는 Corporate Secretary에 접촉하여야 함

【사외이사 정보제공 관련】

① **(OCC Director's Book)** 이사는 회사의 리스크, 경영현황 등에 대하여 이해하고 안건을 완전히 파악할 수 있도록 충분한 시간을 할애하여 검토하는 한편, 회의가 진행되는 동안 주요 이슈들에 대해 충분히 설명듣고 논의할 수 있어야 함

---

101) 금융감독원, 2023.12.13.일자 보도자료 "은행지주·은행의 지배구조에 관한 모범관행 마련"을 참고한다.

② **(UK Corporate Governance Code)** 이사회는 Company Secretary의 지원을 받아 효과적이고 효율적으로 기능하기 위해 필요한 정책, 절차, 정보, 시간 및 자원을 보유하여야 함

【사외이사 간담회 관련】
① **(OCC Director's Book)** 이사회의 독립성을 강화하기 위해 필요시에는 사외이사만을 대상으로 하는 사외이사회의를 개최하여 경영진이 이사회에서 결정한 정책 방향에 부합되도록 세부 정책을 수행하고 있는지, 이사회가 효과적으로 운영되고 있는지 등의 이슈에 대하여 경영진으로부터 영향받지 않고 자유롭게 논의가능해야 함
② **(NYSE Corporate Governance Standards)** 경영진이 참석하지 않는 비상임이사(non management directors)만의 정례화 회의가 진행되는 동안 주요 이슈들에 대해 충분히 설명듣고 논의할 수 있어야 함

【사외이사 교육 관련】
① **(NYSE Corporate Governance Standards)** 신임이사에 대한 철저한 오리엔테이션 프로그램 수립 및 지속적 교육을 통해 신임이사들의 회사사업 및 지배구조 신속 파악 지원

2. CEO 선임 및 경영승계절차

【NYSE 지배구조 가이드라인】
① **(승계계획 프로세스)** 상장기업은 경영승계와 관련한 지침을 마련하고 이를 공시해야 하며 신뢰할 수 있고 지속가능한 CEO 경영승계계획 절차에는 다음을 포함
  • 체계적이고 잘 실행되는 승계를 위해 강력한 관리 개발 프로세스를 통하여 시간을 두고 준비
  • 사망, 건강문제, 다른 개인적인 사유 등으로 인한 갑작스런 CEO 변경, 또는 성과문제로 인한 신속한 승계가 요구되는 상황 등에 대비하여 비상계획 수립

- 회사의 장기적인 전략적 방향 및 미래 비즈니스 요구에 부응하는 CEO 자격기준을 설정함. 정확하고 사려 깊은 CEO 프로필은 이사회의 어려운 결정에 가이드를 제공하는 나침반이 됨
- 경영승계계획에서 이사회, 위원회, CEO, 경영진 등 각 역할을 명확히 하고 승계계획은 지속적이고 실질적인 절차가 될 수 있도록 하는 메커니즘을 확립
- 미리 정해진 선정기준에 따라 잠재적 내부후보를 평가하고 그들의 강점과 개발이 필요한 역량을 이해하여 부족한 역량을 육성하기 위한 개발계획을 수립하여야 하며, 내부후보들이 이 과정에 대해 만족스럽게 생각하는 것이 중요
- 인재 시장에 대해 이해하고 내부후보를 외부의 벤치마크 대상과 비교
- CEO와 최고 인사책임자가 적극적이고 효과적인 고위 경영진 승계 프로그램을 감독하여 모든 고위 경영진이 경험과 기술을 축적할 수 있도록 함
- 경영승계계획을 정기적으로 검토하고 필요시 조정

② **(조기 개시)** 이상적으로 경영승계계획은 CEO의 임기초기에 시작

③ **(경영전략과 연계한 자격요건 설정)** 미래의 전략방향을 반영하여 자격기준을 설정하며 이는 내부후보 육성 로드맵을 제공하고 최종 후보 선택의 틀이 됨
- 현명한 이사회는 CEO 교체 예상시 평소보다 조기에 중장기 경영전략을 수립하여 차기 CEO가 전략목표를 달성하는 데 필요한 역량이 무엇인지 설정

④ **(가장 우수한 평가방식을 채택)** 미래 지향적 평가방식을 구축
- CEO 후보군 선정을 위해 이사회는 회사의 전략방향과 비교하여 부족한 역량이 무엇인지, 적정 시간 내 이러한 역량 부족 문제를 해소할 수 있는지 등을 포함하여 후보군 역량을 구체적으로 평가
- 내부후보를 타 경영진과 비교하여 벤치마킹 할 수 있으며 내부평가 함께 실시

⑤ **(승계계획에서 CEO의 역할)** 내부 후보를 조기에 식별하고 이사회에 자문역할을 수행하며 고위급에서 경영승계를 추진

⑥ **(이사회의 역할)** 효과적인 승계 계획 프로세스 마련 및 잠재적 리더십에 대한 적절한 지식을 갖추고 있는지 확인하는 책임
- 이사회에서의 프레젠테이션과 이사회 외부의 정기 회의를 통해 고위 경영진을 알아가야 하며 적어도 매년 한 번 심층적인 인재검토를 계획해야 함

(바람직한 승계계획을 가진 회사의 특징) CEO와 함께 승계계획 과정에 지속적으로 깊이 관여하는 강력한 이사회 보유, 최고 경영진을 이사회에 지속적으로 공개, 승계계획은 전략적 계획 프로세스와 연결된 지속적 프로세스, 예측 가능한 결과를 위한 조건을 만들어 승계과정에서 휴먼드라마를 최소화, 비슷한 외부 리더와 비교하여 CEO 내부 후보를 주기적으로 조정, 올바른 승계문화를 개발

3. 이사회 구성의 집합적 정합성 및 독립성

가. 미국 OCC Director's Book

(이사회 구성, 자격, 선임)

□ 이사회의 구성은 효과적인 감독을 용이하게 해야 함. 이상적인 이사회는 은행의 규모, 전략, 리스크 프로필 및 복잡성에 따라 지식과 전문 지식이 혼합된 개인들로 구성되고 다양화되어 있음

□ 개별 이사의 자격은 다양하지만 이사는 은행을 효과적으로 감독하는 데 필요한 집단적 전문성, 경험 및 관점을 제공해야 함. 더 크고 복잡한 은행의 이사회에는 조직의 복잡성과 은행 사업에 내재된 위험을 이해할 수 있는 능력을 가진 이사가 포함되어야 함. 개별 이사는 또한 이사회의 위험감독 및 규정 준수 책임에 대한 전문지식을 제공해야 함. 또한 이사회와 이사는 규모, 구성 및 기타 측면을 관리하는 법적·규제요건을 충족해야 함

□ 이사의 독립성을 촉진하기 위해 이사회는 내부 및 사외 이사의 적절한 조합을 보장해야 함

□ 이사회의 공석을 채우기 위해 이사회는 이사 후보를 식별, 평가 및 선택하는 프로세스를 수립해야 함. 은행의 규모와 복잡성으로 인해 프로세스를 작성해야 할 수도 있음

□ 원하는 지식, 기술 및 경험에 대한 기준은 예를 들어 은행이 신규, 수정 또는 확장된 상품 및 서비스를 제공할 계획인 경우 시간이 지남에 따라 변경될 수 있음

□ 이사간의 다양성은 효과적인 이사회의 또다른 중요한 측면임. 이사회는 위험관리 및 내부통제에 대한 다양한 지식을 갖춘 후보자뿐만 아니라 여성 및 소수자를 포함한 다양한 후보자 풀을 적극적으로 찾아야 함

□ 이사는 자신의 기술과 경험에 맞는 위원회에 배정되어야 함

(이사회 임기)

□ 이사 임기 정책은 은행들에 모두 요구되는 상황은 아니지만, 은행이 숙련되고 객관적이며 참여도가 높은 이사회 구성원을 유지하는 데 도움이 되며 임기정책이나 내규에서 이사 임기 제한, 정해진 퇴직 연령 설정 등의 방식으로 가능함

□ 임기 정책은 이사회의 자연스러운 발전을 위한 로드맵을 제공하고 새로운 이사로부터 신선한 아이디어를 얻고 비판적 사고를 장려하는 구조화된 프로세스를 생성할 수 있음

나. 싱가폴 MAS Guidelines on Corporate Governance

(이사회 구성 및 지침)

□ **(원칙)** 이사회는 독립성, 사고 및 배경의 다양성이 적절하게 균형을 이루고 있어 이사회 최선의 이익을 위한 결정을 내려야 함

□ **(지침)** 독립적인 이사는 행동, 성격, 판단 등에 있어 독립적이며 회사, 관련회사, 주요주주 또는 독립적 행사를 방해할 수 있거나 방해하는 것으로 합리적으로 인식되는 임원과 관계가 없는 사람임

□ 비상임이사는 이사회의 과반수를 구성, 이사회 및 이사회 위원회는 적절한 규모이어야 하며 그룹으로서 기술, 지식, 경험 및 성별, 연령과 같은 다양성과 기타 측면의 적절한 균형과 조합을 제공하여 무비판적 집단사고 위험을 피할 수 있는 이사로 구성, 건설적인 토론 및 이사회의 다양성 정책 및 목표를 포함하여 이사회의 다양성 정책 구현에 대한 진행상황은 회사의 연차보고서 또는 웹사이트를 통해 공개됨

□ **(추가 지침)** 이사회에서 이사의 독립성을 평가할 때 이사의 재임기간을 고려함. 지명위원회는 이사의 재직 기간이 독립성에 영향을 미쳤는지 여부를 매년 평가. 장기 재직이사, 특히 동일한 CEO 또는 최고 경영자 밑에서 재직한 이사는 독립적으로 행동할 수 있는 능력을 손상시키는 확고한 이해관계를 가질 수 있음

(이사회 구성원)

☐ **(원칙)** 이사회는 점진적인 이사회 갱신의 필요성을 고려하여 이사 임명, 재임명을 위한 공식적이고 투명한 프로세스를 갖춤

☐ **(지침)** 이사회는 지명위원회를 구성하여 다음을 추진

- 이사 승계계획 검토, 회장, CEO 및 주요 경영진의 임명 또는 교체
- 이사회, 위원회, 이사 성과 평가를 위한 절차 및 기준
- 이사회 및 이사를 위한 교육 및 전문성 개발 프로그램 검토
- 이사의 임명 및 재임명
- 회사는 잠재적 신임 이사를 식별하고 평가하는 데 사용되는 기준과 적절한 후보자를 찾는 데 사용되는 채널을 회사의 연차보고서 또는 웹사이트에 포함하여 이사회에 관한 이사의 선택, 임명, 재임명 절차 공개

☐ 지명위원회는 이사의 독립성에 대해 매년 또는 필요시 수시 결정. 이사는 독립성에 영향을 미칠 수 있는 회사, 관련 회사, 대주주 또는 임원과의 관계를 이사회에 공개

☐ 이사회가 지명위원회의 견해를 고려하여 그럼에도 불구하고 그러한 이사가 독립적이라고 결정하는 경우 회사는 연차보고서 또는 웹사이트에 관계와 그 이유 공개

☐ **(추가 지침)** 선임시 지명위원회는 후보자의 실적, 연령, 경험, 능력, 기술 등 기타 관련 요소를 고려하여 각 후보자가 적합하고 적절한 사람이며 직책에 대한 자격이 있음을 확인하여야 하고 기존 이사의 자격유지 여부를 매년 검토

☐ 지명위원회는 적어도 매년 이사회와 각 위원회가 역할을 효과적으로 수행할 수 있는 기술 부족 여부를 평가, 이사회와 해당 위원회의 효율성 개선 단계를 식별함

다. 영국 UK Corporate Governance Code

(이사회 구성 및 승계)

☐ 회장 및 비상임이사 임명에는 공개 모집 및 외부기관 추천을 활용하여야 하며 외부기관이 참여시 회사 또는 개별 이사와의 연관에 대해 설명하고 연차보고서에 공시

☐ 연차보고서는 임명 절차, 승계계획에 대한 접근 방식 및 다양성 개발 지원 방법, 다양성과 포용에 관한 정책, 그 목표 및 회사 전략과의 연계, 실행방법 및 목표 달성 진행 상황, 고위 경영진과 직속 부하의 성별 균형을 포함

라. 영국 FRC Guidance on Board Effectiveness

(이사회 구성 및 승계)

- □ 전략을 실행하고 미래의 도전 과제를 해결하는 데 필요한 기존 기술 세트를 매핑하는 Skill Matrix는 기술 격차를 식별하는 효과적인 방법이 될 수 있으며 역할 평가 및 승계계획에 유용한 도구임

- □ 이사회가 한 개인의 기술에 너무 의존할 위험도 존재. 임명시 임기에 대한 논의는 장기적인 승계전략을 알리고 관리하는 데 도움이 됨. 회사와 이사회의 요구사항은 시간이 지남에 따라 변하므로 기대치를 관리하고 비상임이사의 임기 및 연장에 대해 융통성을 갖도록 권장하는 것이 현명함

- □ 승계계획은 ①긴급계획(갑작스럽고 예측하지 못한 사유), ②중기계획(현 이사 및 고위 경영진의 퇴직 등 질서 있는 퇴진), ③장기계획(현재와 미래 이사회에 필요한 기술에 대한 회사의 전략 및 목표 전달 사이의 관계)을 고려해야 함

- □ 승계계획을 서면으로 작성할 경우 이행하는 데 도움이 되며, 승계계획은 이사회의 다양성을 높이고 경영진의 다양성을 구축하는 데 도움이 됨

4. 이사회 및 사외이사 평가체계

가. OECD Board Evaluation(2018)

- □ 이사회 평가는 투자자, 규제기관, 기타 이해 관계자의 관심을 끌고 있으며 그 이유는 이사회 평가를 적절하고 효과적으로 수행할 때 이사회의 성과를 검토하고 개선할 수 있는 중요한 도구를 제공할 수 있기 때문이며, 이는 결국 기업가치 창출 기회로 이어짐

- □ 자세한 원칙과 지침이 있는 국가에 상장된 회사는 더욱 실질적이고 접근 가능한 이사회 평가관행을 채택하는 경향이 있으며, 이사회 평가에 있어 경험적으로 "규정화"와 "평가과정에 대한 정보 공개"가 중요함

- □ 효과적이고 가치 있는 이사회 평가를 위해 4가지 원칙 필요
    - ① **(언제)** 일반적인 관행은 매년 이사회가 스스로 평가하며 평가 빈도는 회사에 따라 다를 수 있으며 연 1회 이상 평가하거나 지속적 평가를 할 수도 있지만 보고는 연 1회

② **(무엇을)** 이사회, 위원회, 그 구성원(이사, 비상임, 사외이사 등)

③ **(누가)** 모든 이사회 구성원이 참여하며 설문지, 인터뷰를 통해 실행 계획 및 개선 영역을 이사회 등에 익명으로 제공

④ **(공개)** 투자자와 이해관계자들은 평가 과정에 대해 알게 되는 것을 높게 평가하고 있으나 현재 공시요건은 방법에 대한 표준화를 가져와서 형식만을 준수하는 경우도 많아(매년 동일한 문구 사용) 실제 메커니즘과 최근 평가 결과 등에 대해서는 거의 드러나지 않음

     – 일부 회사는 평가 절차, 기준, 방법을 개방적으로 공개하며 투자자와 이해관계자가 매년 프로세스를 검토하고 개선사항과 문제를 추적할 수 있는 실행 계획 포함

나. 미국 OCC Director's Book

☐ 자체 평가는 모든 이사에 대한 설문지, 그룹 자체 평가, 각 이사와의 공식 인터뷰, 동료 평가 또는 이러한 방법의 조합 형태를 취할 수 있음

    • 경우에 따라 자체 평가를 관리하고 이사에게 피드백을 제공하기 위해 독립적인 제3자 이용이 가치 있을 수 있음

☐ 모든 평가의 중요한 구성 요소는 성과를 개선하기 위해 식별된 조치 항목에 대한 후속 조치이며 액션플랜은 측정 가능한 결과를 생성해야 함

☐ 이사회 또는 위원회는 이사회 자체 평가 및 독립적 평가에서 발생하는 권장 사항의 이행을 감독해야 하며, 감독 임무의 일환으로 위원회는 기술 및 역량 격차를 해결하기 위해 이사회 구성변경이 필요하다고 결정할 수 있음

다. 영국 UK Corporate Governance Code

☐ **(원칙)** 이사회는 자체 성과와 위원회 및 개별 이사의 성과에 대해 공식적이고 엄격한 연례 평가를 수행해야 함

☐ **(내용)** 이사회 평가는 이사의 기술, 경험, 독립성, 지식의 균형, 성별을 포함한 다양성, 이사회가 하나로 함께 일하는 방식 및 효율성 관련 기타 요인을 고려

    • 의장은 이사회의 강점을 인식하고 약점을 다루며 적절한 경우 새 구성원을 임명하거나 사임을 요청함으로써 성과평가 결과에 따라 조치를 취해야 함

- 개별 평가는 각 이사가 지속적으로 효과적으로 기여하는지 여부를 보여주고 역할에 대한 헌신(이사회 및 위원회 회의, 의무를 위한 시간 약속) 입증을 목표
- 이사회는 연차 보고서에 이사회, 위원회 및 개별 이사의 성과 평가가 어떻게 수행되었는지 명시해야 함
- FTSE350 기업의 이사회 평가는 적어도 3년마다 외부에서 진행하는 이사회 평가를 고려해야 하며, 외부 평가자는 연차보고서에 명시되어야 하고 그들이 회사와 개별 이사들과 어떤 관련이 있는지 진술되어야 함

라. 싱가폴 MAS Guidelines on Corporate Governance

☐ 이사회는 전체로서의 효율성과 각 이사회 위원회 및 개별 이사의 효율성에 대한 공식적 연간 평가를 수행

☐ 지명위원회는 이사회의 승인을 위해 이사회 전체 및 각 이사회 위원회의 효율성을 위한 객관적 성과기준, 프로세스, 의장 및 개별 이사의 이사회에 대한 기여도 평가기준 제안

☐ 연차보고서나 홈페이지에 이사회, 위원회, 그리고 개별 이사의 평가가 어떻게 이루어지는지를 공시하고 외부 평가기관의 경우 회사나 이사와의 관계를 명시

마. 홍콩 HKMA Supervisory Policy Manual

☐ 개별 이사의 적합성에 대해 최초 매년 지속적으로 평가해야 하며, 이사회 회의, 그리고 위원회, 기타 요인들에서의 성과를 감안해야 함

☐ 평가의 객관성 제고를 위해 이사회는 평가절차에 외부기관 도움을 받을 수 있음

☐ 개별 이사의 성과평가 결과가 기대에 미치지 못하거나 중요한 문제가 있을 경우 이사회는 적기에 적정한 조치를 취해야 함

5-3. 감사위원회의 구성, 감사위원회 위원 및 상근감사의 선임 등

가. 감사위원회의 구성

감사위원회는 3명 이상의 이사로 구성하고 사외이사가 감사위원회 위원의 3분의 2 이상이어야 한다. 감사위원회 위원 중 1명 이상은 회계 또는 재무 전문가[102]이어야 한다. 금융회사는 감사위원회 위원의 사임·사망 등의 사유로 감사위원회 위원의 수가 감사위원회의 구성요건에 미치지 못하게 된 경우에는 그 사유가 발생한 후 최초로 소집되는 주주총회에서 해당 요건을 충족하도록 조치하여야 한다.[103]

나. 감사위원회 위원의 선임

감사위원회 위원의 후보는 임원후보추천위원회에서 추천하고 위원 총수의 3분의 2 이상의 찬성으로 의결한다. 금융회사는 감사위원회 위원이 되는 사외이사 1명 이상에 대해서는 다른 이사와 분리하여 선임하여야 한다. 감사위원회 위원을 선임하거나 해임하는 권한은 주주총회에 있다. 이 경우 감사위원회 위원이 되는 이사의 선임에 관하여는 감사 선임 시 의결권 행사의 제한에 관한 「상법」 제409조 제2항[104] 및 제3항[105]을 준용한다.

---

102) "회계 또는 재무 전문가"란 공인회계사 자격을 취득한 후 그 자격과 관련된 업무에 5년 이상 종사한 경력이 있는 사람, 재무 또는 회계 분야의 석사 이상의 학위가 있는 사람으로서 해당 학위 취득 후 연구기관이나 대학에서 재무 또는 회계 관련 분야의 연구원 또는 조교수 이상의 직에 5년 이상 근무한 경력이 있는 사람, 주권상장법인에서 재무 또는 회계 관련 업무에 임원으로 5년 이상 또는 직원으로 10년 이상 근무한 경력이 있는 사람, 국가·지방자치단체·공공기관·금융감독원·한국거래소·금융투자업관계기관(한국금융투자협회, 한국예탁결제원, 금융투자상품거래청산회사, 증권금융회사, 신용평가회사, 종합금융회사, 자금중개회사, 단기금융회사 및 명의개서대행회사를 말함)에서 재무 또는 회계 관련 업무 또는 이에 대한 감독업무에 5년 이상 종사한 경력이 있는 사람, 금융감독원의 검사대상기관(이에 상응하는 외국금융기관을 포함)에서 재무 또는 회계 관련 업무에 5년 이상 종사한 경력이 있는 사람 및 전국은행연합회·생명보험협회·손해보험협회·상호저축은행중앙회·여신전문금융업협회에서 재무 또는 회계 관련 업무에 5년 이상 근무한 경력이 있는 사람을 말한다.

103) 금융회사지배구조법 제19조 ①~③, 동법 시행령 제16조 ①, 금융회사지배구조감독규정 제6조

104) 상법 제409조(선임) ②의결권 없는 주식을 제외한 발행주식의 총수의 100분의 3(정관에서 더 낮은 주식 보유비율을 정할 수 있으며, 정관에서 더 낮은 주식 보유비율을 정한 경우에는 그 비율로 한다)을 초과하는 수의 주식을 가진 주주는 그 초과하는 주식에 관하여 제1항의 감사의 선임에 있어서는 의결권을 행사하지 못한다.

최대주주, 최대주주의 특수관계인, 최대주주 또는 그 특수관계인의 계산으로 주식을 보유하는 자 및 최대주주 또는 그 특수관계인에게 의결권(의결권의 행사를 지시할 수 있는 권한을 포함)을 위임한 자(해당 위임분만 해당)가 소유하는 금융회사의 의결권 있는 주식의 합계가 그 금융회사의 의결권 없는 주식을 제외한 발행주식 총수의 3%를 초과하는 경우 그 주주는 3%를 초과하는 주식에 관하여 감사위원회 위원이 되는 이사를 선임하거나 해임할 때에는 의결권을 행사하지 못한다. 다만, 금융회사는 정관으로 3%보다 낮은 비율을 정할 수 있다.[106]

다. 상근감사 선임

최근 사업연도 말 현재 자산총액이 1천억원 이상(신용카드업을 영위하지 아니하는 여신전문금융회사로서 주권상장법인이 아닌 경우에는 최근 사업연도 말 현재 자산총액이 2조원 이상인 경우를 말함)인 금융회사는 회사에 상근하면서 감사업무를 수행하는 감사(상근감사)를 1명 이상 두어야 한다. 이 경우 ❶ 외국 금융회사의 국내지점·그 밖의 영업소, ❷ 주주총회일 또는 사원총회일부터 6개월 이내에 합병 등으로 인하여 소멸하는 금융회사, ❸ 회생 및 파산법에 따라 회생절차가 개시되거나 파산선고를 받은 금융회사 그리고 ❹ 해산을 결의한 금융회사는 제외한다. 다만, 금융회사지배구조법에 따른 감사위원회를 설치한 경우(감사위원회 설치 의무가 없는 금융회사가 상근감사 선임의 요건을 갖춘 감사위원회를 설치한 경우를 포함)에는 상근감사를 둘 수 없다.[107]

한편, 상근감사를 선임하는 경우 감사 선임 시 의결권 행사의 제한에 관한 감사위원회 위원의 선임 시 최대주주 등의 의결권을 제한하는 조항[108] 및 상법 제

---

105) 상법 제409조(선임) ③ 회사가 제368조의4 제1항에 따라 전자적 방법으로 의결권을 행사할 수 있도록 한 경우에는 제368조 제1항에도 불구하고 출석한 주주의 의결권의 과반수로써 제1항에 따른 감사의 선임을 결의할 수 있다.

106) 금융회사지배구조법 제19조 ④~⑦, 동법 시행령 제16조 ②

409조 제2항[109]·제3항[110]을 준용한다. 상근감사 및 사외이사가 아닌 감사위원회 위원의 자격요건[111]에 관하여는 사외이사의 자격요건을 준용한다. 다만, 해당 금융회사의 상근감사 또는 사외이사가 아닌 감사위원회 위원으로 재임 중이거나 재임하였던 사람은 해당 금융회사 또는 그 계열회사의 상근 임직원 또는 비상임이사이거나 최근 3년 이내에 상근 임직원 또는 비상임이사이었던 사람이라면 사외이사 결격사유에 해당하지만 상근감사 또는 사외이사가 아닌 감사위원회 위원이 될 수 있다.[112]

라. 감사위원회 또는 상근감사에 대한 지원 등

감사위원회 또는 상근감사는 금융회사의 비용으로 전문가의 조력을 구할 수 있다. 금융회사는 감사위원회 또는 감사의 업무를 지원하는 담당부서를 설치하여야 한다. 금융회사는 감사위원회 또는 감사의 업무 내용을 적은 보고서를 정기적으로 금융위원회가 정하는 바에 따라 금융위원회에 제출하여야 한다. 금융회사는 사외이사와 동일한 수준으로 감사위원회 위원 또는 상근감사에 대해 정보를 제공하여야 한다.[113]

---

107) 금융회사지배구조법 제19조 ⑧, 동법 시행령 제16조 ③

108) 최대주주, 최대주주의 특수관계인, 최대주주 또는 그 특수관계인의 계산으로 주식을 보유하는 자 및 최대주주 또는 그 특수관계인에게 의결권(의결권의 행사를 지시할 수 있는 권한을 포함)을 위임한 자(해당 위임분만 해당)가 소유하는 금융회사의 의결권 있는 주식의 합계가 그 금융회사의 의결권 없는 주식을 제외한 발행주식 총수의 100분의 3을 초과하는 경우 그 주주는 100분의 3을 초과하는 주식에 관하여 감사위원회 위원이 되는 이사를 선임하거나 해임할 때에는 의결권을 행사하지 못한다. 다만, 금융회사는 정관으로 100분의 3보다 낮은 비율을 정할 수 있다.

109) 상법 제409조(선임) ②의결권 없는 주식을 제외한 발행주식의 총수의 100분의 3(정관에서 더 낮은 주식 보유비율을 정할 수 있으며, 정관에서 더 낮은 주식 보유비율을 정한 경우에는 그 비율로 한다)을 초과하는 수의 주식을 가진 주주는 그 초과하는 주식에 관하여 제1항의 감사의 선임에 있어서는 의결권을 행사하지 못한다.

110) 상법 제409조(선임) ③ 회사가 제368조의4 제1항에 따라 전자적 방법으로 의결권을 행사할 수 있도록 한 경우에는 제368조 제1항에도 불구하고 출석한 주주의 의결권의 과반수로써 제1항에 따른 감사의 선임을 결의할 수 있다.

111) 금융회사지배구조법 제6조 제1항 및 제2항을 말한다.

112) 금융회사지배구조법 제19조 ⑨~⑩

113) 금융회사지배구조법 제20조

5-4. 위험관리위원회

위험관리위원회[114]는 ❶ 위험관리의 기본방침 및 전략 수립, ❷ 금융회사가 부담 가능한 위험 수준 결정, ❸ 적정투자한도 및 손실허용한도 승인, ❹ 위험관리기준의 제정 및 개정, ❺ 적정투자한도 및 손실허용한도 승인, ❻ 위험관리기준의 제정 및 개정, ❼ 위험관리조직 구조 및 업무 분장에 관한 사항, ❽ 위험관리정보시스템의 운영에 관한 사항, ❾ 각종 한도의 설정 그리고 ❿ 한도초과의 승인에 관한 사항에 대해 심의·의결한다. 은행 또는 보험회사인 경우에 한하여 위험관리위원회는 각 국외 현지법인 및 국외지점의 상황을 고려한 위기상황분석 결과(반기 1회 이상 위험관리위원회에 보고)와 관련된 자본관리계획·자금조달계획에 관한 사항, 자산건전성 분류기준·대손충당금 등 적립기준(각 국외 현지법인 및 국외 지점의 상황을 고려하여야 함)에 관한 사항에 대해 심의·의결한다.[115]

5-5. 보수위원회 및 보수체계[116] 등

가. 보수위원회 심의·의결 대상

보수위원회는 임직원에 대한 보수와 관련한 ❶ 보수의 결정 및 지급방식에 관한 사항, ❷ 보수지급에 관한 연차보고서의 작성 및 공시에 관한 사항, ❸ 보수체계의 설계·운영 및 그 설계·운영의 적정성 평가 등에 관한 사항, ❹ 보수정책에 대한 의사결정 절차와 관련된 사항 그리고 ❺ 그 밖에 보수체계와 관련

---

114) 소규모 금융회사는 위험관리위원회의 적용이 면제된다. 소규모 금융회사란 최근 사업년도 말 현재 일정 규모 이하의 금융회사(주권상장법인은 자산총액이 2조원 이상 제외)를 말하는 데, 자산총액 7천억 원 미만인 상호저축은행, 자산총액 5조 원 미만인 금융투자업자·종합금융회사·보험회사·여신전문금융회사가 해당된다. 다만, 금융투자업자의 경우 최근 사업연도 말 현재 그 금융투자업자가 운용하는 집합투자재산, 투자일임재산 및 신탁재산(관리형신탁의 재산 제외)의 전체 합계액이 20조원 이상이면 일부 규정의 적용이 면제되는 소규모 금융회사에서 제외된다.

115) 금융회사지배구조법 제21조, 금융회사지배구조감독규정 제8조

된 사항에 대해 심의·의결한다. 보수위원회의 심의·의결 대상 임직원에는 임원(사외이사, 비상임이사, 감사위원회 위원, 준법감시인 및 위험관리책임자는 제외) 및 자본시장법에 따른 증권 또는 파생상품의 설계·판매·운용 업무를 담당하는 직원으로서 보수위원회가 심의·의결한 사람(금융투자업무담당자)이 해당된다.[117]

나. 보수체계

금융회사는 임직원이 과도한 위험을 부담하지 아니하도록 보수체계를 마련하여야 한다. 금융회사는 임원(감사, 감사위원, 준법감시인 및 위험관리책임자는 제외), 금융투자업무담당자 그리고 단기 실적에 따른 성과보수를 지급할 경우 과도한 위험을 추구하는 등 부작용이 나타날 수 있는 업무로서 ❶ 대출·지급보증 및 어음의 할인·인수·팩토링 업무, ❷ 보험상품 개발 및 보험계약 인수에 관한 업무, ❸ 매출채권의 양수 및 신용카드의 발행 업무 그리고 ❹ 그 밖에 단기 실적에 따른 성과보수를 지급할 경우 부작용이 나타날 수 있는 것으로 금융회사가 판단하여 정하는 업무에 종사하는 직원 중 고용계약에 따라 담당 업무로부터 발생하는 이익의 일부를 성과보수로 받는 직원(최하위 직급의 직원 및 기간제근로자 또는 단시간근로자는 제외할 수 있음)에 대하여 보수의 일정비율 이상을 성과에 연동(連動)하여 미리 정해진 산정방식에 따른 보수(성과보수)로 일정 기간 이상 이연(移延)하여 지급하여야 한다. 금융회사는 다음의 각 기준에 맞추어 성과와 연동하여 미리 정해진 산정방식에 따른 성과보수를 지급하여야 한다.[118]

---

116) 소규모 금융회사는 보수위원회 및 보수체계의 적용이 면제된다. 소규모 금융회사란 최근 사업년도 말 현재 일정 규모 이하의 금융회사(주권상장법인은 자산총액이 2조원 이상 제외)를 말하는데, 자산총액 7천억 원 미만인 상호저축은행, 자산총액 5조 원 미만인 금융투자업자·종합금융회사·보험회사·여신전문금융회사가 해당된다. 다만, 금융투자업자의 경우 최근 사업연도 말 현재 그 금융투자업자가 운용하는 집합투자재산, 투자일임재산 및 신탁재산(관리형신탁의 재산 제외)의 전체 합계액이 20조원 이상이면 일부 규정의 적용이 면제되는 소규모 금융회사에서 제외된다.

117) 금융회사지배구조법 제22조 ①, 금융회사지배구조감독규정 제9조 ①

118) 금융회사지배구조법 제22조 ②~③, 동법 시행령 제17조 ②~④, 금융회사지배구조감독규정 제9조 ②~③

성과보수 산정기준

1. 성과보수의 비율은 직무의 특성, 업무책임의 정도 및 해당 업무의 투자성[119] 등을 고려하여 달리 정할 것

2. 임원(사외이사 및 비상임이사는 제외) 및 금융투자업무담당자에 대해서는 해당 업무의 투자성과 그 존속기간 등을 고려하여 성과보수의 40% 이상에 대하여 이연(移延) 기간을 3년 이상으로 할 것. 다만, 해당 업무의 투자성 존속기간이 3년 미만인 경우에는 성과보수의 이연 기간을 3년 미만으로 할 수 있다.

3. 그 밖에 성과보수에 관하여 필요한 사항으로서 금융위원회가 정하여 고시하는 기준

   1) 성과보수를 이연 지급할 경우에는 이연기간 중 초기에 지급되는 부분이 기간별 균등 배분한 수준보다 크지 않도록 할 것

   2) 임원 및 금융투자업무 담당자에게 이연지급되는 성과보수는 해당 금융회사의 장기 성과와 연계될 수 있도록 해당 금융회사의 주식 또는 주식연계상품, 이연지급 기간 중 담당 업무와 관련하여 금융회사에 손실이 발생한 경우 이연지급 예정인 성과보수를 실현된 손실규모를 반영하여 재산정 및 그 밖에 금융회사의 장기 성과와 연계할 수 있는 방식으로서 해당 금융회사가 정하는 방식 중 하나의 형태로 지급할 것. 다만, 해당 금융회사를 「금융지주회사법」 제4조 제1항 제2호에 따른 자회사등으로 하는 금융지주회사가 주권상장법인인 경우는 그 금융지주회사 주식 등으로 대체하여 지급할 수 있다.

   3) 성과보수 지급의 기준이 되는 재무제표가 오류 또는 부정 등으로 인하여 정정되는 경우 기지급된 성과보수는 정정 내용을 반영하여 조정할 것

---

119) 자본시장법 제3조에 따르면 "투자성"이란 이익을 얻거나 손실을 회피할 목적으로 현재 또는 장래의 특정(特定) 시점에 금전등을 지급하기로 약정함으로써 취득하는 권리를 취득하기 위하여 지급하였거나 지급하여야 할 금전등의 총액(판매수수료 등 제외)이 그 권리로부터 회수하였거나 회수할 수 있는 금전등의 총액(해지수수료 등 포함)을 초과하게 될 위험을 말한다.

다. 보수지급에 대한 공시

금융회사는 보수의 일정비율 이상을 성과에 연동(連動)하여 미리 정해진 산정방식에 따른 보수(성과보수)로 일정기간 이상 이연(移延)하여 지급하여야 하는 임직원의 보수지급에 관한 연차보고서를 작성하고 결산 후 3개월 이내에 인터넷 홈페이지 등에 그 내용을 공시하여야 한다. 연차보고서에는 보수위원회의 구성, 권한 및 책임 등 그리고 임원의 보수총액(기본급, 성과보수, 이연 성과보수 및 이연 성과보수 중 해당 회계연도에 지급된 금액 등)이 포함되어야 하며, 연차보고서의 작성 시에는 보수위원회의 구성, 심의·의결 절차 등 보수체계에 대한 의사결정 절차가 제시될 것, 임직원에 대한 성과측정, 성과와 보수의 연계방식, 성과보수의 이연 등 그 밖에 보수체계의 주요 내용을 제시할 것 등과 같은 세부기준을 준수해야 한다.[120]

증권회사의 성과보수 지급 실태 검사결과 및 향후계획[121]

□ **(개요)** 그간 증권업계의 단기실적주의가 부동산 PF 등 고위험 부문에 대한 쏠림을 야기하는 주요 원인으로 지적되어 왔음

- 이에, 금융감독원은 2023.11월부터 17개 증권사의 부동산PF 성과보수 지급 실태를 점검하였음

□ **(검사결과)** 상당수 증권사가 부동산 PF 관련 성과보수를 지급하는 과정에서 금융회사의 지배구조 관련 법규 위반한 사실이 확인(잠정)됨

- 특정 증권회사의 경우 보수위원회가 정한 성과보수 지급기준이 금융회사지배구조법에서 정하는 기준에 부합하지 않았으며,
- 일부 증권사는 이연해야 하는 성과보수를 일시에 지급하거나, 최소 이연기간(3년) 및 이연비율(40%)을 준수하지 않았음
- 이외에 담당업무의 투자성 및 리스크 존속기간을 충분히 반영하지 않는 불합리한 지급관행도 확인됨

□ **(향후 계획)** 검사 결과 확인된 위규사항에 대해 엄중히 조치하여 성과보수체계를 장기성과에 연동할 수 있도록 유도하는 한편,

  ◦ 금융회사지배구조법에 따라 성과보수의 이연 · 환수 · 공시 등이 실효성 있게 작동할 수 있도록 유관기관과 협의하여 제도 개선을 적극 추진하겠음

[참고] 증권회사 성과보수 관련 규제 체계 (2024.1.31. 기준)

□ 금융회사지배구조법은 성과보수의 이연지급대상, 기간, 비율 등 기본원칙을 제시하고, 그 외 세부적인 운영방안은 각 금융회사가 자율적으로 결정하도록 규정

구분	내용
대상 증권회사	자산 5조원 이상 증권회사, 자산 2조원 이상 상장 증권회사
지배구조	이사회 내 '보수위원회'를 설치, 보수결정 사항 등을 심의 · 의결
이연지급 대상	임원 · 금융투자업무담당자
이연지급 기간	3년 이상 이연
이연지급 비율	40% 이상 이연(초년도 지급액은 기간별 균등배분액 초과 금지)

5-6. 내부통제위원회

가. 내부통제위원회의 이사회 내 위원회로 설치 및 심의 · 의결 사항 명문화

거액 금융사고의 근절을 위해 2024년 1월 2일 개정(시행일 : 2024년 7월 3일)된 금융회사지배구조법 이전까지 내부통제위원회[122]는 동법 시행령 제19조 제2항에 근거하여 "금융회사는 내부통제기준의 운영과 관련하여 최고경영자를

---

120) 금융회사지배구조법 제22조 ④~⑤, 동법 시행령 제17조 ②

121) 금융감독원, 2024.1.31.일자 보도자료 "증권사의 위법한 성과보수 지급 관행에 엄정히 대응하여 공정하고 합리적인 성과보상체계를 확립하겠습니다"

위원장으로 하는 내부통제위원회를 설치하여야 한다"라고 규정하고 있어 내부통제위원회를 이사회 내 위원회로 설치토록 하거나 내부통제위원회의 심의·의결 사항에 대한 특별히 규정된 것이 없었다.

그러나, 2024년 7월 3일부터는 개정된 금융회사지배구조법이 시행됨에 따라 내부통제위원회를 이사회 내 소위원회로 설치·운영하도록 의무화되었고, 내부통제위원회가 심의·의결하여야 할 사항도 명문화되었다. 또한, 최고경영자가 내부통제위원회의 위원장을 맡도록 하는 조항도 삭제되었다.[123] 이로 인해 이사회의 내부통제에 대한 역할이 더욱 명확화되었다.

나. 내부통제위원회의 심의·의결 사항

내부통제위원회는 ❶ 내부통제의 기본방침 및 전략 수립, ❷임직원의 직업윤리와 준법정신을 중시하는 조직문화의 정착방안 마련, ❸ 지배구조내부규범의 마련 및 변경, ❹ 내부통제기준의 제정 및 개정 그리고 ❺ 그 밖에 금융위원회가 정하여 고시하는 사항을 심의·의결한다.

내부통제위원회는 책무구조도에서 정하는 자신의 책무와 관련하여 내부통제 및 위험관리가 효과적으로 작동할 수 있도록 관리조치를 하여야 할 임원[124]과 내부통제 및 위험관리에 대한 관리조치의 내용과 결과 등을 임원으로부터 보고받아야 하는 대표이사등(대표이사, 대표집행임원, 외국금융회사의 국내지점의 대표자)이 임원의 내부통제등 관리의무[125]와 대표이사등의 내부통제등 총괄관리의무[126]에 따른 관리조치와 보고를 적절하게 수행하고 있는지 여부를 점

---

122) 소규모 금융회사는 내부통제위원회의 적용이 면제된다. 소규모 금융회사란 최근 사업년도 말 현재 일정 규모 이하의 금융회사(주권상장법인은 자산총액이 2조원 이상 제외)를 말하는 데, 자산총액 7천억 원 미만인 상호저축은행, 자산총액 5조 원 미만인 금융투자업자·종합금융회사·보험회사·여신전문금융회사가 해당된다. 다만, 금융투자업자의 경우 최근 사업연도 말 현재 그 금융투자업자가 운용하는 집합투자재산, 투자일임재산 및 신탁재산(관리형신탁의 재산 제외)의 전체 합계액이 20조원 이상이면 일부 규정의 적용이 면제되는 소규모 금융회사에서 제외된다.

123) 2024년 7월 3일 시행되는 금융회사지배구조법 시행령과 금융회사지배구조감독규정에 대한 입법예고 개정안을 기준으로 작성하였으므로 최종 확정된 내용은 확인할 필요가 있다.

124) 금융회사지배구조법 제30조의2 제1항에 따른 임원을 말한다.

244

검·평가하고 미흡한 사항에 대해서는 개선 등 필요한 조치를 요구하여야 한다.

한편, 금융회사는 정관으로 정하는 바에 따라 상기의 관리조치와 보고의 수행 여부에 대한 점검·평가 및 필요한 조치의 요구에 대한 사항을 내부통제위원회가 아닌 감사위원회나 위험관리위원회가 담당하도록 할 수 있다.[127]

한편, 거액 금융사고의 근절을 위해 2024년 1월 2일 개정(시행일 : 2024년 7월 3일)된 금융회사지배구조법 이전에는 내부통제위원회는 ❶ 매반기별 1회 이상 회의를 개최할 것, ❷ 대표이사를 위원장으로 하고 준법감시인, 위험관리책임자 및 그 밖에 내부통제 관련 업무 담당 임원을 위원으로 할 것, ❸ 내부통제 점검결과의 공유 및 임직원 평가 반영 등 개선방안 검토의 역할을 수행할 것, ❹ 금융사고 등 내부통제 취약부분에 대한 점검 및 대응방안 마련의 역할을 수행할 것, ❺ 내부통제 관련 주요 사항 협의의 역할을 수행할 것, ❻ 임직원의 윤리의식·준법의식 제고 노력의 역할을 수행할 것 그리고 ❼ 회의결과를 의사록으로 작성하여 보관할 것을 준수하여야 한다고 규정[128]하고 있었으나 2024년 7월 3일 개정 금융회사지배구조법의 시행으로 관련 내용이 삭제되었고 새롭게 도입된 임원의 내부통제 및 위험관리 관리의무 등 관련 조문으로 편입되었다.[129]

---

125) 금융회사지배구조법 제30조의2(임원의 내부통제등 관리의무)를 말한다.

126) 금융회사지배구조법 제30조의4(대표이사등의 내부통제등 총괄 관리의무)를 말한다.

127) 금융회사지배구조법 제22조의2, 금융회사지배구조법 시행령 제17조의2 및 제19조 ②

128) 금융회사지배구조감독규정 제11조 ⑦

129) 2024년 7월 3일 시행되는 금융회사지배구조법 시행령과 금융회사지배구조감독규정에 대한 입법예고 개정안을 기준으로 작성하였으므로 최종 확정된 내용은 확인할 필요가 있다.

· 표 3-1. 내부통제위원회 비교 ·

구분	개정 전	개정 후
위원장	대표이사	사외이사
구성	대표이사, 준법감시인, 위험관리책임자 및 내부통제 관련 업무 담당 임원	위원의 과반수는 사외이사
법적근거	지배구조법 시행령 제19조제2항, 감독규정 제11조제7항	지배구조법 안 제16조 및 제22조의2
권한	내부통제 점검결과의 공유 및 임직원 평가 반영 등 개선방안 검토, 금융사고 등 내부통제 취약부분에 대한 점검 및 대응방안 마련 등	(심의·의결) 내부통제 기본방침·전략 수립, 임직원 윤리·준법의식 제고를 위한 기업문화 정착방안, 지배구조내부규범 마련 및 변경, 내부통제기준 제·개정 등
기타	의사록 작성 및 보관 의무(감독규정)	이사회내 위원회에 적용되는 사항(의사록 작성 등) 적용

5-7. 금융지주회사의 완전자회사등의 특례

금융지주회사가 발행주식 총수를 소유하는 자회사 및 그 자회사가 발행주식 총수를 소유하는 손자회사(손자회사가 발행주식 총수를 소유하는 증손회사를 포함. 이하 "완전자회사등")는 경영의 투명성 등 일정한 요건[130]에 해당하는 경우에는 사외이사를 두지 아니하거나 이사회내 위원회를 설치하지 아니할 수 있다. 완전자회사등이 감사위원회를 설치하지 아니할 때에는 상근감사를 선임하여야 한다. 이 경우 상근감사의 자격요건에 관하여는 사외이사의 자격요건[131]을 준용한다. 다만, 해당 완전자회사등의 상근감사 또는 사외이사가 아닌 감사위원으로 재임 중이거나 재임하였던 사람은 해당 금융회사 또는 그 계열회사의 상근(常勤) 임직원 또는 비상임이사이거나 최근 3년 이내에 상근 임직원 또는 비상임이사이었던 사람[132]이더라도 상근감사가 될 수 있다.

---

130) 금융회사지배구조법 시행령 제18조(금융지주회사의 완전자회사등의 경영 투명성 요건) 법 제23조제1항에서 "경영의 투명성 등 대통령령으로 정하는 요건에 해당하는 경우"란 다음 각 호의 요건을 모두 충족하는 경우를 말한다.
  1. 법 제23조제1항에 따른 완전자회사등(이하 "완전자회사등"이라 한다)의 경영의 투명성 확보를 위한 다음 각 목의 요건. 이 경우 해당 이사회 또는 해당 감사위원회는 다음 각 목과 관련하여 금융위원회가 정하여 고시하는 기준을 준수하여야 한다.
    가. 금융지주회사의 이사회가 완전자회사등에 대하여 조언·시정권고 및 이에 필요한 자료의 제출을 요구하는 경우 완전자회사등은 특별한 사정이 없으면 요구에 성실히 응할 것
    나. 금융지주회사의 감사위원회가 완전자회사등에 대하여 그 업무·재무구조 등에 대한 감사 및 이에 필요한 자료의 제출을 요구하는 경우 완전자회사등은 특별한 사정이 없으면 요구에 성실히 응할 것
  2. 완전자회사등을 포함하여 자회사등을 총괄하는 사항으로서 금융지주회사의 내부통제체제에 관한 사항인 다음 각 목의 요건
    가. 금융위원회가 정하여 고시하는 사항을 금융지주회사의 법 제24조제1항에 따른 내부통제기준에 포함할 것
    나. 금융지주회사의 준법감시와 관련하여 해당 준법감시인, 금융지주회사 및 그 자회사등은 금융위원회가 정하여 고시하는 기준을 준수할 것
131) 금융회사지배구조법 제6조 제1항 및 제3호를 말한다.
132) 금융회사지배구조법 제6조 제1항 제3호에 의거 사외이사 결격사유에 해당한다.

내부통제 및 위험관리 등

1. 내부통제기준

1-1. 내부통제기준 의의

내부통제기준이란 법령을 준수하고, 경영을 건전하게 하며, 주주 및 이해관계자 등을 보호하기 위하여 금융회사 임직원이 직무를 수행할 때 준수해야 할 기준 및 절차를 말한다. 금융회사지배구조법을 적용받는 금융회사는 내부통제기준을 마련해야 할 의무가 있다.[133] 금융지주회사가 금융회사인 자회사등[134]의 내부통제기준을 마련하는 경우 그 자회사등은 내부통제기준을 마련하지 아니할 수 있다.[135] 내부통제기준의 제정·개정·폐지는 반드시 이사회 의결을 거쳐야 한다. 내부통제기준에는 금융회사의 가능한 모든 업무활동을 포괄할 수 있어야 하며, 업무절차 및 전산시스템은 적절한 단계로 구분하여 집행되도록 설계되어야 한다.

한편, 거액 금융사고의 근절을 위해 2024년 1월 2일 개정(시행일 : 2024년 7월 3일)된 금융회사지배구조법 이전에는 대표이사는 매년 1회 이상 정기적으로 내부통제 체계·운영에 대한 실태를 점검하고 그 결과를 이사회에 보고하도록 하였고, 대표이사는 내부통제 체계·운영에 대한 실태점검 및 이사회 보고 업무를 준법감시인에게 위임할 수 있도록 하였으나, 2024년 7월 3일 개정 금융회사지배구조법의 시행으로 관련 내용이 삭제되었다.[136]

1-2. 내부통제기준에 포함되어야 할 사항

내부통제기준에 포함되어야 할 사항에 대해서는 금융회사지배구조법 시행령 제19조 제1항과 금융회사지배구조감독규정 제11조 제2항에서 규정하고 있다. 먼저, 금융회사지배구조법 시행령 제19조 제1항에서 금융회사의 내부통제가 실효성 있게 이루어질 수 있도록 내부통제기준에 포함하여야 할 사항은 다음과 같다. 이 경우 '실효성 있게 이루어질 수 있도록'이라는 표현과 관련하여 대법원(2022.12.15. 선고, 2022두54047)은 "단순한 목적 문구가 아니라 입법자의 의도가 반영된 것으로 문언의 가능한 범위 내에서 목적론적으로 해석해 마련의무 위반 여부 판단 시 고려해야 한다"고 판단하였다. 즉, 형식적으로 법정사항을 갖췄어도 '실효성'이 없는 내부통제기준이라면 마련의무를 이행한 것이 아니라는 것이다. 그러면서도 내부통제기준 마련의무의 정도에 대해서는 '실효성'의 의미를 행정처분의 상대방에게 지나치게 불리한 방향으로 확대·유추해석하지 않아야 함을 강조하였다.[137]

---

133) 2021.3.25.일 시행된 금융소비자보호법에는 금융소비자보호와 관련된 내부통제기준이 금융회사지배구조법과는 별도로 규정되어 있다.

134) "자회사등"이란 자회사, 손자회사 및 증손회사(금융지주회사에 편입된 다른 회사를 포함)를 말한다.

135) 금융회사지배구조법 제24조 ①

136) 2024년 7월 3일 시행되는 금융회사지배구조법 시행령과 금융회사지배구조감독규정에 대한 입법예고 개정안을 기준으로 작성하였으므로 최종 확정된 내용은 확인할 필요가 있다.

137) 대법원 판례와 관련된 자세한 내용은 "1-4. 금융회사지배구조법 상 내부통제기준의 마련 의무와 관련된 대법원 판단(A은행 DLF 불완전판매 관련)"을 참고하길 바란다.

다음으로, 금융회사지배구조감독규정 제11조 제2항에 따라 내부통제기준에 포함하여야 할 사항은 다음과 같다.

금융회사지배구조감독규정(제11조 ②)에 근거하여
내부통제기준에 포함되어야 할 사항

1. 내부고발자 제도의 운영에 관한 다음 각 목의 사항

   가. 내부고발자에 대한 비밀보장

   나. 내부고발자에 대한 불이익 금지 등 보호조치

   다. 회사에 중대한 영향을 미칠 수 있는 위법·부당한 행위를 인지하고도 회사에 제보하지 않는 사람에 대한 불이익 부과

2. 위법·부당한 행위를 사전에 방지하기 위하여 명령휴가제도 도입 및 그 적용대상, 실시주기, 명령휴가 기간, 적용 예외 등 명령휴가제도 시행에 필요한 사항

3. 사고발생 우려가 높은 단일거래에 대해 복수의 인력 또는 부서가 참여하도록 하는 직무분리 기준에 대한 사항

4. 새로운 금융상품 개발 및 금융상품 판매 과정에서 금융소비자 보호 및 시장질서 유지 등을 위하여 준수하여야 할 업무절차에 대한 사항(금융지주회사만 해당한다)

5. 영업점 자체점검의 방법·확인사항·실시 주기 등에 대한 사항

6. 「특정 금융거래정보의 보고 및 이용 등에 관한 법률」제2조제4호에 따른 자금세탁행위 및 같은 조 제5호에 따른 공중협박자금조달행위(이하 "자금세탁행위등"이라 한다)를 방지하기 위한 다음 각 목의 사항(법 제2조제1호 나목의 금융투자업자 중 투자자문업자는 제외한다)

   가. 「특정 금융거래정보의 보고 및 이용 등에 관한 법률」제2조제2호에 따른 금융거래에 내재된 자금세탁행위 등의 위험을 식별, 분석, 평가하여 위험도에 따라 관리 수준을 차등화하는 자금세탁 위험평가체계의 구축 및 운영

   나. 자금세탁행위등의 방지 업무를 수행하는 부서로부터 독립된 부서 또는 외부전문가가 그 업무수행의 적절성, 효과성을 검토·평가하고 이에 따른 문제점을 개선하기 위한 독립적 감사체계의 마련 및 운영

   다. 소속 임직원이 자금세탁행위등에 가담하거나 이용되지 않도록 하기 위한 임직원의 신원사항 확인 및 교육·연수

아울러 금융회사지배구조감독규정 제11조 제2항에 따라 [별표3]에서 규정한 해당 금융회사의 업권별로 내부통제기준에 포함하여야 할 사항은 다음과 같다.

[별표3] 내부통제기준에 포함되어야 하는 사항
(감독규정 제11조 제2항 관련)

구분	내부통제기준에 포함해야 하는 사항
1. 해당 금융회사가 금융지주회사인 경우	가. 금융지주회사의 자회사등 사이의 업무위탁이 「금융지주회사법 시행령」 제26조 제2항 제4호[138] 각 목의 요건을 충족하는지에 대한 평가·관리에관한 사항
2. 해당 금융회사가 보험회사인 경우	가. 「보험업법시행령」 별표 4에 따른 교육을 이수하지 않은 모집종사자의 관리에 관한 사항 나. 다음의 보험계리업무와 관련한 업무처리기준 및 세부절차, 관련 기초통계자료의 보관, 내부 검증절차 및 검증기준, 임직원의 권한과 책임에 관한 사항 　1) 상품개발 관련 업무 　2) 최적기초율 산출 관련 업무 　3) 계약자 배당 관련 업무 　4) 실제사업비 배분 관련 업무 　5) 기타 회사가 정하는 계리업무 다. 보험금 지급업무를 공정하고 투명하게 처리하기 위하여 보험금 지급 관련 소송시 따라야 할 절차와 기준으로서 감독원장이 정하는 사항 라. 보험사기행위 예방 및 보험리스크 관리를 위해 계약심사시 따라야 할 절차와 기준 마. 대출금리의 산정 및 운용시 따라야 할 절차와 기준
3. 해당 금융회사가 보험업법에 의한 보험대리점 또는 보험중개인으로 등록하여 보험모집을 하는 경우	가. 제휴보험회사의 선정·해지기준 및 절차에 관한 사항 나. 판매대상 보험상품 선정기준에 관한 사항 다. 보험회사와 체결하는 제휴계약서에 포함되어야 할 민원 및 분쟁 처리절차와 책임소재에 관한 사항 라. 보험회사와의 제휴계약이 종료될 경우 고객보호에 관한 사항 마. 보험상품판매와 관련한 불공정행위 방지에 관한 사항

4. 해당 금융회사가 금융투자업자인 경우	가. 집합투자재산이나 신탁재산에 속하는 주식에 대한 의결권 행사와 관련된 법규 및 내부지침의 준수 여부에 관한 사항
	나. 집합투자재산이나 신탁재산에 속하는 자산의 매매를 위탁하는 투자중개업자의 선정기준에 관한 사항
	다. 지점, 그 밖의 영업소의 설치 및 각 지점별 영업관리자의 지정 등 그 통제에 관한 사항
	라. 각 지점별 파생상품(파생결합증권 및 법 제93조에서 정한 집합투자기구의 집합투자증권을 포함한다.) 영업관리자의 지정 등 파생상품 투자자 보호에 필요한 절차나 기준에 관한 사항
	마. 투자중개업자의 투자자계좌의 관리 · 감독에 관한 사항
	바. 매매주문의처리절차 · 방법이나 기준에 관한 사항
	사. 투자자 예탁재산의보관 · 관리방법에 관한 사항
	아. 언론기관 등에 대한 업무관련 정보의 제공 절차나 기준에 관한 사항
	자. 투자자 신용정보의 관리 · 보호에 관한 사항
	차. 「특정 금융거래정보의 보고 및 이용 등에 관한 법률」 제2조 제4호의 자금세탁행위의 효율적 방지체제구축 · 운영에 관한 사항
	카. 투자자가 제기한 각종 고충 · 불만사항및 투자자와 금융투자업자 사이에 발생한 분쟁의 처리기준 및 절차에 관한 사항
	타. 기업의 자금조달을 위한 대표주관회사 업무 영위시 업무의 공정한 영위 및 이해상충방지 등에 관한 사항. 이 경우 대표주관회사의 담당직원의 적격기준, 기업실사 수행의 최소기간및 법률 · 회계전문가등 참여의무자, 일반적인 조사 · 검증절차등에 관한 내용이 포함되어야 한다.
	파. 매도 주문 수탁에 관한 사항
	하. 신탁사업의 시공사 및 용역업체의 선정에 관한 사항
	거. 집합투자업과 다른 금융투자업을 겸영하는 경우 이해상충 방지를 위한 사항
5. 해당 금융회사가 여신전문금융회사인 경우	가. 「여신전문금융업감독규정」 제7조의2 제3항 각 호의 요건에 해당하지 않도록 영위하려는 부수업무의평가 · 관리에 관한 사항

---

138) 금융지주회사법 시행령 제26조(자회사등 사이의 업무위탁) ② 법 제47조 제2항 본문에서 "내부통제기준의 적절성 등 대통령령으로 정하는 기준"이란 다음 각 호의 기준을 말한다.

 1.~3. (생 략)

 4. 제3호에 따른 업무위탁 계약의 내용이 다음 각 목의 요건을 충족할 것

  가. 금융기관의 경영건전성을 저해하지 아니할 것 나. 고객과의 이해상충을 초래하지 아니할 것

  다. 금융시장의 안정성을 저해하지 아니할 것 라. 금융거래질서를 문란하게 하지 아니할 것

• 표 3-2. 금융업 관련 업무위탁 규제 • [139]

금융회사	위탁 대상 업무	규제 체계	근거 법규
금융지주회사 및 자회사등	금융업 또는 금융업 밀접 업무에 관하여 자회사등이 영위하는 업무의 일부	위탁금지 → 사전 승인 → 사전보고 → 사후보고	금융지주회사법
개별 금융회사 (금융투자업자 제외)	금융업을 영위하기 위한 업무	위탁금지 → 사전 보고 → 사후보고	금융기관의 업무위탁 등에 관한 규정
금융투자업자	금융투자업무, 겸영업무, 부수업무와 관련하여 금융투자업자가 영위하는 업무의 일부	위탁금지 → 사전 보고 → 사후보고	자본시장과 금융투자업에 관한 법률

1-3. 내부통제기준의 설정 · 운영기준

금융회사지배구조감독규정 제11조 제1항에 따라 금융회사는 내부통제기준을 설정 · 운용함에 있어 [별표 2]에서 정하는 "내부통제기준의 설정 · 운영기준"을 준수하여야 한다.

내부통제기준의 설정·운영기준
(감독규정 제11조 제1항 관련)

〈금융회사지배구조감독규정 [별표 2]〉

1. 금융회사는 내부통제에 관한 이사회, 경영진 및 준법감시인 등의 역할을 명확히 구분하여야 하고, 내부통제업무를 위임할 경우에는 위임받은 자와 그 권한을 위임한 자를 명확히 하여야 하며, 위임한 자는 위임받은 자의 업무를 정기적으로 관리·감독하여야 한다.

---

139) 금융감독원, 2021년 11월 "금융지주회사등의 업무위탁 및 임직원 겸직 제도 해설"를 참고한다.

2. 금융회사는 준법감시업무가 효과적으로 수행될 수 있도록 충분한 경험과 능력을 갖춘 자를 준법감시인으로 선임하여야 하며, 준법감시인이 자신의 책무를 공정하게 집행할 수 있도록 업무상 독립성을 보장하여야 한다.

3. 금융회사는 준법감시업무가 효과적으로 수행될 수 있도록 충분한 경험과 능력을 갖춘 적절한 수의 인력을 준법감시조직에 배치하고 업무수행에 필요한 물적자원을 배분하여야 한다.

4. 준법감시인은 직무수행에 필요한 경우 장부 등 금융회사(금융지주회사인 경우에는 금융지주회사 및 그 자회사등을 말한다)의 각종 기록에 접근하거나 각종 회의에 직접 참석할 수 있는 권한이 있어야 하며, 대표이사와 감사 또는 감사위원회에 아무런 제한 없이 보고할 수 있어야 한다.

5. 내부통제기준 및 관련 절차는 문서화되어야 하며 법규 등이 개정될 경우 즉각적으로 수정되거나 재검토되어야 한다.

6. 내부통제기준은 금융회사(금융지주회사인 경우에는 금융지주회사 및 그 자회사등을 말한다)의 가능한 모든 업무활동을 포괄할 수 있어야 하며, 업무절차 및 전산시스템은 적절한 단계로 구분하여 집행되도록 설계되어야 한다.

7. 내부통제기준에서의 준수대상법률은 원칙적으로 「상법」, 법, 영, 금융관계법령 및 금융소비자·투자자보호와 직접 관련이 있는 법률에 한한다.

8. 금융회사는 금지사항 및 의무사항을 정한 법규의 취지를 임직원이 이해하는 데 필요한 교육과정을 수립하고 정기적·비정기적으로 필요한 교육을 실시하여야 한다.

9. 금융회사는 영업과정에서 발생하는 각종 법규관련 의문사항에 대하여 임직원이 상시에 적절한 지원 및 자문을 받을 수 있는 절차를 마련하여야 한다.

10. 금융회사는 중대한 법규위반사항을 사전에 방지하고 내부통제 관련제도의 운영상 나타난 취약점을 조기에 식별하기 위해 법규준수 여부 등을 주기적으로 점검하여야 한다.

11. 금융회사는 법규준수여부에 대한 점검결과 임직원의 위법 행위를 발견한 경우에는 해당 임직원에 대한 제재, 내부통제의 취약부분개선 등을 통하여 법규위반사항이 재발하지 않도록 신속하고 효과적인 조치를 취하여야 한다.

12. 금융회사는 고객과의 이해상충, 투자자의 고충사항 및 직원과의 분쟁을 신속하게 처리하기 위하여 적절한 절차를 마련하여야 한다.

13. 금융투자업자는 일반 투자자를 대상으로 장외파생상품을 신규 취급하는 경우 해당 상품 구조의 적정성에 대한 심사 절차를 마련하여야 한다.

14. 금융투자업자가 집합투자업을 겸영하는 경우에는 발생 가능한 이해상충방지를 위해 적정한 수준의 정보교류차단 장치 등을 마련하여야 한다.

15. 금융지주회사는 금융지주회사 및 그 자회사등전체의 준법감시업무가 효과적이고 체계적으로 수행될 수 있도록 자회사등의 준법감시인이 금융지주회사의 준법감시인에게 정기적으로 보고하게 하는 등 금융지주회사와 자회사등사이에 준법감시업무 관련 지휘 · 보고체계를 갖추어야 한다.

16. 금융지주회사는 그 금융지주회사 또는 그 자회사등의 임직원이 다른 자회사등의임직원을 겸직하거나 그 금융지주회사와 자회사등 간 혹은 그 자회사등 상호 간 업무위탁을 하는 경우 해당 임직원 겸직 또는 업무위탁의 적정성에 대한 평가 · 관리 절차를 마련하여야 한다.

1-4. 금융회사지배구조법 상 내부통제기준의 마련 의무와 관련된 대법원 판단 (A은행 DLF 불완전판매 관련)[140]

가. 대법원 판결의 의미

금융회사지배구조법 관련 법규에는 금융회사의 내부통제기준의 마련의무와 내부통제기준에 포함되어야 할 사항 및 내부통제기준의 설정 · 운용기준에 대해 규정되어 있다. 이에 따라 금융회사는 금융회사지배구조법 상 내부통제기준을 형식적이나 제정 · 운영하고 있다. 만일, 불완전판매로 인해 대규모 금융소비자가 큰 피해를 입었을 때 해당 금융상품의 개발 또는 판매과정에 대한 제반 제도나 절차가 미비하여 불완전판매의 원인이 된 경우 금융회사(사실상 대표자)를 내부통제기준의 마련의무 위반으로 제재조치를 할 수 있는지 여부에 대해 논란이 제기되었다.[141]

이와 관련하여 대법원은 독일 국채금리연계 파생결합펀드(Derivative Linked Fund)의 원금손실 사태(이하 "본건 DLF")와 관련하여 금융감독당국이 해당 상품을 판매한 A은행 임원들에게 부과된 문책경고 등 중징계 처분에 대해 취소할 것을 판결(2022.12.15. 선고, 2022두54047)하였는 바, 동 판결문을 통해 금융회사지배구조법 상 내부통제기준의 마련에 대해 법적 해석과 의무 위반의 판단기준을 제시하였다.

나. 본건 DLF 관련 금융감독당국의 제재조치

금융감독당국은 2019년경 본건 DLF의 원금 손실 사태가 사회 문제로 부각되자 해당 상품 판매은행 등에 대해 검사를 실시하였으며, 2020년 3월 4일 A은행이 금융회사지배구조법 제24조 등에 따라 내부통제기준을 마련할 의무가 있음에도 불구하고, 그러한 사태를 방지할 수 있도록 사전에 실효성 있는 내부통제기준을 마련하지 않았다는 사유로 A은행의 은행장 甲에 대해서는 문책경고 처분하였다.

• 표 3-3. A은행의 내부통제기준 마련의무 위반 사실 •

번호	내부통제기준 마련의무 위반사실		위반 법령
	사모펀드 출시판매 관련 내부통제기준 마련의무 위반		법 24① 및 ③, 영 19①2, 감독규정 11②4 등
①	상품선정절차 생략 기준 미비	출시 과정에서 상품선정위원회 등 선정절차를 생략할 수 있는 기준을 실효성 있게 마련하지 않음	
②	판매 후 위험관리, 소비자보호 업무 관련 기준 미비	① 펀드 판매 후 기초자산 모니터링 등 위험관리, 소비자보호 업무 관련 업무수행조직·전산시스템 등에 관한 내부통제기준을 마련하지 않았고, ② (공모펀드와 달리) 사모펀드에 대해서는 원금손실조건 해당 시 통지 절차를 마련하지 않음	
③	상품선정위원회 운영 관련 기준 미비	상품선정위원회 심의 관련 회의 결과 통지 및 보고, 위원 선정·교체에 대한 기준-절차-시스템을 마련하지 않음	
④	적합성 보고 시스템 관련 기준 미비	적합성 보고 전산시스템이 고객의 투자성향을 제대로 반영하여 투자권유 사유를 선택할 수 있도록 설계되지 않음	
	사모펀드 관련 내부통제 업무에 대한 점검체계 마련의무 위반		법 24① 및 ③, 영 19①6 등
⑤	내부통제기준 준수 여부 점검체계 미비	'업무의 중요도 및 위험도'에 대한 판단기준, 점검 방법에 대한 세부기준을 마련하지 않는 등 상품 출시·판매 관련 기준 준수 여부 점검을 위한 실효적 내부통제체계를 마련하지 않음	

다. 법원의 재판 결과

A은행의 은행장 甲(원고)은 처분사유의 부존재 등을 주장하며 금융감독당국(피고)을 상대로 제재처분의 취소를 구하는 행정소송을 제기하였다. 제1심인 서울행정법원은 상기의 A은행의 내부통제기준 마련의무 위반 사실 ①~⑤ 중 ③을 제외하면 내부통제기준 마련의무 위반이 성립하지 않는다고 보아 제재처분을 취소하는 판결(2021. 8. 27. 선고 2020구합57615)하였고, A은행 측의 항소로 진행된 제2심에서 서울고등법원은 위반 사실 전부(①~⑤)에 관해 처분사유가 인정되지 않는다 판단(2022. 7. 22. 선고 2021누60238 판결)하였다. 연이어 대법원에서도 A은행이 법정사항을 모두 포함해 내부통제기준을 마련했고 그러한 기준의 실효성이 없다고 볼 수 없는 이상 내부통제기준의 마련 의무 위반을 이유로 제재할 수는 없다고 판결(2022.12.15. 선고, 2022두54047)하였으며, 이에 따라 A은행의 은행장 甲에게 내려진 금융감독당국의 제재처분은 최종 취소되었다.

라. 내부통제기준 마련의무 위반에 대한 판단기준에 대한 법원의 판결 내용

대법원 판결은 내부통제기준 마련의무 위반에 대한 판단기준에 관해 별도 판시하지 않고 원심판결의 관련 법리가 타당하다고 보아 피고(금융감독당국)의 상고를 기각한 바, 원심판결(제2심 판결)의 판시 내용에 따라 법원의 내부통제기준 마련의무 위반에 대한 판단기준을 살펴보기로 한다.

먼저, 금융회사지배구조법 관련 법령 문언의 내용 및 체계상 금융회사지배구조법 시행령 제19조 제1항과 금융회사지배구조감독규정 제11조 제2항에서

---

140) 보험연구원 양승현, 2023.4.17. "DLF 불완전판매 관련 대법원 판례 검토 : 내부통제기준 마련의무 위반의 판단기준을 중심으로"를 참고한다.

141) 대표이사 등 경영진의 내부통제 책임을 강화하기 위하여 책무구조도 도입, 내부통제 관리책임 등을 새롭게 도입한 금융회사지배구조법이 2024년 1월 2일 개정(시행일 : 2024.7.3.)되었다.

규정한 내부통제기준에 포함되어야 할 사항에 해당하는 '법정사항' 외에도 금융회사지배구조감독규정 제11조 제1항에 따라 금융회사는 내부통제기준을 설정·운용함에 있어 [별표 2]에서 정하는 "내부통제기준의 설정·운영기준" 중에서 '내부통제기준 설정기준'도 내부통제기준 마련의무 이행 여부를 판단함에 있어 당연히 고려되어야 한다. 다만, 내부통제기준 마련의무를 규정한 금융회사지배구조법 제24조는 제3항에서 '내부통제기준에서 정할 세부적 사항 및 그 밖의 필요사항'을 시행령에 위임한 바, 금융회사지배구조감독규정 [별표 2]의 "내부통제기준의 설정·운영기준" 중에서 '내부통제기준 설정기준' 역시 그에 따라 마련의무의 내용으로 규정된 것이라 본 것이다.

그런데, [별표 2]에는 내부통제기준 설정기준과 운영기준이 혼재되어 있는 바, 그중 마련의무 이행 여부 판단 시 고려해야 하는 설정기준을 아래와 같이 적시하였다. 예를 들면, 제1호의 경우 전문 모두가 내부통제기준의 설정기준에 해당하고, 제2호의 경우 "금융회사는 준법감시업무가 효과적으로 수행될 수 있도록 충분한 경험과 능력을 갖춘 자를 준법감시인으로 선임하여야 하며, 준법감시인이 자신의 책무를 공정하게 집행할 수 있도록 업무상 독립성을 보장하여야 한다" 중에서 뒤쪽에 기재된 "준법감시인이 자신의 책무를 공정하게 집행할 수 있도록 업무상 독립성을 보장하여야 한다" 부분은 내부통제기준의 설정기준에 해당되고 앞쪽에 기재된 "금융회사는 준법감시업무가 효과적으로 수행될 수 있도록 충분한 경험과 능력을 갖춘 자를 준법감시인으로 선임하여야 한다" 부분은 내부통제기준의 운영기준에 해당한다고 법원은 판단한 것이다.

· 표 3-4. 내부통제기준의 설정·운영기준 중 내부통제기준의 마련 의무로 보는
　　　　　내부통제기준의 설정기준 ·

금융회사 지배구조 감독규정 [별표2]

- 금융회사는 내부통제에 관한 이사회, 경영진 및 준법감시인 등의 역할을 명확히 구분해야 하고, 내부통제업무를 위임할 경우에는 위임받은 자와 그 권한을 위임한 자를 명확히 하여야 함(제1호 전문)
- 준법감시인이 자신의 책무를 공정하게 집행할 수 있도록 업무상 독립성을 보장하여야 함(제2호 후문)
- 금융회사는 준법감사업무가 효과적으로 수행될 수 있도록 충분한 경험과 능력을 갖춘 적절한 수의 인력을 준법감시조직에 배치하고 업무수행에 필요한 물적자원을 배분하여야 함(제3호)
- 준법감시인은 직무수행에 필요한 경우 장부 등 금융회사(금융지주회사인 경우에는 금융지주회사 및 그 자회사등을 말함, 이하 같음)의 각종 기록에 접근하거나 각종 회의에 직접 참석할 수 있는 권한이 있어야 함(제4호 전문)
- 내부통제기준 및 관련 절차는 문서화되어야 하며 법규 등이 개정될 경우 즉각적으로 수정되거나 재검토되어야 함(제5호)
- 내부통제기준은 금융회사의 가능한 모든 업무활동을 포괄할 수 있어야 하며, 업무절차 및 전산시스템은 적절한 단계로 구분하여 집행되도록 설계되어야 함(제6호)
- 내부통제기준에서의 준수대상 법률은 원칙적으로 상법 지배구조법령, 금융관계법령 및 금융소비자·투자자 보호와 직접 관련이 있는 법률에 한함(제7호)
- 금융회사는 영업과정에서 발생하는 각종 법규관련 의문사항에 대하여 임직원이 상시에 적절한 지원 및 자문을 받을 수 있는 절차를 마련하여야 함(제9호)
- 내부통제의 취약부분을 개선해야 함(제11호 중문)
- 금융회사는 고객과 이해상충, 투자자 고충사항, 직원과의 분쟁을 신속처리하기 위해 적절한 절차를 마련해야 함(제12호)
- 금융투자업자는 일반투자자 대상으로 장외파생상품을 신규 취급하는 경우 해당 상품 구조의 적정성에 대한 심사 절차를 마련하여야 함(제13호)
- 금융투자업자가 집합투자업을 겸영하는 경우 발생 가능한 이해상충방지를 위해 적정한 수준의 정보교류차단 장치 등을 마련하여야 함(제14호)
- 금융지주회사와 자회사등 사이에 준법감시업무 관련 지휘·보고체계를 갖추어야 함(제15호)
- 금융지주회사는 그 금융지주회사 또는 그 자회사등의 임직원이 다른 자회사등의 임직원을 겸직하거나 그 금융지주회사와 자회사등간 혹은 그 자회사등 상호간 업무위탁을 하는 경우 해당 임직원 겸직 또는 업무위탁의 적정성에 대한 평가·관리 절차를 마련하여야 함(제16호)

또한, 금융회사지배구조법 시행령 제19조 제1항에서 금융회사의 내부통제가 '실효성 있게 이루어질 수 있도록'이라는 표현은 단순한 목적 문구가 아니라 입법자의 의도가 반영된 것으로 문언의 가능한 범위 내에서 목적론적으로 해석해 마련의무 위반 여부 판단 시 고려해야 한다. 즉, 형식적으로 법정사항을 갖췄어도 '실효성'이 없는 내부통제기준이라면 마련의무를 이행한 것이 아니라는 것이다. 그러면서도 내부통제기준 마련의무의 정도에 대해서는 다음과 같은 이유로 '실효성'의 의미를 행정처분의 상대방에게 지나치게 불리한 방향으로 확대·유추해석하지 않아야 함을 강조하였다. 수범자(은행)에게 지엽적·세부적 부분까지 요구하면 처분청(금융감독당국)이 제재 범위를 무한정 넓힐 수 있고, 사후적 결과 책임까지 물을 수 있어 책임 성립 범위가 지나치게 확대될 수 있으므로, 중대 금융사고 발생 시 그러한 결과를 발생시킨 원인을 사후적으로 가려, 그러한 원인을 배제한 규정을 두지 못했다고 하여 실효성 없는 내부통제기준으로 본다면 명확성 원칙에 배치된다. '준수의무' 위반과 '마련의무' 위반은 분명히 구별되어야 하며, 중대 금융사고 발생 시 직접 제재규정이 없다고 하여 마련의무 위반으로 바꾸어 인정해서는 아니된다. '실효성'을 고려할 때 내부통제기준 마련의무는 법정사항 포함 여부만으로 판단할 것은 아니고, 해당 법정사항이 실질적으로 흠결되었는지, 즉, 형식적 사항만 포함됐을 뿐 내부통제기능이 전혀 효과를 발휘하지 못할 정도에 이르렀는지 따져 보아야 하며, 그 과정에서 수범자인 일반 금융기관 입장에서 객관적 예견가능성의 한계도 고려해야 한다.

결론적으로 (i)내부통제기준에 '법정사항'을 포함하지 않거나, (ii)형식적으로 포함했어도 '설정기준'을 위반하는 등 사실상 법정사항이 의도한 목적(법령준수, 경영건전성 확보, 주주 및 이해관계자 보호 기능)이 실질적으로 구현될 수 없는 경우, 즉 법정사항이 실질적으로 흠결된 경우 마련의무를 위반한 것이라는 기준을 제시하였다. 따라서, 금융감독당국이 A은행에게 금융회사지배구조법 제

24조 등에 따라 내부통제기준을 마련할 의무가 있음에도 불구하고, 그러한 사태를 방지할 수 있도록 사전에 실효성 있는 내부통제기준을 마련하지 않았다고 본 위반사례 5가지[142]와 같이 일부 세부적 기준이 따로 마련되지 않은 것 등에 해당하는 것만 실효성 있는 내부통제기준이 마련되지 아니한 것으로 볼 수는 없다고 판단하였다. 이에 A은행의 은행장 甲에게 내부통제기준의 마련 의무를 이행하지 않았다는 사유로 취해진 금융감독당국의 조치를 최종 취소하였다.

1-5. 내부통제에 대한 우리나라 판례의 태도

우리나라는 2000년대 이후 이사의 책임과 관련하여 감시의무, 준법의무, 내부통제제도 구축 의무를 인정하는 판례가 등장하고 있다. 2004년 동방페러그린증권 판결(대법원 2004.12.10. 선고 2002다60467 판결)[143]을 통해 "위법성 의심 사유"가 있는 경우 이사의 다른 이사 위법행위에 대한 감시의무를 인정하였다. 2008년 대우 분식회계 판결은 이사에게 합리적 정보·보고시스템과 내부통제시스템을 구축하고 이들 시스템이 제대로 작동하게 할 의무를 인정하였다. 2021~22년에 들어서는 유니온스틸, 대우건설 판결 등을 통해 내부통제시스템이 실질적으로 작동하게 할 의무가 대표이사뿐만 아니라 사외이사에게도 있음을 확인하였다. 내부통제 구축 의무 위반의 결과는 이사의 손해배상 책임, 형사 처벌, 행정 제재 등의 형태로 나타날 수 있다.[144]

---

142) ① 상품선정절차 생략기준 미비, ② 판매 후 위험관리, 소비자보호 업무 관련 기준 미비, ③ 상품위원회 운영 관련 기준 미비, ④ 적합성 보고 시스템 관련 기준 미비, ⑤ 내부통제기준 준수 여부 점검체계 미비

143) 증권사에 손해를 입힌 이사에 대해 예금보험기관인 예금보험공사가 증권사의 이사에게 손해배상을 청구한 소송에 대해 대법원은 "주식회사의 이사가 다른 업무담당이사의 업무집행이 위법하다고 의심할 만한 사유가 있음에도 이를 방치할 경우 회사가 입은 손해에 대한 배상할 책임을 면할 수 없다"고 판결하였다.

144) 서울대 법학전문대학원 정준혁, 2022년 12월 2일 지주·은행 내부통제 워크숍 발표자료 "디지털금융 환경에서 이사의 책임과 내부통제"를 참고한다.

대법원 2021.11.11. 선고 2017다222368 판결
– 유니온스틸(동국제강) 담합사건

내부통제시스템은 비단 회계의 부정을 방지하기 위한 회계관리제도에 국한되는 것이 아니라, 회사가 사업 운영 상 준수해야 하는 제반 법규를 체계적으로 파악하여 그 준수 여부를 관리하고 위반 사실을 발견한 경우 즉시 신고 또는 보고하여 시정조치를 강구할 수 있는 형태로 구현되어야 한다.

특히, 회사 업무의 전반을 총괄하여 다른 이사의 업무집행을 감시, 감독하여야 할 지위에 있는 대표이사가 회사의 목적이나, 규모, 영업의 성격 및 법령의 규제 등에 비추어 높은 법적위험이 예상되는 경우 임에도 이와 관련된 내부통제시스템을 구축하고 그것이 제대로 작동되도록 하기 위한 노력을 전혀 하지 않거나 위와 같은 시스템을 통한 감시·감독의무의 이행을 의도적으로 외면한 결과 다른 이사 등의 위법한 업무집행을 방지하지 못하였다면, 이는 대표이사로서 회사 업무전반에 대한 감시의무를 게을리한 것이라고 할 수 있다.

(중략)

오랜기간 영업담당 임원과 영업팀장 모임을 통하여 여러 품목에 관하여 지속적이고 조직적으로 가격담합이 이루어졌음에도, 가격담합에 직접 관여한 임직원들은 대표이사인 피고를 비롯한 다른 임직원들로부터 그 어떠한 제지나 견제도 받지 않았다. 이는 회사의 업무전반에 대한 감시·감독의무를 이행하여야 하는 대표이사인 피고가 가격담합 행위를 의도적으로 외면하였거나 적어도 가격담합의 가능성에 대비한 그 어떠한 주의도 기울이지 않았음을 의미한다.

대법원 2022.5.12. 선고 2021다279347 판결
– 대우건설 4대강 담합 등 공정거래법 위반 사건

회사의 업무집행을 담당하지 않는 사외이사 등은 내부통제시스템이 전혀 구축되어 있지 않는데도 내부통제시스템 구축을 촉구하는 등의 노력을 하지 않거나 내부통제시스템이 구축되어 있더라도 제대로 운영되고 있지 않다고 의심할 만한 사유가 있는데도 이를 외면하고 방치하는 등의 경우에 감시의무 위반으로 인정될 수 있다.

가) 이 사건 입찰담합 당시 대우건설은 윤리강령, 윤리세칙, 기업행동강령 등을 제정해 시행한 상태였고, 임직원을 대상으로 윤리경영 교육, 건설 하도급 공정거래법 교육 등을 시행하였으나, 이는 단지 임직원의 직무수행에 관한 추상적이고 포괄적 지침 또는 사전 교육에 불과할 뿐, 입찰담합 등의 위법행위가 의심되거나 확인되는 경우 이에 관한 정보를 수집하여 보고하고 나아가 위법행위를 통제하는 장치라고는 볼 수 없고, (이하 생략)

나) (전략) 이 사건 입찰담합에 관여한 대우건설의 임직원은 피고들을 비롯한 이사들로부터 아무런 제지나 견제를 받지 않았다는 것과 다름없고, 대우건설은 입찰담합에 관여한 임직원들에 대하여 독립적인 조사절차 또는 징계절차도 전혀 운용하지 않은 것으로 보이며, 대우건설의 임직원들은 수사기관에서의 진술에서 입찰담합 등의 위법행위가 관행적으로 이루어진 측면이 있다고 진술하였을 뿐만 아니라, 입찰담합을 주도한 직원이 오히려 임원으로 승진하기도 하였는 바, 이러한 사정들도 이 사건 입찰담합 당시 대우건설의 내부통제시스템이 부재하였다는 점을 뒷받침한다.

2. 준법감시인

2-1. 준법감시의 정의

준법감시(Compliance)의 사전적 의미는 "정해진 법규를 준수한다"라는 뜻이다. 미국과 일본 등 선진국의 경우 Compliance를 "법규준수"로 한정하고 있는 것이 일반적이나, 우리나라는 법규준수에 한정하지 않고 법규준수 등을 포함한 내부통제체제 전반을 의미하고 있다. 즉, 준법감시(Compliance)란 회사의 임직원 모두가 제반 법규 등을 철저하게 준수하도록 사전 또는 상시적으로 통제·감독하는 것으로서, 회사가 임직원으로 하여금 직무를 수행함에 있어 법규를 준수해 나가도록 준법감시체제(Compliance System)를 스스로 마련하고 이를 운영·점검하는 활동을 의미한다.

2-2. 준법감시인의 역할

준법감시인(Compliance Officer)은 내부통제기준의 준수 여부를 점검하고 내부통제기준을 위반하는 경우 이를 조사하는 등 내부통제 관련 업무를 총괄하는 사람이다. 준법감시인은 필요하다고 판단하는 경우 조사결과를 감사위원회 또는 감사에게 보고할 수 있다.[145] 내부통제기준을 실효성 있게 마련할 의무는 금융회사(사실상 대표이사)에 있고,[146] 준법감시인은 금융회사가 마련한 내부통제기준을 임직원이 제대로 준수하고 있는지를 점검하고 이를 위반하는 경우 조사하는 업무를 담당한다. 한편, 금융소비자보호법에서는 일정 규모 이상의 금융회사에 대해 준법감시인과는 별도로 금융소비자보호 업무를 총괄 담당하는 금융소비자보호 총괄 담당임원(CCO: Chief Customer Officer)을 두도록 규정하고 있다.[147]

---

145) 2016년 금융회사지배구조법이 제정·시행되기 이전 은행법 등 개별 금융업법에서는 준법감시인은 내부통제기준의 준수 및 위반에 대한 조사결과를 감사위원회 또는 감사에게 보고해야할 의무가 있었으나 금융지배구조법에서는 필요하다고 판단할 경우 보고할 수 있도록 하여 준법감시인의 독립성을 강화하였다.

146) 금융회사지배구조법 제24조 ①, 동법 시행령 제19조 ①

2-3. 준법감시인의 선임

금융회사는 준법감시인을 1명 이상 두어야 한다. 다만, 자본시장법에 따른 투자자문업이나 투자일임업뿐만 아니라 다른 금융투자업을 겸영하지 아니하는 자로서 최근 사업연도 말 현재 운용하는 투자일임재산의 합계액이 5천억원 미만인 자에 해당하는 금융회사는 준법감시인을 선임할 의무가 없다. 준법감시인은 사내이사 또는 업무집행책임자 중에서 선임하여야 한다. 다만, 자산규모, 영위하는 금융업무 등을 고려하여 일정 조건[148]의 금융회사 또는 외국금융회사의 국내지점은 사내이사·업무집행책임자가 아닌 직원 중에서 준법감시인을 선임할 수 있다. 이 경우 금융회사는 준법감시인을 직원 중에서 선임하는 경우 기간제근로자 또는 단시간근로자를 준법감시인으로 선임하여서는 아니 된다. 금융회사(외국금융회사의 국내지점은 제외)가 준법감시인을 임면하려는 경우에는 이사회의 의결을 거쳐야 하며, 해임할 경우에는 이사 총수의 3분의 2 이상의 찬성으로 의결한다. 준법감시인의 임기는 2년 이상으로 한다. 금융회사는 준법감시인에 대하여 회사의 재무적 경영성과와 연동하지 아니하는 별도의 보수지급 및 평가 기준을 마련하여 운영하여야 한다.[149]

2-4. 준법감시인의 자격요건

준법감시인은 다음의 요건을 모두 충족한 사람이어야 한다. 준법감시인이 된 사람이 자격요건을 충족하지 못하게 된 경우에는 그 직을 잃는다.[150]

---

147) 자세한 내용은 '제3절 금융소비자보호법 상 내부통제제도'를 참고하길 바란다.
148) "일정 요건의 금융회사"란 금융회사지배구조법 시행령 제20조 제2항에 의거 최근 사업연도 말 현재 자산총액이 7천억원 미만인 상호저축은행, 최근 사업연도 말 현재 자산총액이 5조원 미만인 금융투자업자(최근 사업연도 말 현재 운용하는 집합투자재산, 투자일임재산 및 신탁재산의 전체 합계액이 20조원 이상인 금융투자업자는 제외), 최근 사업연도 말 현재 자산총액이 5조원 미만인 보험회사 그리고 최근 사업연도 말 현재 자산총액이 5조원 미만인 여신전문금융회사를 말한다. 다만, 해당 금융회사가 주권상장법인으로서 최근 사업연도 말 현재 자산총액이 2조원 이상인 자는 제외한다.
149) 금융회사지배구조법 제25조, 동법 시행령 제20조
150) 금융회사지배구조법 제26조, 동법 시행령 제21조, 금융회사지배구조감독규정 제12조

준법감시인의 자격요건

1. 최근 5년간 금융회사지배구조법 또는 금융관계법령을 위반하여 금융위원회 또는 금융감독원장, 해당 임직원이 소속되어 있거나 소속되었던 기관, 금융위원회와 금융감독원장이 아닌 자로서 금융관계법령에서 조치 권한을 가진 자로부터 금융회사지배구조법 제35조 제1항[151] 각 호 및 제2항[152] 각 호에 규정된 조치 중 문책경고 또는 감봉요구 이상에 해당하는 조치를 받은 사실이 없을 것

2. 다음 각 목의 어느 하나에 해당하는 사람. 다만, 다음 각 목(라목 후단의 경우는 제외)의 어느 하나에 해당하는 사람으로서 라목 전단에서 규정한 기관에서 퇴임하거나 퇴직한 후 5년이 지나지 아니한 사람은 제외한다.

   가. 「금융위원회의 설치 등에 관한 법률」 제38조에 따른 검사 대상 기관(이에 상당하는 외국금융회사를 포함)에서 10년 이상 근무한 사람

   나. 금융 관련 분야의 석사학위 이상의 학위소지자로서 연구기관 또는 대학에서 연구원 또는 조교수 이상의 직에 5년 이상 종사한 사람

   다. 변호사 또는 공인회계사의 자격을 가진 사람으로서 그 자격과 관련된 업무에 5년 이상 종사한 사람

   라. 기획재정부, 금융위원회, 증권선물위원회, 감사원, 금융감독원, 한국은행, 예금보험공사, 한국거래소, 한국예탁결제원 및 한국투자공사(준법감시인을 선임하려는 금융회사가 금융투자업자인 경우에 한함)에서 7년 이상 근무한 사람. 이 경우 예금보험공사의 직원으로서 예금자보호법 상 부실금융회사 또는 부실우려금융회사와 정리금융회사의 업무 수행을 위하여 필요한 경우에는 7년 이상 근무 중인 사람을 포함한다.

   마. 보험계리사 자격을 취득한 후 그 자격과 관련된 업무에 5년 이상 종사한 사람(보험회사에 두는 준법감시인만 해당)

   바. 전국은행연합회, 한국금융투자협회, 생명보험협회, 손해보험협회, 상호저축은행중앙회, 여신전문금융업협회, 한국거래소, 한국예탁결제원 및 한국투자공사(준법감시인을 선임하려는 금융회사가 금융투자업자인 경우에 한함)에서 7년 이상 종사한 사람

3. 위험관리기준 및 위험관리책임자

3-1. 위험관리기준

금융회사는 자산의 운용이나 업무의 수행, 그 밖의 각종 거래에서 발생하는 위험을 제때에 인식·평가·감시·통제하는 등 위험관리를 위한 기준 및 절차인 위험관리기준을 마련하여야 한다. 다만, 금융지주회사가 금융회사인 자회사등의 위험관리기준을 마련하는 경우 그 자회사등은 위험관리기준을 마련하지 아니할 수 있다. 위험관리기준에는 다음의 사항이 포함되어야 한다.[153]

---

151) 금융회사지배구조법 제35조(임직원에 대한 제재조치) ① 금융위원회는 금융회사의 임원(업무집행책임자는 제외한다. 이하 이 조에서 같다)이 별표 각 호의 어느 하나에 해당하는 경우에는 다음 각 호의 어느 하나에 해당하는 조치를 할 수 있다.

　1. 해임요구

　2. 6개월 이내의 직무정지 또는 임원의 직무를 대행하는 관리인의 선임

　3. 문책경고

　4. 주의적 경고

　5. 주의

152) 금융회사지배구조법 제35조(임직원에 대한 제재조치) ② 금융위원회는 금융회사의 직원(업무집행책임자를 포함한다. 이하 이 조에서 같다)이 별표 각 호의 어느 하나에 해당하는 경우에는 다음 각 호의 어느 하나에 해당하는 조치를 할 것을 그 금융회사에 요구할 수 있다.

　1. 면직

　2. 6개월 이내의 정직

　3. 감봉

　4. 견책

　5. 주의

153) 금융회사지배구조법 제27조, 금융회사지배구조법 시행령 제22조, 금융회사지배구조감독규정 제13조

위험관리기준에 포함되어야 하는 사항

1. 위험관리의 기본방침

2. 금융회사의 자산 운용 등과 관련하여 발생할 수 있는 위험의 종류, 인식, 측정 및 관리

3. 금융회사가 부담 가능한 위험 수준의 설정

4. 적정투자한도 또는 손실허용한도의 승인

5. 위험관리를 전담하는 조직의 구조 및 업무 분장

6. 임직원이 업무를 수행할 때 준수하여야 하는 위험관리 절차

7. 임직원의 위험관리기준 준수 여부를 확인하는 절차 · 방법과 위험관리기준을 위반한 임직원의 처리

8. 위험관리기준의 제정이나 변경

9. 위험관리책임자의 임면

10. 그 밖에 위험관리기준에서 정하여 할 세부적인 사항으로서 금융위원회가 정하여 고시하는 사항

    1) 금융사고 등 우발상황에 대한 위험관리 비상계획

    2) 위험관리전담조직의 구성 및 운영

    3) 부서별 또는 사업부문별 위험부담한도 및 거래한도 등의 설정 · 운영

    4) 개별 자산 또는 거래가 금융회사에 미치는 영향(잠재적인 영향을 포함한다)의 평가

    5) 위험한도의 운영상황 점검 및 분석

    6) 위험관리정보시스템의 운영

    7) 장부외 거래기록의 작성 · 유지

    8) 내부적으로 관리할 지급여력수준(해당 금융회사가 보험회사인 경우에 하하여 적용)

11. 금융회사가 금융투자업자인 경우에는 위험관리기준에서 다음 각 호의 사항을 포함하여야 한다.

    1) 금융투자업자가 내부적으로 관리하여야 할 다음 각 목의 구분에 따른 항목

       가. 자본시장법에 따른 1종 금융투자업자 : 순자본비율 및 자산부채비율의 수준(일정한 변동범위를 포함)

나. 자본시장법에 따른 2종 금융투자업자 : 자기자본 및 최소영업자본액의 수준(일정한 변동범위를 포함)

다. 자본시장법에 따른 3종 금융투자업자 : 영업용순자본비율 및 자산부채비율의 수준(일정한 변동범위를 포함)

2) 운용자산의 내용과 위험의 정도

3) 자산의 운용방법

4) 고위험 자산의 기준과 운용한도

5) 자산의 운용에 따른 영향

6) 콜차입 등 단기차입금 한도

7) 내부적인 보고 및 승인체계

8) 고유재산과 투자자재산 등 자산 및 집합투자재산을 운용하면서 발생하는 위험을 효율적으로 관리하기 위한 다음 각 목의 사항

가. 자산 및 집합투자재산의 운용시 발생할 수 있는 위험의 종류, 인식, 측정 및 관리체계에 관한 내용

나. 금융투자업자 또는 집합투자기구가 수용할 수 있는 위험수준의 설정에 관한 내용

다. 「금융투자업규정」 제4-14조에 따른 장부외거래기록의 작성 · 유지에 관한 사항

라. 개별 자산 또는 거래가 금융투자업자 또는 집합투자기구에 미치는 영향(잠재적인 영향을 포함)의 평가에 관한 내용

마. 그 밖의 건전한 자산운용을 위해 필요한 사항

3-2. 위험관리책임자의 역할 및 임면

가. 위험관리책임자의 역할

위험관리책임자는 자산의 운용이나 업무의 수행, 그 밖의 각종 거래에서 발생하는 위험을 점검하고 관리하는 사람이다. 금융회사는 위험관리책임자를 1명 이상 두어야 한다. 다만, 자본시장법에 따른 투자자문업이나 투자일임업뿐만 아니라 다른 금융투자업을 겸영하지 아니하는 자로서 최근 사업연도 말 현재

운용하는 투자일임재산의 합계액이 5천억원 미만인 자에 해당하는 금융회사는 준법감시인과 마찬가지로 위험관리책임자를 선임할 의무가 없다. 위험관리책임자의 임면, 임기 등에 관하여는 준법감시인의 임면, 임기 등을 준용한다.[154]

나. 위험관리책임자의 자격요건

위험관리책임자는 위험관리에 대한 전문적인 지식과 실무경험을 갖춘 사람으로서 다음의 요건을 모두 충족한 사람이어야 한다. 위험관리책임자가 된 사람이 최근 5년간 금융회사지배구조법 또는 금융관계법령을 위반하여 금융위원회 또는 금융감독원장, 해당 임직원이 소속되어 있거나 소속되었던 기관 및 금융위원회와 금융감독원장이 아닌 자로서 금융관계법령에서 조치 권한을 가진 자로부터 문책경고 또는 감봉요구 이상에 해당하는 조치를 받은 사실로 인하여 위험관리책임자의 자격요건을 충족하지 못하게 된 경우에는 그 직을 잃는다.[155]

위험관리책임자의 자격요건

1. 최근 5년간 금융회사지배구조법 또는 금융관계법령을 위반하여 금융위원회 또는 금융감독원장, 해당 임직원이 소속되어 있거나 소속되었던 기관 및 금융위원회와 금융감독원장이 아닌 자로서 금융관계법령에서 조치 권한을 가진 자로부터 금융회사지배구조법 제35조 제1항[156] 각 호 및 제2항[157] 각 호에 규정된 조치 중 문책경고 또는 감봉요구 이상에 해당하는 조치를 받은 사실이 없을 것

---

154) 금융회사지배구조법 제25조 ②~⑥ 및 제28조, 금융회사지배구조법 시행령 제23조 ①
155) 금융회사지배구조법 제28조 ②, 금융회사지배구조법 시행령 제21조, 금융회사지배구조감독규정 제12조

2. 다음 각 목의 어느 하나에 해당하는 사람일 것. 다만, 다음 각 목의 어느 하나에 해당하는 사람으로서 다목에서 규정한 기관에서 퇴임하거나 퇴직한 후 5년이 지나지 아니한 사람은 제외한다.

　가. 「금융위원회의 설치 등에 관한 법률」 제38조에 따른 검사 대상 기관(이에 상당하는 외국 금융회사를 포함)에서 10년 이상 근무한 사람

　나. 금융 관련 분야의 석사학위 이상의 학위소지자로서 연구기관 또는 대학에서 위험관리와 관련하여 연구원 또는 조교수 이상의 직에 5년 이상 종사한 사람

　다. 금융감독원, 한국은행, 예금보험공사, 그 밖에 금융위원회가 정하는[158] 금융 관련 기관에서 위험관리 관련 업무에 7년 이상 종사한 사람

　라. 그 밖에 가목부터 다목까지의 규정에 준하는 자격이 있다고 인정되는 사람으로서 전국은행연합회, 한국금융투자협회, 생명보험협회, 손해보험협회, 상호저축은행중앙회, 여신전문금융업협회, 한국거래소, 한국예탁결제원 및 한국투자공사(준법감시인을 선임하려는 금융회사가 금융투자업자인 경우에 한함)에서 7년 이상 종사한 사람

---

156) 금융회사지배구조법 제35조(임직원에 대한 제재조치) ① 금융위원회는 금융회사의 임원(업무집행책임자는 제외한다. 이하 이 조에서 같다)이 별표 각 호의 어느 하나에 해당하는 경우에는 다음 각 호의 어느 하나에 해당하는 조치를 할 수 있다.
　1. 해임요구
　2. 6개월 이내의 직무정지 또는 임원의 직무를 대행하는 관리인의 선임
　3. 문책경고
　4. 주의적 경고
　5. 주의

157) 금융회사지배구조법 제35조(임직원에 대한 제재조치) ② 금융위원회는 금융회사의 직원(업무집행책임자를 포함한다. 이하 이 조에서 같다)이 별표 각 호의 어느 하나에 해당하는 경우에는 다음 각 호의 어느 하나에 해당하는 조치를 할 것을 그 금융회사에 요구할 수 있다.
　1. 면직
　2. 6개월 이내의 정직
　3. 감봉
　4. 견책
　5. 주의

158) 금융위원회가 별도로 정한 것이 없다.

4. 준법감시인 및 위험관리책임자의 겸직 금지

준법감시인 및 위험관리책임자는 선량한 관리자의 주의로 그 직무를 수행하여야 하며, 다음의 업무를 수행하는 직무를 담당해서는 아니 된다.[159]

준법감시인 및 위험관리책임자의 겸직 금지 대상 업무

1. 자산 운용에 관한 업무

2. 해당 금융회사의 본질적 업무(해당 금융회사가 인가를 받거나 등록을 한 업무와 직접적으로 관련된 필수업무로서 대통령령으로 정하는 업무[160]를 말함) 및 그 부수업무

3. 해당 금융회사의 겸영(兼營)업무

4. 금융지주회사의 경우에는 자회사등의 업무(금융지주회사의 위험관리책임자가 그 소속 자회사등의 위험관리업무를 담당하는 경우는 제외)

5. 그 밖에 이해가 상충할 우려가 있거나 내부통제 및 위험관리업무에 전념하기 어려운 경우로서 다음의 구분에 따른 업무. 다만, 최근 사업연도 말 현재 자산총액이 7천억원 미만인 상호저축은행, 최근 사업연도 말 현재 자산총액이 5조원 미만인 금융투자업자[161], 최근 사업연도 말 현재 자산총액이 5조원 미만인 보험회사 및 최근 사업연도 말 현재 자산총액이 5조원 미만인 여신전문금융회사와 외국금융회사의 자산총액 7천억원 미만인 국내지점[162]의 경우에는 다음의 구분에 따른 업무를 겸직할 수 있다.

   1) 위험관리책임자 : 금융회사지배구조법 제25조 제1항에 따른 준법감시인의 내부통제 관련 업무

   2) 준법감시인 : 금융회사지배구조법 제28조 제1항에 따른 위험관리책임자의 위험점검·관리 업무

---

159) 금융회사지배구조법 제29조, 금융회사지배구조법 시행령 제24조

· 표 3-5. 금융지주회사등간 임직원 겸직 [163] ·

겸직 금지 업무		겸직 가능 업무
• 금융지주회사의 준법감시인이 자회사등의 업무를 겸직 • 금융지주회사의 위험관리책임자가 자회사등에서 위험관리업무 외의 업무를 겸직 • 금융지주회사의 상근임직원·비상임이사가 자회사등의 사외이사 겸직 • 자회사등의 임직원이 다른 자회사등에서 집합투자업, 변액보험계약 업무 담당 임직원을 겸직	사전 승인	• 자회사등의 대표이사·대표집행임원·주요업무집행책임자가 다른 회사의 상근 임직원을 겸직 • 자회사등의 감사위원, 준법감시인, 위험관리책임자가 다른 금융회사의 감사위원, 준법감시인, 위험관리책임자를 겸직 • 금융지주회사의 감사위원이 자회사등의 준법감시인, 위험관리책임자를 겸직 • 금융지주회사등의 非대표이사·非대표집행임원·非주요업무집행책임자인 임직원이 다른 금융회사에서 집합투자업, 변액보험계약 업무, 신탁업 담당 상근 임직원을 겸직 • 생명보험회사와 손해보험회사간의 임직원 겸직
	사후 보고	• 겸직승인 대상 외의 겸직 • 기존의 겸직에 대한 경미한 변경 • 외국 자회사등의 임직원 겸직

---

160) 금융회사지배구조법 시행령 제24조 제1항에 따른 다음의 업무를 말한다.

1. 은행법 제27조에 따른 은행업무

2. 자본시장법에 따라 해당 금융투자업자가 영위하고 있는 업무로서 같은 법 시행령 제47조 제1항에 따른 금융투자업의 종류별로 정한 업무

3. 보험업법에 따라 해당 보험회사가 취급하는 보험에 관한 업무로서 다음 각 목에서 정하는 업무

　가. 보험상품 개발에 관한 업무

　나. 보험계리에 관한 업무(위험관리책임자가 해당 업무를 수행하는 사람인 경우는 예외로 한다)

　다. 모집 및 보험계약 체결에 관한 업무

　라. 보험계약 인수에 관한 업무

　마. 보험계약 관리에 관한 업무

　바. 보험금 지급에 관한 업무

　사. 재보험에 관한 업무

　아. 그 밖에 보험에 관한 업무로서 금융위원회가 정하여 고시하는 업무

4. 상호저축은행법 제11조에 따른 상호저축은행의 업무

5. 여신전문금융업법 제46조 제1항에 따른 여신전문금융회사의 업무

274

5. 준법감시인 및 위험관리책임자에 대한 금융회사의 의무

금융회사는 준법감시인 및 위험관리책임자가 그 직무를 독립적으로 수행할 수 있도록 하여야 한다. 금융회사는 준법감시인 및 위험관리책임자를 임면하였을 때에는 그 사실을 금융위원회에 임면일부터 7영업일 이내에 보고하여야 하며, 선임한 경우에는 성명 및 인적사항, 법에서 정한 자격요건에 적합하다는 사실, 임기 및 업무범위에 대한 사항을, 해임한 경우에는 성명, 해임 사유, 향후 선임일정 및 절차를 각각 금융감독원장에게 보고하여야 한다. 금융회사 및 그 임직원은 준법감시인 및 위험관리책임자가 그 직무를 수행할 때 필요한 자료나 정보의 제출을 요구하는 경우 이에 성실히 응하여야 한다. 금융회사는 준법감시인 및 위험관리책임자였던 사람에 대하여 그 직무수행과 관련된 사유로 부당한 인사상의 불이익을 주어서는 아니 된다.[164]

· 표 3-6. 감사위원회, 위험관리위원회, 내부통제위원회 비교 ·
(2024년 7월 3일 시행된 개정 금융회사지배구조법 기준)

구분	감사위원회	위험관리위원회	내부통제위원회
역할	• 감사위원회의 조사는 위반사항에 대한 점검에 초점	• 위험관리의 기본방침·전략, 금융회사가 부담 가능한 위험 수준 결정 등을 심의·의결 • 위험관리 · 건전성 관리 영역에 특화	• 내부통제 기본방침 · 전략, 임직원 윤리 · 준법의식 제고를 위한 기업문화 정착방안 등을 심의 · 의결 • 예방적·일상적 의무 이행여부에 초점
구성	3명 이상의 이사, 위원의 2/3 이상 사외이사	위원의 과반수 사외이사	위원의 과반수 사외이사
위원장	사외이사	사외이사	사외이사
근거	지배구조법 제16조 및 제19조	지배구조법 제16조 및 제21조	지배구조법 제16조 및 제22조의2
설치의무 금융회사 (규모)	외국금융회사의 국내지점, 중소형 금융회사는 이사회내 위원회 설치 의무가 없고, 금융지주회사의 완전자회사등의 경우 임의적 선택사항임		

6. 임원의 내부통제등 관리의무, 책무구조도 및 대표이사등의 총괄관리의무 신설[165][166]

6-1. 도입 배경

금융위원회와 금융감독원은 사모펀드 불완전판매, 대규모 횡령 등 잇따른 금융사고에 대응하여 금융권의 책임경영 확산을 위하여 2022년 8월부터 약 10개월에 걸쳐 학계 · 법조계 등의 전문가들과 금융회사 실무자와 함께 내부통제 개선 T/F를 운영하여 검토 및 논의한 결과를 바탕으로 2023년 6월 22일 "금융회사지배구조법 상 내부통제 개선방안"을 발표하였으며, 동 개선방안의 내용은 금융회사지배구조법 개정안에 반영되어 2023년 12월 8일 국회 본회의를 통과(개정일 : 2024년 1월 2일)하였고 2024년 7월 3일 개정된 금융회사지배구조법이 시행되었다.

6-2. 개정 금융회사지배구조법의 주요 내용

2024년 7월 3일 시행된 개정 금융회사지배구조법은 먼저, 내부통제 및 위험관리 정책 수립과 감독에 관한 사항을 이사회 심의 · 의결 대상에 포함하고 이사회내 소위

---

161) 최근 사업연도 말 현재 운용하는 집합투자재산, 투자일임재산 및 신탁재산의 전체 합계액이 20조원 이상인 금융투자업자는 제외한다.

162) 자본시장법 제3조 제2항 제2호에 따른 파생상품을 대상으로 하는 투자매매업을 겸영하지 아니하는 경우에 한정한다.

163) 금융감독원, 2021년 11월 "금융지주회사등의 업무위탁 및 임직원 겸직 제도 해설"를 참고한다.

164) 금융회사지배구조법 제30조, 금융회사지배구조법 시행령 제25조, 금융회사지배구조감독규정 제14조

165) 금융위원회·금융감독원의 2022.8.12일자 보도자료 "금융권 내부통제 제도개선 첫 회의 개최", 2022.11.30.일자 보도자료 "금융권 내부통제 제도개선 T/F 중간논의 결과", 2023.6.22일자 보도자료 "금융사고, 제재보다 예방에 주력 – 금융권 내부통제 제도개선 방안 발표-", 2024.2.13.일자 보도자료 "금융권 내부통제 강화를 위한 책무구조도 기본 방향 나왔다", 국회 정무위원회 고상근 수석전문위원 2023년 11월 "금융회사지배구조법 일부 개정 법률안 심사보고서" 등을 참고한다.

166) 2024년 7월 3일 시행되는 금융회사지배구조법 시행령과 금융회사지배구조감독규정과 관련된 사항은 입법 예고안을 기준으로 작성하였으므로 최종 확정된 내용은 확인할 필요가 있다.

원회로 내부통제위원회를 신설하는 등 이사회의 내부통제 역할을 강화하였다.

동시에, 영국을 비롯한 다수 국가에서 개별 임원의 내부통제 책임을 명확히 하기 위해 도입·운영 중인 책무구조도(responsibilities map) 제도를 국내에 도입함으로써, 각 임원이 소관 영역에 대한 내부통제 관리의무를 이행하도록 하고, 특히 내부통제 전반의 최종 책임자인 대표이사등에게는 총괄적인 내부통제등 관리의무를 부여하고, 회사 내에서 장기간, 반복적·조직적 또는 광범위한 문제가 발생하는 등 내부통제 시스템적 실패에 대해 책임을 명확히 하였다.

동 제도 하에서 금융사고가 발생하더라도, 관리의무가 있는 임원들이 상당한 주의를 다하여 내부통제등 관리조치를 한 경우에는 해당 임원의 책임을 경감 또는 면제함으로써 내부통제제도의 실효성을 제고할 수 있을 것으로 기대된다.

나아가 금융감독당국의 획일적인 규율이 아닌, 금융회사가 스스로 각자의 특성과 경영여건 변화에 맞는 내부통제시스템을 구축·운영하도록 하는 동시에, 금융회사 임원은 본인 소관 업무에 대해 내부통제 관리의무를 부여받게 됨에 따라 모든 임원들이 내부통제를 자신의 업무로 인식하도록 하는 등 근본적인 금융권의 내부통제 형태 변화가 나타나고 준법, 금융소비자보호, 건전성 관리 등 모든 영역에서 금융회사의 책임성이 제고됨에 따라 우리 금융산업이 신뢰를 회복하고 한 단계 도약하는 계기가 될 것이다.(표 3-7 참조)

6-3. 내부통제 실패 또는 미흡에 따른 금융사고 발생 시 책임 소재

대법원은 회사의 목적이나 규모, 영업의 성격 및 법령의 규제 등에 비추어 높은 법적 위험이 예상되는 경우에는 대표이사를 포함한 모든 이사에게 이와 관련된 내부통제시스템을 구축하고 그것이 제대로 작동되도록 노력할 의무가 있고 이를 의도적으로 외면한 결과 다른 이사 등의 위법한 업무집행을 방지하지 못하였다면, 이는 이사로서 회사 업무 전반에 대한 감시의무를 게을리한 것이라고 판시(대법원 2021.11.11. 선고 2017다222368 판결, 2022.5.12. 선고 2021다279347 판결)하는 등 내부통제시

· 표 3-7. 개정 금융회사지배구조법(시행일 : 2024년 7월 3일)의 주요 내용 ·

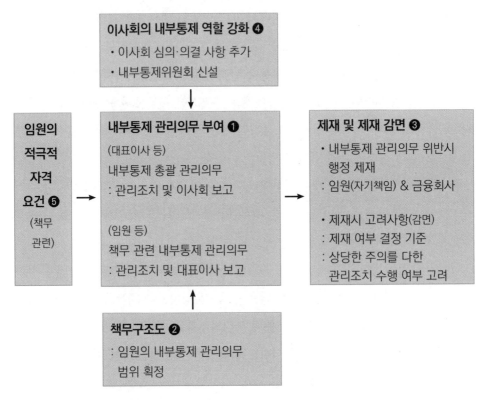

이사회의 내부통제 역할 강화 ❹
• 이사회 심의·의결 사항 추가
• 내부통제위원회 신설

임원의 적극적 자격 요건 ❺
(책무 관련)

내부통제 관리의무 부여 ❶
(대표이사 등)
내부통제 총괄 관리의무
: 관리조치 및 이사회 보고

(임원 등)
책무 관련 내부통제 관리의무
: 관리조치 및 대표이사 보고

제재 및 제재 감면 ❸
• 내부통제 관리의무 위반시
  행정 제재
: 임원(자기책임) & 금융회사

• 제재시 고려사항(감면)
: 제재 여부 결정 기준
: 상당한 주의를 다한
  관리조치 수행 여부 고려

책무구조도 ❷
: 임원의 내부통제 관리의무
  범위 획정

• 적용대상 임원: 정의 규정에 따른 임원으로, 대통령령으로 정하는 임직원 제외/포함 가능하며,
  사실상 영향을 미치는 다른 회사 임원 포함

스템의 구축 및 운영에 관한 대표이사 및 이사의 책임 범위를 폭넓게 인정하고 있다. 게다가 2024년 7월 3일 시행된 개정 금융회사지배구조법은 책무구조도에 따라 대표이사·임원들의 책임영역을 구분하고 소관 책임영역에 대한 내부통제 관리의무를 부과하도록 명문화하였다. 따라서, 내부통제 실패 또는 미흡으로 인해 중대한 금융사고가 발생할 경우 금융회사의 임원은 주주 등 이해관계자로부터 민사책임을 추궁 당할 가능성이 높아질 수 있다. 또한, 금융회사와 임원은 내부통제 관리의무 위반으로 금융감독당국으로부터 제재조치를 받을 가능성도 높아졌다.[167]

· 표 3-8. 내부통제 실패 또는 미흡에 따른 금융사고 발생 시 책임 ·

구분	개정 금융회사지배구조법 주요 내용	내부통제 실패 또는 미흡에 따른 금융사고 발생시 책임
금융회사	• '책무구조도(Responsibilities Map)' 작성 의무 • 이사회 심의 · 의결을 거친 '책무구조도' 금융당국에 제출	• (이사회) 민사책임 관련 – 주주들의 이사들에 대한 민사책임 추궁 가능성이 높아질 수 있음
이사회	• 이사회의 내부통제 감시 역할 명확화 • 이사회 내 위원회로 내부통제위원회 신설	• (금융회사/임원) 행정책임 관련 – 내부통제 관리의무 위반 → 행정제재 부과 – 상당한 주의(합리적으로 기대되는 조치) 이행 → 행정제재 면책
임원	• 책무구조도에 따라 대표이사 · 임원들의 책임영역 구분 • 책임영역에 대한 내부통제 관리의무 부과	

6-4. 임원의 내부통제 · 위험관리에 대한 관리의무

내부통제 · 위험관리 관리의무란, 책무구조도 상 해당 임원이 소관책무의 범위 내에서 실제로 실행해야 하는 내부통제 관리조치를 의미한다. 이 경우 내부통제 관리조치는 소관영역에서 내부통제 위험관리기준이 효과적으로 작동되도록 임원이 소속직원과 관련하여 취해야 할 조치를 의미한다. 예를 들면, ❶ 기준 마련의 적정성 점검, ❷ 운영의 효과성 점검, ❸ 기준 준수여부 점검, ❹ 미흡사항 파악 · 대응 · 개선, ❺ 주요사항 이사회 보고 등이 해당된다. 즉, 금융회사 임원은 소관 업무에 대해 관련 법령에 따른 내부통제기준 및 위험관리기준(이하 "내부통제기준등")이 적정하게 마련되었는지, 내부통제기준등이 효과적으로 집행 · 운영되고 있는지, 임직원의 내부통제기준등의 준수여부를 지속 점검하는 등 내부통제등 관리의무를 수행해야 한다.

---

167) 법무법인 세종, "금융위원회의 금융권 내부통제 제도개선 방안 발표 및 향후 대응방안"을 참고한다.

2024년 7월 3일 시행된 개정 금융회사지배구조법에 따라 금융회사의 임원은 책무구조도에서 정하는 자신의 책무와 관련하여 내부통제 및 위험관리(이하 "내부통제등")가 효과적으로 작동할 수 있도록 다음의 관리조치를 하여야 한다. 또한, 금융회사의 임원은 관리조치의 내용과 결과, 관리조치를 수행하는 과정에서 알게 된 내부통제등에 관한 사항 등을 대표이사등[168]에게 보고하여야 한다.[169] 이 경우 임원이라 함은 해당 금융회사의 책무에 사실상 영향력을 미치는 다른 회사 임원을 포함하며, 금융회사의 자산규모, 담당하는 직책의 특성 등을 고려하여 이사회의장이 아닌 사외이사를 제외하거나 ❶ 준법감시인, ❷ 위험관리책임자 그리고 ❸ 담당 업무에서 임원에 준하여 해당 업무를 수행하는 직원(해당 부서의 업무를 담당하는 임원이 없는 경우에 한함)을 포함한다.[170] 한편, 금융위원회가 금융회사지배구조법 시행령 개정안을 의견조회할 때에는 책무구조도 작성대상에서 사외이사와 비상임이사를 모두 제외하였으나 최종 공고된 개정안의 경우 비상임이사를 삭제하였다. 즉, 금융감독당국은 일부 비상임이사(은행장의 금융지주회사 비상임이사 등)를 책무구조도 작성대상에 포함하는 것을 요구하고 있다.

임원의 내부통제등 관리의무 관련 관리조치 대상 업무

1. 금융회사지배구조법 및 금융관계법령에 따른 내부통제기준 및 위험관리기준[171]이 적정하게 마련되었는지 여부에 대한 점검
2. 내부통제기준등이 효과적으로 집행·운영되고 있는지 여부에 대한 점검
3. 임직원이 법령 또는 내부통제기준등을 충실하게 준수하고 있는지 여부에 대한 점검
4. 제1호부터 제3호까지에 따른 점검 과정에서 알게 된 법령 및 내부통제기준등의 위반 사항이나 내부통제등에 관한 미흡한 사항에 대한 시정·개선 등 필요한 조치
5. 제1호부터 제4호까지에 따른 조치에 준하는 조치로서 내부통제등의 효과적 작동을 위한 관리조치로 대통령령으로 정하는 다음의 사항

> 가. 상기 제4호에 따른 조치가 이행되고 있는지 여부에 대한 점검
>
> 나. 임직원의 법령, 내부통제기준 및 위험관리기준을 준수하기 위하여 필요한 교육·훈련 등의 지원
>
> 다. 상기 제1호부터 제3호까지의 규정에 따른 점검 과정에서 임직원이 법령 또는 내부통제기준 및 위험관리기준을 위반한 사실을 알게 되었거나 상기 제1호부터 제5호까지 외의 부분에 따른 내부통제 및 위험관리에 관한 미흡한 사항을 알게 된 경우 해당 임직원에 대한 조사 및 제재조치를 할 것을 소속 금융회사에 요구

6-5. 대표이사등의 책무구조도 마련 의무

가. 책무구조도의 의의

2024년 7월 8일 시행된 개정 금융회사지배구조법에 따라 금융회사의 대표이사등은 내부통제 및 위험관리 관리의무를 이행하여야 하는 임원과 임원의 직책별로 금융회사지배구조법, 상법, 형법, 금융관계법령[172] 및 그 밖에 금융 관련 법령[173]에서 정한 사항에 해당하는 책무를 배분한 문서(이하 "책무구조도")를 마련하여야 한다.

책무구조도는 영국의 금융회사 내부통제 제도에서 도입된 개념으로, 영국에서는 금융회사의 고위경영기능(직책)을 담당하는 임원의 적격성 여부에 대한 금융당국의 승인과 금융사고 발생시 제재조치를 위하여 각 금융회사가 금융당국에 책무구조도를 제출하도록 하고 있으며, 내부통제제도와 임원적격성 심사제도를 연계하여 운영하고 있다.

---

168) "대표이사등"이란 대표이사와 상법에 따른 집행임원을 둔 경우 대표집행임원 및 외국금융회사 국내지점의 경우 그 대표자를 포함한다.

169) 금융회사지배구조법 제30조의2

170) 금융회사지배구조법 제30조의2, 금융회사지배구조법 시행령 제25조의2, 금융회사지배구조감독규정 제14조의2

171) "내부통제기준등"이라 한다.

※ [참고] 책무구조도 관련 영국의 금융회사 내부통제 제도

□ SMCR(Senior managers and Certification Regime)제도
  – 「금융서비스시장법」(Financial Services and Markets Acts 2000: FSMA)에 근거하여 금융기관 임원 개인의 책임을 강화할 목적으로 도입(2016년)
  – SMR(Senior manager regime), 인증제도(Certification regime), 행동규칙(Conduct rules)으로 구성
□ SMR(Senior manager regime)
  – **(금융기관)** 금융기관의 고위경영기능(Senior management functions)을 수행하는 임원의 직책별로 책임을 명확히 정하고, 해당 임원이 본인에게 부여된 역할을 수행할 수 있는 적격자인지 여부를 금융기관 자체적으로 평가
  – **(금융당국)** 금융기관의 임원 적격성 자체평가에 대해 사전 승인
    • 금융당국의 승인 신청시, 금융기관은 지정된 책임이 어떤 고위경영기능 직책을 가진 자에게 배정되었는지 기술한 '책무구조도(Responsibility map)' 등 제출
□ 책무구조도(Responsibility map) 제출 의무화
  – 금융당국의 임원 적격성 승인시 판단 근거로 활용
  – 금융사고 등 발생시 제재 조치 판단 근거로 활용
    • 금융사고 등 발생시, 책무구조도를 통해 임원의 책무 범위 내 의무 위반 발생 여부와 이를 방지하기 위한 해당 임원의 합리적인 조치(Resonable steps) 수행 여부를 확인하여 제재

자료 : 이효섭·이석훈·안수현, 「주요국 내부통제 제도 현황 및 한국 내부통제 제도 개선 방향」, 자본시장연구원, 연구보고서 22-01 일부 발췌 및 요약

책무구조도 상 책무는 금융회사 또는 그 임직원이 금융회사의 업무와 관련하여 해당 법령에 근거하여 수행하거나 해당 법령 상 수행해야 할 의무가 있는 내부통제 및 위험관리(이하 "내부통제등") 책임을 의미한다. 이 경우 금융회사의 업무는 ❶ 내부감사 업무, 준법감시 업무, 위험관리 업무, 자금세탁방지 업무, 내부회계관리 업무, 정

보보안 업무, 개인정보·신용정보 등 보호업무와 같은 금융관계법령등에 따른 지정책임자 관련 책무, ❷ 자금대출·어음할인 업무, 예금·적금업무, 내국환·외국환 업무, 투자매매·투자자문 등 업무, 보험상품개발·보험계리 등 업무, 신용카드·할부금융 등 업무, 전자금융 업무, 혁신금융서비스 업무, 본인신용정보관리 업무, 연금(개인연금·퇴직연금)업무와 같은 금융관련 책무 그리고 ❸ 이사회 운영업무, 인사업무, 보수업무, 고유자산 운용업무, 건전성 및 재무관리 업무, 공시업무, 업무의 위탁·수탁업무, 광고업무, 자회사 관리업무, 영업점 관리업무, 영업점 외 판매채널 관리업무, 전산시스템 운영·관리업무와 같은 경영관리 관련 책무로 구분한다. 해당 책무의 예시는 금융회사지배구조법 시행령 [별표 1]에 구체적으로 기술되어 있다.[174]

---

172) "금융관련법령"이란 공인회계사법, 근로자퇴직급여보장법, 금융산업구조개선법, 금융소비자보호법, 금융실명거래및 비밀보장법, 금융위원회설치등법, 금융지주회사법, 금융혁신지원특별법, 한국자산관리공사법, 기술보증기금법, 농림수산식품투자조합결성및운용법, 농업협동조합법, 담보부사채신탁법, 대부업법, 문화산업진흥기본법, 벤처투자촉진법, 보험업법, 감정평가및감정평가사법, 부동산투자회사법, 사회기반시설에대한민간투자법, 산업발전법, 상호저축은행법, 새마을금고법, 선박투자회사법, 소재·부품·장비산업 경쟁력 강화 및 공급망 안정화 특별조치법, 수산업협동조합법, 신용보증기금법, 신용정보법, 신용협동조합법, 여신전문금융업법, 예금자보호법, 온라인투자연계금융업법, 외국인투자촉진법, 외국환거래법, 유사수신행위규제법, 은행법, 자본시장법, 자산유동화법, 전자금융거래법, 주식·사채 등의 전자등록법, 주식회사 등의 외부감사법, 주택법, 중소기업은행법, 채권추심법, 특정금융거래정보법, 한국산업은행법, 한국수출입은행법, 한국은행법, 한국주택금융공사법, 한국투자공사법 그리고 해외자원개발사업법과 이에 상당하는 외국의 금융 관계 법령을 말한다.(금융회사지배구조법 제2조 7호)

173) 금융회사지배구조법 시행령 개정안 제25조의3(책무구조도) ① 법 제30조의3제1항에서 "대통령령으로 정하는 금융 관련 법령"이란 다음 각 호의 법령을 말한다.
  1. 「개인정보 보호법」
  2. 「공익신고자 보호법」
  3. 「독점규제 및 공정거래에 관한 법률」
  4. 「마약류 불법거래 방지에 관한 특례법」
  5. 「범죄수익은닉의 규제 및 처벌 등에 관한 법률」
  6. 「약관의 규제에 관한 법률」
  7. 「전기통신금융사기 피해 방지 및 피해금 환급에 관한 특별법」
  8. 「특정경제범죄 가중처벌 등에 관한 법률」
  9. 그 밖에 금융위원회가 정하여 고시하는 법률 다음 각 목의 어느 하나에 해당하는 법률

174) 금융회사지배구조법 제30조의4 ①, 금융회사지배구조법 시행령 제25조의3 ②

책무구조도 상 책무 관련 업무 예시[시행령 별표1]

(제25조의 제2항 관련)

구분	책무
1. 지정 책임자 관련 책무	가. 책무구조도 마련·관리 업무와 관련된 내부통제등의 집행 및 운영에 대한 책임
	나. 내부감사 업무와 관련된 내부통제등의 집행 및 운영에 대한 책임
	다. 위험관리 업무와 관련된 내부통제등의 집행 및 운영에 대한 책임
	라. 준법감시 업무와 관련된 내부통제등의 집행 및 운영에 대한 책임
	마. 자금세탁방지 업무와 관련된 내부통제등의 집행 및 운영에 대한 책임
	바. 내부회계관리 업무와 관련된 내부통제등의 집행 및 운영에 대한 책임
	사. 정보보안과 업무와 관련된 내부통제등의 집행 및 운영에 대한 책임
	아. 개인정보 및 신용정보 등 보호 업무와 관련된 내부통제등의 집행 및 운영에 대한 책임
	자. 그 밖에 금융관계법령등에 따른 지정 책임자 관련 책무
2. 금융영업 관련 책무	가. 자금 대출 또는 어음 할인 업무와 관련된 내부통제등의 집행 및 운영에 대한 책임
	나. 예금 및 적금 업무와 관련된 내부통제등의 집행 및 운영에 대한 책임
	다. 유가증권 그 밖의 채무증서의 발행 업무와 관련된 내부통제등의 집행 및 운영에 대한 책임
	라. 내국환·외국환 업무와 관련된 내부통제등의 집행 및 운영에 대한 책임
	마. 투자매매 업무와 관련된 내부통제등의 집행 및 운영에 대한 책임
	바. 투자중개 업무와 관련된 내부통제등의 집행 및 운영에 대한 책임
	사. 집합투자 업무와 관련된 내부통제등의 집행 및 운영에 대한 책임
	아. 투자자문 업무와 관련된 내부통제등의 집행 및 운영에 대한 책임
	자. 투자일임 업무와 관련된 내부통제등의 집행 및 운영에 대한 책임
	차. 신탁 업무와 관련된 내부통제등의 집행 및 운영에 대한 책임
	카. 보험상품 개발 업무와 관련된 내부통제등의 집행 및 운영에 대한 책임
	타. 보험계리 업무와 관련된 내부통제등의 집행 및 운영에 대한 책임
	파. 보험모집 및 보험계약체결 업무와 관련된 내부통제등의 집행 및 운영에 대한 책임

	하. 보험계약 인수 업무와 관련된 내부통제등의 집행 및 운영에 대한 책임
	거. 보험계약 관리 업무와 관련된 내부통제등의 집행 및 운영에 대한 책임
	너. 보험금 지급 업무와 관련된 내부통제등의 집행 및 운영에 대한 책임
	더. 신용카드 업무와 관련된 내부통제등의 집행 및 운영에 대한 책임
	러. 시설대여 업무와 관련된 내부통제등의 집행 및 운영에 대한 책임
	머. 할부금융 업무와 관련된 내부통제등의 집행 및 운영에 대한 책임
	버. 신기술사업금융 업무와 관련된 내부통제등의 집행 및 운영에 대한 책임
	서. 전자금융 업무와 관련된 내부통제등의 집행 및 운영에 대한 책임
	어. 혁신금융서비스 업무와 관련된 내부통제등의 집행 및 운영에 대한 책임
	저. 본인신용정보관리 업무와 관련된 내부통제등의 집행 및 운영에 대한 책임
	처. 연금(개인연금, 퇴직연금) 업무와 관련된 내부통제등의 집행 및 운영에 대한 책임
	커. 그 밖에 금융관계법령등에 따른 금융영업 관련 책무
3. 경영관리 관련 책무	가. 이사회 운영 업무와 관련된 내부통제등의 집행 및 운영에 대한 책임
	나. 인사 업무와 관련된 내부통제등의 집행 및 운영에 대한 책임
	다. 보수 업무와 관련된 내부통제등의 집행 및 운영에 대한 책임
	라. 고유자산 운용 업무와 관련된 내부통제등의 집행 및 운영에 대한 책임
	마. 건전성 및 재무 관리 업무와 관련된 내부통제등의 집행 및 운영에 대한 책임
	바. 공시 업무와 관련된 내부통제등의 집행 및 운영에 대한 책임
	사. 업무의 위탁 및 수탁 업무와 관련된 내부통제등의 집행 및 운영에 대한 책임
	아. 광고 업무와 관련된 내부통제등의 집행 및 운영에 대한 책임
	자. 자회사 관리 업무와 관련된 내부통제등의 집행 및 운영에 대한 책임
	차. 영업점 관리 업무와 관련된 내부통제등의 집행 및 운영에 대한 책임
	카. 영업점 외 판매채널 관리 업무와 관련된 내부통제등의 집행 및 운영에 대한 책임
	타. 전산시스템 운영·관리 업무와 관련된 내부통제등의 집행 및 운영에 대한 책임
	파. 그 밖에 금융관계법령등에 따른 경영관리 관련 책무

※ 비고
1. 위 표에서 "지정 책임자 관련 책무"란 다음 각 목의 법령(이하 "금융관계법령등"이라 한다)에서 금융회사의 특정 책임자를 지정하여 수행하게 하는 업무와 관련하여 금융관계법령등에 따라 금융회사 또는 금융회사 임직원이 준수해야 하는 사항에 대한 내부통제등의 집행 및 운영에 대한 책임을 말한다.
　가. 법
　나. 「상법」
　다. 「형법」

라. 금융관계법령

마. 제25조의3제1항 각 호의 법령

2. 위 표에서 "금융영업 관련 책무"란 금융회사가 인가를 받거나 등록을 한 업무와 그 부수업무 및 겸영(兼營) 업무와 관련하여 사업 부문별로 수행하는 업무와 관련하여 금융관계법령등에 따라 금융회사 또는 금융회사 임직원이 준수해야 하는 사항에 대한 내부통제등의 집행 및 운영에 대한 책임을 말한다.

3. 위 표에서 "경영관리 관련 책무"란 금융회사가 인가를 받거나 등록을 한 업무와 그 부수업무 및 겸영업무의 영위를 위해 수행하는 경영관리 업무와 관련하여 금융관계법령등에 따라 금융회사 또는 금융회사 임직원이 준수해야 하는 사항에 대한 내부통제등의 집행 및 운영에 대한 책임을 말한다.

4. 금융회사는 위 표의 각 목에 따른 책무를 각 금융회사별 조직, 업무특성, 업무범위 등에 맞게 세분하거나 병합하는 등 조정할 수 있다.

· 표 3-9. 영국 금융당국(FCA)이 정한 책무의 종류 ·

Prescribed Responsibilities (지정책무)	Overall Responsibilities (총괄책무*)
A. 회사 고위경영진제도 이행	1. 지급업무
B. 회사 직원인증제도 이행	2. 청산 · 결제업무
C. 고위경영진 책무구조도 규제 요건 준수	3. 투자관리
D. 금융범죄 관련위험 대응을 위한 정책 · 절차(내부고발자 총괄, 행위규칙 교육 · 보고)	4. 금융 · 투자자문
E. 관리책무(Prescribed responsibilities)의 배분	5. 모기지 자문
F. 이사회 구성원에 대한 업무안내, 교육 및 전문성 개발을 위한 정책 · 절차	6. 기업금융
G. 고위경영진(이사회 제외)에 대한 업무안내, 교육 및 전문성 개발을 위한 정책 · 절차	7. 기업 투자상품 판매
H. 일상적인 회사경영에 있어서 조직문화의 수용여부 감독	8. 개인 투자상품 판매
I. 회사 조직문화 개선을 이끌어나갈 이사회의 책무	9. 고객계정 거래
J. 내부감사업무 감독 및 독립성 보장	10. 시장조성
K. 준법감시업무 감독 및 독립성 보장	11. 투자 관련 시장조사
L. 리스크관리업무 감독 및 독립성 보장	12. 발행 · 인수
M. 보수 정책 · 절차의 이행 및 개선 감독	13. 개인여신 취급여부 결정
N. 내부고발(내부고발자 보호 포함) 관련 회사의 정책 · 절차의 독립성, 자율성, 효과성	14. 기업여신 취급여부 결정
O. 회사의 자금조달, 유동성의 배분 · 유지	15. 기업고객 상품 개발
P. 회사의 재무경영	16. 개인고객 상품 개발
Q. 금융정보의 생산 및 규제활동 보고	17. 마케팅 자료의 생산 및 배포
R. 회사의 회생 계획 및 지배구조 관련 내부절차 감독	18. 고객 AS서비스
	19. 고객 불만응대
	20. 채권회수
	21. 미들오피스
	22. 정보 · IT

S. 내부 스트레스테스트 및 감독당국에 제출하는 정보의 정확성과 시의성 관리	23. BCP
T. 회사 사업모델의 개발과 유지	24. 인력 개발 · 관리
U. 비집행이사의 적격성 의무	25. 회사임직원에 대한 인센티브 제도
V. 고유자산 투자활동 관련 책무	26. 금융시장지표 산출을 위한 데이터 입력
W. (리스크관리책임자가 없는 경우) 리스크 정책 · 절차의 규제기준 준수 감독	27. 금융시장지표 관리
X. (내부감사 외부위탁시) 수탁회사 직무 수행자가 외부감사회사로부터 독립되어 업무를 수행하기 위해 상당한 조치를 취할 책무	
Y. 소매금융과 투자금융의 분리규제(Ring-fence rule) 준수에 대한 책무	
Z. 고객자산 보호(CASS) 준수 책무	

* 각 금융회사별 특성, 영위하는 업무 등을 고려하여 회사 스스로 지정필요 (FCA는 예시적으로만 제시)

1) 책무구조도의 요건 및 작성

책무구조도는 ❶ 책무별로 담당하는 임원이 반드시 존재할 것, ❷ 책무별로 담당하는 임원이 복수로 존재하지 아니할 것 그리고 ❸ 내부통제등의 효과적 작동을 위하여 책무의 배분이 특정 임원에게 편중되지 않을 것과 같은 요건을 갖추어야 한다.[175]

책무구조도를 작성할 때에는 ❶ 임원별로 책무의 상세내용을 기술한 문서(이하 "책무기술서")와 임원의 직책별 책무체계를 일괄적으로 파악할 수 있는 도표(이하 "책무체계도")를 작성하고, ❷ 책무기술서와 책무체계도의 내용은 일치하여야 하며 각 책무가 명확하게 구분되도록 작성해야 하고, ❸ 임원의 책무 현황을 일괄하여 파악할 수 있도록 도식화하여 책무체계도를 작성하여야 하고, ❹ 책무기술서에는 소관부서, 겸직 여부 · 내용, 주관회의체, 유관법령, 소관내규 등을 포함한 임원 및 직책의 기본정보, 책무의 상세 내용 등이 포함되어야 하며, ❺ 책무체계도에는 임원별 성명, 직책, 책무명 등이 포함되어야 한다.[176] 대표이사등이 책무구조도를 마련하려는 경우에는 이사회의 의결을 거쳐야 하며, 이사회 의결일[177]로부터 7영업일 이내에 금융위원회에 제출하여야 한다.[178]

금융위원회는 제출된 책무구조도가 형식을 제대로 갖추지 아니한 경우, 중요사항을 누락한 경우, 기재내용이 불분명한 경우 및 이에 준하는 사항으로서 책무구조도에 오류가 있거나 책무구조도의 기재내용이 사실과 다른 경우 중 어느 하나에 해당하는 경우에는 책무구조도의 기재내용을 정정하거나 보완하여 제출할 것을 요구할 수 있고, 제출된 책무구조도의 기재내용에 일정 조건의 변경이 있는 경우에도 적용한다.[179]

한편, 금융회사는 제출된 책무구조도의 기재내용에 ❶ 책무구조도에서 정하는 책무를 배분받은 임원의 변경, ❷ 책무구조도에서 정하는 임원 직책의 변경 그리고 ❸ 책무구조도에서 정하는 임원 책무의 변경 또는 추가 중에서 어느 하나에 해당하는 변경이 있는 경우에도 책무구조도를 마련하고 이사회의 의결을 거친 후에 이를 금융위원회에 제출하여야 한다. 이와 관련하여 금융위원회는 제출된 책무구조도가 형식을 제대로 갖추지 않는 등과 같은 상기의 사유에 해당될 경우 해당 책무구조도의 기재내용을 정정하거나 보완하여 제출할 것을 요구할 수 있다. 다만, 책무구조도에서 정하는 임원 직책 명칭의 변경 및 그 밖에 금융위원회가 정하여 고시하는 경미한 사항의 변경은 제외한다.[180]

---

175) 금융회사지배구조법 제30조의4 ②, 금융회사지배구조법 시행령 제25조의3 ③
176) 금융회사지배구조감독규정 제14조의3 ③
177) 외국금융회사 국내지점은 내부 의사결정기구 의결일
178) 금융회사지배구조감독규정 제14조의3 ②
179) 금융회사지배구조법 제30조의3 ③~⑦, 금융회사지배구조감독규정 제14조의3 ①
180) 금융회사지배구조법 시행령 제25조의3 ⑤

• 그림 3-1. 영국 금융당국의 예시적 책임지도 •

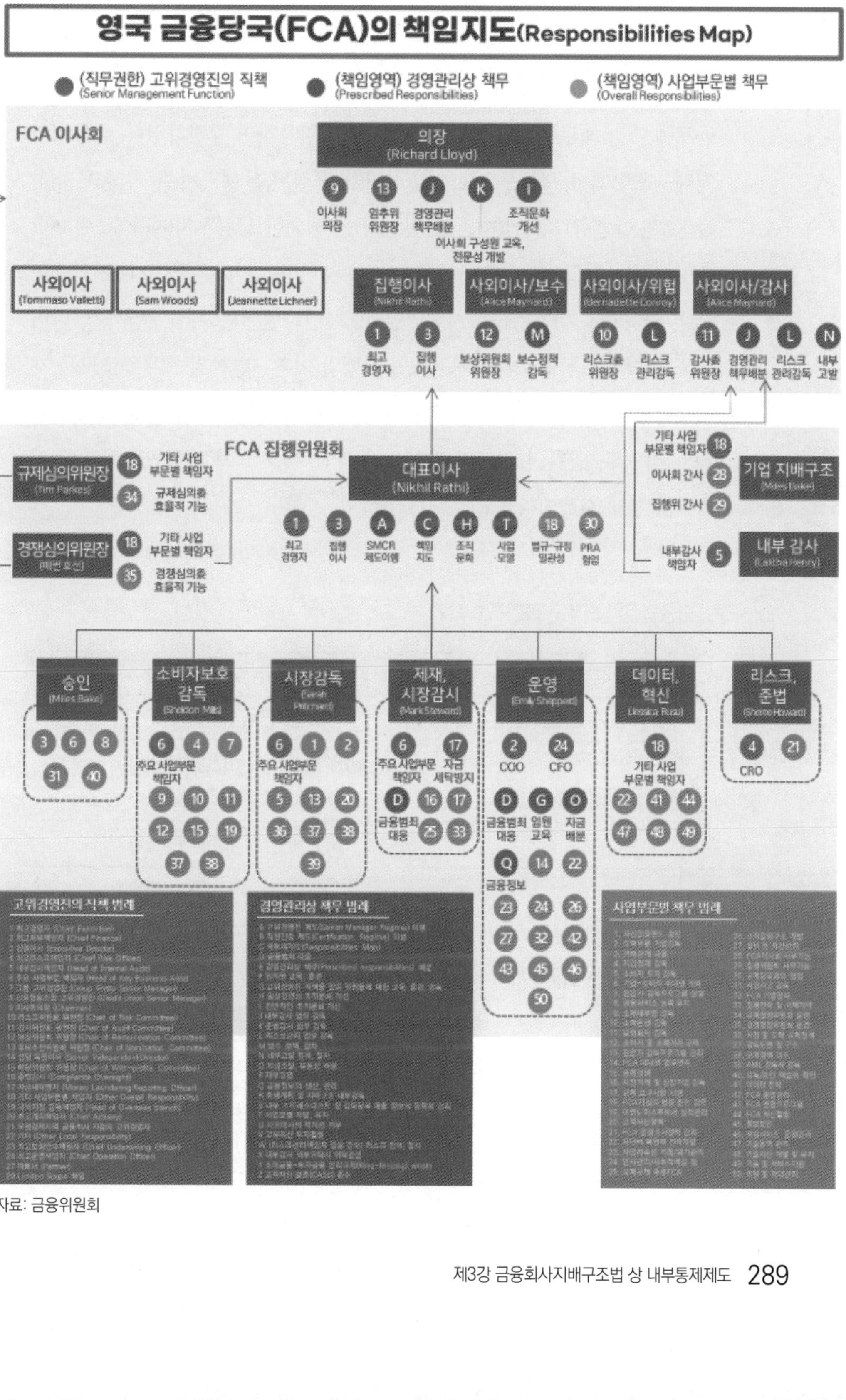

자료: 금융위원회

2) 금융업권별 책무구조도 제출시기

각 금융업권별 책무구조도 제출시기는 금융회사 부담을 감안하여 특성 및 규모에 따라 책무구조도 마련·제출시점을 차등하여 규정하였다. 금융회사 지배구조법에서 책무구조도 제출시기가 규정된 은행·지주·금융투자(자산 5조원 이상 등)·보험(자산 5조원 이상)을 제외한 금융투자(자산 5조원 미만 등)·보험(자산 5조원 미만)·여전(자산 5조원 이상)·저축은행(자산 7천억원 이상)은 금융회사지배구조법 시행일인 2024년 7월 3일 이후 2년까지, 나머지 금융회사는 금융회사지배구조법 시행일 이후 3년까지 책무구조도를 제출해야 한다. 금융회사지배구조법 개정에 따른 임원의 내부통제 및 위험관리 관리의무, 임원의 적극적 자격요건 확인·공시·보고는 책무구조도 제출 이후부터 시행된다.

· 표 3-10. 금융업권별 책무구조도 제출 시기 ·

제출시기		해당 업권	
1단계	법 시행 후 6개월 전까지	은행, 금융지주회사	
2단계	법 시행 후 1년 전까지	금융투자	자산총액 5조원↑ 운용재산 20조원↑ + 종금사
		보험	자산총액 5조원↑
3단계	법 시행 후 2년 전까지	금융투자	자산총액 5조원↓ 운용재산 20조원↓
		보험	자산총액 5조원↓
		여전	자산총액 5조원↑
		저축은행	자산총액 7천억↑
4단계	법 시행 후 3년 전까지	여전	자산총액 5조원↓
		저축은행	자산총액 7천억↓

6-6. 대표이사등의 내부통제등 "총괄" 관리의무

　내부통제 전반의 책임자인 대표이사에 대해서는 내부통제 "총괄" 관리의무를 명확히 규율하여, 대표이사의 책임의식을 고취하였다. 대표이사는 각 社별 사업특성 및 경영환경 변화 등을 고려하여 실효적으로 작동할 수 있는 전사적 내부통제체계를 구축할 의무를 지니는데, 이는 전사적인 내부통제 체계(framework) 구축과 전반적인 임원 통제활동의 적정성 점검 등에 대한 책임을 의미하고 모든 세세한 개별 통제행위에 대해서까지 책임지는 것은 아니다. 즉, 대표이사는 회사 내에서 조직적, 장기간 반복적 또는 광범위한 문제가 발생하는 등 내부통제 시스템적 실패(systemic failure)에 대해 책임을 진다.

　금융회사의 대표이사등은 내부통제등 총괄 관리의무의 일환으로 내부통제등과 관련하여 임원 소관업무 간 또는 임직원과 소속 금융회사 간의 이해상충이 발생한 경우 등 법령 또는 내부통제기준등 위반을 초래할 수 있는 잠재적 위험에 대해 점검을 해야 한다. 또한 임직원의 내부통제기준등 위반이 장기화, 반복되는 것을 방지하기 위해 유사 위반사례 발생가능성 등을 점검해야 한다. 이를 위해 내부통제 및 위험관리의 전반적 집행 및 운영에 대한 최종적인 책임자로서 다음의 총괄적인 관리조치를 실효성 있게 하여야 한다. 또한, 대표이사등은 총괄적인 관리조치를 하는 과정에서 알게 된 법령 및 내부통제기준 등의 위반사항이나 내부통제등에 관한 미흡한 사항에 대한 시정·개선 등 조치의 이행여부 점검 등 사후관리 조치를 하여야 한다.

　금융회사의 대표이사등은 관리조치의 내용과 결과, 관리조치를 수행하는 과정에서 알게 된 내부통제등에 관한 중요한 사항, 금융회사의 임원이 관리조치의 내용과 결과, 관리조치를 수행하는 과정에서 알게 된 내부통제등에 관한 사항 등을 대표이사등에게 보고한 사항 중 중요한 사항 등에 관하여 이사회에 보고하여야 한다.[181]

---

181) 금융회사지배구조법 제30조의4

대표이사등의 내부통제등
총괄 관리의무

1. 내부통제등 정책·기본방침 및 전략의 집행·운영
2. 임직원이 법령 및 내부통제기준등을 준수하기 위하여 필요한 인적·물적 자원의 지원 및 그 지원의 적정성에 대한 점검
3. 임직원의 법령 또는 내부통제기준등 위반사실을 대표이사등이 적시에 파악할 수 있도록 하기 위한 제보·신고 및 보고 등에 대한 관리체계의 구축·운영
4. 각 임원이 제30조의2에 따른 관리의무를 적절하게 수행하고 있는지 여부에 대한 점검
5. 임직원의 법령 또는 내부통제기준등 위반을 초래할 수 있는 잠재적 위험요인 또는 취약 분야에 대한 점검
   가. 금융회사의 업무가 신규로 추가되는 등의 사유로 해당 업무와 관련된 내부통제기준 등의 제정·개정이 필요한 사항
   나. 내부통제등과 관련하여 임원이 담당하는 업무 간 또는 임직원과 소속 금융회사 간의 이해상충이 발생했거나 발생할 우려가 있는 사항
   다. 금융회사의 특정 사업 부문 또는 취급 상품과 관련된 자산 또는 영업수익의 급격한 변동 또는 이상 징후가 있는 사항
   라. 복수의 임원이 금융회사지배구조법 제30조의2 제2항에 따라 보고한 동일하거나 유사한 내부통제등에 관한 사항
   마. 금융회사가 특정 사업 부문이나 취급 상품과 관련하여 임직원의 성과보수체계 또는 성과평가지표를 신설하거나 상당한 수준으로 변경 또는 조정하는 경우 해당 성과보수체계 또는 성과평가지표에 관한 사항
   바. 그 밖에 제1호부터 제5호까지의 규정에 준하는 사항으로서 금융위원회가 정하여 고시하는 사항
6. 임직원의 법령 또는 내부통제기준등 위반이 장기화 또는 반복되거나 조직적으로 또는 광범위하게 이루어지는 것을 방지하기 위한 조치
   가. 임직원의 법령 또는 내부통제기준등 위반사실을 알게 된 경우 다음 각 목의 조치
       ① 해당 위반행위와 연관된 다른 임직원이 있는지 여부에 대한 점검
       ② 동일하거나 유사한 위반행위가 발생할 가능성이 있는지 여부에 대한 점검

③ 동일하거나 유사한 위반행위를 방지하기 위한 조치

나. 특정 임직원이 동일하거나 유사한 업무를 장기간 수행함에 따라 발생할 수 있는 법령 또는 내부통제기준등의 위반행위를 방지하기 위한 조치

다. 법령 또는 내부통제기준등의 위반행위가 금융회사 본점의 여러 부서 또는 지점이나 그 밖의 영업소에 걸쳐 발생할 가능성에 대한 점검

라. 그 밖에 임직원의 법령 또는 내부통제기준등 위반이 장기적, 반복적 또는 조직적으로 이루어지거나 광범위하게 이루어지는 것을 방지하기 위한 조치로서 금융위원회가 정하여 고시하는 조치

7. 제1호부터 제6호까지 및 제8호에 따른 관리조치를 하는 과정에서 알게 된 법령 및 내부통제기준등의 위반사항이나 내부통제등에 관한 미흡한 사항에 대한 시정·개선 등 필요한 조치

8. 그 밖에 내부통제·위험관리의 효과적 작동을 위해 제7호에 따른 조치가 이행되고 있는지 여부에 대한 점검

대주주의
건전성 유지

1. 대주주 변경승인

1-1. 은행, 은행지주회사, 상호저축은행, 투자자문업자, 투자일임업자, 시설 대여업자, 할부금융업자 및 신기술사업금융업자를 제외한 금융회사

금융회사[182]가 발행한 주식을 취득·양수[183]하여 대주주[184]가 되고자 하는 자는 건전한 경영을 위하여 독점규제 및 공정거래법, 조세범처벌법 및 금융관련법령을 위반하지 아니하는 등 변경승인 대상 대주주의 요건[185]을 갖추어 미리 금융위원회의 승인을 받아야 한다. 주식의 취득등이 기존 대주주의 사망 등 사유로 인한 때에는 취득등을 한 날부터 3개월 이내에서 일정한 기간[186] 이내에 금융위원회에 승인을 신청하여야 한다. 금융위원회는 미리 금융위원회의 승인을 받지 아니하고 취득등을 한 주식과 취득등을 한 후 금융위원회에 승인을 신청하지 아니한 주식에 대하여 6개월 이내의 기간을 정하여 처분을 명할 수 있으며, 처분을 명하는 경우에는 처분대상 주식의 수, 처분 기한 등을 명시한 서면으로 하여야 한다. 또한, 금융위원회의 승인을 받지 아니하거나 금융위원회에 승인을 신청하지 아니한 자는 승인 없이 취득하거나 취득 후 승인을 신청하지 아니한 주식에 대하여 의결권을 행사할 수 없다.[187]

가. 변경승인 절차 및 방법

대주주의 변경 승인을 받으려는 자는 대주주 변경승인신청서를 금융위원회에 제출하여야 한다. 대주주 변경승인신청서에는 신청인에 관한 사항, 대주주가 되려고 금융회사의 주식을 취득하려는 경우 그 금융회사가 발행한 주식의 소유현황 및 대주주가 되려는 자가 주식취득대상 금융회사가 발행하였거나 발행할 주식을 취득하려는 경우 그 취득계획을 기재하여야 하며, 대주주가 되려는 자의 구분에 따라 필요한 서류[188]를 첨부하여야 한다.

대주주 변경승인신청서를 제출받은 금융위원회는 전자정부법에 따른 행정정보의 공동이용을 통하여 신청인의 행정정보[189]를 확인하여야 한다. 다만, 주민

---

182) 은행법에 따라 인가된 은행, 은행지주회사, 상호저축은행, 자본시장법에 따른 투자자문업자 및 투자일임업자, 여신전문금융업법에 따른 시설대여업자, 할부금융업자 및 신기술사업금융업자는 제외한다.

183) 실질적으로 해당 주식을 지배하는 것을 말하며, "취득등"이라 한다.

184) 최대주주의 경우 최대주주의 특수관계인인 주주를 포함하며, 최대주주가 법인인 경우 그 법인의 중요한 경영사항에 대하여 사실상 영향력을 행사하고 있는 자로서 최대주주인 법인의 최대주주(최대주주인 법인의 주요 경영사항을 사실상 지배하는 자가 그 법인의 최대주주와 명백히 다른 경우에는 그 사실상 지배하는 자를 포함) 및 최대주주인 법인의 대표자를 포함한다.

185) 금융회사지배구조법 시행령 [별표 1]의 "변경승인 대상 대주주의 요건"을 말한다.

186) 금융회사지배구조법 시행령 제26조(대주주 변경승인 등) ⑤ 법 제31조 제2항에 따라 승인을 신청하려는 자는 다음 각 호의 구분에 따른 기간 이내에 금융위원회에 승인을 신청하여야 한다.

   1. 기존 주주의 사망에 따른 상속·유증·사인증여로 인하여 주식을 취득·양수(실질적으로 해당 주식을 지배하는 것을 말하며, 이하 이 항에서 "취득등"이라 한다)하여 대주주가 되는 경우 : 기존 주주가 사망한 날부터 3개월. 다만, 불가피한 사유가 있으면 금융위원회의 승인을 받아 3개월의 범위에서 그 기간을 연장할 수 있다.

   2. 담보권의 실행, 대물변제의 수령 또는 그 밖에 이에 준하는 것으로서 금융위원회가 정하여 고시하는 원인(투자매매업자·투자중개업자가 자본시장법 제9조 제11항에 따른 증권의 인수업무를 영위하는 과정에서 다른 회사의 주식을 소유하게 되는 경우를 말함)에 의하여 주식의 취득등을 하여 대주주가 되는 경우: 주식 취득등을 한 날부터 1개월

   3. 다른 주주의 감자(減資) 또는 주식처분 등의 원인에 의하여 대주주가 되는 경우: 대주주가 된 날부터 1개월

187) 금융회사지배구조법 제31조, 동법 시행령 제26조, 금융회사지배구조감독규정 제15조

등록표 등본 또는 사업자등록증 서류의 경우에는 신청인이 확인에 동의하지 아니하면 주민등록표 등본 또는 사업자등록증 사본을 첨부하도록 하여야 한다. 외국인 또는 외국법인이 대주주 변경승인신청서를 제출하는 때에는 외국환거래법에 따른 거주자[190]를 대리인으로 지정하여야 한다. 금융위원회는 대주주 변경승인신청서를 제출받은 경우에는 그 내용을 심사하여 60일 이내에 승인 여부를 결정하고, 그 결과와 이유를 지체 없이 신청인에게 문서로 통지하여야 한다. 이 경우 변경승인신청서에 흠결이 있는 경우에는 보완을 요구할 수 있으며, 심사기간을 계산할 때 변경승인신청서의 흠결 보완기간 등 금융위원회가 정하여 고시하는 기간은 심사기간에 넣지 아니한다. 금융위원회는 법 제31조제3항에 따라 처분을 명하는 경우에는 처분대상 주식의 수, 처분 기한 등을 명시한 서면으로 하여야 한다.[191]

---

188) 1. 대주주가 되려는 자가 법인인 경우

　　가. 정관

　　나. 최근 사업연도 말 현재의 재무제표(최근 사업연도 말 이후 6개월이 지난 경우에는 해당 연도의 반기재무제표)

　　다. 나목에 따른 재무제표에 대한 회계감사인의 감사보고서 및 검토보고서

　2. 대주주가 되려는 자가 다음 각 목의 어느 하나에 해당하는 경우

　　가. 외국 법인인 경우: 법인 등기사항증명서에 준하는 서류

　　나. 「금융위원회의 설치 등에 관한 법률」 제38조에 따라 금융감독원의 검사를 받는 기관[「자본시장과 금융투자업에 관한 법률」에 따른 기관전용 사모집합투자기구 또는 같은 법에 따른 투자목적회사(이하 "기관전용 사모집합투자기구등"이라 한다) 및 「국가재정법」 제5조에 따른 기금 또는 그 기금을 관리·운용하는 법인(이하 "기금등"이라 한다)은 제외한다. 이하 "금융기관"이라 한다)인 경우: 그 금융기관에 적용되는 재무건전성 기준에 따라 산출한 재무상태와 이에 대한 회계감사인의 검토보고서

　　다. 독점규제 및 공정거래법에 따른 상호출자제한기업집단 및 채무보증제한기업집단(이하 "상호출자제한기업집단 등"이라 한다) 또는 「은행법」에 따른 주채무계열(이하 "주채무계열"이라 한다)에 속하는 경우: 부채비율 산출명세서 및 회계법인의 확인서

　3. 그 밖에 승인요건의 심사에 필요한 서류로서 금융위원회가 정하여 고시하는 서류

189) 법인 등기사항증명서(신청인이 국내 법인인 경우만 해당), 주민등록표 등본 또는 사업자등록증 및 주식취득대상 금융회사의 법인 등기사항증명서를 말한다.

190) 대한민국에 주소 또는 거소를 둔 개인과 대한민국에 주된 사무소를 둔 법인을 말한다.

191) 금융회사지배구조법 제31조, 동법 시행령 제26조, 금융회사지배구조감독규정 제15조

나. 변경승인 대상 대주주의 요건

변경승인 대상 대주주의 요건은 금융회사지배구조법 시행령 [별표 1]과 금융회사지배구조감독규정 [별표 4]에서 구체적으로 규정하고 있다.

· 표 3-11. 변경승인 대상 대주주의 요건(시행령 제26조제3항 관련) ·

금융회사지배구조법 시행령 [별표 1]

구분	요건
1. 대주주가 금융기관인 경우	가. 해당 금융기관에 적용되는 재무건전성에 관한 기준으로서 금융위원회가 정하는 기준을 충족할 것
	나. 해당 금융기관이 상호출자제한기업집단등이거나 주채무계열에 속하는 회사인 경우에는 해당 상호출자제한기업집단등 또는 주채무계열의 부채비율이 100분의 300 이하로서 금융위원회가 정하는 기준을 충족할 것
	다. 다음의 요건을 충족할 것. 다만, 그 위반 등의 정도가 경미하다고 금융위원회가 인정하거나, 그 사실이 건전한 업무 수행을 어렵게 한다고 볼 수 없는 경우에는 그렇지 않다.
	1) 최근 5년간 금융관련법령, 「독점규제 및 공정거래에 관한 법률」 또는 「조세범 처벌법」을 위반하여 벌금형 이상에 상당하는 처벌받은 사실이 없을 것
	2) 최근 5년간 채무불이행 등으로 건전한 신용질서를 저해한 사실이 없을 것
	3) 「금융산업의 구조개선에 관한 법률」에 따라 부실금융기관으로 지정되거나 금융관련법령에 따라 허가·인가 또는 등록이 취소된 금융기관의 대주주 또는 그의 특수관계인이 아닐 것. 다만, 법원의 판결에 의하여 부실책임이 없다고 인정된 자 또는 부실에 따른 경제적 책임을 부담한 경우 등 금융위원회가 정하는 기준에 해당하는 자는 제외한다.
	4) 그 밖에 1)부터 3)까지의 규정에 준하는 것으로서 금융위원회가 정하여 고시하는 건전한 금융거래질서를 저해한 사실이 없을 것

2. 대주주가 기금등인 경우	제1호다목의 요건을 충족할 것
3. 대주주가 제1호 및 제2호 외의 내국법인(기관전용 사모집합투자기구등은 제외한다. 이하 같다)인 경우	가. 최근 사업연도 말 현재 부채비율이 100분의 300 이하로서 금융위원회가 정하는 기준을 충족할 것 나. 해당 법인이 상호출자제한기업집단등의 계열회사이거나 주채무계열에 속하는 회사인 경우에는 해당 상호출자제한기업집단등 또는 주채무계열의 부채비율이 100분의 300 이하로서 금융위원회가 정하는 기준을 충족할 것 다. 차입으로 조성된 자금이 출자금의 3분의 2 이하일 것 라. 제1호다목의 요건을 충족할 것
4. 대주주가 내국인으로서 개인인 경우	가. 법 제5조제1항 각 호의 요건에 해당하지 않을 것 나. 제1호다목 및 제3호다목의 요건을 충족할 것
5. 대주주가 외국 법인인 경우	가. 승인신청일 현재 금융업으로서 금융위원회가 정하는 업무를 영위하고 있을 것(주식취득대상 금융회사가 금융지주회사인 경우에는 승인신청일 현재 금융업을 영위하는 외국 법인의 지주회사인 경우를 포함한다) 나. 국제적으로 인정받는 신용평가기관으로부터 투자적격 이상의 신용평가등급을 받거나 외국 법인이 속한 국가의 감독기관이 정하는 재무건전성에 관한 기준을 충족하고 있는 사실이 확인될 것 다. 최근 3년간 금융업의 영위와 관련하여 외국 법인이 속한 국가의 감독기관으로부터 법인경고 이상에 해당하는 행정처분을 받거나 벌금형 이상에 해당하는 형사처벌을 받은 사실이 없을 것 라. 제1호다목의 요건을 충족할 것
6. 대주주가 외국인으로서 개인인 경우(주식취득대상 금융회사가 금융지주회사인 경우만 해당한다)	가. 승인신청일 현재 5년 이상 외국금융회사의 상근임원으로 근무한 경력이 있을 것 나. 법 제5조제1항 각 호의 요건에 해당하지 않을 것 다. 외국인이 속한 국가의 금융감독기관으로부터 해당 외국인이 본국의 금융지주회사의 대주주로서 결격사유에 해당되지 않는다는 확인이 있을 것 라. 제1호다목 및 제3호다목의 요건을 충족할 것

7. 대주주가 기관전용 사모집합투자기구등인 경우	기관전용 사모집합투자기구의 업무집행사원과 그 출자지분이 100분의 30 이상인 유한책임사원(기관전용 사모집합투자기구에 대하여 사실상의 영향력을 행사하고 있지 않다는 사실이 정관, 투자계약서, 확약서 등에 의하여 확인된 경우는 제외한다) 및 기관전용 사모집합투자기구를 사실상 지배하고 있는 유한책임사원이 다음 각 목의 어느 하나에 해당하거나 투자목적회사의 주주나 사원인 기관전용 사모집합투자기구의 업무집행사원과 그 출자지분이 100분의 30 이상인 주주나 사원 및 투자목적회사를 사실상 지배하고 있는 주주나 사원이 다음 각 목의 어느 하나에 해당하는 경우에는 각각 다음 각 목의 구분에 따른 요건을 충족할 것 가. 제1호의 금융기관인 경우: 제1호의 요건 나. 제2호의 기금등인 경우: 제1호다목의 요건 다. 제3호의 내국법인인 경우: 제1호다목 및 제3호가목 · 나목의 요건 라. 제4호의 내국인으로서 개인인 경우: 제1호다목 및 제4호가목의 요건 마. 제5호의 외국 법인인 경우: 제1호다목 및 제5호나목 · 다목의 요건 바. 제6호의 외국인으로서 개인인 경우: 제1호다목 및 제6호나목의 요건

* 비고

1. 위 표에서 기관전용 사모집합투자기구 및 투자목적회사는 「자본시장과 금융투자업에 관한 법률」에 따른 것을 말한다.

2. 다음 각 목의 어느 하나에 해당하는 자에게는 이 표 제1호다목 또는 제5호다목의 요건만 적용한다. 다만, 최대주주인 법인이 기관전용 사모집합투자기구이거나 투자목적회사인 경우에는 이 표 제7호의 요건을 적용한다.

　　가. 최대주주인 법인의 최대주주

　　나. 최대주주인 법인의 대표자

　　다. 최대주주인 법인의 주요 경영사항에 대하여 사실상의 영향력을 행사하는 주주

3. 이 표 제5호를 적용할 때 대주주인 외국 법인이 지주회사여서 이 표 제5호 각 목의 전부 또는 일부를 그 지주회사에 적용하는 것이 곤란하거나 불합리한 경우에는 그 지주회사가 승인신청 시에 지정하는 회사(해당 지주회사의 경영을 사실상 지배하고 있는 회사 또는 해당 지주회사가 경영을 사실상 지배하고 있는 회사로 한정한다)가 이 표 제5호 각 목의 전부 또는 일부를 충족하면 그 지주회사가 그 요건을 충족한 것으로 본다.

대주주 변경승인의 요건 [별표 4]

(감독규정 제15조제3항 관련)

1. 대주주가 금융기관인 경우(영 별표1 제1호 관련)

가. 그 금융기관의 재무상태가 다음 기준을 충족할 것

　(1) 주식취득대상 금융회사가 금융투자업자, 종합금융회사 또는 여신전문금융회사인 경우

　　(가) 그 금융기관에 적용되는 「금융산업의 구조개선에 관한 법률」에 따른 적기시정조치의 기준이 있는 경우에는 그 금융기관의 재무상태가 동 기준을 상회할 것

　　(나) 그 금융기관에 적용되는 「금융산업의 구조개선에 관한 법률」에 따른 적기시정조치 기준이 없는 경우에는 그 금융기관의 재무상태가 그 금융기관과 유사업종을 영위하는 금융기관의 적기시정조치 기준을 상회할 것. 다만, 그 금융기관에 대하여 유사업종의 적기시정조치기준을 적용하는 것이 현저히 부적합한 경우에는 제3호가목의 기준을 충족할 것

　(2) 주식취득대상 금융회사가 금융지주회사 또는 보험회사인 경우

　　(가) 대주주가 은행인 경우 최근 분기말 현재 총자본비율이 100분의 10, 기본자본비율이 100분의 7.5 및 보통주자본비율이 100분의 7 이상일 것

　　(나) 대주주가 투자매매업자 또는 투자중개업자인 경우 최근 분기말 현재 순자본비율이 150% 이상일 것

　　(다) 대주주가 보험회사인 경우 최근 분기말 현재 지급여력비율이 150% 이상일 것

　　(라) 대주주가 (가) 내지 (다) 이외의 금융기관인 경우 해당 금융기관에 적용되는 재무건전성기준을 충족할 것

나. 해당 금융기관이 상호출자제한기업집단등에 속하거나 「은행업감독규정」에 따른 주채무계열에 속하는 회사인 경우에는 그 소속기업 중 금융회사를 제외한 기업의 수정재무제표를 합산하여 산출한 부채비율(최근 사업연도말 이후 승인신청일까지 유상증자에 따라 자기자본이 증가하거나 감자 또는 자기주식의 취득 등으로 자기자본이 감소하는 경우에는 이를 감안하여 산정한다. 이하 같다)이 100분의 200 이하일 것

다. 대주주가 다음의 사실에 해당하지 않을 것. 다만, 그 위반 등의 정도가 경미하다고 인정되는 경우를 제외한다.

　(1) 최근 5년간 법, 영, 금융관계법령, 「독점규제 및 공정거래에 관한 법률」 및 「조세범처벌법」을 위반하여 벌금형 이상에 상당하는 형사처벌을 받은 사실. 다만, 그 사실이 영위하고자 하는 업무의 건전한 영위를 어렵게 한다고 볼 수 없는 경우를 제외한다.

(2) 「금융산업의 구조개선에 관한 법률」에 따라 부실금융기관으로 지정되거나 법 또는 금융관계법령에 따라 허가·인가 또는 등록이 취소된 금융기관(부실금융회사로 지정된 금융회사를 제외한다)의 대주주 또는 그 특수관계인인 사실. 다만, 법원의 판결에 따라 부실책임이 없다고 인정되거나 금융위원회가 정하는 「부실금융기관 대주주의 경제적 책임 부담기준」에 따라 경제적 책임부담의무를 이행 또는 면제받은 경우를 제외한다.

(3) 다음과 같이 건전한 신용질서, 그 밖에 건전한 금융거래질서를 저해한 사실. 다만, 그 사실이 영위하고자 하는 업무의 건전한 영위를 어렵게 한다고 볼 수 없거나 금융산업의 신속한 구조개선을 지원할 필요가 있는 경우를 제외한다.

(가) 최대주주가 되고자 하는 경우에는 최근 1년간 기관경고 조치 또는 최근 3년간 시정명령이나 중지명령, 업무정지 이상의 조치를 받은 사실(기관경고를 받은 후 최대주주 및 그 특수관계인인 주주 전체가 변경된 경우에는 적용을 제외한다)

(나) 최근 5년간 파산절차·회생절차, 그 밖에 이에 준하는 절차의 대상인 기업이거나 그 기업의 최대주주 또는 주요주주로서 이에 직접 또는 간접으로 관련된 사실. 다만, 이에 관한 책임이 인정되는 경우에 한한다.

(4) 주식취득대상 금융회사가 금융투자업자인 경우: 신청한 금융투자업 인가업무 단위와 동일한 인가업무 단위를 최근 1년 이내에 자진 폐지한 금융투자업자의 자진 폐지 당시 최대주주였거나 신청한 금융투자업 인가업무 단위를 포함한 금융투자업 인가업무 단위 전부를 최근 5년 이내에 자진 폐지한 금융투자업자의 자진 폐지 당시 최대주주였던 사실

2. 대주주가 기금인 경우(영 별표1 제2호 관련)

가. 제1호다목의 요건을 충족할 것

3. 대주주가 금융기관이외의 내국법인(경영참여형 사모집합투자기구와 투자목적회사를 제외한다)인 경우(영 별표1 제3호 관련)

가. 최근 사업연도말 현재 부채비율이 100분의 200 이하일 것

나. 해당 법인이 상호출자제한기업집단등에 속하거나 주채무계열에 속하는 회사인 경우에는 그 소속기업 중 금융회사를 제외한 기업의 수정재무제표를 합산하여 산출한 부채비율이 100분의 200 이하일 것

다. 다음의 어느 하나의 방법 외의 방법에 따라 조성한 자금으로서 그 합계액이 출자금(대주주가 되고자 하는 자가 승인신청한 주식의 취득액)의 3분의 2 이하일 것

(1) 유상증자

(2) 1년내의 고정자산 매각

(3) 내부유보

(4) 그 밖에 (1)부터 (3)까지에 준하는 것으로 인정되는 방법

라. 제1호다목(1), (2), (4)의 요건을 충족할 것

마. 건전한 신용질서, 그 밖에 건전한 금융거래질서를 저해한 경우로서 다음의 사실에 해당하지 않을 것. 다만, 그 사실이 영위하고자 하는 업무의 건전한 영위를 어렵게 한다고 볼 수 없는 경우를 제외한다.

(1) 최근 5년간 부도발생, 그 밖에 이에 준하는 사유로 인하여 은행거래정지처분을 받은 사실

(2) 제1호다목(3)(나)에서 정하는 사실

4. 대주주가 내국인으로서 개인인 경우(영 별표1 제4호 관련)

가. 법 제5조제1항 각 호의 결격사유에 해당하지 않을 것

나. 출자자금 중 객관적으로 자금출처를 확인할 수 있는 소명자료에 따라 확인된 다음의 어느 하나에 해당하는 재원외의 재원으로 마련된 자금이 3분의 2 이하일 것

(1) 「상속세 및 증여세법」에 따라 적법하게 취득한 상속재산 또는 수증재산 처분자금

(2) 이자, 배당소득, 사업소득, 근로소득, 퇴직소득, 기타소득, 임대소득, 양도소득

(3) 그 밖에 (1) 및 (2)에 준하는 소득재원

다. 제1호다목(1), (2) 및 (4)의 요건을 충족할 것

라. 건전한 신용질서, 그 밖에 건전한 금융거래질서를 저해한 경우로서 다음의 사실에 해당하지 않을 것. 다만, 그 사실이 영위하고자 하는 업무의 건전한 영위를 어렵게 한다고 볼 수 없는 경우를 제외한다.

(1) 최근 5년간 부도발생 및 그 밖에 이에 준하는 사유로 인하여 은행거래정지처분을 받은 사실

(2) 최근 3년간 「신용정보의 이용 및 보호에 관한 법률」에 따른 종합신용정보집중기관에 금융질서 문란정보 거래처 또는 약정한 기일내에 채무를 변제하지 아니한 자로 등록된 사실

(3) 최대주주가 되고자 하는 경우에 최근 5년 이내에 금융회사 임원으로서 직무정지를 받거나 금융회사 직원으로서 정직요구 이상의 조치를 받은 사실. 다만, 주식취득대상 금융회사가 보험회사 또는 여신전문금융회사인 경우에는 최근 4년간 금융위로부터 직무정지 또는 정직요구 이상의 조치를 받은 사실로 한다.

(4) 제1호다목(3)(나)에서 정하는 사실

5. 대주주가 외국법령에 따라 설립된 외국법인인 경우. 다만, 그 외국법인이 지주회사인 경우에는 그 지주회사가 인가신청시에 지정하는 회사(그 지주회사의 경영을 사실상 지배하고 있는 회사 또는 지주회사가 경영을 사실상 지배하고 있는 회사에 한한다)가 가목부터 라목까지의 요건을 충족하는 때에는 그 지주회사가 그 요건을 충족한 것으로 본다(영 별표 1 제5호 관련)

가. 승인신청일 현재 외국에서 주식취득대상 금융회사가 영위하고 있는 금융업에 상당하는 영업을 영위하고 있을 것

   (1) 주식취득대상 금융회사가 금융지주회사, 여신전문금융회사인 경우: 은행, 금융투자업, 보험 및 이에 준하는 금융업으로서 금융위가 인정하는 업무를 영위

   (2) 주식취득대상 금융회사가 금융투자업자인 경우: 금융투자업자가 영위하고 있는 금융투자업에 상당하는 영업을 영위

   (3) 주식취득대상 금융회사가 보험회사인 경우: 보험업(국내에서 영위하고자 하는 보험종목과 동일한 보험종목을 말한다)을 적법하게 영위

나. 국제적으로 인정받는 신용평가기관으로부터 투자적격 이상의 신용평가등급을 받거나 본국의 감독기관이 정하는 재무건전성에 관한 기준을 충족하고 있는 사실이 확인될 것

다. 최근 3년간 금융업에 상당하는 영업의 영위와 관련하여 본국의 감독기관으로부터 기관경고 이상에 상당하는 행정처분(감독기관이 제재방법으로 행하는 활동ㆍ기능ㆍ영업에 대한 제한명령, 등록의 취소나 정지등이 포함되며 행정처분에 따라 민사제재금 등을 징구 받은 경우에는 해당국 감독기관의 전체적인 제재수준 및 위법행위의 내용 등을 감안하여 결정한다)을 받거나 벌금형 이상에 상당하는 형사처벌을 받은 사실이 없을 것

라. 제1호다목의 요건을 충족할 것

6. 대주주가 외국인으로서 개인인 경우(주식취득대상 금융회사가 금융지주회사인 경우만 해당한다) (영 별표1 제6호 관련)

가. 승인신청일 현재 5년 이상 외국금융회사의 상근임원으로 근무한 경력이 있을 것

나. 제5조제1항 각 호의 결격사유에 해당하지 않을 것

다. 외국인이 속한 국가의 금융감독기관으로부터 해당 외국인이 본국의 금융지주회사의 대주주로서 결격사유에 해당되지 아니한다는 확인이 있을 것

라. 제4호나목, 다목, 라목의 요건을 충족할 것

7. 대주주가 경영참여형 사모집합투자기구 또는 투자목적회사인 경우에는 해당 경영참여형 사모집합투자기구의 업무집행사원과 그 출자지분이 100분의 30 이상인 유한책임사원(경영참여형 사모집합투자기구에 대하여 사실상의 영향력을 행사하고 있지 아니하다는 사실이 정관, 투자계약서, 확약서 등에 의하여 확인된 경우는 제외한다) 또는 경영참여형 사모집합투자기구를 사실상 지배하고 있는 유한책임사원 또는 해당 투자목적회사의 주주나 사원인 경영참여형 사모집합투자기구의 업무집행사원으로서 그 투자목적회사의 자산운용업무를 수행하는 자에 대하여 다음의 구분에 따른 요건을 적용한다.(영 별표1 제7호 관련)

가. 제1호의 금융기관인 경우: 제1호의 요건을 충족할 것

나. 제2호의 기금인 경우: 제2호의 요건을 충족할 것

다. 제3호의 내국법인인 경우: 제3호 가목, 나목, 라목 및 마목의 요건을 충족할 것

라. 제4호의 내국인으로서 개인인 경우: 제4호가목, 다목 및 라목의 요건을 충족할 것

마. 제5호의 외국법인인 경우: 제5호나목부터 라목까지의 요건을 충족할 것

바. 제6호의 외국인인 경우: 제6호나목, 라목의 요건(단, 제4호나목은 제외한다)을 충족할 것

8. 특례

가. 제1호부터 제7호까지에 불구하고 영 제26조제1항 각 호의 어느 하나에 해당하는 자에게는 대주주 요건을 다음과 같이 적용한다. 다만, 최대주주인 법인이 경영참여형 사모집합투자기구이거나 투자전문회사인 경우에는 제7호의 요건을 적용한다.

(1) 해당인이 금융기관인 경우: 제1호다목의 요건

(2) 해당인이 기금인 경우: 제2호의 요건

(3) 해당인이 금융기관 이외의 내국법인인 경우: 제3호라목 및 마목의 요건

(4) 해당인이 내국인으로서 개인인 경우: 제4호다목 및 라목의 요건

(5) 해당인이 외국인인 경우: 제5호다목 및 라목의 요건

나. 제1호다목 및 제3호마목에 불구하고 다음의 각 목에 해당하는 경우에는 그 범위내에서 제1호다목 및 제3호마목에서 정하는 요건을 충족한 것으로 본다.

(1) 대주주가 합병회사로서 합병전 피합병회사의 사유로 인하여 제1호다목 및 제3호마목에서 정하는 사실에 해당하는 경우(그 사실에 직접 또는 간접으로 관련되는 피합병회사의 임원, 최대주주 및 주요주주가 합병회사의 경영권에 관여하지 아니하거나 사실상 영향력을 행사할 수 없는 경우에 한한다)

(2) 대주주가 경영권이 변경된 회사로서 경영권 변경 전의 사유로 인하여 제1호다목 및 제3호마목에서 정하는 사실에 해당할 경우(그 사실에 직접 또는 간접으로 관련되는 경영권변경 전의 임직원, 최대주주 및 주요주주가 그 사실이 종료될 때까지 경영에 관여하거나 사실상 영향력을 행사하는 경우는 제외한다. 이와 관련하여 금융회사는 그 사실에 직접 또는 간접으로 관련되는 경영권변경 전의 임직원, 최대주주 및 주요주주를 그 사실이 종료될 때까지 경영에 관여하는 직위에 임명할 수 없다)

(3) 그 밖에 (1) 및 (2)와 유사한 경우로서 지분변동 등으로 실질적으로 대주주의 동일성이 유지되고 있다고 인정하기 어려운 경우에 지배주주가 지분변동 등의 전의 사유로 인하여 제1호다목 및 제3호마목에서 정하는 사실에 해당하는 경우

다. 금융투자업자 또는 그 금융투자업자의 대주주가 다른 금융투자업자의 주식을 취득하여 1년(대주주 변경승인일부터 합병등기일까지의 기간) 이내에 해당 금융투자업자간의 합병을 하고자 하는 경우에는 제1호 나목 또는 제3호 나목을 적용함에 있어 "100분의 200"을 "100분의 300"으로 한다.

라. 대주주가 정부, 예금보험공사, 한국산업은행(단, 「금융산업의 구조개선에 관한 법률」에 따라 설치된 금융안정기금의 부담으로 주식을 취득하는 경우로 한정), 한국자산관리공사 또는 국민연금공단인 경우에는 제1호부터 제7호까지의 요건을 적용하지 아니한다.

1-2. 투자자문업자, 투자일임업자, 시설대여업자, 할부금융업자 및 신기술사업금융업자

자본시장법에 따른 투자자문업자 및 투자일임업자, 여신전문금융업법에 따른 시설대여업자, 할부금융업자 및 신기술사업금융업자는 대주주가 변경된 경우에는 이를 2주 이내에 금융위원회에 보고하여야 한다. 이 경우 투자자문업 또는 투자일임업과 투자매매업, 투자중개업, 집합투자업 및 신탁업의 어느 하나에 해당하는 금융투자업을 함께 영위하는 자로서 상기 가)에 따라 금융위원회의 승인을 받은 때에는 보고를 한 것으로 본다.[192]

1-3. 은행, 은행지주회사 및 상호저축은행

은행법에 따라 인가된 은행, 은행지주회사 및 상호저축은행은 금융회사지배구조법에 따른 대주주 변경승인 관련 규제를 적용받지 아니한다. 은행은 은행법 제15조에 의거 동일인 주식보유한도(발행총수의 10%) 규제를 적용받는데, 동일인은 은행법상 정한 한도를 초과할 때마다 금융위원회의 승인을 받아 은행의 주식을 보유할 수 있다. 이 경우 금융위원회는 ❶ 해당 은행의 건전성을 해칠 위험성, ❷ 자산규모 및 재무상태의 적정성, ❸ 해당 은행으로부터 받은 신용공여의 규모 그리고 ❹ 은행업의 효율성과 건전성에 기여할 가능성을 고려하여 승인 여부를 결정한다.[193]

은행지주회사는 금융지주회사법 제8조에 의거 동일인 주식보유한도(발행총수의 10%) 규제를 적용받는데, 동일인은 금융지주회사법 상 정한 한도를 초과할 때마다 금융위원회의 승인을 받아 은행의 주식을 보유할 수 있다. 이 경우 금융위원회는 ❶ 당해 은행지주회사 등의 건전성을 저해할 위험성, ❷ 자산규모·재무상태의 적정성, ❸ 당해 은행지주회사등으로부터의 신용공여규모, ❹ 금융산업의 효율성과 건전성에의 기여가능성 등을 감안하여 승인 여부를 결정한다.[194]

상호저축은행은 상호저축은행법 제10조의6에 의거 대주주의 자격심사 관련 규제를 적용받는데, 상호저축은행의 의결권 있는 주식의 취득·양수[195]로 해당 상호저축은행의 의결권 있는 발행주식 총수의 30%를 초과하거나 최대주주[196], 주요주주[197] 및 최대주주 또는 주요주주가 법인인 경우에는 그 법인의 최대주주 또는 최다출자자[198] 및 대표자가 되려는 자는 대주주 요건(충분한 출자능력, 건전한 재무상태 및 사회적 신용

---

192) 금융회사지배구조법 제31조 ⑤

193) 은행법 제15조, 은행법 시행령 제5조

194) 금융지주회사법 제8조, 금융지주회사법 시행령 제6조의3

195) 실질적으로 해당 주식을 지배하는 것을 말한다.

196) 특수관계인인 주주를 포함한다.

197) 특수관계인인 주주를 포함한다.

198) 그 법인을 사실상 지배하는 자가 그 법인의 최대주주 또는 최다출자자와 다른 경우에는 그 사실상 지배하는 자를 포함한다.

을 갖추고 있을 것)과 금융사고 방지요건을 갖추어 미리 금융위원회의 승인을 받아야 한다. 금융위원회의 대주주 자격 승인을 받지 아니하거나 승인신청을 하지 아니한 주식은 의결권을 행사할 수 없으며, 금융위원회는 해당 주식에 대하여 6개월 이내의 기간을 정하여 처분을 명할 수 있다. 금융위원회는 대주주 자격심사 결과 대주주적격성유지요건을 충족하지 못하고 있다고 인정되는 대주주에 대하여 6개월 이내의 기간을 정하여 대주주적격성유지요건을 충족할 것을 명할 수 있으며, 이 경우 명령을 받은 대주주는 상호저축은행의 의결권 있는 발행주식 총수의 100분의 10 이상 보유하는 주식에 대하여는 의결권을 행사할 수 없다. 금융위원회는 대주주적격성유지요건을 충족할 것을 명령을 받은 대주주가 해당 명령을 이행하지 아니하는 경우에는 6개월 이내의 기간을 정하여 해당 대주주가 보유하는 상호저축은행의 의결권 있는 발행주식 총수의 10% 이상에 해당하는 주식을 처분할 것을 명할 수 있다.[199]

2. 최대주주의 자격 심사

금융위원회는 금융회사[200]의 최대주주 중 최다출자자 1인[201](적격성 심사대상)에 대하여 2년[202]마다 변경승인요건 중 공정거래법, 조세범처벌법 및 금융관계법령을 위반하지 아니하는 등 최대주주의 적격성 유지요건에 부합하는지 여부를 심사하여야

---

199) 상호저축은행법 제10조의6, 상호저축은행법 시행령 제7조의7

200) 은행법에 따라 인가된 은행, 은행지주회사, 상호저축은행, 자본시장법에 따른 투자자문업자 및 투자일임업자, 여신전문금융업법에 따른 시설대여업자, 할부금융업자 및 신기술사업금융업자는 제외한다.

201) 최다출자자 1인이 법인인 경우 그 법인의 최대주주 중 최다출자자 1인을 말하며, 그 최다출자자 1인도 법인인 경우에는 최다출자자 1인이 개인이 될 때까지 같은 방법으로 선정한다. 다만, 법인 간 순환출자 구조인 경우에는 최대주주 중 금융회사지배구조법 시행령으로 정하는 최다출자자(순환출자 구조의 법인이 속한 기업집단의 동일인을 말함. 다만, 동일인이 법인인 경우에는 그 법인의 최대주주 중 최다출자자 1인을 말하며, 그 최다출자자 1인도 법인인 경우에는 최다출자자 1인이 개인이 될 때까지 같은 방법으로 선정함) 1인으로 한다.

202) 다만, 금융회사지배구조법 제32조 제2항에 따라 해당 금융회사가 금융위원회에 보고하는 경우 또는 동 법 제32조 제1항에 따른 적격성 심사대상과 금융회사의 불법거래 징후가 있는 등 특별히 필요하다고 인정하는 경우에는 2년 이내의 기간으로 할 수 있다.

한다. 금융회사는 해당 금융회사의 적격성 심사대상이 적격성 유지요건을 충족하지 못하는 사유가 발생한 사실을 인지한 경우 지체 없이 그 사실을 금융위원회에 보고하여야 한다. 금융위원회는 적격성 심사를 위하여 필요한 경우에는 금융회사 또는 적격성 심사대상에 대하여 필요한 자료 또는 정보의 제공을 요구할 수 있다.[203]

최대주주의 적격성 유지 요건

1. 금융회사지배구조법 제5조에 따른 다음의 임원의 결격 요건에 해당하지 아니할 것

가. 미성년자 · 피성년후견인 또는 피한정후견인

나. 파산선고를 받고 복권(復權)되지 아니한 사람

다. 금융회사지배구조법 또는 금융관계법령에 따라 벌금 이상의 형을 선고받고 그 집행이 끝나거나(집행이 끝난 것으로 보는 경우를 포함) 집행이 면제된 날부터 5년이 지나지 아니한 사람

라. 다음 각 목의 어느 하나에 해당하는 조치를 받은 금융회사의 임직원 또는 임직원이었던 사람(그 조치를 받게 된 원인에 대하여 직접 또는 이에 상응하는 책임이 있는 사람으로서 대통령령[204]으로 정하는 사람으로 한정)으로서 해당 조치가 있었던 날부터 5년이 지나지 아니한 사람

　– 금융관계법령에 따른 영업의 허가 · 인가 · 등록 등의 취소

　– 금융산업구조개선법에 따른 적기시정조치 및 행정처분

마. 금융회사지배구조법 또는 금융관계법령에 따라 임직원 제재조치(퇴임 또는 퇴직한 임직원의 경우 해당 조치에 상응하는 통보를 포함)를 받은 사람으로서 조치의 종류별로 5년을 초과하지 아니하는 범위에서 대통령령[205]으로 정하는 기간이 지나지 아니한 사람

2. 다음 각 목의 요건을 모두 충족할 것. 다만, 그 위반 등의 정도가 경미하다고 인정되거나 해당 금융회사의 건전한 업무 수행을 어렵게 한다고 볼 수 없는 경우는 제외한다.

가. 최근 5년간 금융관계법령, 공정거래법 또는 조세범처벌법을 위반하여 벌금형 이상에 상당하는 형사처벌을 받은 사실이 없을 것

나. 금융산업구조개선법에 따라 부실금융기관으로 지정되었거나 금융관계법령에 따라 영업의 허가 · 인가 · 등록 등이 취소된 금융기관의 대주주 또는 그 특수관계인이 아닐 것. 다만, 법원의 판결에 따라 부실책임이 없다고 인정된 자 또는 부실에 따른 경제적 책임을 부담하는 등 금융위원회가 정하여 고시하는 기준에 해당하는 자는 제외한다.

다. 최근 5년간 부도발생 및 그 밖에 이에 준하는 사유로 은행거래정지처분을 받은 사실이 없을 것

라. 최근 3년간 종합신용정보집중기관에 금융질서 문란정보 거래처 또는 약정한 기일 내에 채무를 변제하지 아니한 자로 등록된 사실이 없을 것

마. 최근 5년간 '채무자 회생 및 파산에 관한 법률'에 따른 회생절차 또는 파산절차를 진행 중인 기업의 최대주주 또는 주요주주로서 해당 기업을 회생절차 또는 파산절차에 이르게 한 책임이 인정되지 아니하고 이에 직접 또는 간접으로 관련된 사실이 없을 것

---

203) 금융회사지배구조법 ①~③, 동법 시행령 제27조, 금융회사지배구조감독규정 제17조

204) 금융회사지배구조법 시행령 제7조(임원의 자격요건) ① 법 제5조 제1항 제6호 각 목 외의 부분에서 "대통령령으로 정하는 사람"이란 해당 조치의 원인이 되는 사유가 발생한 당시의 임직원으로서 다음 각 호의 어느 하나에 해당하는 사람을 말한다.

　1. 감사 또는 법 제19조에 따른 감사위원회 위원(이하 "감사위원"이라 한다)

　2. 법 제5조제1항제6호가목 또는 다목에 해당하는 조치의 원인이 되는 사유의 발생과 관련하여 위법 · 부당한 행위로 금융위원회 또는 「금융위원회의 설치 등에 관한 법률」에 따라 설립된 금융감독원의 원장(이하 "금융감독원장"이라 한다)으로부터 주의 · 경고 · 문책 · 직무정지 · 해임요구, 그 밖에 이에 준하는 조치를 받은 임원(업무집행책임자는 제외한다. 이하 이 조에서 같다)

　3. 법 제5조제1항제6호나목에 해당하는 조치의 원인이 되는 사유의 발생과 관련하여 위법 · 부당한 행위로 금융위원회 또는 금융감독원장으로부터 직무정지 · 해임요구, 그 밖에 이에 준하는 조치를 받은 임원

　4. 법 제5조제1항제6호 각 목에 해당하는 조치의 원인이 되는 사유의 발생과 관련하여 위법 · 부당한 행위로 금융위원회 또는 금융감독원장으로부터 직무정지요구 또는 정직요구 이상에 해당하는 조치를 받은 직원(업무집행책임자를 포함한다. 이하 이 조에서 같다)

　5. 제2호부터 제4호까지의 제재 대상자로서 그 제재를 받기 전에 퇴임하거나 퇴직한 사람

205) 금융회사지배구조법 시행령 제7조(임원의 자격요건) ② 법 제5조 제1항 제7호에서 "대통령령으로 정하는 기간"이란 다음 각 호의 구분에 따른 기간을 말한다.

　1. 임원에 대한 제재조치의 종류별로 다음 각 목에서 정하는 기간

　　가. 해임(해임요구 또는 해임권고를 포함한다): 해임일(해임요구 또는 해임권고의 경우에는 해임요구일 또는 해임권고일을 말한다)부터 5년

　　나. 직무정지(직무정지의 요구를 포함한다) 또는 업무집행정지: 직무정지 종료일(직무정지 요구의 경우에는 직무정지 요구일을 말한다) 또는 업무집행정지 종료일부터 4년

　　다. 문책경고: 문책경고일부터 3년

　2. 직원에 대한 제재조치의 종류별로 다음 각 목에서 정하는 기간

　　가. 면직요구: 면직요구일부터 5년

　　나. 정직요구: 정직요구일부터 4년

　　다. 감봉요구: 감봉요구일부터 3년

　3. 재임 또는 재직 당시 금융관계법령에 따라 그 소속기관 또는 금융위원회 · 금융감독원장 외의 감독 · 검사기관으로부터 제1호 또는 제2호의 제재조치에 준하는 조치를 받은 사실이 있는 경우 제1호 또는 제2호에서 정하는 기간

　4. 퇴임하거나 퇴직한 임직원이 재임 또는 재직 중이었더라면 제1호부터 제3호까지의 조치를 받았을 것으로 인정되는 경우 그 받았을 것으로 인정되는 조치의 내용을 통보받은 날부터 제1호부터 제3호까지에서 정하는 기간

금융위원회는 적격성 심사 결과, 적격성 심사대상이 적격성 유지요건을 충족하지 못하고 있다고 인정되는 경우 해당 적격성 심사대상에 대하여 6개월 이내의 기간을 정하여 해당 금융회사의 경영건전성을 확보하기 위한 다음과 같은 조치의 전부 또는 일부를 포함한 조치를 이행할 것을 명할 수 있다.[206]

최대주주의 적격성 유지 요건 미충족 시 조치할 수 있는 사항

1. 적격성 유지요건을 충족하기 위한 조치
2. 해당 적격성 심사대상과의 거래의 제한 등 이해상충 방지를 위한 조치
3. 그 밖에 금융회사의 경영건전성을 위하여 필요하다고 인정되는 조치로서 대통령령으로 정하는 조치
   가. 적격성 심사대상의 적격성 유지조건을 충족하지 못하는 사유와 적격성 유지요건을 충족하기 위한 조치 및 해당 적격성 심사대상과의 거래의 제한 등 이해상충 방지를 위한 조치와 관련한 사항을 해당 금융회사의 주주 및 금융소비자들이 알 수 있도록 인터넷 홈페이지 등에 공시
   나. 그 밖에 금융회사의 경영건전성을 위하여 필요하다고 인정되는 조치로서 금융위원회가 정하여 고시하는 조치
      - 금융회사의 경영건전성을 위한 계획의 제출 요구
      - 금융회사의 경영건전성을 위한 계획의 수정 요구
      - 제출 또는 수정된 금융회사의 경영건전성을 위한 계획의 이행 촉구

금융위원회는 최대주주의 적격성 심사 결과, 적격성 심사대상이 건전한 금융질서와 금융회사의 건전성이 유지되기 어렵다고 인정되는 다음과 같은 법령 위반을 한 경우 5년 이내[207]의 기간 내에 해당 적격성 심사대상이 보유한 금융회사의 의결권 있는 발행주식(최다출자자 1인이 법인인 경우 그 법인이 보유한 해당 금융회사의 의결권 있는 발행주식을 말함) 총수의 10% 이상에 대하여는 의결권을 행사할 수 없도록 명할 수 있다.[208]

> ## 건전한 금융질서와 금융회사의 건전성이
> ## 유지되기 어렵다고 인정되는 법령 위반 기준
>
> 1. 공정거래법, 조세범처벌법 및 금융관계법령의 위반으로 금고 1년 이상의 실형을 선고
>   받고 그 형이 확정된 경우
> 2. 그 밖에 건전한 금융질서 유지를 위하여 대통령령으로 정하는 경우
>   가. 금융산업구조개선법에 따라 부실금융기관으로 지정되었거나 금융관계법령에 따라 영업의
>   허가·인가·등록 등이 취소된 금융기관의 대주주 또는 그 특수관계인이 아닐 것(다만, 법원
>   의 판결에 따라 부실책임이 없다고 인정된 자 또는 부실에 따른 경제적 책임을 부담하는 등 금융
>   위원회가 정하여 고시하는 기준에 해당하는 자는 제외)의 요건을 충족하지 못하는 경우
>   나. 최근 5년간 부도발생 및 그 밖에 이에 준하는 사유로 인하여 은행거래정지처분을 받은 경우
>   다. 최근 3년간 신용정보법에 따른 종합신용정보집중기관에 금융질서 문란정보 거래처 또는 약
>   정한 기일내에 채무를 변제하지 아니한 자로 등록된 경우

공정거래법, 조세범처벌법 및 금융관계법령의 위반에 따른 죄와 다른 죄의 경합
범에 대하여는 「형법」 제38조[209]에도 불구하고 이를 분리 심리하여 따로 선고하여야
한다.[210] 금융위원회가 해당 금융회사 또는 해당 적격성 심사대상에게 금융회사[211]와
적격성 심사대상[212]의 구분에 따른 각각의 자료 또는 정보의 제출을 요구하는 경우

---

206) 금융회사지배구조법 ②~④, 동법 시행령 제27조, 금융회사지배구조감독규정 제17조

207) 다만, 금융위원회는 적격성 심사대상의 법령 위반 정도를 고려하여 그 기간을 줄일 수 있다.

208) 금융회사지배구조법 제32조 ⑤

209) 형법 제38조(경합범과 처벌례) ① 경합범을 동시에 판결할 때에는 다음 각 호의 구분에 따라 처벌한다.

   1. 가장 무거운 죄에 대하여 정한 형이 사형, 무기징역, 무기금고인 경우에는 가장 무거운 죄에 대하여 정한 형으로 처벌한다.

   2. 각 죄에 대하여 정한 형이 사형, 무기징역, 무기금고 외의 같은 종류의 형인 경우에는 가장 무거운 죄에 대하여 정한 형의 장기 또는 다액(多額)에 그 2분의 1까지 가중하되 각 죄에 대하여 정한 형의 장기 또는 다액을 합산한 형기 또는 액수를 초과할 수 없다. 다만, 과료와 과료, 몰수와 몰수는 병과(倂科)할 수 있다.

   3. 각 죄에 대하여 정한 형이 무기징역, 무기금고 외의 다른 종류의 형인 경우에는 병과한다.

   ② 제1항 각 호의 경우에 징역과 금고는 같은 종류의 형으로 보아 징역형으로 처벌한다.

해당 금융회사 또는 해당 적격성 심사대상은 10영업일 이내에 자료 또는 정보를 제출하여야 하며, 제출하기 어려운 경우에는 그 사유를 소명하여야 한다.[213]

::

금융감독원 검사지적사항

최대주주의 자격 심사 자료 등 지연 제출

□ 금융위원회는 보험회사의 최대주주 적격성 유지요건 심사를 위하여 필요한 자료 또는 정보의 제공을 요구할 수 있고, 보험회사는 금융위원회가 정하는 방법 및 절차등에 따라 최대주주 자격심사 관련 심사대상자 현황, 심사대상자의 최대주주 적격성유지요건 충족여부 및 첨부서류 등 감독원장이 정하는 서류*를 연도말로부터 2개월 이내에 감독원장에게 제출하여야 하는데도,

    * 「금융회사 지배구조 감독규정 시행세칙」 [별지 제10호]

A손해보험은 20xx.xx월말 기준 최대주주 적격성 유지요건 심사를 위한 심사서류를 연도말로부터 2개월 이내(20xx.xx.xx.)까지 제출하지 아니하고, 금융감독원 담당자의 유선 연락을 받은 후 20xx.xx.xx.에야 제출하는 등 xx일 지연 제출한 사실이 있음

---

210) 금융회사지배구조법 제32조 ⑥

211) 해당 금융회사 또는 그 최대주주 중 최다 출자자 1인인 법인 등의 주주명부, 해당 적격성 심사대상 및 그 특수관계인에 대한 정보를 말한다.

212) 주식예탁증서, 주식실물 사본, 특수관계인 범위 확인에 필요한 자료를 말한다.

213) 금융회사지배구조법 시행령 제27조 ⑨

소수주주의
권리행사의 특례

1. 소수주주와 소수주주권의 의의

    단독이든 합쳐서든 소수주주권을 행사할 수 있는 정도의 주식을 가진 소액주주를 소수주주라고 한다. 소수주주권이란 대주주에 의한 횡포를 막고, 회사의 공정한 이익을 보호하기 위하여 소수주주에게 주는 권리로 주식을 일정비율 이상 가진 주주만이 행사할 수 있다. 소수주주권에는 주주제안권, 대표소송권, 이사ㆍ감사의 해임청구권, 회계장부열람권 등이 있다.

2. 소수주주의 권리행사의 특례[214]

2-1. 주주제안권

상법 제363조의2에 따른 주주제안권은 의결권 없는 주식을 제외한 발행주식총수의 3% 이상에 해당하는 주식을 가진 주주에게 주어지지만, 금융회사지배구조법에 따른 주주제안권은 6개월 전부터 계속하여 금융회사[215]의 의결권 있는 발행주식 총수의 1만분의 10 이상에 해당하는 주식을 보유한 자[216]에게 주어진다. 주주제안권이란 상법 제363조의2[217]에 따라 소수주주권을 행사할 수 있는 주주가 이사에게 주주총회일[218]의 6주 전에 서면 또는 전자문서로 일정한 사항을 주주총회의 목적사항으로 할 것을 제안(株主提案)할 수 있는 권리를 말한다. 주주제안권을 갖는 소수주주가 되기 위해서는 상법의 경우 발행주식총수의 100분의 3 이상이 필요하나 금융회사지배구조법의 경우 1만분의 10 이상이면 가능하므로 금융회사지배구조법이 상법에 대하여 소수주주의 권리행사의 특례를 가지고 있다.[219]

---

214) 소규모 금융회사는 소수주주 권리행사의 특례 적용이 면제된다. 소규모 금융회사란 최근 사업년도 말 현재 일정 규모 이하의 금융회사(주권상장법인은 자산총액이 2조원 이상 제외)를 말하는데, 자산총액 7천억 원 미만인 상호저축은행, 자산총액 5조 원 미만인 금융투자업자 · 종합금융회사 · 보험회사 · 여신전문금융회사가 해당된다. 다만, 금융투자업자의 경우 최근 사업연도 말 현재 그 금융투자업자가 운용하는 집합투자재산, 투자일임재산 및 신탁재산(관리형신탁의 재산 제외)의 전체 합계액이 20조원 이상이면 일부 규정의 적용이 면제되는 소규모 금융회사에서 제외된다.

215) 은행법에 따른 은행, 한국산업은행, 중소기업은행, 농협은행, 수협은행, 금융투자업자, 보험회사, 상호저축은행, 여신전문금융회사, 종합금융회사 및 금융지주회사를 말하며, 소액주주의 권리행사의 특례 관련 조항에서는 동일하게 적용된다.

216) 주식의 소유, 주주권 행사에 관한 위임장의 취득 및 주주 2인 이상의 주주권 공동행사의 방법으로 보유한 자를 말하며, 소액주주의 권리행사의 특례 관련 조항에서는 동일하게 적용된다.

217) 상법 제363조의2(주주제안권) ①의결권 없는 주식을 제외한 발행주식총수의 100분의 3 이상에 해당하는 주식을 가진 주주는 이사에게 주주총회일(정기주주총회의 경우 직전 연도의 정기주주총회일에 해당하는 그 해의 해당일. 이하 이 조에서 같다)의 6주 전에 서면 또는 전자문서로 일정한 사항을 주주총회의 목적사항으로 할 것을 제안(이하 '株主提案'이라 한다)할 수 있다.

    ② 제1항의 주주는 이사에게 주주총회일의 6주 전에 서면 또는 전자문서로 회의의 목적으로 할 사항에 추가하여 당해 주주가 제출하는 의안의 요령을 제363조에서 정하는 통지에 기재할 것을 청구할 수 있다.

    ③ 이사는 제1항에 의한 주주제안이 있는 경우에는 이를 이사회에 보고하고, 이사회는 주주제안의 내용이 법령 또는 정관을 위반하는 경우와 그 밖에 대통령령으로 정하는 경우를 제외하고는 이를 주주총회의 목적사항으로 하여야 한다. 이 경우 주주제안을 한 자의 청구가 있는 때에는 주주총회에서 당해 의안을 설명할 기회를 주어야 한다.

218) 정기주주총회의 경우 직전 연도의 정기주주총회일에 해당하는 그 해의 해당일을 말한다.

2-2. 임시총회 소집청구 및 회사의 업무와 재산상태의 검사를 위한 감사인의 선임 청구

　6개월 전부터 계속하여 금융회사의 발행주식 총수의 1만분의 150 이상(일정 조건에 해당하는 금융회사[220]의 경우에는 1만분의 75 이상)에 해당하는 주식을 보유한 자는 상법 제366조(소수주주에 의한 임시총회 소집청구[221]) 및 제467조(회사의 업무와 재산상태의 검사를 위한 감사인의 선임 청구[222])에 따른 주주의 권리를 행사할 수 있다. 이 경우 상법 제366조(소수주주에 의한 임시총회 소집청구)에 따른 주주의 권리를 행사할 때에는 의결권 있는 주식을 기준으로 한다.[223] 임시총회 소집청구권이나 회사의 업무나 재산상태의 검사를 위한 감사인의 선임 청구권을 갖는 소수주주가 되기 위해서는 상법의 경우 발행주식총수의 100분의 3 이상이 필요하나 금융회사지배구조법의 경우 1만분의 150 이상 또는 1만분의 75 이상이면 가능하므로 금융회사지배구조법이 상법에 대하여 소수주주의 권리행사의 특례를 가지고 있다.

---

219) 금융회사지배구조법 제33조 ①

220) 일정한 조건에 해당하는 금융회사란 최근 사업연도 말 현재 자산총액이 5조원 이상인 은행, 최근 사업연도 말 현재 자본금이 1천억원 이상인 금융투자업자, 최근 사업연도 말 현재 자산총액이 5조원 이상으로서 자본금이 1천억원 이상인 보험회사, 최근 사업연도 말 현재 자산총액이 7천억원 이상인 상호저축은행, 최근 사업연도 말 현재 자본금이 1천억원 이상인 신용카드업자 및 최근 사업연도 말 현재 자산총액이 5조원 이상으로서 최근 사업연도 말 현재 자산총액이 2조원 이상인 자회사를 둘 이상 지배하는 금융지주회사를 말한다.

221) 상법 제366조(소수주주에 의한 소집청구) ① 발행주식총수의 100분의 3 이상에 해당하는 주식을 가진 주주는 회의의 목적사항과 소집의 이유를 적은 서면 또는 전자문서를 이사회에 제출하여 임시총회의 소집을 청구할 수 있다.

② 제1항의 청구가 있은 후 지체 없이 총회소집의 절차를 밟지 아니한 때에는 청구한 주주는 법원의 허가를 받아 총회를 소집할 수 있다. 이 경우 주주총회의 의장은 법원이 이해관계인의 청구나 직권으로 선임할 수 있다.

③ 제1항 및 제2항의 규정에 의한 총회는 회사의 업무와 재산상태를 조사하게 하기 위하여 검사인을 선임할 수 있다.

222) 상법 제467조(회사의 업무, 재산상태의 검사) ① 회사의 업무집행에 관하여 부정행위 또는 법령이나 정관에 위반한 중대한 사실이 있음을 의심할 사유가 있는 때에는 발행주식의 총수의 100분의 3 이상에 해당하는 주식을 가진 주주는 회사의 업무와 재산상태를 조사하게 하기 위하여 법원에 검사인의 선임을 청구할 수 있다.

② 검사인은 그 조사의 결과를 법원에 보고하여야 한다.

③ 법원은 제2항의 보고에 의하여 필요하다고 인정한 때에는 대표이사에게 주주총회의 소집을 명할 수 있다. 제310조제2항의 규정은 이 경우에 준용한다.

④ 이사와 감사는 지체 없이 제3항의 규정에 의한 검사인의 보고서의 정확여부를 조사하여 이를 주주총회에 보고하여야 한다.

223) 금융회사지배구조법 제33조 ②

3. 이사 · 감사의 해임 및 청산인의 해임

6개월 전부터 계속하여 금융회사의 발행주식 총수의 10만분의 250 이상(일정 조건에 해당하는 금융회사[224]의 경우에는 10만분의 125 이상)에 해당하는 주식을 보유한 자는 「상법」 제385조(이사 · 감사의 해임)[225] (같은 법 제415조[226]에서 준용하는 경우를 포함) 및 제539조(청산인의 해임)[227]에 따른 주주의 권리를 행사할 수 있다.[228] 상법 상 이사 · 감사의 해임과 청산인의 해임과 관련된 소수주주의 권한을 행사하기 위해서는 발행주식의 총수의 100분의 3 이상이 필요하나 금융회사지배구조법의 경우 10만분의 250 이상 또는 10만분의 125 이상이면 가능하므로 금융회사지배구조법이 상법에 대하여 소수주주의 권리행사의 특례를 가지고 있다.

---

224) 일정한 조건에 해당하는 금융회사란 최근 사업연도 말 현재 자산총액이 5조원 이상인 은행, 최근 사업연도 말 현재 자본금이 1천억원 이상인 금융투자업자, 최근 사업연도 말 현재 자산총액이 5조원 이상으로서 자본금이 1천억원 이상인 보험회사, 최근 사업연도 말 현재 자산총액이 7천억원 이상인 상호저축은행, 최근 사업연도 말 현재 자본금이 1천억원 이상인 신용카드업자 및 최근 사업연도 말 현재 자산총액이 5조원 이상으로서 최근 사업연도 말 현재 자산총액이 2조원 이상인 자회사를 둘 이상 지배하는 금융지주회사를 말한다.

225) 상법 제385조(해임) ① 이사는 언제든지 제434조의 규정에 의한 주주총회의 결의로 이를 해임할 수 있다. 그러나 이사의 임기를 정한 경우에 정당한 이유 없이 그 임기만료 전에 이를 해임한 때에는 그 이사는 회사에 대하여 해임으로 인한 손해의 배상을 청구할 수 있다.

② 이사가 그 직무에 관하여 부정행위 또는 법령이나 정관에 위반한 중대한 사실이 있음에도 불구하고 주주총회에서 그 해임을 부결한 때에는 발행주식의 총수의 100분의 3 이상에 해당하는 주식을 가진 주주는 총회의 결의가 있은 날부터 1월내에 그 이사의 해임을 법원에 청구할 수 있다.

③ 제186조의 규정은 전항의 경우에 준용한다.

226) 상법 제415조(준용규정) 제382조제2항, 제382조의4, 제385조, 제386조, 제388조, 제400조, 제401조, 제403조부터 제406조까지, 제406조의2 및 제407조는 감사에 준용한다.

227) 상법 제539조(청산인의 해임)

① 청산인은 법원이 선임한 경우 외에는 언제든지 주주총회의 결의로 이를 해임할 수 있다.

② 청산인이 그 업무를 집행함에 현저하게 부적임하거나 중대한 임무에 위반한 행위가 있는 때에는 발행주식의 총수의 100분의 3 이상에 해당하는 주식을 가진 주주는 법원에 그 청산인의 해임을 청구할 수 있다.

③ 제186조의 규정은 제2항의 청구에 관한 소에 준용한다.

4. 유지청구권

6개월 전부터 계속하여 금융회사의 발행주식 총수의 100만분의 250 이상(일정 조건에 해당하는 금융회사[229]의 경우에는 100만분의 125 이상)에 해당하는 주식을 보유한 자는 「상법」 제402조(유지청구권)[230]에 따른 주주의 권리를 행사할 수 있다.[231] 상법 상 유지청구권을 가진 소수주주가 되기 위해서는 발행주식의 총수의 100분의 1 이상이 필요하나 금융회사지배구조법의 경우 100만분의 250 이상 또는 100만분의 125 이상이면 가능하므로 금융회사지배구조법이 상법에 대하여 소수주주의 권리행사의 특례를 가지고 있다.

5. 주주의 대표소송

6개월 전부터 계속하여 금융회사의 발행주식 총수의 10만분의 1 이상에 해당하는 주식을 보유한 자는 상법 제403조(주주의 대표소송)[232](같은 법 제324조[233], 제415조[234], 제424조의2[235], 제467조의2[236] 및 제542조[237]에서 준용하는 경우를 포함)에 따른 주주의 권리를 행사할 수 있다.[238] 상법 상 주주의 대표소송권을 가진 소수주주가 되기 위해서는 발행주식의 총수의 100분의 1 이상이 필요하나 금융회사지배구조법의 경우 10만분의 1 이상이면 가능하므로 금융회사지배구조법이 상법에 대하여 소수

---

228) 금융회사지배구조법 제33조 ③

229) 일정한 조건에 해당하는 금융회사란 최근 사업연도 말 현재 자산총액이 5조원 이상인 은행, 최근 사업연도 말 현재 자본금이 1천억원 이상인 금융투자업자, 최근 사업연도 말 현재 자산총액이 5조원 이상으로서 자본금이 1천억원 이상인 보험회사, 최근 사업연도 말 현재 자산총액이 7천억원 이상인 상호저축은행, 최근 사업연도 말 현재 자본금이 1천억원 이상인 신용카드업자 및 최근 사업연도 말 현재 자산총액이 5조원 이상으로서 최근 사업연도 말 현재 자산총액이 2조원 이상인 자회사를 둘 이상 지배하는 금융지주회사를 말한다.

230) 상법 제402조(유지청구권) 이사가 법령 또는 정관에 위반한 행위를 하여 이로 인하여 회사에 회복할 수 없는 손해가 생길 염려가 있는 경우에는 감사 또는 발행주식의 총수의 100분의 1 이상에 해당하는 주식을 가진 주주는 회사를 위하여 이사에 대하여 그 행위를 유지할 것을 청구할 수 있다.

231) 금융회사지배구조법 제33조 ④

주주의 권리행사의 특례를 가지고 있다. 금융회사지배구조법에 따라 주주의 대표소송권을 가진 소수주주가 상법 제403조(주주의 대표소송)[239]에 따른 소송을 제기하여 승소한 경우에는 금융회사에 소송비용, 그 밖에 소송으로 인한 모든 비용의 지급을 청구할 수 있다.[240]

6. 주주의 회계장부열람권

6개월 전부터 계속하여 금융회사의 발행주식 총수의 10만분의 50 이상(일정한 요건에 해당하는 금융회사[241]의 경우에는 10만분의 25 이상)에 해당하는 주식을 보유한 자는 상법 제466조(주주의 회계장부열람권)[242]에 따른 주주의 권리를 행사할 수 있다.[243] 상법 상 주주의 회계장부열람권을 가진 소수주주가 되기 위해서는 발행주식의 총수

---

232) 상법 제403조(주주의 대표소송) ① 발행주식의 총수의 100분의 1 이상에 해당하는 주식을 가진 주주는 회사에 대하여 이사의 책임을 추궁할 소의 제기를 청구할 수 있다.

② 제1항의 청구는 그 이유를 기재한 서면으로 하여야 한다.

③ 회사가 전항의 청구를 받은 날로부터 30일내에 소를 제기하지 아니한 때에는 제1항의 주주는 즉시 회사를 위하여 소를 제기할 수 있다.

④ 제3항의 기간의 경과로 인하여 회사에 회복할 수 없는 손해가 생길 염려가 있는 경우에는 전항의 규정에 불구하고 제1항의 주주는 즉시 소를 제기할 수 있다.

⑤ 제3항과 제4항의 소를 제기한 주주의 보유주식이 제소후 발행주식총수의 100분의 1 미만으로 감소한 경우(發行株式을 보유하지 아니하게 된 경우를 제외한다)에도 제소의 효력에는 영향이 없다.

⑥ 회사가 제1항의 청구에 따라 소를 제기하거나 주주가 제3항과 제4항의 소를 제기한 경우 당사자는 법원의 허가를 얻지 아니하고는 소의 취하, 청구의 포기 · 인락 · 화해를 할 수 없다.

⑦ 제176조제3항, 제4항과 제186조의 규정은 본조의 소에 준용한다.

233) 상법 제324조(발기인의 책임면제, 주주의 대표소송) 제400조, 제403조부터 제406조까지 및 제406조의2는 발기인에 준용한다.

234) 상법 제415조(준용규정) 제382조제2항, 제382조의4, 제385조, 제386조, 제388조, 제400조, 제401조, 제403조부터 제406조까지, 제406조의2 및 제407조는 감사에 준용한다.

235) 상법 제424조의2(불공정한 가액으로 주식을 인수한 자의 책임) ① 이사와 통모하여 현저하게 불공정한 발행가액으로 주식을 인수한 자는 회사에 대하여 공정한 발행가액과의 차액에 상당한 금액을 지급할 의무가 있다.

② 제403조 내지 제406조의 규정은 제1항의 지급을 청구하는 소에 관하여 이를 준용한다.

③ 제1항 및 제2항의 규정은 이사의 회사 또는 주주에 대한 손해배상의 책임에 영향을 미치지 아니한다.

318

의 100분의 3 이상이 필요하나 금융회사지배구조법의 경우 발행주식 총수의 10만
분의 50 이상 또는 10만분의 25 이상이면 가능하므로 금융회사지배구조법이 상법
에 대하여 소수주주의 권리행사의 특례를 가지고 있다.

7. 상법 상 소수주주권의 행사와의 관계

금융회사지배구조법에 따른 소수주주의 권리행사의 특례에 관한 규정은 상법의
해당 규정에 따른 소수주주권의 행사에 영향을 미치지 아니한다.[244]

---

236) 상법 제467조의2(이익공여의 금지)

   ① 회사는 누구에게든지 주주의 권리행사와 관련하여 재산상의 이익을 공여할 수 없다.

   ② 회사가 특정의 주주에 대하여 무상으로 재산상의 이익을 공여한 경우에는 주주의 권리행사와 관련하여 이를 공여한
     것으로 추정한다. 회사가 특정의 주주에 대하여 유상으로 재산상의 이익을 공여한 경우에 있어서 회사가 얻은 이익이
     공여한 이익에 비하여 현저하게 적은 때에도 또한 같다.

   ③ 회사가 제1항의 규정에 위반하여 재산상의 이익을 공여한 때에는 그 이익을 공여받은 자는 이를 회사에 반환하여야
     한다. 이 경우 회사에 대하여 대가를 지급한 것이 있는 때에는 그 반환을 받을 수 있다.

   ④ 제403조 내지 제406조의 규정은 제3항의 이익의 반환을 청구하는 소에 대하여 이를 준용한다.

237) 상법 제542조(준용규정) ① 제245조, 제252조 내지 제255조, 제259조, 제260조와 제264조의 규정은 주식회사에
     준용한다.

   ② 제362조, 제363조의2, 제366조, 제367조, 제373조, 제376조, 제377조, 제382조제2항, 제386조, 제388조 내
     지 제394조, 제396조, 제398조부터 제406조까지, 제406조의2, 제407조, 제408조, 제411조 내지 제413조, 제
     414조제3항, 제449조제3항, 제450조와 제466조는 청산인에 준용한다.

238) 금융회사지배구조법 제33조 ⑤

239) 상법 제324조, 제415조, 제424조의2, 제467조의2 및 제542조에서 준용하는 경우를 포함한다.

240) 금융회사지배구조법 제33조 ⑦

241) 일정한 조건에 해당하는 금융회사란 최근 사업연도 말 현재 자산총액이 5조원 이상인 은행, 최근 사업연도 말 현재 자본
     금이 1천억원 이상인 금융투자업자, 최근 사업연도 말 현재 자산총액이 5조원 이상으로서 자본금이 1천억원 이상인 보
     험회사, 최근 사업연도 말 현재 자산총액이 7천억원 이상인 상호저축은행, 최근 사업연도 말 현재 자본금이 1천억원 이
     상인 신용카드업자 및 최근 사업연도 말 현재 자산총액이 5조원 이상으로서 최근 사업연도 말 현재 자산총액이 2조원
     이상인 자회사를 둘 이상 지배하는 금융지주회사를 말한다.

242) 상법 제466조(주주의 회계장부열람권) ① 발행주식의 총수의 100분의 3 이상에 해당하는 주식을 가진 주주는 이유를
     붙인 서면으로 회계의 장부와 서류의 열람 또는 등사를 청구할 수 있다.

   ② 회사는 제1항의 주주의 청구가 부당함을 증명하지 아니하면 이를 거부하지 못한다.

243) 금융회사지배구조법 제33조 ⑥

244) 금융회사지배구조법 제33조 ⑧

08

처분 및 제재절차

1. 금융회사 및 임직원에 대한 조치의 사유가 되는 위규행위

금융회사 및 임직원은 금융회사지배구조법 [별표]에서 정하고 있는 "금융회사 및 임직원에 대한 조치"의 어느 하나에 해당하는 위규행위를 한 경우에는 조치를 받을 수 있다.[245]

---

245) 금융회사지배구조법 제34조 ① 및 제35조 ①~②

금융회사 및 임직원에 대한 조치

(제34조 및 제35조 관련)

금융회사지배구조법 [별표]

1. 제5조를 위반하여 임원 선임과 관련된 의무를 이행하지 아니하는 경우

2. 제6조를 위반하여 사외이사 선임과 관련된 의무를 이행하지 아니하는 경우

3. 제7조제1항을 위반하여 임원의 자격요건 적합 여부를 확인하지 아니한 경우

4. 제7조제2항을 위반하여 공시 또는 보고를 하지 아니하거나 거짓으로 공시 또는 보고를 한 경우

5. 제7조제3항을 위반하여 해임(사임을 포함한다)사실을 공시 또는 보고를 하지 아니하거나 거짓으로 공시 또는 보고를 한 경우

6. 제8조제1항을 위반하여 이사회의 의결을 거치지 아니하고 주요업무집행책임자를 임면한 경우

7. 제10조를 위반하여 겸직하는 경우

8. 제11조제1항 및 제2항을 위반하여 겸직 승인을 받지 아니한 경우 또는 겸직 보고를 하지 아니하거나 거짓으로 보고하는 경우

9. 제11조제3항에 따른 금융위원회의 명령을 따르지 아니한 경우

10. 제12조를 위반하여 이사회의 구성과 관련된 의무를 이행하지 아니하는 경우

11. 제13조제2항을 위반하여 공시를 하지 아니하거나 거짓으로 공시를 한 경우 또는 선임사외이사를 선임하지 아니하는 경우

12. 제13조제4항을 위반하여 선임사외이사의 업무를 방해하거나 협조를 거부하는 경우

13. 제14조를 위반하여 지배구조내부규범과 관련된 의무를 이행하지 아니하는 경우

14. 제15조제1항 및 제2항을 위반하여 이사회의 심의·의결에 관한 의무를 이행하지 아니하는 경우

15. 제16조를 위반하여 이사회내 위원회 설치 및 구성과 관련된 의무를 이행하지 아니하는 경우

16. 제17조를 위반하여 임원 선임과 관련된 의무를 이행하지 아니하는 경우

17. 제18조를 위반하여 사외이사에게 자료나 정보를 제공하지 아니하거나 거짓으로 제공하는 경우

18. 제19조를 위반하여 감사위원회의 구성 및 감사위원의 선임 등과 관련된 의무를 이행하지 아니하는 경우

19. 제20조를 위반하여 감사위원회 또는 감사에 대한 지원 등과 관련된 의무를 이행하지 아니하는 경우

20. 제21조를 위반하여 위험관리위원회의 심의·의결에 관한 의무를 이행하지 아니하는 경우

21. 제22조제1항을 위반하여 보수위원회의 심의·의결에 관한 의무를 이행하지 아니하는 경우

22. 제22조제2항 및 제3항을 위반하여 보수체계 등에 관한 의무를 이행하지 아니하는 경우

23. 제22조제4항 및 제5항을 위반하여 연차보고서를 작성하지 아니한 경우 또는 공시를 하지 아니하거나 거짓으로 공시하는 경우

23의2. 제22조의2제1항을 위반하여 내부통제위원회의 심의·의결에 관한 의무를 이행하지 아니하는 경우

24. 제23조제2항 및 제3항을 위반하여 상근감사를 선임하지 아니하거나 자격요건을 갖추지 못한 상근감사를 선임하는 경우

25. 제24조를 위반하여 내부통제기준과 관련된 의무를 이행하지 아니하는 경우

26. 제25조제1항을 위반하여 준법감시인을 두지 아니하는 경우

27. 제25조제2항부터 제6항까지(제28조제2항에서 준용하는 경우를 포함한다)를 위반하여 준법감시인 임면 및 보수지급과 평가기준 운영에 관련된 의무를 이행하지 아니하는 경우

28. 제26조에 따른 자격요건을 갖추지 못한 준법감시인을 선임하는 경우

29. 제27조를 위반하여 위험관리기준과 관련된 의무를 이행하지 아니하는 경우

30. 제28조제1항을 위반하여 위험관리책임자를 두지 아니하는 경우

31. 제28조제3항 및 제4항에 따른 자격요건을 갖추지 못한 위험관리책임자를 선임하는 경우

32. 제29조를 위반하여 준법감시인 또는 위험관리책임자가 같은 조 각 호의 어느 하나에 해당하는 업무를 수행하는 직무를 담당하거나 준법감시인 또는 위험관리책임자에게 이를 담당하게 하는 경우

33. 제30조제2항을 위반하여 준법감시인 및 위험관리책임자의 임면사실을 보고하지 아니하거나 거짓 보고하는 경우

34. 제30조제3항을 위반하여 준법감시인 및 위험관리책임자에 자료나 정보를 제공하지 아니하거나 거짓으로 제공하는 경우

35. 제30조제4항을 위반하여 준법감시인 및 위험관리책임자에 대하여 인사상의 불이익을 주는 경우

35의2. 제30조의3제1항부터 제6항까지(제5항은 제외한다)를 위반하여 책무구조도 마련 · 제출 또는 변경 관련 의무를 이행하지 아니한 경우

36. 제32조제2항을 위반하여 적격성 유지요건을 충족하지 못함을 보고하지 아니하는 경우

37. 제32조제3항에 따른 금융위원회의 자료제출 또는 정보제공 요구에 따르지 아니하거나 거짓 자료 또는 정보를 제공하는 경우

38. 제33조에 따른 소수주주권의 행사를 부당한 방법으로 방해한 경우

39. 제38조제2항을 위반하여 조치한 내용을 기록하지 아니하거나 이를 유지 · 관리하지 아니하는 경우

40. 제41조제1항을 위반하여 주주총회와 관련한 공시를 하지 아니하거나 거짓으로 공시한 경우

41. 제41조제2항을 위반하여 주주가 주주의 권리를 행사한 내용을 공시하지 아니하거나 거짓으로 공시한 경우

2. 금융회사에 대한 조치

금융위원회는 금융회사[246]가 금융회사지배구조법 [별표]에서 정하고 있는 "금융회사 및 임직원에 대한 조치"의 어느 하나에 해당하는 위규행위를 한 경우에는 다음의 어느 하나에 해당하는 조치를 할 수 있다.[247]

---

246) 은행법에 따른 은행, 한국산업은행, 중소기업은행, 농협은행, 수협은행, 금융투자업자, 보험회사, 상호저축은행, 여신전문금융회사, 종합금융회사 및 금융지주회사를 말하며, 처분 및 제재절차 관련 조항에서는 동일하게 적용된다.

금융회사에 대한 조치 내용

1. 위법행위의 시정명령
2. 위법행위의 중지명령
3. 금융회사에 대한 경고
4. 금융회사에 대한 주의
5. 그 밖에 위법행위를 시정하거나 방지하기 위하여 필요한 조치로서 대통령령으로 정하는 조치

    가. 위법행위로 인하여 조치를 받았다는 사실의 공표명령 또는 게시명령

    나. 경영이나 업무방법의 개선요구 또는 개선권고

    다. 법을 위반한 경우 수사기관에의 고발 또는 통보

한편, 은행,[248] 보험회사 및 여신전문금융회사가 금융회사지배구조법 [별표]에서 정하고 있는 "금융회사 및 임직원에 대한 조치"의 어느 하나에 해당하는 위규행위를 하여 조치를 하는 경우에는 다음에서 정하는 바에 따른다.[249]

은행, 보험회사 및 여신전문금융회사에 대한 조치 시 고려사항

1. 금융위원회는 은행법에 따라 인가되어 설립된 은행에 대해서는 금융감독원장의 건의에 따라 상기의 금융회사에 대한 조치 내용의 어느 하나에 해당하는 조치를 하거나, 금융감독원장으로 하여금 위법행위의 중지명령, 금융회사에 대한 경고 또는 금융회사에 대한 주의 중에서 어느 하나에 해당하는 조치를 하게 할 수 있다.
2. 금융위원회는 보험회사 또는 여신전문금융회사에 대해서는 금융감독원장의 건의에 따라 상기의 금융회사에 대한 조치 내용의 어느 하나에 해당하는 조치를 하거나, 금융감독원장으로 하여금 금융회사에 대한 경고 또는 금융회사에 대한 주의 중에서 어느 하나에 해당하는 조치를 하게 할 수 있다.

3. 임직원에 대한 제재조치

3-1. 임원에 대한 제재조치

금융위원회는 금융회사의 임원(업무집행책임자는 제외)이 금융회사지배구조법 [별표]에서 정하고 있는 "금융회사 및 임직원에 대한 조치"의 어느 하나에 해당하는 위규행위를 한 경우에는 다음의 어느 하나에 해당하는 조치를 할 수 있다.[250]

금융회사의 임원에 대한 제재조치 내용

1. 해임요구
2. 6개월 이내의 직무정지 또는 임원의 직무를 대행하는 관리인의 선임
3. 문책경고
4. 주의적 경고
5. 주의

한편, 은행, 보험회사 및 여신전문금융회사의 임원이 금융회사지배구조법 [별표]에서 정하고 있는 "금융회사 및 임직원에 대한 조치"의 어느 하나에 해당하는 위규행위를 하여 제재조치를 하는 경우에는 다음에서 정하는 바에 따른다.[251]

---

247) 금융회사지배구조법 제34조 ①
248) 은행이란 은행법에 따른 인가를 받아 설립된 은행으로 한정하며, 처분 및 제재절차와 관련된 조항에서는 동일하게 적용한다.
249) 금융회사지배구조법 제34조 ②
250) 금융회사지배구조법 제35조 ①
251) 금융회사지배구조법 제35조 ③

3-2. 직원에 대한 제재조치

　　금융위원회는 금융회사의 직원(업무집행책임자를 포함)이 금융회사지배구조법 [별
표]에서 정하고 있는 "금융회사 및 임직원에 대한 조치"의 어느 하나에 해당하는 위
규행위를 한 경우에는 다음의 어느 하나에 해당하는 조치를 할 것을 그 금융회사에
요구할 수 있다.[252]

---

252) 금융회사지배구조법 제35조 ②

직원에 대한 조치 내용

1. 면직
2. 6개월 이내의 정직
3. 감봉
4. 견책
5. 주의

한편, 은행, 보험회사 및 여신전문금융회사의 직원이 금융회사지배구조법 [별표]에서 정하고 있는 "금융회사 및 임직원에 대한 조치"의 어느 하나에 해당하는 위규행위를 하여 제재조치를 하는 경우에는 다음에서 정하는 바에 따른다.[253]

은행, 보험회사 및 여신전문금융회사의 직원에 대한 제재조치 시 고려사항

1. 금융감독원장은 은행법에 따라 인가되어 설립된 은행의 직원에 대해서는 면직, 6개월 이내의 정직, 감봉, 견책 및 주의 중에서 어느 하나에 해당하는 조치를 할 것을 그 금융회사에 요구할 수 있다.

2. 금융위원회는 보험회사 또는 여신전문금융회사의 직원에 대해서는 면직, 6개월 이내의 정직, 감봉, 견책 및 주의 중에서 어느 하나에 해당하는 조치를 할 것을 금융감독원장의 건의에 따라 그 금융회사에 요구하거나, 금융감독원장으로 하여금 요구하게 할 수 있다.

---

253) 금융회사지배구조법 제35조 ④

4. 관리 · 감독의 임직원에 대한 조치

금융위원회는 금융회사의 임직원에 대하여 조치를 하거나 해당 조치를 하도록 요구하는 경우 그 임직원에 대한 관리 · 감독의 책임이 있는 임직원에 대한 조치를 함께 하거나, 해당 조치를 하도록 요구할 수 있다. 다만, 관리 · 감독의 책임이 있는 사람이 그 임직원의 관리 · 감독에 상당한 주의를 다한 경우에는 조치를 감경하거나 면제할 수 있다.[254]

5. 퇴임한 임원 또는 퇴직한 직원에 대한 조치

금융위원회[255]는 금융회사의 퇴임한 임원 또는 퇴직한 직원이 재임 또는 재직 중이었더라면 상기의 임원 또는 직원에 대한 조치 내용에 해당하는 조치를 받았을 것으로 인정되는 경우에는 그 조치의 내용을 해당 금융회사의 장에게 통보할 수 있다. 이 경우 통보를 받은 금융회사의 장은 이를 퇴임 · 퇴직한 해당 임직원에게 통보하여야 한다.[256]

---

254) 금융회사지배구조법 제35조 ⑤
255) 은행, 보험회사 또는 여신전문금융회사의 임직원에 대해 조치를 하거나 조치를 할 것을 요구할 수 있는 금융감독원장을 포함한다.
256) 금융회사지배구조법 제35조 ⑥

6. 내부통제 및 위험관리 관리의무 위반에 대한 제재 신설

6-1. 의의

상기의 "제5절 6. 임원의 내부통제등 관리의무, 책무구조도 및 대표이사등의 총괄관리의무"에서 설명하였듯이 거액 금융사고의 예방을 위해 책무구조도 도입 등을 내용으로 하는 개정된 금융회사지배구조법이 2023년 7월 3일 시행되었다. 이에 따라 기존의 내부통제기준 마련의무에 더하여 내부통제등 관리의무 등이 추가되어, 대표이사에게 내부통제 총괄 책임자로서 전사적 내부통제체계를 구축할 의무가 부여되고 각 임원은 소관업무에 대한 통제활동을 감독하는 관리의무가 부여됨으로써 내부통제 관리의무 위반 대표이사와 임원에 대한 신분제재를 부과할 수 있는 근거가 마련되었다. 또한, 금융사고의 발생을 초래한 위법행위에 대한 감독자책임이 아닌, 신설된 내부통제등 관리의무라는 본인의 업무를 소홀히 한 고유의 자기책임으로 제재조치를 받게 된다. 그리고 평소에 상당한 주의를 다하여 내부통제등 관리의무를 충실히 이행한 임원은 금융사고가 발생하더라도 책임을 감경 또는 면제하는 규정을 별도로 두었다.

6-2. 임원 또는 대표이사등에 대한 제재조치

금융위원회는 임원이 임원의 내부통제등 관리의무[257]를 위반하거나 대표이사등이 내부통제등 총괄 관리의무[258]를 위반하는 경우에는 "08. 처분 및 제재절차"에 의거 제재조치를 할 수 있다. 이 경우 그 임직원에 대한 관리·감독의 책임이 있는 임직원에 대한 조치를 함께 하거나, 해당 조치를 하도록 요구할 수는 없다.[259] 왜냐하면, 내부통제등 관리의무가 있는 임원과 내부통제등 총괄 관리의무가 있는 대표이사등은 소관 영역에 대한 최종 책임자이므로 금융사고의 발생을 초래한 위법행위에 대한 감독자책임이 아닌, 관리의무 위반행위에 대한 고유의 자기책임을 부담하기 때문이다.

그러므로 현행 「금융기관 검사 및 재재에 관한 규정」에 따른 "감독자-지시자-보조자" 책임을 별도로 묻지 않는다.[260]

한편, 금융감독당국이 상시적으로 모든 내부통제 관리의무 이행 여부에 대해 책임을 물을 수 없기 때문에 금융사고 발생시 금융당국이 내부통제 관리의무 위반을 다룰 것인지(trigger) 여부를 판단할 때에 고려할 사항을 제시하였다. 이는 일정 수준 이하의 내부통제 실패에 대해서는 법에 따른 제재가 아닌 내부 자체 조사 및 징계 등을 통해 조치하도록 하려는 취지인 것으로 보인다.

---

257) 금융회사지배구조법 제30조의2(임원의 내부통제등 관리의무)

　① 금융회사의 임원(해당 금융회사의 책무에 사실상 영향력을 미치는 다른 회사 임원을 포함하며, 금융회사의 자산규모, 담당하는 직책의 특성 등을 고려하여 대통령령으로 정하는 임원을 제외하거나 대통령령으로 정하는 직원을 포함한다. 이하 이 조, 제30조의3 및 제35조의2에서 같다)은 제30조의3제1항에 따른 책무구조도에서 정하는 자신의 책무와 관련하여 내부통제 및 위험관리(이하 "내부통제등"이라 한다)가 효과적으로 작동할 수 있도록 다음 각 호의 관리조치를 하여야 한다.

　　1. 이 법 및 금융관계법령에 따른 내부통제기준 및 위험관리기준(이하 "내부통제기준등"이라 한다)이 적정하게 마련되었는지 여부에 대한 점검

　　2. 내부통제기준등이 효과적으로 집행·운영되고 있는지 여부에 대한 점검

　　3. 임직원이 법령 또는 내부통제기준등을 충실하게 준수하고 있는지 여부에 대한 점검

　　4. 제1호부터 제3호까지에 따른 점검 과정에서 알게 된 법령 및 내부통제기준등의 위반사항이나 내부통제등에 관한 미흡한 사항에 대한 시정·개선 등 필요한 조치

　　5. 제1호부터 제4호까지에 따른 조치에 준하는 조치로서 내부통제등의 효과적 작동을 위하여 대통령령으로 정하는 관리조치

　② 금융회사의 임원은 다음 각 호의 사항에 관하여 대표이사(「상법」에 따른 집행임원을 둔 경우에는 대표집행임원, 외국 금융회사의 국내지점의 경우 그 대표자를 포함하며, 이하 "대표이사등"이라 한다)에게 보고하여야 한다.

　　1. 제1항 각 호에 따른 관리조치의 내용과 결과

　　2. 제1항에 따른 관리조치를 수행하는 과정에서 알게 된 내부통제등에 관한 사항

　　3. 제1호 및 제2호에 준하는 사항으로서 대통령령으로 정하는 사항

　③ 제1항에 따른 관리조치 및 제2항에 따른 보고 등에 관하여 필요한 사항은 대통령령으로 정한다.

---

258) 금융회사지배구조법 제30조의4(대표이사등의 내부통제등 총괄 관리의무)

① 금융회사의 대표이사등은 내부통제등의 전반적 집행 및 운영에 대한 최종적인 책임자로서 다음 각 호의 총괄적인 관리조치를 실효성 있게 하여야 한다.

1. 내부통제등 정책·기본방침 및 전략의 집행·운영
2. 임직원이 법령 및 내부통제기준등을 준수하기 위하여 필요한 인적·물적 자원의 지원 및 그 지원의 적정성에 대한 점검
3. 임직원의 법령 또는 내부통제기준등 위반사실을 대표이사등이 적시에 파악할 수 있도록 하기 위한 제보·신고 및 보고 등에 대한 관리체계의 구축·운영
4. 각 임원이 제30조의2에 따른 관리의무를 적절하게 수행하고 있는지 여부에 대한 점검
5. 임직원의 법령 또는 내부통제기준등 위반을 초래할 수 있는 대통령령으로 정하는 잠재적 위험요인 또는 취약분야에 대한 점검
6. 임직원의 법령 또는 내부통제기준등 위반이 장기화 또는 반복되거나 조직적으로 또는 광범위하게 이루어지는 것을 방지하기 위한 조치로서 대통령령으로 정하는 조치
7. 제1호부터 제6호까지 및 제8호에 따른 관리조치를 하는 과정에서 알게 된 법령 및 내부통제기준등의 위반사항이나 내부통제등에 관한 미흡한 사항에 대한 시정·개선 등 필요한 조치
8. 그 밖에 내부통제등의 효과적 작동을 위한 대통령령으로 정하는 조치

② 금융회사의 대표이사등은 다음 각 호의 사항에 관하여 이사회에 보고하여야 한다.

1. 제1항 각 호에 따른 관리조치의 내용과 결과
2. 제1항에 따른 관리조치를 수행하는 과정에서 알게 된 내부통제등에 관한 중요한 사항
3. 제30조의2제2항에 따라 임원이 보고하는 사항 중 중요한 사항
4. 제1호 및 제2호에 준하는 사항으로서 대통령령으로 정하는 사항

③ 제1항에 따른 관리조치 및 제2항에 따른 보고 등에 관하여 필요한 사항은 대통령령으로 정한다.

259) 금융회사지배구조법 제35조의2 ①

260) 금융위원회·금융감독원, 2023.6.21.일자 보도자료 "금융사고, 제재보다 예방에 주력 – 금융권 내부통제 제도개선 방안 발표 –"를 참고한다.

6-3. 감경 또는 면제

금융위원회는 임원의 내부통제등 관리의무를 위반하거나 대표이사등이 내부통제등 총괄 관리의무를 위반하여 임원 또는 대표이사등에 대하여 제재조치하는 경우에는 임직원의 법령 또는 내부통제기준등 위반행위의 발생 경위, 정도와 그 결과 및 위반행위의 발생을 방지하기 위하여 상당한 주의를 다하여 관리의무를 수행하였는지 여부를 고려하여 제재조치를 감경하거나 면제할 수 있다.[261]

2024년 7월 3일 시행된 개정 금융회사지배구조법은 대표이사 및 임원에게 강화된 의무를 부과하는 대신 대표이사 및 임원이 이에 따른 제재 위험에 미리 대비할 수 있도록 면책기준을 제시함으로써 임원의 관리의무 위반과 관련한 내부통제 책임 여부에 대한 예측가능성을 제고하고, 임원 등의 내부통제 관리의무 이행 노력을 유도하고 있다. 즉, 임원 등이 내부통제 관리의무를 위반하였음에도 불구하고 위반행위의 발생을 방지하기 위해 상당한 주의를 다하여 내부통제 관리의무를 수행하였는지 여부를 고려하여 제재조치를 하도록 하는 제재 감면 근거를 마련함으로써 내부통제 책임이 결과책임으로 귀결되지 않도록 하고, 임원 등의 내부통제 관리의무 이행 노력을 독려하고자 한다.

다만, 현행 금융법체계상 금융회사지배구조법을 포함한 금융업관련법[262] 위반에 대해서는 「금융기관 검사 및 제재에 관한 규정」(금융위원회고시) 및 「금융기관 검사 및 제재에 관한 규정 시행세칙」(금융감독원세칙)에 따라 제재 처분이 이루어지며, 제재 처분시에 위법·부당의 동기 및 정도, 손실액 규모 및 사회적 영향, 고의 및 과실 여부 등을 고려하도록 하고 있고, 위법·부당 행위의 정도, 고의·중과실 여부, 사후 수습 노력, 공적, 자진신고 여부 등을 고려하여 제재를 감면하거나 면제할 수도 있

---

261) 금융회사지배구조법 제35조의2 ②
262) 「금융기관 검사 및 제재에 관한 규정」 제3조제1호

도록 하고 있다.[263] 따라서 내부통제 관리의무 위반에 대해 현행 금융위원회고시 등에 따른 제재 및 제재 감면과 달리 적용할 사항을 규정하려는 의미를 보다 명확하게 반영할 필요가 있는 것으로 보인다. 또한, 금융회사지배구조법 상 제재 감면사유인 "상당한 주의"에 대한 구체적 기준이 제시되지 않아서 예측가능성이 낮아 내부통제 내실화를 이끌 효과적인 유인으로서 한계가 있으므로, 이를 보다 명확하게 규정할 필요가 있다는 지적이 있다. 이와 관련하여, 미국과 영국은 각각 증권거래법에 따른 감독자책임이나 금융서비스시장법에 따른 주요임원책임과 관련하여 "미연방 양형 가이드라인(U.S.Sentencing Guideline)", 「DEPP(Decision Procedure & Penalties Manual)」에서 면책조건인 '상당한 주의(또는 합리적인 조치)' 판단시 고려할 사항을 제시하여 금융회사 임원들이 규제를 위반했는지 여부를 예측할 수 있게 지원하고 있다.

---

263) 「금융기관 검사 및 제재에 관한 규정」 제23조(기관 및 임직원제재의 감면)

① 기관 및 임직원에 대한 제재를 함에 있어 위법 · 부당행위의 정도, 고의 · 중과실 여부, 사후 수습 노력, 공적, 자진신고 여부 등을 고려하여 제재를 감경하거나 면제할 수 있다.

② 금융기관 또는 그 임직원에 대하여 과징금 또는 과태료를 부과하는 경우에는 동일한 위법 · 부당행위에 대한 제17조부터 제19조까지의 규정에 따른 기관제재 또는 임직원 제재는 이를 감경하거나 면제할 수 있다.

③ 기관 및 임직원 제재의 감면기준 등에 관한 세부 사항은 감독원장이 정하는 바에 따른다.

※ 다만, 시행세칙에는 직원제재 감면 규정(자진신고, 사전 시정, 전액 변상 등)만 정하고 있음.

「금융기관 검사 및 제재에 관한 규정 시행세칙」제46조(임직원 등에 대한 제재기준)

① 위법 · 부당행위 관련 임직원 등을 제재함에 있어서는 별표 2의 제재양정기준과 다음 각 호의 사유를 참작한다.

　　1. 제재대상자의 평소의 근무태도, 근무성적, 개전의 정 및 동일 · 유사한 위반행위에 대한 제재 등 과거 제재사실의 유무

　　2. 위법 · 부당행위의 동기, 정노, 손실액규모 및 금융질서 문란 · 사회적 물의야기 등 주위에 미친 영향

　　3. 제재대상자의 고의, 중과실, 경과실 여부

　　4. 사고금액의 규모 및 손실에 대한 시정 · 변상 여부

　　5. 검사업무에의 협조정도 등 사후수습 및 손실경감을 위한 노력 여부

　　6. 경영방침, 경영시스템의 오류, 금융 · 경제여건 등 내 · 외적 요인과 귀책판정과의 관계

　　7. 금융거래자의 피해에 대한 충분한 배상 등 피해회복 노력 여부

　　8. 그 밖의 정상참작 사유

② 금융실명법을 위반한 행위 등 특정 위법 · 부당행위에 대한 제재는 별표 3의 금융업종별 · 위반유형별 제재양정기준에 의한다. 다만, 제1항 등 여타 제재기준을 참작하여 제재를 가중하거나 감경하는 등 제재수준을 정할 수 있다.

면책 인정요건 관련 해외사례(미국, 영국)

□ 미국

[증권거래법1934 ACT상 감독자책임 조항15(b)(4)(E) 면책조건]

1. 직원의 위법행위를 방지하거나 실무적으로 이를 적발할 것으로 기대할 수 있는 합리적인 절차나 시스템을 마련하고 if there have been established procedures, and a system for applying such procedures, which would reasonably be expected to prevent and detect, insofar as practicable, any such violation by such other person,

2. 그러한 절차와 시스템이 준수되지 않는다는 합리적인 의구심이 없는 상황에서 감독자가 자신에게 부여된 절차와 시스템을 적절히 이행한 경우 such person has reasonably discharged the duties and obligations incumbent upon him by reason of such procedures and system without reasonable cause to believe that such procedures and system were not being complied with.

[美연방 양형가이드라인U.S.Sentencing Guideline상 "상당한 주의" 인정요건]

① 컴플라이언스 프로그램 제정 여부 (법 준수와 관련한 기준과 절차를 확립하였는가?)

② 컴플라이언스 프로그램의 효과적 실행 여부 (기업윤리담당 책임자를 임명하였는가?)

③ 임직원에 대한 실질적인 감독 여부 (불법행위 전력자 등을 관련 업무에서 배제하였는가?)

④ 교육연수 프로그램 시행 여부 (구성원에게 회사의 컴플라이언스 프로그램을 교육하였는가?)

⑤ 감독 · 보고시스템 구축 여부 (법 기준 준수를 유도하기 위한 합리적인 조치를 취했는가?)

⑥ 인센티브 · 징계제도 운영 여부 (컴플라이언스 프로그램을 촉진 · 강제할 수단을 갖췄는가?)

⑦ 긴급대응책 · 재발방지책 확립 여부 (위규사항 발견 시 적절한 대처 · 후속조치를 취했는가?)

[FINRA의 컴플라이언스 가이드라인 예시]

‣ **감독시스템에 관한 세부규정 Rule 3110 예시**

‑ 서면화된 감독절차의 수립, 유지보수, 감독 임무 수행할 감독자 지정할 것

‑ 업무 관련 모든 거래 · 통신을 점검할 수 있는 서면화된 감독절차 갖출 것

‑ 합리적으로 설계된 위험 기반의 점검시스템을 구축할 것

‑ 이해상충 가능성으로 감독표준이 훼손되는 것을 방지하는 절차 마련할 것

‣ **감독 통제시스템에 관한 세부규정 Rule 3120 예시**

‑ 감독 통제정책 · 절차에 관한 시스템 수립과 이를 완수할 책임자를 지정할 것

‑ 책임자는 위험기반 방법론과 표본 추출을 통해 시험범위 결정할 수 있음

‑ 책임자는 감독통제와 시험결과를 상세히 기술한 보고서를 연단위로 제출

‣ **컴플라이언스 · 감독 프로세스에 관한 연간 인증규정 Rule 3130 예시**

‑ 컴플라이언스 책임자(CCO)로 근무할 한 명 이상의 책임자를 지정할 것

‑ 감독절차 · 통제프로세스는 이사회 · 감사위원회에 제출되는 보고서에서 입증될 것

□ 영국

[금융서비스시장법FSMA상 주요임원책임 조항§66A⑤ 등]

FCA Consultation Paper CP 16/26('16.9월) 2.2

- 내부통제 관리조치에 대한 **"책임질 의무Duty of responsibility"**에 따라 **FCA**는 다음과 같은 경우 **주요임원**Senior Manager에게 필요한 조치를 취할 수 있다.

  1. 금융회사의 **관련의무에 대한 위반**contravention of a relevant requirement이 있고,

  2. 위반행위 시 **금융회사의 해당 업무에 관한 주요임원**이었으며,

  3. 해당 위반행위에 대해 **그 지위 상 예방할 것으로 기대되는 조치**reasonable steps를 취하지 아니한 경우

[주요임원에 대한 "상당한 조치 여부" 판단 시 고려사항]

DEPP(Decision Procedure & Penalties Manual, 의사결정 절차 및 제재 매뉴얼) **6.2**

1. 위반행위의 성격, 심각성 및 파급	• 고의 · 중과실 여부 • 위반행위의 지속기간 및 빈도 • 위반행위의 결과로 인한 이익 또는 손실의 규모 • 위반행위로 인한 소관영역의 내부통제 · 경영시스템 상 허점 여부 • 시장질서에 미치는 영향 및 파급력 • 소비자 또는 시장참여자에게 미치는 손실 또는 위험의 크기 • 위반행위로 인해 발생한 여타 금융범죄의 특성 등
2. 위반행위 이후 행위자의 행실	• 위반행위 이후 얼마나 신속 · 정확하게 금융당국에 신고했는지 • 조사단계에서 얼마나 협조적이었는지 • 위반행위 이후 담당자가 취한 교정 · 보완 조치가 적절했는지 • 별도 조치 없을 경우 유사 위반행위가 발생할 가능성 있는지 등
3. 행위자의 과거 제재 또는 준법 이력	• 금융회사 및 담당자에 대한 과거 제재조치 이력 등
4. FCA 가이드라인 등의 준법 여부	
5. 유사 사례에 대한 FCA의 제재조치 선례	

7. 금융회사에 대한 조치

금융위원회는 임원의 내부통제등 관리의무를 위반하거나 대표이사등이 내부통제등 총괄 관리의무를 위반하여 임원 또는 대표이사등에 대하여 제재조치를 하는 경우 해당 금융회사에 대하여 상기의 "금융회사에 대한 조치 내용"에 해당하는 조치를 할 수 있다. 이 경우 은행, 보험회사 및 여신전문금융회사에 대한 조치는 상기의 "은행, 보험회사 및 여신전문금융회사에 대한 조치시 고려사항"에서 정하는 바에 따른다.[264]

8. 청문

금융위원회는 임원의 해임요구 또는 직원의 면직요구의 조치를 할 경우 청문을 하여야 한다.[265]

9. 이의신청 특례

금융회사지배구조법에 따른 금융회사의 조치(제34조), 금융회사 임직원에 대한 제재조치(제35조 제1항부터 제5항까지) 및 내부통제등 관리의무 위반에 대한 제재 등(제35조의2)에 따른 조치(해임요구 또는 면직요구의 조치는 제외)에 대하여 불복하는 자는 그 조치를 고지받은 날부터 30일 이내에 그 사유를 갖추어 금융위원회에 이의를 신청할 수 있다. 금융위원회는 이의신청에 대하여 60일 이내에 결정을 하여야 한다. 다만, 부득이한 사정으로 그 기간 이내에 결정을 할 수 없는 경우에는 30일의 범위

---

264) 금융회사지배구조법 제35조의2 ③
265) 금융회사지배구조법 제36조

에서 그 기간을 연장할 수 있다. 상기의 이의신청과 관련된 사항 외에 처분에 대한 이의신청에 관한 사항은 「행정기본법」 제36조[266]에 따른다.[267]

10. 기록 및 조회 등

금융위원회는 금융회사의 조치(제34조), 금융회사 임직원에 대한 제재조치(제35조) 및 내부통제등 관리의무 위반에 대한 제재 등(제35조의2)에 따라 조치한 경우에는 그 내용을 기록하고 이를 유지·관리하여야 한다. 금융회사는 금융위원회의 조치 요구에 따라 그 임직원을 조치한 경우 및 퇴임·퇴직한 해당 임직원에 대한 조치를 통보를 받은 경우에는 그 내용을 기록하고 이를 유지·관리하여야 한다. 금융회사 또는

---

266) 행정기본법 제36조(처분에 대한 이의신청)

① 행정청의 처분(「행정심판법」 제3조에 따라 같은 법에 따른 행정심판의 대상이 되는 처분을 말한다. 이하 이 조에서 같다)에 이의가 있는 당사자는 처분을 받은 날부터 30일 이내에 해당 행정청에 이의신청을 할 수 있다.

② 행정청은 제1항에 따른 이의신청을 받으면 그 신청을 받은 날부터 14일 이내에 그 이의신청에 대한 결과를 신청인에게 통지하여야 한다. 다만, 부득이한 사유로 14일 이내에 통지할 수 없는 경우에는 그 기간을 만료일 다음 날부터 기산하여 10일의 범위에서 한 차례 연장할 수 있으며, 연장 사유를 신청인에게 통지하여야 한다.

③ 제1항에 따라 이의신청을 한 경우에도 그 이의신청과 관계없이 「행정심판법」에 따른 행정심판 또는 「행정소송법」에 따른 행정소송을 제기할 수 있다.

④ 이의신청에 대한 결과를 통지받은 후 행정심판 또는 행정소송을 제기하려는 자는 그 결과를 통지받은 날(제2항에 따른 통지기간 내에 결과를 통지받지 못한 경우에는 같은 항에 따른 통지기간이 만료되는 날의 다음 날을 말한다)부터 90일 이내에 행정심판 또는 행정소송을 제기할 수 있다.

⑤ 다른 법률에서 이의신청과 이에 준하는 절차에 대하여 정하고 있는 경우에도 그 법률에서 규정하지 아니한 사항에 관하여는 이 조에서 정하는 바에 따른다.

⑥ 제1항부터 제5항까지에서 규정한 사항 외에 이의신청의 방법 및 절차 등에 관한 사항은 대통령령으로 정한다.

⑦ 다음 각 호의 어느 하나에 해당하는 사항에 관하여는 이 조를 적용하지 아니한다.

1. 공무원 인사 관계 법령에 따른 징계 등 처분에 관한 사항

2. 「국가인권위원회법」 제30조에 따른 진정에 대한 국가인권위원회의 결정

3. 「노동위원회법」 제2조의2에 따라 노동위원회의 의결을 거쳐 행하는 사항

4. 형사, 행형 및 보안처분 관계 법령에 따라 행하는 사항

5. 외국인의 출입국·난민인정·귀화·국적회복에 관한 사항

6. 과태료 부과 및 징수에 관한 사항

267) 금융회사지배구조법 제37조

그 임직원(임직원이었던 사람을 포함)은 금융위원회 또는 금융회사에 자기에 대한 금융회사의 조치(제34조), 금융회사 임직원에 대한 제재조치(제35조) 및 내부통제등 관리의무 위반에 대한 제재 등(제35조의2)에 따른 조치 여부 및 그 내용을 조회할 수 있다. 금융위원회 또는 금융회사는 제3항에 따른 조회를 요청받은 경우에는 정당한 사유가 없으면 조치 여부 및 그 내용을 그 조회요청자에게 통보하여야 한다.[268]

11. 이행강제금

금융위원회는 금융회사지배구조법 제31조 제3항[269]에 따른 주식처분명령을 받은 자가 그 정한 기간 이내에 그 명령을 이행하지 아니하면 이행기간이 지난 날부터 1일당 그 처분하여야 하는 주식의 장부가액에 1만분의 3을 곱한 금액을 초과하지 아니하는 범위에서 이행강제금을 부과할 수 있다. 이행강제금은 주식처분명령에서 정한 이행기간의 종료일의 다음 날부터 주식처분명령을 이행하는 날(주권지급일을 말함)까지의 기간에 대하여 이를 부과한다. 금융위원회는 주식처분명령을 받은 자가 주식처분명령에서 정한 이행기간의 종료일부터 90일이 지난 후에도 그 명령을 이행하지 아니하면 그 종료일부터 매 90일이 지나는 날을 기준으로 하여 이행강제금을 징수한다. 이행강제금의 부과 및 징수에 관하여는 은행법 제65조의4부터 제65조의8까지, 제65조의10 및 제65조의11을 준용한다.[270]

---

268) 금융회사지배구조법 제38조
269) 금융회사지배구조법 제31조(대주주 변경승인 등) ③ 금융위원회는 제1항에 따른 승인을 받지 아니하고 취득등을 한 주식과 제2항에 따른 취득등을 한 후 승인을 신청하지 아니한 주식에 대하여 6개월 이내의 기간을 정하여 처분을 명할 수 있다.
270) 금융회사지배구조법 제39조

09

보칙

1. 권한의 위탁

금융위원회는 금융회사지배구조법에 따른 권한의 일부를 대통령령으로 정하는 바에 따라 금융감독원장에게 위탁할 수 있다.[271]

---

271) 금융회사지배구조법 제40조

금융회사지배구조법 시행령 제30조(업무의 위탁)

① **금융위원회는 법 제40조에 따라 다음 각 호의 업무를 금융감독원장에게 위탁한다.**

　1. 법 제7조 제2항 및 제3항에 따른 보고의 접수

　2. 법 제11조 제1항 각 호 외의 부분 본문에 따른 임직원 겸직 승인의 심사, 같은 항 각 호 외의 부분 단서에 따른 임직원 겸직 보고의 접수

　3. 법 제11조 제2항에 따른 임원 겸직 보고의 접수

　4. 법 제20조 제3항에 따른 보고서의 접수

　5. 법 제30조 제2항에 따른 준법감시인 및 위험관리책임자 임면사실 보고의 접수

　5의2. 법 제30조의3 제4항에 따른 책무구조도의 접수

　5의3. 법 제30조의3 제5항에 따른 책무구조도의 기재내용에 대한 정정 또는 보완 제출 요구

　6. 법 제31조 제1항 본문에 따른 대주주의 변경승인의 심사, 같은 조 제2항에 따른 승인의 심사 및 같은 조 제5항 전단에 따른 보고의 접수

　7. 법 제32조 제1항에 따라 적격성 심사대상이 적격성 유지요건에 부합하는지 여부에 대한 심사 및 같은 조 제2항에 따른 보고의 접수

　8. 법 제32조 제3항에 따른 자료 또는 정보의 제공 요구

　9. 법 제32조 제4항 각 호 외의 부분에 따른 명령의 이행 여부 점검

　10. 법 제34조 제1항 제3호 또는 제4호의 조치

　11. 법 제35조 제1항 제3호(해당 금융회사가 상호저축은행인 경우만 해당한다)부터 제5호까지의 조치 및 같은 조 제2항 제2호부터 제5호까지의 조치 요구

　11의2. 법 제35조 제6항에 따른 조치 내용의 결정 및 통보[법 제35조제1항제3호(해당 금융회사가 상호저축은행인 경우만 해당한다)부터 제5호까지의 조치 또는 같은 조 제2항 제2호부터 제5호까지의 조치 요구를 받았을 것으로 인정되는 경우의 조치 내용의 결정 및 통보에 한정한다]

12. 법 제37조에 따른 이의신청의 접수

13. 법 제38조 제1항에 따른 조치 내용의 기록 · 유지 · 관리, 같은 조 제3항에 따른 조회
    요청의 접수, 같은 조 제4항에 따른 조회요청자에 대한 통보

14. 제26조 제9항 전단에 따른 변경승인신청서 내용의 심사 및 같은 항 후단에 따른 변경
    승인신청서 흠결에 대한 보완 요구

15. 제27조 제2항 단서에 따른 심사기간 설정, 같은 조 제9항에 따른 자료 또는 정보의
    제출 요구

16. 제29조 제2호의 조치

② 금융감독원장은 제1항에 따라 위탁받은 업무의 처리 결과를 금융위원회가 정하는 바
   에 따라 금융위원회에 보고하여야 한다.

2. 공시

금융회사는 주주총회와 관련하여 주주의 참석률, 안건별 찬반 주식 수 비율 및 발
행주식 총수 · 의결권 행사 주식 수를 주주총회가 종료된 날부터 7영업일 이내에 해
당 금융회사의 인터넷 홈페이지를 통하여 공시하여야 한다. 금융회사는 주주가 소수
주주권[272]에 따른 주주의 권리를 행사한 경우 이를 공시하여야 한다.[273]

---

272) 금융회사지배구조법 제33조에서 규정한 소수주주권을 말한다.
273) 금융회사지배구조법 제41조

10

벌칙

1. 벌칙

　대주주 변경승인에 대한 규정[274]을 위반하여 승인을 받지 아니한 자 또는 승인신청을 하지 아니한 자 및 승인을 받지 아니하고 취득등을 한 주식 등에 대한 주식처분명령을 위반한 자[275] 중에서 어느 하나에 해당하는 자는 1년 이하의 징역 또는 1천만원 이하의 벌금에 처하며, 징역과 벌금은 이를 병과할 수 있다. 법인의 대표자나 법인 또는 개인의 대리인, 사용인, 그 밖의 종업원이 그 법인 또는 개인의 업무에 관하여 제1항의 위반행위를 하면 그 행위자를 벌하는 외에 그 법인 또는 개인에게도 해당 조문의 벌금형을 과(科)한다. 다만, 법인 또는 개인이 그 위반행위를 방지하기 위하여 해당 업무에 관하여 상당한 주의와 감독을 게을리하지 아니한 경우에는 그러하지 아니한다.[276]

2. 과태료

다음 각 호의 어느 하나에 해당하는 자에게는 1억원 이하, 3천만원 이하 또는 2천만원 이하의 과태료를 부과한다. 과태료 부과에 대한 세부기준은 「금융기관 검사 및 제재에 관한 규정」 [별표 3] "과태료 부과기준"에서 정하고 있다.

금융회사지배구조법 상
과태료 부과 기준

금융융회사지배구조법 제43조(과태료)
① 다음 각 호의 어느 하나에 해당하는 자에게는 1억원 이하의 과태료를 부과한다.

1. 제8조제1항을 위반하여 이사회의 의결을 거치지 아니하고 주요업무집행책임자를 임면한 자
2. 제12조제1항 및 제2항을 위반하여 같은 항에 규정된 사외이사 선임의무를 이행하지 아니한 자
3. 제12조제3항을 위반하여 같은 조 제1항 및 제2항의 이사회의 구성요건을 충족시키지 아니한 자
4. 제13조제2항을 위반하여 선임사외이사를 선임하지 아니한 자
5. 제13조제4항을 위반하여 선임사외이사의 업무를 방해하거나 협조를 거부한 자
6. 제16조제1항 및 같은 조 제2항 단서를 위반하여 이사회내 위원회를 설치하지 아니한 자
7. 제16조제4항을 위반하여 위원회 위원의 과반수를 사외이사로 두지 아니한 자
8. 제17조제1항을 위반하여 임원후보를 추천하지 아니한 자
9. 제17조제2항을 위반하여 임원후보추천위원회를 구성한 자
10. 제17조제3항에 따라 임원을 선임하지 아니한 자

---

274) 금융회사지배구조법 제31조 ① 또는 ②를 위반한 것을 말한다.
275) 금융회사지배구조법 제31조 ③을 위반한 것을 말한다.
276) 금융회사지배구조법 제42조

11. 제17조제4항을 위반하여 주주제안권을 행사할 수 있는 요건을 갖춘 주주가 추천한 사외이사 후보를 포함시키지 아니한 자

12. 제19조제1항 및 제2항을 위반하여 같은 항에 규정된 요건을 모두 충족하는 감사위원회를 설치하지 아니한 자

13. 제19조제3항을 위반하여 같은 조 제1항 및 제2항의 감사위원회의 구성요건을 충족시키지 아니한 자

14. 제19조제4항부터 제7항까지의 규정을 위반하여 감사위원의 선임절차를 준수하지 아니한 자

15. 제19조제8항을 위반하여 상근감사를 두지 아니한 자

16. 제24조제1항을 위반하여 내부통제기준을 마련하지 아니한 자

17. 제25조제1항을 위반하여 준법감시인을 두지 아니한 자

18. 제25조제2항에 따라 준법감시인을 선임하지 아니한 자

19. 제25조제3항에 따른 의결절차(제28조제2항에서 준용하는 경우를 포함한다)를 거치지 아니하고 준법감시인을 임면한 자

20. 제25조제5항을 위반하여 준법감시인을 선임한 자

21. 제27조제1항을 위반하여 위험관리기준을 마련하지 아니한 자

22. 제28조제1항을 위반하여 위험관리책임자를 두지 아니한 자

22의2. 제30조의3제3항에 따른 절차를 거치지 아니하고 책무구조도를 마련한 자

23. 제32조제2항을 위반하여 보고를 하지 아니하거나 거짓으로 보고한 자

24. 제32조제3항에 따른 금융위원회의 자료 또는 정보의 제공 요구에 따르지 아니하거나 거짓 자료 또는 정보를 제공한 자

25. 제34조에 따른 시정명령·중지명령 및 조치를 이행하지 아니한 자

26. 제35조에 따른 임직원에 대한 조치요구를 이행하지 아니한 자

② 다음 각 호의 어느 하나에 해당하는 자에게는 3천만원 이하의 과태료를 부과한다.

1. 제7조제1항을 위반하여 임원의 자격요건 적합 여부를 확인하지 아니한 자

1의2. 제7조제2항을 위반하여 그 사실 및 자격요건 적합 여부와 그 사유 등에 관한 공시 또는 보고를 하지 아니하거나 거짓으로 공시 또는 보고를 한 자

1의3. 제7조제3항을 위반하여 임원의 해임(사임을 포함한다)에 관한 공시 또는 보고를 하지 아니하거나 거짓으로 공시 또는 보고를 한 자

2. 제10조를 위반하여 겸직하게 하거나 겸직한 자

2의2. 제11조제1항 본문을 위반하여 겸직승인을 받지 아니한 자

2의3. 제11조제1항 단서 및 같은 조 제2항을 위반하여 겸직보고를 하지 아니하거나 거짓으로 보고한 자

2의4. 제13조제2항을 위반하여 사외이사가 아닌 자를 이사회 의장으로 선임하면서 그 사유를 공시하지 아니하거나 거짓으로 공시한 자

2의5. 제14조제3항을 위반하여 공시를 하지 아니하거나 거짓으로 공시한 자

3. 제18조(제20조제4항에서 준용하는 경우를 포함한다)를 위반하여 자료나 정보를 제공하지 아니하거나 거짓으로 제공한 자

4. 제20조제2항을 위반하여 담당부서를 설치하지 아니한 자

5. 제20조제3항을 위반하여 보고서를 제출하지 아니한 자

5의2. 제22조제4항 및 제5항에 따른 연차보고서의 공시를 하지 아니하거나 거짓으로 공시한 자

6. 제25조제6항(제28조제2항에서 준용하는 경우를 포함한다)을 위반하여 준법감시인에 대한 별도의 보수지급 및 평가 기준을 운영하지 아니한 자

7. 제29조를 위반하여 준법감시인 또는 위험관리책임자가 같은 조 각 호의 어느 하나에 해당하는 업무를 수행하는 직무를 담당하거나 준법감시인 또는 위험관리책임자에게 이를 담당하게 한 자

8. 제30조제2항을 위반하여 준법감시인 및 위험관리책임자의 임면사실을 보고하지 아니하거나 거짓으로 보고한 자

8의2. 제30조의3제4항을 위반하여 책무구조도를 제출하지 아니한 자

9. 제41조제1항을 위반하여 주주총회와 관련한 공시를 하지 아니하거나 거짓으로 공시한 자

10. 제41조제2항을 위반하여 주주가 주주의 권리를 행사한 내용을 공시하지 아니하거나 거짓으로 공시한 자

③ 금융회사의 임직원으로서 이 법에 따른 서류의 비치·제출·보고·공고 또는 공시를 게을리한 자에게는 2천만원 이하의 과태료를 부과한다.

④ 제1항부터 제3항까지의 규정에 따른 과태료는 대통령령으로 정하는 바에 따라 금융위원회가 부과·징수한다.

Q 1. 금융회사지배구조법 제25조제6항에 따라 준법감시인 및 위험관리책임자의 경우 성과보수 지급이 전면 금지되는 것인지? 준법감시인 및 위험관리책임자가 다른 업무를 겸직하는 경우, 해당 업무에 근거하여 성과보수 지급이 가능한 것인지?

A □ 준법감시인 및 위험관리책임자에게는 회사의 재무적 경영성과와 연동하는 보수를 지급해서는 안 되며, 다른 업무를 겸직하는 경우에도 동일함

□ 동 규정은 준법감시인 및 위험관리책임자가 회사의 경영성과와 연동하는 보수를 받을 경우, 그 본연의 업무 수행과 이해상충 소지가 발생할 수 있으므로 이를 금지하는 취지임

□ 따라서 그 보수는 반드시 고정급의 형태일 필요는 없으나, 회사의 경영성과와 연동하지 않는 형태의 보수여야 함

□ 준법감시인 및 위험관리책임자가 다른 업무를 겸직하는 경우, 다른 업무와 관련하여 경영성과와 연동하는 보수를 받게 된다면 해당 성과보수를 추구하는 과정에서 그 본연의 업무 수행과 이해상충 소지가 발생할 수 있으므로 허용되기 어려움

[답변출처 : 금융회사 지배구조에 관한 법률 설명서('16.10.14)]

Q 2. 준법감시인 업무를 감사위원회에 위임할 수 있는지 여부?

A □ 준법감시인 업무를 감사위원회에 위임할 수 없음. 기본적으로 감사위원회는 주주에 의한 외부적 업무감시(사후적 규율)를, 준법감시인은 경영진에 의한 내부통제로서의 업무(사전적 규율)를 담당하기 때문에 감사위원회와 준법감시인은 그 목적과 취지가 상이함

[답변출처 : 금융회사 지배구조에 관한 법률 설명서('16.10.14)]

Q 3. 준법감시인 및 위험관리책임자 연임시에도 임기를 2년 이상으로 해야하는 지 여부?

A □ 준법감시인과 위험관리책임자가 독립적이고 안정적인 업무를 수행할 수 있도록 임기를 2년 이상으로 규정하고 있으므로, 연임시에도 임기를 2년 이상으로 하여야 함

□ 금융회사지배구조법 제25조 제4항에서는 준법감시인 및 위험관리책임자가 경영진으로부터 독립하여 안정적으로 직무를 수행할 수 있도록 최소한의 임기를 보장(2년 이상)하고 있음. 금융사지배구조법 상 준법감시인 등의 연임에 대하여는 별도로 임기를 규정하고 있지 않으나, 연임 또한 임기의 보장 필요 측면에서 선임의 경우와 달리 볼 이유가 없기 때문에 연임시에도 임기를 2년 이상으로 하여야 함

[답변출처 : 금융회사 지배구조에 관한 법률 설명서('16.10.14)]

Q 4. 준법감시인 또는 위험관리책임자를 사내이사 또는 업무집행책임자 중에서 선임할 때 상근을 조건으로 해야 하는지 여부?

A □ 준법감시인과 위험관리책임자는 상근으로 선임해야 함. 금융회사지배구조법 제25조 및 제28조에서는 준법감시인 및 위험관리책임자의 임면 관련 사항을 규정하면서 사외이사가 아닌 사내이사 또는 업무집행책임자 중에서 선임토록 하고, 직원으로 선임을 할 경우에도 기간제·단시간근로자 등을 선임하지 않도록 하고 있으며 최소한의 임기(2년 이상)를 보장하는 등 독립적이고 안정적으로 업무를 수행하기 위한 장치를 마련토록 하고 있음

□ 이는 준법감시인 및 위험관리책임자가 수행하는 업무의 중요성을 감안한 것으로, 내부통제 및 위험관리 업무의 효율적 수행 측면에서 볼 때 상근임직원이 수행해야 함

[답변출처 : 금융회사 지배구조에 관한 법률 설명서('16.10.14)]

Q 5. 준법감시인 및 위험관리책임자가 그 직무를 "독립적으로 수행할 수 있도록 하여야 한다"의 의미가 독립적인 기구를 편제하거나 다른 조직에 소속됨이 없이 대표이사 직속이어야 한다는 의미인지 여부?

A □ 내부통제·위험관리업무에 대한 독립성을 보장하라는 취지이지, 반드시 대표이사의 직속이어야 한다는 의미는 아님

□ 금융회사지배구조법 제30조 제1항은 '금융회사는 준법감시인 및 위험관리책임자가 그 직무를 독립적으로 수행할 수 있도록 하여야 한다'고 규정하고 있음. 이는 준법감시인 및 위험관리책임자를 그 업무와 이해상충 소지 등이 발생할 수 있는 업무를 관할하는 상위임원 산하에 배속하는 등 독립적 직무수행이 어려운 조직편제를 하여서는 아니 된다는 의미임

□ 조직편제 상 이해상충 방지 장치 등이 충분히 갖추어진 경우에는, 위험관리책임자 및 준법감시인을 반드시 대표이사 직속으로 둘 필요는 없으며 다른 임원 산하에 두는 것도 가능함

[답변출처 : 금융회사 지배구조에 관한 법률 설명서('16.10.14)]

Q 6. 금융회사지배구조법 시행령 제19조 및 제22조에 따른 위험관리 및 내부통제 전담조직은 반드시 별도의 부서를 의미하는 것인지, 아니면 전담 직원을 두는 것으로 갈음할 수 있는 것인지?

A □ 별도의 전담부서를 두어야 함. 다만, 내부통제 및 위험관리 양 업무를 전담하는 조직을 하나로 두는 것은 가능함

□ 동 법령의 취지는 준법감시인 및 위험관리책임자의 업무 독립성 차원에서 다른 업무와 별도로 해당 업무를 전담하는 독립된 부서를 갖추라는 의미임

□ 따라서 그 인원의 다소 여하는 불문하더라도 일단 독립된 전담부서는 갖추어져야 함. 회사의 인력 사정 등에 따라 불가피한 경우 준법감시 전담부서와 위험관리 전담부서를 통합하여 운영하는 것은 가능함. 다만, 이 경우에도 직무 전념 차원에서 동일 직원이 위험관리와 준법감시 업무를 동시에 수행하지 않

도록 하는 것이 바람직할 것임

[답변출처 : 금융회사 지배구조에 관한 법률 설명서('16.10.14)]

Q 7. 금융사지배구조법상 준법감시인이 여신 및 투자심의위원회 위원으로 참여하는 것이 허용되는 겸직인지 여부?

A □ 준법감시인이 금융회사지배구조법 제25조에 따른 본연의 업무(내부통제기준의 준수 여부 점검 및 내부통제기준 위반행위에 대한 조사 등)를 수행하기 위해 여신 및 투자심의위원회 위원으로 참여하는 것은 허용됨

□ 그러나, 준법감시인 및 위험관리책임자는 금융회사지배구조법 제29조에 따라 직무전념성 보장 및 업무상 이해상충 방지 등을 위해 여신 및 투자 심사 등 해당 금융회사의 본질적 업무 겸직이 원칙적으로 제한됨

□ 다만, 준법감시인은 금융회사지배구조법 제25조에 따라 내부통제기준의 준수 여부 점검 및 내부통제기준 위반행위에 대한 조사 업무를 수행할 직무상 책임이 있으므로, 여신 및 투자결정 과정에서의 내부통제기준 준수 여부 등을 점검하기 위해 심의위원회에 참석하여 의견을 개진하는 것은 금융회사지배구조법 제29조에 따른 겸직 제한에 위배되지 않는다고 판단됨

[답변출처 : 금융규제 민원포털 중 법령해석 및 비조치의견서 회신사례]

Q 8 FATCA/CRS 업무가 금융사지배구조법에서 정한 준법감시인의 겸직금지 업무에 해당하는지?

A □ FATCA/CRS 업무는 국내 거주 외국인 계좌보유자에 대한 정보(이름, 주소, 생년월일, 계좌정보 등)를 수집·점검하고 국세청에 보고 하는 Back office 업무의 일종임

□ 특히, FATCA/CRS와 관련한 '점검'업무는 금융회사의 법령준수 및 건전한 경영을 위한 내부통제 업무의 일종으로 준법감시인이 겸직할 수 있음. 다만,

자료실사·수집 등 FATCA/CRS와 관련한 '운영' 업무의 경우 준법감시인이 수행할 경우 이해상충이 발생할 수 있는 만큼 겸직이 불가능함

[답변출처 : 금융규제 민원포털 중 법령해석 및 비조치의견서 회신사례]

Ⓠ 9. 1) 직원 중 대표이사의 인사명령으로 임명하는 부문장*을 금융회사지배구조법상 임원으로 볼 수 있는지 여부?

> * 당사의 부문장 중 상무의 명칭을 사용하는 자는 임원으로서 금융위원회에 임원 선임 보고 및 선임 공시를 하고 있으나, 그 외의 부문장은 직원으로 간주하여 별도의 선임 보고 및 공시는 하고 있지 않음

2) 부장급 직원인 준법감시인 A의 임기 종료 후 A를 직원의 신분을 유지한 채 타 임원과 다르게 대우하지 않고 임원과 동일하게 업무를 집행할 권한 및 책임을 부여한다면 다시 준법감시인으로 임명이 가능한지?

Ⓐ ☐ 1) 귀사의 부문장이 대외적으로 업무를 집행할 권한이 있는 것으로 볼 만한 명칭인 경우, 부문장은 금융회사지배구조법 제2조제5호에 따른 업무집행책임자로서 임원으로 볼 수 있음

☐ 2) 금융회사지배구조법 제25조 제2항에 따라 자산총액 5조 원 이상의 대규모 금융 회사는 사내이사 또는 업무집행책임자 중에서 준법감시인을 선임하여야 함. 회사 직제상 임원이 아닌 자를 임원(업무집행책임자)으로 볼 수 있을지 여부는 금융회사지배구조법 제2조 제5호에 따라 업무를 집행할 권한이 있는 것으로 인정될 만한 명칭을 사용하는지 여부로 판단하며 다른 기준은 적용되지 않음

[금융규제 민원포털 중 법령해석 및 비조치의견서 회신사례]

Ⓠ 10 외부감사법 제8조에 따른 내부회계관리제도 업무가 금융회사지배구조법에서 정한 준법감시인의 겸직금지 업무에 해당하는지 여부?

Ⓐ ☐ 금융회사지배구조법 제29조 및 동법 시행령 제24조에서는 준법감시인에 대

하여 자산 운용에 관한 업무, 해당 금융회사의 본질적 업무 및 그 부수업무, 겸영업무 등의 겸직을 제한하고 있음

□ 준법감시인의 겸직 제한은 준법감시인의 직무충실성 보장 및 업무상 이해상충 등을 방지하기 위한 것으로, 총무·인사·회계·법무·소비자보호 등 Back office 업무 일반은 다른 법령상 제한이 없다면 겸직이 가능함

□ 다만, 실질적으로 회계가 아닌 재무 및 기획 업무 등을 수행하게 될 경우 이는 금융회사의 영업 및 자산운용과 밀접한 관련이 있기 때문에 겸직이 제한될 수 있음

(금융위원회 '16.10.14 보도자료 '금융회사지배구조법 관련 주요 문의사항에 대한 법령해석집 배포' 76번 위험관리책임자의 겸직 ① 및 77번 위험관리책임자의 겸직 ② 참조)

[답변출처 : 금융규제 민원포털 중 법령해석 및 비조치의견서 회신사례, '20.11.12]

Q 11. 자산운용사가 준법감시팀과 감사팀을 분리하지 않고 준법감시팀에서 준법감시 업무와 감사 업무를 함께 수행하는 것이 금융회사지배구조법에 위반되는지 여부?

A □ 금융회사지배구조법에서는 금융회사에 대하여 감사위원회 또는 감사의 업무를 지원하는 담당부서(지배구조법 제20조제2항) 및 준법감시인의 직무수행을 지원하기 위한 내부 통제 전담조직*(지배구조법 시행령 제19조제3항)을 마련하도록 각 규정하고 있음

　　* 자산총액 1천억 원 미만 금융회사의 경우에는 준법감시인 본인만으로 내부통제 조직을 운영할 수 있음(금융회사 지배구조 감독규정 제11조 제3항)

□ 동 규정의 입법취지는 감사 및 준법감시인의 업무 독립성 차원에서 다른 업무와 별도로 해당 업무를 전담하는 독립된 부서를 갖추어 지원하도록 하기 위함임

□ 또한, 감사업무는 CEO를 견제하는 측면이 있는 만큼, CEO의 관리감독을 받아 내부통제 업무를 담당하는 준법감시 업무와 감사업무를 같은 부서에서 담당할 경우 이해상충의 소지가 있으므로, 감사 담당부서와 준법감시 담당부서는 각각 별도로 두어야 함

[답변출처 : 금융규제 민원포털 중 법령해석 및 비조치의견서
회신사례, '19.2.15]

Q 12. 금융회사 준법감시인으로 선임된 직원이 임기 중 정년에 도달하여 회사 방침에 따라 「기간제 및 단시간근로자 보호 등에 관한 법률」에 따른 기간제근로자로 변경된 경우 준법감시인의 직위에서 물러나야 하는지 여부?

A □ 준법감시인 및 위험관리책임자에게는 회사의 재무적 경영성과와 연동하는 보수를 지급해서는 안 되며, 다른 업무를 겸직하는 경우에도 동일함

□ 한편, 직원 중 선임된 준법감시인이 임기 중 정년에 도달한 경우, 기간제근로자로 변경한 후, 준법감시인으로서 임기를 보장할 것인지에 대해서는 금융회사지배구조법에서 따로 정하고 있지 않으며, 회사에서 자체적으로 결정해야 할 사항으로 보여짐. 다만, 이 경우에도 회사에서 준법감시인으로서의 임기를 보장한다고 하더라도 준법감시인의 직무 중요도 등을 고려할 때 준법감시인은 상근직원이어야 함

[답변출처 : 금융규제 민원포털 중 법령해석 및 비조치의견서
회신사례, '20.12.30]

Q 13. 준법감시인의 자격요건에서 '변호사'는 한국 변호사뿐만 아니라 미국 변호사도 해당되는지 여부?

A □ 문리해석상 미국 변호사의 자격을 가진 자는 금융회사지배구조법에서 규정한 "변호사의 자격을 가진 자"에 해당되지 아니함

□ 변호사법은 제4조에서 변호사의 자격을 "사법시험에 합격하여 사법연수원의 과정을 마친 자", "판사나 검사의 자격이 있는 자", "변호사시험에 합격한 자"로 제한하고 있고, 제112조에서 변호사가 아닌 자는 변호사로 표시하는 것을 금지하고 있으며, 외국법자문사법 제2조에서도 '외국변호사' 및 '외국법자문사'를 변호사법에 따른 '변호사'와 구분하여 정의하고 있음

내부통제제도 관련 모범규준 또는 지침 등

1. 개요

각 업권별 금융협회는 2016년 시행된 금융회사지배구조법의 안착을 위해 업권별로 '표준내부통제기준'을 제정하였으며, 소속 금융회사들은 동 표준기준을 벤치마킹하여 자체 실정에 맞게 내부통제기준을 내규로 마련하여 준수하고 있다.[277] 최근 대규모 불완전판매, 직원횡령 등 금융사고가 잇따라 발생하여 금융회사 손실 및 금융소비자 피해와 함께 금융권 전반의 신뢰하락을 초래하게 되자 금융위원회·금융감독원과 금융협회는 내부통제 제도개선 방안을 마련하기 위하여 각계 전문가들로 구성된 TF를 2022년 8월부터 운영하였다. 그 결과로, 2022년 10월 4일 "은행·중소서민 내부통제 운영 개선과제(4개 부문 20개 과제)"를, 2022년 11월 4일 "국내은행

---

277) 많은 금융회사들이 소속 금융협회의 표준내부통제기준을 그대로 내부통제기준으로 사용하고 있는 실정이다.

내부통제 혁신방안"을, 2023년 6월 22일 "금융회사지배구조법 상 내부통제 개선방안"[278]을 발표했다.

이에 따라, 전국은행연합회[279]는 "은행·중소서민 내부통제 운영 개선과제" 및 "국내은행 내부통제 혁신방안"에 대한 후속조치로 "금융사고 예방지침"과 "인사 관련 내부통제 모범규준"을 제정하였고, 각 은행들은 이를 내부규정으로 반영하였다. 따라서, "표준내부통제기준", "금융사고 예방지침" 및 "인사 관련 내부통제 모범규준"도 사실상 금융회사지배구조법 상 내부통제기준의 범주에 포함된다고 볼 수 있다.

저축은행중앙회, 여신금융협회 등도 소관 금융회사를 위한 내부통제제도 관련 모범규준 또는 지침 등을 제정하고 있다. 본서에서는 전국은행연합회의 모범규준 등을 기준으로 기술하였다.

2. 표준내부통제기준

앞에서도 설명하였듯이 각 업권별 금융협회는 2016년 시행된 금융회사지배구조법의 안착을 위해 업권별로 '표준내부통제기준'을 제정하였으며, 금융협회의 소속 금융회사들은 동 표준기준을 벤치마킹하여 자체 실정에 맞게 내부통제기준을 내규로 마련하여 준수하고 있다. 은행권 표준내부통제기준을 기준으로 살펴보면, 내부통제 조직 및 역할, 준법감시인 및 준법감시체제 운영, 내부통제 관련 은행(임직원) 준수사항 등이 규정되어 있다.

---

278) 동 개선방안이 반영된 금융회사지배구조법 개정안이 2023년 12월 8일 국회 본회의를 통과하여 2024년 7월 3일부터 시행에 들어갔다.

279) 여타 금융협회에서도 해당 업권의 상황에 맞게 전국은행연합회의 "금융사고 예방지침" 및 "인사 관련 내부통제 모범규준"과 유사한 지침 등을 마련하였다. 또한, 각 금융협회의 소속 금융회사들도 협회의 지침 등을 참고하여 관련 내규를 제정하여 운영 중에 있다.

은행권 표준내부통제기준(전국은행연합회)

제정 2016. 7.19. 개정 2017.11.27. 개정 2021.11.22. 개정 2022.11.29.

제1장 총칙

제1조(목적)

이 기준은 「금융회사의 지배구조에 관한 법률」 제24조에 따라 은행이 법령을 준수하고 경영을 건전하게 하며 주주 및 이해관계자 등을 보호하기 위하여 은행의 임직원이 직무를 수행할 때 준수하여야 할 기준 및 절차를 마련하는 데 그 목적이 있다.

제2조(적용범위)

이 기준은 은행의 임직원이 은행의 업무와 관련하여 행하는 직무 전반에 대하여 적용되며, 계약에 따라 은행의 업무 일부를 위탁받은 자의 행위는 그 위임받은 업무 범위 내에서는 이를 은행의 업무행위로 본다.

제3조(용어의 정의)

① 이 기준에서 사용하는 용어의 정의는 다음과 같다.

1. "내부통제"란 은행의 목표 달성을 위하여 모든 임직원이 직무수행시 준수하여야 하는 일련의 통제 과정을 말한다.

2. "내부통제체계"란 효과적인 내부통제 활동을 수행하기 위한 조직구조, 업무분장 및 승인절차, 의사소통·모니터링·정보시스템 등의 종합적 체계를 말한다.

3. "내부통제기준"이란 법령을 준수하고 경영을 건전하게 하며 주주 및 예금자 등을 보호하기 위하여 은행의 임직원이 직무를 수행할 때 준수하여야 할 기준 및 절차를 말한다.

4. "준법감시"란 내부통제의 일부분으로서 은행 임직원의 식부 수행시 법령을 준수하도록 하거나 법령 위반행위를 신속히 발견하도록 하는 사전적·상시적 통제 과정을 말한다.

5. "준법감시체제"란 내부통제체계의 일부분으로서 효과적인 준법감시 활동을 수행하기 위한 조직구조, 업무분장 및 승인절차, 의사소통·모니터링·정보시스템 등의 종합적 체제를 말한다.

6. "준법감시인"이란 내부통제기준의 준수 여부를 점검하고 내부통제기준을 위반하는 경우 이

를 조사하는 등 내부통제 관련 업무를 총괄하는 사람으로서 제12조에 따라 선임된 자를 말한다.

7. "법령"이란 상법, 「금융회사의 지배구조에 관한 법률」 제2조에 따른 금융관계법령 및 금융소비자 · 투자자 보호와 직접 관련이 있는 법률을 말한다.

② 그 밖에 이 기준에서 사용하는 용어의 정의는 「금융회사의 지배구조에 관한 법률」, 「은행법」 등에서 정하는 바에 따른다.

제4조(업무분장 및 조직구조)

① 은행은 임직원의 역할과 책임을 명확히 하고, 업무의 종류 및 성격, 이해상충의 정도 등을 감안하여 업무의 효율성 및 직무 간 상호 견제와 균형이 이루어질 수 있도록 업무분장 및 조직구조를 수립하여야 한다.

② 은행은 업무분장 및 조직구조에 관한 내규를 제 · 개정할 때에는 제1항의 내용을 충실히 반영하여야 한다.

제2장 내부통제 조직 및 역할

제5조(내부통제 조직)

은행의 내부통제 조직은 이사회, 대표이사, 내부통제위원회, 준법감시인 등으로 구성된다.

제6조(이사회)

① 이사회는 은행의 내부통제에 대한 최종적인 책임을 지며, 은행의 내부통제체계의 구축 및 운영에 관한 기본방침을 정한다.

② 이사회는 내부통제에 영향을 미치는 경영전략 및 정책을 승인하고 내부통제기준, 내부통제체계 등 내부통제와 관련된 주요사항을 심의 · 의결한다.

③ 이사회는 은행의 내부통제 취약부분에 대한 개선계획 등의 제출을 대표이사에게 요구할 수 있다.

④ 이사회는 내부통제기준을 위반하거나 내부통제 취약부분에 대해 책임 있는 임직원에 대한 징계조치를 대표이사에게 요구할 수 있다.

제7조(대표이사)

① 대표이사는 이사회가 정한 내부통제체계의 구축·운영에 관한 기본방침에 따라 내부통제체계를 구체적으로 구축·운영하여야 한다.

② 대표이사는 은행의 내부통제체계가 적절히 운영되도록 조직구조 등을 구축·확립하는 등 내부통제 환경을 조성하여야 하며, 영업환경 변화 등에 따라 내부통제체계의 유효성에 대해 재검토하여야 한다.

③ 대표이사는 내부통제체계 구축·운영 등과 관련하여 다음 각 호의 업무를 하여야 한다. 다만, 대표이사는 각 호의 업무의 전부 또는 일부를 임직원에게 위임할 수 있다.

　1. 내부통제기준 위반방지를 위한 예방대책 마련

　2. 내부통제체계·운영에 대한 실태점검

　3. 내부통제기준 위반시 위반내용에 상응하는 조치방안 및 기준 마련

　4. 기타 이 기준에서 대표이사에게 부과한 업무

④ 대표이사는 내부통제 업무의 효율적인 수행을 위하여 인적·물적 자원을 적극 지원하여야 한다.

⑤ 대표이사는 제3항 제2호에 따른 내부통제체계·운영에 대한 실태 점검결과를 매년 1회 이상 정기적으로 이사회에 보고하여야 한다.

제8조(내부통제위원회)

① 은행은 내부통제 관련 주요 사항을 협의하기 위하여 내부통제위원회를 설치한다.

② 내부통제위원회는 대표이사를 위원장으로 하고 준법감시인, 위험관리책임자 및 그 밖에 대표이사가 정하는 내부통제 관련 업무 담당 임원을 위원으로 한다.

　* 2024.7.3. 개정 금융회사지배구조법의 시행에 따라 내부통제위원회는 이사회 내 소위원회로 설치된다.

③ 내부통제위원회는 다음 각 호의 역할을 수행한다.

　1. 내부통제 점검결과의 공유 및 임직원 평가 반영

　2. 금융사고 등 내부통제 취약부분에 대한 점검 및 대응방안 마련

　3. 내부통제 관련 주요 사항 협의

　4. 임직원의 윤리의식·준법의식 제고 노력 등

제9조(준법감시인)

① 준법감시인은 내부통제기준의 준수 여부를 점검하고 내부통제기준을 위반하는 경우 이를 조사하는 등 내부통제 관련 업무를 총괄하여야 한다.

② 준법감시인은 필요하다고 판단하는 경우 내부통제기준 위반에 대한 조사결과를 감사위원회에 보고할 수 있다.

③ 준법감시인은 내부통제기준을 기초로 내부통제의 구체적인 지침 및 내부통제기준 준수 매뉴얼 등을 제정·시행할 수 있다.

제10조(임직원)

① 임직원은 자신의 직무와 관련하여 내부통제에 대한 1차적인 책임이 있으며, 직무수행 시 자신의 역할을 이해하고 관련 법령 및 내규(이하 "법규"라 한다)를 숙지하여 이를 충실히 준수하여야 한다.

② 임원은 소관업무 및 소관조직에 대한 내부통제기준 위반방지를 위한 예방대책을 마련하고 내부통제기준 준수여부를 충실하게 점검하는 등 소관업무 및 소관조직에 대한 내부통제를 총괄한다.

③ 부점장은 소관부점과 관련된 금융사고 예방대책 등 내부통제 제도 및 정책의 실행에 대한 책임을 진다.

제11조(업무수행 시 준수절차)

은행은 임직원이 역할과 책임을 성실히 수행할 수 있도록 업무수행의 구체적인 절차와 방법 등을 내규 등으로 문서화하고 동 내규 등의 내용이 임직원에게 효과적으로 전달되도록 하여야 한다.

제3장 준법감시인 및 준법감시체제 운영

제1절 준법감시인 및 준법감시조직
제12조(준법감시인의 임면)

① 준법감시인을 임면할 때는 이사회의 의결을 거쳐야 하며 해임의 경우에는 이사 총수의 3분의 2이상의 찬성으로 의결한다.

② 은행은 준법감시인을 금융회사 근무경력자 중에서 선임하는 경우 준법, 리스크 등 내부통제업무 경력을 보유한 자를 선임한다.

③ 은행은 준법감시인 임면시 관련 사실을 법령에서 정하는 바에 따라 공시 및 금융감독당국에 보고하여야 하며 공석 발생시 지체 없이 업무대행자를 지정하여 보고하여야 한다.

제13조(준법감시인의 지위 및 임기)

은행은 사내이사 또는 업무집행책임자 중에서 준법감시인을 선임하여야 하며 그 임기는 2년 이상으로 한다.

제14조(준법감시인의 권한 및 의무)

준법감시인은 다음 각 호의 권한 및 의무를 갖는다.

1. 내부통제기준 준수여부 등에 대한 정기 또는 수시 점검

2. 업무전반에 대한 접근 및 임직원에 대한 관련자료 및 정보 제출 요구

3. 내부통제기준 위반자에 대한 조사

4. 내부통제기준 준수 관련 문제점 및 미비사항에 대해 경영진 또는 관련부서에 시정 요구

5. 중대한 위법·부당행위 발견 등 필요시 감사위원회 앞 제재 의견 표명

6. 위법사항 등(법령 또는 정관에 위반하거나 현저하게 부당한 사항에 한한다)에 대한 업무정지 요구

7. 필요시 이사회 등 모든 업무회의 참여 및 적법성 등에 대한 의견 진술(다만 회의에서의 의결권 행사는 금지된다)

8. 준법감시 담당직원 등에 대한 일부 근무평정

9. 선량한 관리자의 주의 의무

10. 기타 이사회·대표이사·내부통제위원회가 필요하다고 인정하는 사항

제15조(준법감시부서등)

① 은행은 준법감시 업무가 효율적으로 수행될 수 있도록 풍부한 경험과 능력 등 전문성을 갖춘 적절한 수의 인력으로 구성된 지원조직("준법감시부서")을 갖추어 준법감시인의 직무수행을 지원하여야 한다.

② 대표이사는 제1항을 준수하기 위해 실질적으로 준법감시업무를 수행하는 인력의 규모(총직원 대비 비율 및 최소인원수) 및 전문성에 대한 세부기준을 마련한다.

제16조(준법감시인의 독립성 확보)

① 은행은 준법감시인이 직무를 공정하게 수행할 수 있도록 업무의 독립성을 보장하여야 하며, 준법감시인이었던 자에 대하여 해당 직무수행과 관련된 사유로 부당하게 인사상 불이익을 주어서는 아니 된다.

② 준법감시인은 내부통제기준의 준수여부 점검업무 이외에 다음 각 호의 직무를 담당해서는 아니 된다.

　1. 자산운용에 관한 업무

　2. 은행이 수행하는 은행업무, 부수업무 및 겸영업무

　3. 그 밖에 이해상충의 발생 우려가 있거나 내부통제에 전념하기 어려운 업무로서 관련 법규에서 겸직을 금지한 업무

③ 준법감시인이 제2항 각 호 이외의 직무를 담당하기 위해서는 적절한 이해상충 방지체계를 구축하여 운영하여야 한다.

④ 은행은 준법감시인에 대하여 회사의 재무적 경영성과와 연동하지 아니하는 별도의 보수 지급 및 평가기준을 마련하여 운영하여야 한다.

제2절 준법감시체제 운영

제17조(준법감시체제의 구축)

① 대표이사는 임직원 업무수행의 공정성 제고 및 위법·부당행위의 사전 예방 등에 필요한 효율적인 준법감시체제를 구축·운영하여야 한다.

② 제1항에 의한 준법감시체제에는 다음 각 호의 사항을 포함하여야 한다.

　1. 관련 법령, 내부통제기준 준수여부 점검 및 시정조치

　2. 주요 업무에 대한 법규준수 측면에서의 사전검토 및 정정 요구

　3. 내부통제기준 준수 매뉴얼 작성·배포

　4. 임직원 윤리강령의 제·개정 및 운영

　5. 법규준수, 행정지도 등 관련 임직원 교육 및 자문

　6. 감독당국, 검사부서 및 유관부서에 대한 협조·지원

제18조(내부통제기준 준수여부 확인절차 및 방법)

① 준법감시인은 준법감시체제를 통해 임직원의 내부통제기준 준수여부를 업무의 중요도 및 위험도 등을 감안하여 주기적으로 점검하여야 한다.

② 준법감시인은 각 조직단위의 장으로 하여금 준법감시인이 정한 방법에 따라 소관조직 및 소관업무에 대한 내부통제기준 위반여부를 점검하게 할 수 있다.

③ 준법감시인은 내부통제기준 등의 준수여부를 점검하는 과정에서 위법·부당행위 발견 시 직접 조사하거나 필요한 경우 검사조직에 조사를 의뢰할 수 있다.

제19조(법규 위반 방지를 위한 사전검토)

① 준법감시인은 다음 각 호에 대해 법규 준수여부를 사전검토하여 필요시 정정 요구 등을 통해 법규 위반을 방지하여야 한다.

 1. 정관·규정 등의 제정 및 개폐

 2. 이사회, 이사회 산하 각종 위원회의 부의사항(감사위원회 부의사항 제외)

 3. 신상품 개발 등 새로운 업무의 개발 및 추진

 4. 감독당국에 제출하는 중요한 자료나 문서에 대한 사전검토 등

 5. 기타 관련 법규에 따라 준법감시인의 사전검토가 필요한 사항

② 준법감시인은 업무수행 과정 중 발생하는 각종 법규준수, 행정지도 등 관련 의문사항에 대하여 임직원이 필요한 지원 및 자문을 받을 수 있도록 적절한 절차를 마련·운영하여야 한다.

제20조(임직원 교육)

준법감시인은 법규준수, 행정지도 등과 관련하여 정기·수시로 임직원 교육을 실시하여야 하며, 준법감시 담당 임직원은 은행이 정한 기준에 따라 내부통제 관련 교육을 이수하여야 한다.

제21조(내부통제기준 위반 시 처리)

① 준법감시인은 내부통제기준 위반사항에 대해 관련 부점에 시정 또는 개선을 요구할 수 있으며, 이 경우 해당 부점장은 특별한 사정이 없는 한 요구에 응하여야 한다.

② 준법감시인은 중대한 위법·부당행위 등 발견시 필요한 경우 감사위원회 또는 상임감사위원에게 보고할 수 있다.

③ 내부통제기준을 위반한 임직원의 처리에 관하여는 관련 법규에서 정하는 바에 따른다.

제22조(타 조직과의 협조)

준법감시인과 감사위원회는 준법감시인의 내부통제기준 준수여부 점검 계획 및 감사위원회

의 검사계획 수립시 상호간의 관심사항이 이들 계획에 반영될 수 있도록 상호 협의·조정하는 등 협조체제를 유지하여야 한다.

제4장 내부통제 관련 은행(임직원) 준수사항

제23조(임직원의 의무)

① 임직원은 업무를 수행함에 있어 은행이 제정한 윤리규범을 준수하고, 고객, 주주 및 은행의 재산을 보호하기 위하여 선량한 관리자로서의 의무를 다하여야 한다.

② 임직원은 본인 또는 다른 직원의 업무수행과 관련하여 법규위반 등 위법·부당행위 사실을 인지한 경우에는 이를 은폐하여서는 아니 된다.

③ 임직원은 관련 법령에서 정하는 경우를 제외하고는 고객의 서면상의 요구나 동의를 받지 아니하고 금융거래 및 개인·신용정보를 누설, 제공 또는 부당하게 이용하여서는 아니 된다.

④ 임직원은 은행의 고유정보 및 고객과 관련하여 비밀을 요하는 정보를 관련 법규에 따라 보호하여야 하며, 내·외부로부터 부당한 정보제공 또는 열람을 요구받은 경우 이를 거절하여야 한다.

⑤ 임직원은 합리적인 이유 없이 은행 이용자의 성별, 종교, 장애, 나이, 출신국가, 학력 등을 이유로 특정 은행 이용자를 우대, 배제, 구별하거나 불리하게 대우하는 차별행위를 하여서는 아니 된다.

제24조(임직원의 타 회사 겸직 관련)

① 은행은 「금융회사의 지배구조에 관한 법률」 제11조 등 관련 법령에 따라 임직원의 타 회사 겸직이 다음 각 호의 사항에 해당하는지 여부를 평가하고 겸직현황을 주기적으로 관리하여야 한다.

   1. 은행의 경영건전성을 저해하는지 여부

   2. 금융소비자의 이해상충을 초래하는지 여부

   3. 금융시장의 안정성을 저해하는지 여부

   4. 금융거래질서를 문란하게 하는지 여부

② 은행은 제1항에 따른 검토·관리 결과 및 겸직 수행과정에서 제1항 각호에 해당하는 위험이 발생하거나 발생 가능성이 있다고 판단하는 경우, 위험 방지를 위한 적절한 조치를

취하여야 한다.

제25조(신상품 개발등의 업무절차)

① 은행은 새로운 금융상품의 개발 및 금융상품 판매과정에서 금융소비자 보호 및 시장질서 유지 등을 위하여 준수하여야 할 업무절차에 대한 사항을 마련하여야 한다.

② 제1항의 절차에는 다음의 사항을 포함하여야 한다.

    1. 상품 기획 · 개발 과정의 소비자보호 체계

    2. 상품 판매과정의 소비자보호 체계

    3. 상품 판매 이후 과정의 소비자보호 체계

제26조(불건전영업행위 금지)

은행은 「은행법」 제34조의2 등 관련 법령에서 금지하는 은행이용자에 대한 부당한 편익 제공행위, 은행이용자의 부당한 거래 지원행위, 정상적 수준을 초과하는 재산상 이익 제공행위, 기타 은행의 건전한 운영 및 신용질서 저해행위를 하여서는 아니 된다.

제26조의2(재산상 이익제공)

① 은행은 「은행법」 제34조의2 등 관련 법령에서 금지하는 이익제공이 발생하지 않도록 이익제공시 준수해야 하는 기준과 절차를 마련하여야 한다.

② 제1항의 기준 및 절차에는 다음의 사항이 포함되어야 한다.

    1. 준법감시인에게 사전 또는 사후 보고

    2. 이사회 의결 또는 보고

    3. 재산상 이익 제공의 적정성 점검 · 평가절차 등

    4. 제3호에 따른 점검 · 평가의 결과 등을 매년 이사회에 보고

    5. 기타 관련 법규에서 정하는 기준과 절차

제27조(불공정거래행위 방지)

① 은행은 「은행법」 제52조의2 등 관련 법령에서 정한 바에 따라 공정한 금융거래 질서를 해칠 우려가 있는 예금 가입 등의 강요행위, 부당한 담보 · 보증 요구행위, 부당한 편익 요구 또는 수령행위 기타 은행의 우월적 지위를 이용하여 은행이용자의 권익을 부당하게 침해하는 행위를 하여서는 아니된다.

② 임직원은 업무상 알게 된 미공개 정보를 이용하여 금융투자상품의 매매 또는 거래를 하거나 타인으로 하여금 이를 이용하게 하여서는 아니 된다.

③ 임직원은 고객 및 이해관계에 있는 자와의 각종 거래와 관련하여 그 지위를 남용하거나 허위·과장된 표시 및 광고 등에 의한 불건전 영업행위를 하여서는 아니 된다.

제28조(금융사고의 예방)

① 대표이사는 「은행법」 제34조의3 등 관련 법령에서 정한 바에 따라 다음 각 호의 사항과 관련된 금융사고 예방대책을 마련하여야 한다.

    1. 지점(국외지점 및 국외현지법인을 포함한다. 이하 이 조에서 같다)의 금융사고 관리에 관한 사항

    2. 지점의 업무운영에 관한 자체적인 검사에 관한 사항

    3. 은행이용자의 정보보호에 관한 사항

    4. 전산사무, 현금수송사무 등 금융사고 가능성이 높은 사무에 관한 사항

② 제1항에 따른 금융사고 예방대책에는 본부부서의 금융사고 관리에 관한 사항과 임직원의 직급별 역할·책임에 관한 사항 등을 포함한다.

③ 대표이사는 금융사고 취약업무의 처리절차 고도화를 위해 다음 각 호의 사항과 관련된 세부기준을 마련한다.

    1. 권한 없는 자의 시스템 접근통제에 관한 사항

    2. 자금인출 시스템의 단계별 확인에 관한 사항

    3. 수기문서의 전산관리에 관한 사항

④ 은행의 임직원은 제1항에 따른 금융사고 예방대책을 준수하여야 한다.

제28조의2(자금세탁행위 및 공중협박자금조달행위 방지)

① 「특정 금융거래정보 보고 및 감독규정」에 따른 보고책임자(이하 "보고책임자"라 한다)는 「특정 금융거래정보의 보고 및 이용 등에 관한 법률」 제2조제2호에 따른 금융거래에 내재된 자금세탁행위 등의 위험을 식별, 분석, 평가하여 위험도에 따라 관리 수준을 차등화하는 자금세탁 위험평가체계를 구축 및 운영하여야 한다.

② 보고책임자는 자금세탁행위 등의 방지 업무를 수행하는 부서로부터 독립된 부서 또는 외부전문가가 그 업무수행의 적절성, 효과성을 검토·평가하고 이에 따른 문제점을 개선하

기 위한 독립적 감사체계를 마련 및 운영하여야 한다.

③ 보고책임자는 임직원이 자금세탁행위 등에 가담하거나 이용되지 않도록 다음 각 호의 사항을 수행하여야 한다.

1. 임직원의 신원사항 확인

2. 임직원의 교육 및 연수

제29조(이해상충 관리방법 및 절차)

① 「자본시장과 금융투자업에 관한 법률 시행령」에 따라 정보교류 차단 업무를 독립적으로 총괄하는 임원(또는 총괄·집행책임자)(이하 "정보교류차단총괄임원등"이라 한다)은 「은행법」 제28조의2 등 관련 법령에서 정한 바에 따라 업무수행 시 은행과 은행이용자간, 특정 이용자와 다른 이용자 간의 이해상충을 방지하기 위하여, 이해상충 발생 우려가 있는 업무 간에는 이해상충이 발생할 가능성에 대하여 인식·평가하고 정보교류를 차단하는 등 공정하게 관리하여야 한다.

② 정보교류차단총괄임원등은 제1항에 따른 이해상충을 관리하는 방법 및 절차 등에 관한 세부기준을 마련하고 효율적인 관리체계를 구축하여야 한다.

제30조(장기근무 관리)

대표이사는 직원의 장기근무로 인한 금융사고 등을 예방하기 위해 장기근무자 관리에 대한 세부기준을 마련한다.

제31조(보험상품 모집)

① 은행이 보험업법에 의한 보험대리점 또는 보험중개인으로 등록하여 보험모집을 하는 경우에는 관련 법령에서 정한 기준을 준수하여야 한다.

② 소관부서는 다음 각 호의 사항이 포함된 세부기준 및 절차를 마련하여 운용하여야 한다.

1. 제휴보험회사의 선정·해지 기준 및 절차에 관한 사항

2. 판매대상 보험상품 선정기준에 관한 사항

3. 보험회사와 체결하는 제휴계약서에 포함되어야 할 민원 및 분쟁 처리절차와 책임소재에 관한 사항

4. 보험회사와의 제휴계약이 종료될 경우 고객보호에 관한 사항

5. 보험상품판매와 관련한 불공정행위 방지에 관한 사항

제32조(금융투자업 관련 내부통제)

은행은 경영하는 금융투자업과 관련하여 다음 각 호의 사항과 관련하여 마련한 기준 및 절차를 준수하여야 한다. 다만 「금융회사 지배구조 감독규정」의 별표3 중 4.호(해당 금융회사가 금융투자업자인 경우)가 은행에 적용되지 않는 경우에는 그러하지 아니하다.

1. 집합투자재산이나 신탁재산에 속하는 주식에 대한 의결권 행사와 관련된 법규 및 내부지침의 준수 여부에 관한 사항

2. 집합투자재산이나 신탁재산에 속하는 자산의 매매를 위탁하는 투자중개업자의 선정기준에 관한 사항

3. 투자자 예탁재산의 보관 · 관리방법에 관한 사항

4. 기타 「금융회사 지배구조 감독규정」의 별표3에서 금융투자업자의 내부통제기준에 포함해야 하는 사항으로 명시한 사항

제5장 보칙

제33조(고위험사무 직무분리기준)

조직단위의 장은 준법감시인과 협의하여 담당직무 중 사고발생 우려가 높은 단일거래에 대해서 복수의 인력 또는 부서가 참여하도록 하는 등 직무분리기준을 수립하고 적용하여야 한다. 다만, 인력 부족이나 사안의 시급성 등으로 불가피하게 직무분리의 적용이 어려운 경우에 대한 별도의 보완통제 장치를 마련하여야 운영할 수 있다.

제34조(정보전달체제)

① 대표이사는 임직원 상호간 원활한 의사소통으로 은행의 비전과 전략, 핵심가치 등이 효율적으로 전달 및 공유되도록 적절한 정보전달체제를 구축하여야 한다.

② 대표이사는 전자형태의 정보시스템을 이용하여 제1항에 따른 정보 및 의사전달 체제를 구축하는 경우에는 철저한 보안시스템의 구축과 적절한 비상대책을 수립하여야 한다.

제35조(영업점 등 자체점검)

① 은행은 각 부점의 업무가 법규에 맞게 처리되고 있는지 여부를 해당 부점장 책임 하에 자체적으로 검사(이하 "자점검사"라 한다)하도록 하여야 한다.

② 은행은 자점검사의 방법, 확인사항, 실시 주기 등에 관한 사항이 포함된 세부사항을 정하여 시행하여야 한다.

제36조(임직원 윤리강령의 제개정)

① 준법감시인은 임직원 윤리강령(또는 행동규범. 이하 같다)을 제·개정하고 세부 실천방안을 마련하여 임직원을 대상으로 연수를 실시하거나 책자로 발간하여 각 부점에 비치하고 그 준수여부를 점검하여야 한다.

② 준법감시인은 윤리강령 위반에 대한 신고처 운영, 신고자 포상 등과 같은 윤리강령의 실효성 확보를 위한 절차를 구축·운영하여야 한다.

③ 은행은 내부통제체계의 특성 등을 감안하여 윤리강령 제·개정 및 운영을 준법감시부서가 아닌 여타 부서에서 담당하고 준법감시부서는 준수여부 점검만을 수행하도록 할 수 있다.

제37조(내부고발제도)

① 은행은 내부통제가 원활히 이루어질 수 있도록 내부고발제도를 총괄하는 자를 지정하고 내부고발제도 운영 등에 관한 구체적 사항을 정하여 시행하여야 한다.

② 내부고발제도에는 내부고발자에 대한 비밀보장 및 불이익 금지 등 보호조치와 은행에 중대한 영향을 미칠 수 있는 위법·부당한 행위를 인지하고도 은행에 제보하지 않은 미고발자에 대한 불이익 부과 등에 관한 사항이 포함되어야 한다.

제38조(명령휴가)

은행은 임직원의 위법·부당한 행위를 사전에 방지하기 위하여 명령휴가제도 도입 및 그 적용대상, 실시주기, 명령휴가 기간, 적용 예외 등 명령휴가제도 시행에 필요한 사항을 별도의 지침으로 정한다.

제38조의2(상시감시)

① 은행은 본부부서 및 영업점의 이상거래를 상시적으로 감시한다.

② 은행은 상시감시에 대한 세부기준을 마련한다.

제39조(내부통제기준의 제·개정)

① 은행이 내부통제기준(제40조에 따라 마련된 세부지침은 제외한다)을 제정하거나 개정하고자 할 때에는 이사회의 의결을 거쳐야 한다.

② 제1항에도 불구하고 법규 개정에 따른 용어 변경, 단순한 조직체계의 변경, 기타 체제 변

> 경이나 자구수정 등 내부통제기준 내용의 실질적인 변화를 수반하지 않는 개정의 경우에는 대표이사가 이를 승인할 수 있다.
>
> **제39조의2(활동 내역의 공시)**
>
> 은행은 이 기준에 따른 이사회등의 내부통제 관련 활동 내역을 지배구조연차보고서 등을 통하여 공시하여야 한다.
>
> **제40조(세부지침 위임)**
>
> 이 규정의 시행 및 준법감시인의 직무수행에 필요한 세부사항은 대표이사가 별도로 정하는 바에 따른다.

3. 금융사고 예방지침

3-1. 개요

전국은행연합회의 "금융사고 예방지침"은 2022년 11월 18일 상기에서 설명한 "은행·중소서민 내부통제 운영 개선과제(발표일 : 2022.10.4.)" 및 "국내은행 내부통제 혁신방안(발표일 : 2022.11.4.)"에 대한 후속조치로 '인사 관련 내부통제 모범규준(제정일 : 2022.11.29.)'과 함께 제정되었다.[280]

금융감독원은 2022년 11월 4일 마련된 "국내은행 내부통제 혁신방안"이 은행권에 조기에 안착되어 실효성 있게 작동되도록 일부 과제의 이행시기를 앞당기고, 순환근무 예외직원에 대한 별도의 사고예방 통제장치를 마련토록 하는 등 혁신방안을 보완하는 "국내은행 내부통제 혁신방안 개선안"을 2023년 12월 21일 발표하였는바, 동 개선안의 후속조치로 2023년 12월 22일 "금융사고 예방치침"이 한 차례 개정(시행일 : 2024년 1월 1일)되었다.[281]

'금융사고 예방지침'은 금융회사의 내부통제 강화 및 금융사고 예방을 위해 명령휴가, 내부고발 등 금융사고 예방조치를 마련하고, 시스템 접근통제 등 금융사고 취약업무의 절차를 고도화하며, 상시감시·자점감사를 강화하는 데 필요한 기준 및 절차를 정하는 것을 목적으로 한다.

각 금융회사는 소속 금융협회가 제정한 표준지침을 참고하여 자체 실정에 맞는 '금융사고 예방지침'을 내부규정으로 마련하여 준수하고 있다. 전국은행연합회의 '금융사고 예방지침'을 기준으로 주요 내용을 살펴보고자 한다.

3-2. 금융사고 예방지침 주요 내용

가. 명령휴가

명령휴가는 위험직무직원, 장기근무직원 및 2년 이상 근무직원[282]에게 실시한다. 위험직무직원의 경우 1영업일 이상의 명령휴가를 연 1회 이상을, 장기근무직원의 경우 2영업일[283] 이상의 명령휴가를 연 1회 이상을, 2년 이상 근무직원의 경우 1영업일 이상의 명령휴가를 연 1회 이상을 각각 실시하도록 규정하였다.

미 예금보험공사(FDIC)의 검사매뉴얼에 따르면, 미국 은행의 모든 임원과 직원에게 연속 2주 이상 중단 없이 직무에서 벗어나도록 요구하는 정책을 가지고 있을 것을 요구하고 있다. 금융사고 예방조치로서의 실효성을 높이기 위해서는 우리나라는 1~3영업일에 불과하므로 미국과 비교할 때 명령휴가의 실시기간을 늘리는 등 실효성을 제고할 필요가 있다.

나. 직무분리

직무분리는 각 업무의 세부지무를 분리하여 동일인이 해당 세부직무를 겸직하지 않도록 하여 금융사고의 예방 효과를 높이는 조치이다.

---

280) 여타 금융협회에서도 전국은행연합회와 유사하게 "금융사고 예방치침"을 마련하여 운영중에 있다.

281) 금융감독원 2023.12.21.일자 보도자료 "2023년 하반기 은행(지주) 내부통제 워크숍 개최"를 참고한다.

282) 동일 업무에 2년 이상 근무한 직원으로 위험직무직원과 장기근무직원을 제외한다.

283) 채무 · 투자현황을 확인하지 못하여 은행장이 승인한 장기근무직원에 대해서는 3영업일

금융사고 예방지침 상
직무분리 대상 직무

1. 영업점 등의 시재

   가. 모출납 · 책임, 외화출납 · 책임, 금고당번

   나. ATM, 금고당번

   다. 내금고 관리, 외금고 관리

2. 은행명의 통장 : 통장 관리, 인감 관리

3. CD : 영업, 발행 · 교부, 미발행증서 보관

4. 보호예수 · 보관어음 : 취급, 보관

5. 대출 : 대출판매, 방카슈랑판매, 감정평가

6. 기업 구조조정 및 IB(PF, 투자금융 등) : 자금관리, 통장 관리, 인감 관리, 자금결제

7. 유가증권 : 유가증권 거래, 유가증권 보관, 자금결제

8. 인장 : 중요인장 관리, 법인인감증명서 관리

9. 중요용지 : 취급, 보관

10. 전산 : 개발, 운영

11. 기타 사고발생 우려가 높아 은행이 필요하다고 선정한 업무

다. 내부고발제도

내부고발의 활성화를 위해 복수의 접수채널 운영, 실명 또는 익명의 내부고발, 내부고발자의 비밀보장, 불이익 금지, 우대 및 보상, 사고금액 3억원 이상의 금융사고 발생 시 관련 임직원의 내부고발의무 위반 여부 조사, 연 2회 이상 교육 실시 등 운영기준을 규정하고 있다.

내부고발제도 개관

1. 내부고발자 개념

☐ 내부고발자는 영어로 "휘슬블로어(whistle-blower)"인데, "호루라기를 부는 사람"이라는 뜻임

☐ 내부고발자는 기업ㆍ정부ㆍ공공기관 내에 근무하는 조직의 구성원이거나 구성원이었던 사람이 조직 내부에서 저질러지는 부정, 부패, 불법, 비리, 예산낭비 등을 알게 되어 이를 시정하고자 내부책임자 및 감사부서에 보고 또는 폭로하는 사람을 말함

☐ 내부고발은 개인의 윤리의식과 양심에 의한 행동으로 조직의 이익보다 사회 공동체의 이익을 더 중시하는 공익적 행위임

2. 내부고발자 제도 도입 배경

☐ 미국은 1989년 내부고발자보호법(Whistleblower's Protection Act)을, 영국은 1998년 공익폭로법(Public Interest Disclosure Act)을 제정하는 등 많은 나라에서 '내부고발자를 보호하는 법'을 제정ㆍ시행하고 있음

☐ 내부고발자 보호 지침 채택(EU 이사회, 2019년)

   ○ 내부고발자의 보호 강화 및 더 안전한 제보 절차를 구축하기 위하여 EU 회원국의 내부고발자 보호법 제정을 유도

☐ ESG평가지표에서 내부고발 제도가 중요하게 평가

   ○ 환경(Environmental), 사회(Social), 지배구조(Governance)의 ESG경영으로 내부고발 제도와 같은 비재무적 지표들의 중요성이 높아지고 있음

☐ 국제상공회의소(ICC; International Chamber of Commerce)

   ○ "2022 Guidelines Whistleblowing" 보고서를 발표하였는 바, 기업의 직원 또는 기업과 밀접한 사람들(비즈니스 파트너 등)은 잠재적 불법행위나 피해위험을 가장 먼저 인지하는 경우가 많으므로 이들의 내부고발은 잠재적 문제가 중대한 피해로 번지기 전에 해결할 수 있는 단초를 제공한다는 평가를 받고 있음

☐ 우리나라는 2002년 부패방지위원회(現 국가권익위원회)를 설치하여 부패행위에 대한 신고

를 접수하고 보호 및 보상 업무를 수행하고 있으며, 내부고발자 보호제도를 운영하고 있음

ㅇ 특히, 2011년 공익신고자보호법을 제정하여 공익침해행위*를 신고한 사람 등을 보호 및 지원하고 있음

  * 공익침해행위란 국민의 건강과 안전, 환경, 소비자의 이익, 공정한 경쟁 및 이에 준하는 공공의 이익을 침해하는 행위로 공익신고 대상법률(식품위생법, 자연환경보전법, 의료법 등 471개 법률)에 따라 벌칙 또는 행정처분의 대상이 되는 행위를 말함

건강
불량식품 제조·판매

안전
부실시공

환경
대기오염 물질 불법배출

소비자의 이익
보이스피싱, 보험사기

공정경쟁
기업간 담합

공공의 이익
거짓 채용광고

□ 금융회사지배구조법 상에도 금융회사가 준수해야 하는 내부고발제도에 대한 규제가 명문화되었음

□ 따라서, 내부고발자 제도는 글로벌 스탠다드로 자리매김하였음

3. 기업(금융회사)의 내부고발자 관련 법규 준수

□ 기업(금융회사)은 내부고발자를 보호하는 국내외 관련 법과 제도를 이해하고 준수하여야 하며, 내부고발을 신속하고 효과적으로 처리할 수 있는 제도를 마련하고 고발자를 보호하는 장치를 구축하여야 함

4. 왜 내부고발을 장려하고 보호해야 하는가

☐ 기업(금융회사)은 내부고발자의 익명성을 보호하고 보복 조치를 예방하기 위한 조치를 마련해야 하며, 내부고발자에 대한 보상제도를 도입하여 신고를 장려할 필요가 있음

☐ 이는 단순히 내부고발자가 정의감이 넘치고 좋은 사람이어서 보호되어야 한다는 것이 아니며, 내부고발을 장려하고 보호하는 가장 큰 이유는 부정부패를 방지하는 가장 효율적인 방안이기 때문임

☐ 아무리 좋은 제도를 갖추고 있어도 내부의 사람들이 은밀히 혹은 담합하여 부정부패를 저지른다면 막기가 어려움

☐ 내부고발은 잠재적인 문제가 중대한 피해로 번지기 전에 해결하는 단초가 될 수 있으므로 내부고발의 장려와 지원 체계 구축을 통해 기업의 손실을 방지할 수 있음

☐ 기업(금융회사)은 내부고발과 내부고발자에 대한 인식을 새롭게 하고 내부고발을 통해 드러난 문제에 대한 원인을 파악하고 조직의 윤리 및 규범을 강화하는 등 개선에 노력해야 함

5. 내부고발자에 대한 잘못된 인식

☐ 일부 기업(금융회사)에서는 내부고발자를 "조직의 배신자, 항명, 하극상"으로 취부하거나 "내부고발의 동기나 도덕성이 순수하지 못하다"고 폄하하는 경향이 있으나, 조직 내 자정이 불가능할 정도로 곪아터진 부정부패가 내부고발의 형태를 통해서 외부로 터져 나온 것임

☐ 내부고발은 조직내 부정부패가 수습할 수 없을 정도로 더 악화되는 것을 미연에 방지하는 긍정적 효과가 높기 때문에 폭로 동기나 도덕성보다 더 높이 평가해야 함

☐ 내부고발자는 조직의 지속가능성을 위협하는 부정부패를 선제적으로 방지한 "용기 있는 사람"으로 조직적 보호를 해야 함

> **[김○○ 호루라기재단 이사; △△자동차 내부고발 사건 공익제보자]**
>
> "공익제보자가 손해를 볼 이유도 없고 굳이 의인이 될 필요도 없습니다. 다른 사람보다 더 청렴해야 될 것을 요구해서도 안 됩니다. 보통으로서 살아갈 수 있도록 하는 게 맞는 것 같습니다."

EU 내부고발자 보호지침의 의무 체크리스트[284]

□ 글로벌 경영자문기업인 NAVEX는 EU의 내부고발자 보호지침에서 요구하는 최소 의무사항을 바탕으로 기업이 해당사항에 대한 준수여부를 점검할 수 있는 체크리스트를 제시함

□ 우리나라 기업들도 다음의 체크리스트를 이용하여 사내 내부고발자 보호제도가 제대로 마련되어 있는지, 원활하게 운영되고 있는지 여부를 점검할 수 있음

제보자 신원비밀 보장	1. 귀하의 내부고발자 시스템은 내부고발자의 신원을 기밀로 유지하도록 허용합니까?	
	2. 제도에 대한 정보를 외부에 공개할 때에도 신원이 보호될 수 있습니까?	
	3. 신원은 보고부터 사례 데이터 보관까지 모든 과정에서 보호됩니까?	
	4. 사례 관리 시스템에 대한 액세스는 충분히 보안되어 있습니까?	
	5. 외부기관에 대한 시스템 취약성 및 해킹 테스트를 수행합니까?	
응답 시간	6. 귀하의 내부고발제도는 내부고발자의 익명성을 유지하면서 내부고발자에게 수신 확인 알림을 자동으로 즉시 제공합니까?	
	7. 내부고발팀은 제보 접수 사실을 즉시 알릴 수 있습니까?	
	8. 표준 응답 메시지를 작성할 수 있습니까?	
	9. 보고서를 받는 전담 직원/팀이 있습니까?	
후속조치	10. 내부고발자가 사진, 텍스트 문서 등 다양한 파일형식의 자료를 제출해도 메타데이터*로 구조화가 가능합니까?	
	11. 내부고발제도에 신고접수와 사건을 관리하는 수단이 통합되어 있습니까?	
	12. 귀하의 내부고발자 채널은 익명 또는 실명으로 내부고발자와의 대화를 허용합니까?	

	13. 귀하의 시스템은 다국어 통신을 위한 보안 번역 지원을 허용합니까?	

* 데이터에 대한 데이터, 동영상. 소리, 문서 등과 같이 실제로 존재하거나 사용할 수 있는 데이터는 아니지만 실제 데이터와 직접적 또는 간접적으로 연관된 정보를 제공해 다른 데이터에 대해 설명해 주는 데이터를 말한다.

커뮤니케이션 및 정보	14. 직원들이 언제 어디서 어떻게 할수 있는지에 대해 명확하고 쉽게 사용할 수 있는 정보를 제공합니까? 외부 보고 옵션을 포함하여 우려 사항을 보고합니까?	
	15. 이러한 정보는 귀하가 사업을 운영하는 각 국가에 적합합니까?	
	16. 사람들이 내부고발자 시스템에 액세스할 때 자동으로 정보를 사용할 수 있습니까?	
	17. EU 내부고발자 보호지침(또는 관련법)을 위반하는 "보복"과 같은 직원의 행동을 귀하의 정책 문서, 행동 강령 및 관련 교육 자료에 업데이트하여 정보를 제공합니까?	
GDPR* 준수	18. 귀사의 내부고발자 시스템은 귀사가 운영하는 모든 EU 국가의 GDPR을 완전히 준수합니까?	
	19. 귀하의 시스템은 사건이 종결될 때 자동으로 개인 데이터가 삭제되는 것을 허용합니까?	
	20. 보고의 국가별 차이에 대해 잠재적인 사용자에게 올바르게 알리고 있습니까?	
보고서 기록 보관	21. 귀하의 시스템은 각 사건의 사용자 및 기록을 보관합니끼?	
	22. 귀하의 시스템은 개인 데이터 삭제를 허용합니까?	

* GDPR(General Data Protection Regulation): 2018년 5월 25일부터 시행된 EU(유럽연합)의 개인정보보호 법령으로 EU 내 사업장이 없어도 EU를 대상으로 사업을 하는 경우 적용 대상이 될 수 있다.

출처: WhistleB, A checklist(2019)

라. 금융사고 예방대책

'금융사고 예방지침'에는 금융사고 예방대책을 위한 임직원의 역할이 규정되어 있다. 임원은 내부통제기준 위반을 방지하기 위한 금융사고 예방대책을 마련하고 예방대책 준수여부를 점검하는 등 소관업무 및 소관조직에 대한 내부통제를 총괄한다.

부점장은 소관부점과 관련된 금융사고 예방대책 등 내부통제기준과 내부통제정책을 준수하고 집행하며 관리한다. 임직원은 담당업무와 관련한 내부통제에 대한 1차적 책임을 부담하며, 금융관계법령과 금융사고 예방대책 등 내부통제기준을 숙지하고 이를 충실히 준수한다.

은행은 업무의 성격 및 내부통제책임 등을 감안하여 본부부서 및 영업점에 대한 금융사고 예방대책을 구분하여 마련해야 하는데, 이 경우 금융사고 예방대책에는 '금융사고 예방지침' [별표1]의 주요 사고예방대책 구성(예시)의 내용을 포함하여 업무별·직급별 역할과 책임을 명시하여야 한다.

마. 금융사고 취약업무의 절차 고도화

금융사고 취약업무에 해당하는 시스템 접근통제, 자금인출 통제 및 수기문서 관리 관련 절차를 고도화하도록 하였다.

1) 시스템 접근통제 고도화

은행은 권한 있는 임직원만이 은행 시스템에 접근·요청·승인할 수 있도록 신분증, 모바일 OTP, QR코드 인증 등 개인이 소유 및 관리하는 기기를 기반으로 하는 인증방식이나 지문, 홍채, 안면인식 등 개인의 생체를 기반으로 하는 인증방식 등에 해당하는 개인화된 인증방식을 적용해야 한다. 임직원은 개인화된 인증방식에 사용되는 인증기기(신분증 또는 휴대전화 등)를 독립적으로 관리하고 타인에게 대여 또는 공유하여서는 아니 된다.

2) 자금인출 통제 고도화

은행은 기안, 직인날인, 자금지급의 각 단계별 담당자가 이전 단계의 주요 사항 등을 확인하도록 자금인출 시스템을 단계별로 연계해 구축하고 운영하도록 하였다. 위변조된 가짜 수기문서를 활용한 횡령 등 금전사고 예방을 위해 수기기안을 간인이 필요한 경우, 원본만이 효력을 발생하는 경우, 비밀유지가 요구되는 경우 등으로 제한하고 수기기안하는 경우에도 전자적으로 기안한 문서와 동일한 체계로 전자문서시스템에서 관리[285]하도록 하였다.

3) 부동산 PF대출 등 고위험 업무에 대한 자금집행 관리 강화

최근 횡령 등 거액 금전사고가 부동산 PF대출과 관련하여 자주 발생하고 있어 이에 대한 예방대책으로 부동산 PF대출 관련 약정서 등에 명시된 정당계좌를 통해서만 PF대출금이 지급되도록 제한하는 등 자금집행에 대한 통제를 강화하도록 조치하였다.

구체적으로는 ❶ 은행은 부동산 PF대출 취급시 대출금 지급계좌 및 은행이 원리금을 상환받을 부점명의 계좌를 사전에 지정하고, 대출실행 및 원리금 상환이 동 지정계좌를 통해서만 거래되도록 통제하는 장치를 마련하여 운영한다. ❷ 은행은 자금집행시 자금인출요청서의 전자문서시스템 등록여부를 확인하고, 회사 공용메일을 통한 수신, 차주 인감 사전 등록, 차주 앞 거래내역 통지 등 자금인출요청서 위변조 방지대책을 마련하여 운영한다. ❸ 은행은 부동산 PF대출 등 고위험업무의 자금집행에 대한 내부통제의 적정성을 정기적으로 점검하고, 은행이 대리은행 업무 수행시, 대리은행 자금관

---

284) 국민권익위원회, "청렴윤리 경영브리프스" 2023년 7월호를 참고한다.

285) 최종결재자가 수기 기안문서를 결재한 이후 전자문서시스템에 등록하여 시스템에서 자동적으로 부여한 문서번호에 따라 관리하는 것을 말한다.

리업무의 적정성에 대해서도 정기적으로 점검하는 등 PF대출 자금집행에 대한 내부통제를 강화한다. ❹ 은행은 부동산 PF대출 등 고위험 업무와 관련하여 영업담당직원 또는 부서가 자금인출요청 승인, 지급, 기표 등 자금집행 업무를 겸직하지 않도록 제한한다. ❺ 은행은 부동산 PF대출 등 고위험업무의 자금집행에 대한 내부통제의 적정성을 정기적으로 점검하며, 은행이 대리은행 업무를 수행할 경우 계산, 통지, 인출선행조건 심사 등 대리은행 자금관리업무의 적정성에 대해서도 정기적으로 점검한다.

4) 외부 등록문서를 위변조하여 횡령 등에 악용되는 사례 방지

외부 등록문서를 위변조하여 횡령 등에 악용되는 사례를 방지하기 위하여 외부 수신문서를 대규모 자금집행, 조직관리, 인력파견 등 중요 의사결정에 활용하는 경우에는 전자문서시스템에 해당 문서가 등록되었는지를 확인하고, 중요 의사결정의 근거로 활용하는 경우에는 적정한 방법으로 해당 문서의 진위여부를 추가적으로 확인한다.

또한 수기문서가 횡령 등에 악용되는 사례를 방지하기 위하여 수기기안을 ❶ 간인이 필요한 경우, ❷ 원본만이 효력을 발생하는 경우, ❸ 비밀유지가 요구되는 경우 그리고 ❹ 그 밖에 수기기안이 불가피하다고 은행이 정한 경우로만 제한하였으며, 수기기안하는 경우에도 전자적으로 기안한 문서와 동일한 체계로 전자문서시스템에서 관리[286]한다.

아울러, 은행은 금융사고 예방대책에 수기 기안문서 및 외부문서 관리기준을 명시하고, 자점감사 또는 명령휴가 검사 시에 관리실태를 점검한다.

---

286) 최종결재자가 수기 기안문서를 결재한 이후 전자문서시스템에 등록하여 시스템에서 자동적으로 부여한 문서번호에 따라 관리하는 것을 말한다.

바. 상시감시 및 자점감사 강화

영업점과 본부부서의 이상거래를 상시감시할 때 외환, 유가증권, 파생상품, IB 거래 등 자금거래가 수반되는 비정상거래를 포함하도록 하고 자점감사의 점검항목, 증빙자료 종류, 점검방식, 적정성 판단기준 등을 정기적으로 평가하여 자점감사체계를 정비하고 영업점에 제공하는 등 상시감시 및 자점감사를 강화하도록 하였다. 또한, 업무현장에서 발생하는 내부통제기준 위반의 주요 유형, 위규행위가 반복되는 근본적인 원인 및 관련 내규의 미비점, 관련 내부통제 취약점을 해소하기 위한 대책 등과 같은 내부통제 실태 및 취약점 등을 주기적으로 내부통제위원회 또는 이사회에 보고하도록 하였다.

사. 임직원 위법행위 등에 대한 고발기준 강화

은행권은 횡령·배임 등의 금융사고 발생시 은행 내부기준에 따라 형사고발 여부를 결정하고 있다. 기본적으로 고발을 원칙으로 하고 있으나, 고발 제외시 기준·절차, 필수 고발대상, 사후관리 등에 대한 구체적인 기준이 다소 미흡한 측면이 있었다. 즉, 구체적인 기준 없이 건별 판단(정상참작 등) 및 내부절차(인사위원회 결정, 은행장 결정)만으로 고발에서 제외하기도 하는 등 세부기준이 없어 자의적·온정적 판단을 할 소지가 있다.

이에 금융감독원은 2023년 12월 21일 발표한 "국내은행 내부통제 혁신방안 개선안"을 통해 고발대상 및 필수 고발사항, 고발 제외시 판단 기준 및 절차 등을 마련하는 등 임직원 위법행위 등에 대한 고발기준을 강화하도록 지도하였다.

① **(기본 원칙)** 고발대상을 범죄혐의로 포괄 명시하고 고발대상에 해당할 경우 원칙적으로 고발하도록 명시

② **(고발 제외 및 필수 고발 기준)** 자의적 고발업무 운영을 방지하기 위해 고발 제외가 가능한 범죄유형, 금액 및 정상참작 요건 등 구체적인 기준과 세부절차(인사위원회 의결, 은행장 결정 등) 등을 명시하고, 예외 없이 반드시 고발해야 할 범죄 유형, 금액 기준, 그 외 기타 관련 사항에 대해 내규에 명시

③ **(사후관리)** 고발 주체(부·점장)가 정당한 사유 없이 미고발하는 사례가 없도록 감사 등의 사후관리(점검) 및 미고발시 고발 지시 및 필요시 징계할 수 있는 조항을 신설

아. 임직원 성과평가지표(KPI) 관리 강화

최근 발생한 일부 은행의 증권계좌 무단개설 사고와 관련해서도 증권계좌 개설 독려를 위한 KPI 강화가 사고 발생 원인 중 하나로 작용하였다. 특정 금융상품 판매실적과 직원 성과평가지표(KPI)를 연계시 금융사고, 불건전영업행위, 불완전판매 등이 발생할 가능성이 증가할 우려가 제기되었다.

이에 금융감독원은 2023년 12월 21일 발표한 "국내은행 내부통제 혁신방안 개선안"을 통해 KPI가 특정 상품 판매실적과 연계되어 금융사고, 불건전영업행위, 불완전판매 등을 유발할 가능성이 있는지 여부 등을 준법감시부서 등에서 정기적으로 점검하고 개선하는 체계를 구축하도록 지도하였다.

① **(일반원칙)** 은행은 본점 부서 및 영업점에 대한 성과평가 시 고객만족도 및 내부통제 항목을 중요하게 반영하는 등 고객 보호 관점에서 균형 있는 성과평가지표(KPI)를 운영

② **(적정성 평가)** 준법감시부서 또는 소비자보호부서는 본점 부서 및 영업점에 대한 성과평가지표(KPI)가 특정 상품 판매실적과의 연계 등으로 인해 금융사고 및 불건전영업행위를 유발할 가능성이 있는지 여부 등을 정기적으로 평가하고, 그 결과를 내부통제위원회 및 이사회에 보고

금융사고 예방지침(전국은행연합회)

제정 2022.11.18. / 개정 2023.12.22.

제1장 총칙

제1조(목적)

이 지침은 은행의 금융사고 예방을 통한 내부통제 강화를 위해 명령휴가, 내부고발 등 금융사고 예방조치를 마련하고, 시스템 접근통제 등 금융사고 취약업무의 절차를 고도화하며, 상시감시 · 자점감사를 강화하는 데 필요한 기준 및 절차를 정하는 것을 목적으로 한다.

제2조(용어의 정의)

① 이 지침에서 사용하는 용어의 정의는 다음과 같다.

1. "명령휴가"란 직원의 직무를 불시에 검사하기 위해 검사 직전에 은행이 일방적으로 명령하는 휴가를 말한다.

2. "위험직무직원"이란 다음 각 호의 구분에 따라 업무를 담당하는 직원을 말한다.

   가. 영업점 : 출납, PB, 기업여신 RM, 중요실물(중요증서 · 인장 · 열쇠, 통장 등을 포함한다. 이하 같다) 관리

   나. 본부부서 : 출납모점(현금시재를 보유하는 경우에 한한다), 유가증권 · 외환 · 파생 · 신탁자산의 운용, 자금조달 · 계약, 기업구조조정 · 기업금융, 경영관리 상 자금관리가 필요한 계약 등 기타 자금관리, 중요실물 관리

   다. 그 밖에 금융사고 발생위험이 높다고 은행이 정하는 업무

3. "장기근무직원"이란 「인사 관련 내부통제 모범규준」에서 정하는 장기근무 중인 직원을 말한다. 다만, 동 모범규준 제3조에 따라 적용배제직원에 해당하는 자는 제외한다.

4. "대체수단"이란 직원의 업무를 검사하기 위해 활용하는 해당 직원의 연차휴가, 연수, 파견 등(명령휴가에 해당하지 않는 경우에 한한다)을 말한다.

5. "직무분리"란 금융사고 발생위험이 높은 단일업무에 복수의 인력 또는 부서가 참여하도록 직무를 분리하는 것을 말한다.

6. "내부고발"이란 임직원이 타 임직원의 위법 · 부당한 행위 또는 내규등의 불비 등을 인지하여 내부고발을 담당하는 부서에 신고하는 것을 말한다.

7. "부점"이란 본부부서 또는 영업점을 말한다.

② 그 밖에 이 지침에서 사용하는 용어의 정의는 은행법 등 금융관계법령 및 인사 관련 내부 통제 모범규준 등에서 정하는 바에 따른다.

제2장 주요 금융사고 예방조치 운영기준

제1절 명령휴가

제3조(실시대상자)

① 은행은 위험직무직원, 장기근무직원 및 동일 업무에 2년 이상 근무한 직원(위험직무직원과 장기근무직원은 제외하며, 이하 "2년이상근무직원"이라 한다)에게 명령휴가를 실시한다.

② 제1항에도 불구하고 2년 이상 근무직원 중 계좌 및 실물을 관리하지 않고 이와 관련된 전산시스템 접근권한이 없어 금전사고 가능성이 매우 낮은 지원업무를 담당하는 직원에 대해서는 명령휴가를 실시하지 않을 수 있다.

③ 부점장은 매년초에 직전년도 말을 기준으로 제1항에 따른 명령휴가 실시대상자를 관련 시스템에 등록(관련 시스템을 통한 자동등록을 포함한다. 이하 이 항에서 같다)한다. 다만, 해당연도 중 새롭게 장기근무직원 또는 2년 이상 근무직원에 해당하게 되거나 인사이동 등으로 실시대상자에 변경이 발생한 경우에는 지체 없이 시스템에 해당 사항을 수정 등록하고, 등록 후 2개월 이내(위험직무직원으로 수정 등록된 자에 대한 최초 명령휴가는 1년 이내)에 명령휴가를 실시한다.

④ 명령휴가를 실시하기 위해서는 사전에 실시대상자로 시스템에 등록한다. 다만, 긴급한 직무검사 등 불가피한 사정으로 사전에 등록되지 않은 직원에 대해 명령휴가를 실시한 경우에는 준법감시인의 확인을 받아 사후적으로 시스템에 등록할 수 있다.

제4조(실시방식)

① 은행은 위험직무직원에게 1영업일 이상의 명령휴가를 연 1회 이상 실시한다. 다만, 영업점의 중요실물 관리업무를 담당하는 직원에 대해서는 중요실물에 대한 정기적 불시(不時) 점검절차가 있는 경우에 한하여 명령휴가에 갈음한 대체수단을 활용할 수 있다.

② 은행은 장기근무직원에게 2영업일(채무·투자현황을 확인하지 못하여 은행장이 승인한 장

기근무직원에 대해서는 3영업일) 이상의 명령휴가를 연 1회 이상 실시한다.

③ 은행은 2년 이상 근무직원에게 1영업일 이상의 명령휴가를 연1회 이상 실시한다. 다만, 업무공백 및 인력운용의 효율성 등을 고려하여 명령휴가에 갈음한 대체수단을 활용할 수 있다.

④ 은행은 실시대상자에게 명령휴가 대신 불시에 타 부점 근무를 명령하고 대직자 등이 검사하는 방식으로 명령휴가를 실시할 수 있다. 다만, 타 부점 근무 방식은 실시대상자간 교차 검사가 금지되고, 원래 업무에 대한 전산접근이 금지되는 등 명령휴가와 동등한 수준으로 검사가 이루어질 수 있는 장치가 마련되어야 하며, 이 경우 실시방식은 제1항부터 제3항 까지 준용한다.

제5조(사전절차)

① 부점장은 제3조제3항에 따라 등록된 소속 직원에게 명령휴가(대체수단을 포함한다. 이하 같다)를 불시에 실시하기 위해 명령휴가 전일 오후 5시부터 당일 오전 9시까지 시스템에 명령휴가 실시예정사실을 등록한다.

② 부점장은 명령휴가 실시대상자가 명령휴가 전일 업무를 종료한 이후에 휴대전화 문자메시지 등으로 명령휴가 실시예정사실을 통보하며, 해당 통보 이전에는 명령휴가 실시예정 사실을 타인에게 제공하거나 누설하여서는 아니 된다.

③ 준법감시인 특명감사에 따른 명령휴가, 부점장에 대한 명령휴가 및 제4조4항에 따른 타 부점 근무 방식은 준법감시인이 실시예정사실을 등록하고 통보하며, 이 경우 제1항 및 제2항을 준용한다.

제6조(직무검사)

① 부점장은 명령휴가 실시대상자의 대직자로 하여금 해당 대상자가 제23조에 따른 금융사고 예방대책에 포함된 이행·확인사항을 준수하고 있는지 여부 및 기타 필요한 사항을 검사하도록 한다. 다만, 부점장은 업무전문성 및 인력상황 등을 고려하여 대직자가 아닌 다른 직원으로 검사하게 할 수 있다.

② 제1항에 따라 직무검사를 수행한 대직자등은 검사결과를 부점장에게 보고한 후 시스템에 입력하고, 부점장은 검사결과 특이사항이 발견된 경우 준법감시인에게 지체 없이 보고한다.

③ 실시대상자가 부점장인 경우 준법감시인은 준법감시부장(해당 부점장에 대해 독립적이고 객관적인 검사를 할 수 있다고 판단되는 자를 포함한다)으로 하여금 검사하도록 하며 이 경

우 제1항 및 제2항을 준용한다.

제7조(사후관리)

① 준법감시부서는 명령휴가 실시현황을 상시점검하고 필요한 경우에는 해당 부점장에게 개선을 요구한다.

② 은행은 금융사고 발생, 환경변화에 따른 사고위험 증가여부 등을 고려하여 위험직무직원의 적정성을 매년 평가하고 필요한 경우에는 조정한다.

③ 준법감시부서는 명령휴가 실시현황을 매년 평가하고, 그 결과를 내부통제위원회에 보고한다.

제2절 직무분리

제8조(분리대상 직무)

① 은행은 다음 각 호의 구분에 따라 각 업무의 세부직무를 분리하고 동일인이 해당 세부직무를 겸직하지 않도록 한다. 다만, 직원이 5명 이하인 소규모 부점의 경우 제1호·제2호·제8호 및 제9호를 제외한 업무에 대해서는 부점장이 판단하여 예외로 할 수 있다.

1. 영업점 등의 시재

   가. 모출납·책임, 외화출납·책임, 금고당번

   나. ATM, 금고당번

   다. 내금고 관리, 외금고 관리

2. 은행명의의 통장 : 통장 관리, 인감 관리

3. CD : 영업, 발행·교부, 미발행증서 보관

4. 보호예수·보관어음 : 취급, 보관

5. 대출 : 대출판매, 방카슈랑판매, 감정평가

6. 기업 구조조정 및 IB(PF, 투자금융 등) : 영업, 심사·리스크 관리, 자금인출요청 승인, 통장 관리, 인감 관리, 자금결제

7. 유가증권 : 유가증권 거래, 유가증권 보관, 자금결제

8. 인장 : 중요인장 관리, 법인인감증명서 관리

9. 중요용지 : 취급, 보관

10. 전산 : 개발, 운영

11. 기타 사고발생 우려가 높아 은행이 필요하다고 선정한 업무

② 은행은 부점별로 제1항에 따른 분리대상 세부직무와 담당 직원을 등록·관리하는 시스템을 운영하고, 변동사항이 발생하는 경우 지체 없이 시스템에 반영한다.

제9조(사후관리)

① 준법감시부서는 제8조에 따른 직무분리 실시현황을 상시점검하고, 필요한 경우에는 해당 부점장에게 개선을 요구한다.

② 은행은 금융사고 발생, 환경변화에 따른 사고위험 증가여부 등을 고려하여 제8조제1항에 따른 분리대상 세부직무의 적정성을 매년 평가하고, 필요한 경우에는 조정한다.

③ 준법감시부서는 제8조에 따른 직무분리 실시현황을 매년 평가하고, 그 결과를 내부통제위원회에 보고한다.

제3절 내부고발

제10조(담당부서 설치)

① 은행은 내부고발의 접수 · 조사 등을 담당하는 부서(이하 "내부고발담당부서"라 한다)를 지정하여 운영한다.

② 내부고발담당부서는 업무의 독립성 보장을 위하여 대표이사, 상근감사위원 또는 이사회 의장(이에 준하는 자를 포함하며, 이하 '내부고발담당임원'이라 한다)의 직속으로 설치한다.

제11조(내부고발 대상)

① 임직원(용역직, 파견직을 포함한다)은 다음 각 호의 경우 내부고발하여야 한다.

1. 「금융회사의 지배구조에 관한 법률」제7조에 따른 금융관계법령상 위반 혐의가 있는 경우

2. 횡령, 배임, 공갈, 절도, 금품수수, 사금융알선, 저축관련 부당행위, 재산 국외도피 등 범죄 혐의가 있는 경우

3. 직무분리, 명령휴가, 장기근무자관리, 자점감사 등 주요 사고예방조치를 이행하지 않거나 소홀하게 이행하는 경우

4. 은행업무와 관련하여 내규 및 절차상 준수사항에 대한 주요 위반 혐의가 있는 경우

5. 내규 및 절차에 불비사항이 있어 중대한 금융사고가 예상되는 경우

6. 업무와 관련한 상사의 위법 또는 부당한 지시가 있는 경우

7. 성적인 언어나 행동에 의한 성희롱이 있는 경우

8. 기타 위법 또는 부당한 업무처리 및 사고 징후로 판단되는 경우

② 제1항 제7호와 관련한 신고의 접수 · 조사 등을 담당하는 부서가 별도 지정되어 있는 경우 해당 부서가 신고접수 · 조사 등의 업무를 담당할 수 있다.

제12조(내부고발 접수)

① 내부고발담당부서는 다양한 방식을 통해 내부고발이 접수될 수 있도록 복수의 접수채널을 운영한다.

② 내부고발담당부서는 제1항의 각 접수채널에서 고발자의 선택에 따라 실명 또는 익명으로 내부고발이 접수될 수 있도록 운영한다.

③ 내부고발담당부서는 고발자가 고발내용을 가능한 구체적으로 기술하여 고발하도록 접수 채널을 운영한다.

제13조(접수사실 보고)

① 내부고발담당부서는 내부고발이 접수된 경우 지체 없이 내부고발담당임원에게 보고한다.

② 제1항에도 불구하고 고발자의 요청이 있거나, 접수된 고발내용이 근거 없이 다른 직원을 비방할 목적으로 판단되는 경우 내부고발담당부서장에게 보고하고, 관련 절차를 종결할 수 있다. 이 경우 내부고발담당부서장은 그 내용 및 사유를 별도 기록하여 보관하고, 내부고발담당임원에게 정기적으로 보고한다.

제14조(고발내용 조사)

① 내부고발담당부서는 제13조제1항에 따라 내부고발담당임원에게 보고한 경우에는 고발내용의 사실 여부 등을 조사한다. 다만, 조사의 효율성 등을 감안하여 필요한 경우에는 감사부서에 고발내용을 조사하여 결과를 회신해 줄 것을 요청할 수 있다.

② 내부고발담당부서(제1항 단서에 따른 감사부서를 포함한다. 이하 이 조에서 같다)는 고발내용 조사를 위해 필요한 경우 관련 임직원 및 부서에 자료제출, 출석 및 진술 등을 요구할 수 있으며, 관련 임직원 및 부서는 이에 성실히 응하여야 한다.

③ 내부고발담당부서는 내부고발 접수일로부터 20영업일 이내에 고발내용의 조사를 완료한다. 다만, 부득이한 사유로 조사기간을 연장하고자 하는 경우에는 내부고발담당임원(감

사부서가 조사하는 경우에는 상근감사위원을 말한다)의 승인을 얻어야 한다.

제15조(조사결과 처리)

① 내부고발담당부서는 내부고발 조사결과를 내부고발담당임원에게 보고한 후 필요한 경우에는 관련 임직원 및 부서에게 업무의 시정ㆍ개선을 요구하고, 인사부서에 관련 내규에 의한 징계를 요청한다.

② 제1항에 따라 시정ㆍ개선 요구를 받은 임직원ㆍ부서는 이에 성실히 응하여야 한다.

③ 내부고발담당부서는 고발자(조사결과 등의 통보를 요청한 고발자에 한한다)에게 제1항부터 제2항에 따른 조사결과 및 처리내용을 통보한다. 익명고발인 경우에도 고발자 요청시 적절한 방법으로 통보한다.

제16조(관련자 배제)

① 은행은 내부고발담당임원 또는 내부고발담당부서 소속 직원이 고발내용과 관련되어 있는 경우에는 제13조부터 제15조에 따른 업무 등에서 배제한다.

② 제1항에 따라 내부고발담당임원이 배제되는 경우 제10조제2항에 열거된 다른 임원을 내부고발담당임원으로 본다.

제17조(비밀보장 등)

① 내부고발담당부서(제14조제1항 단서의 경우 감사부서를 포함한다)의 직원 및 담당임원은 고발내용(고발자 신원을 포함한다. 이하 이 조에서 같다)을 타인에게 제공하거나, 누설(이를 암시하는 행위를 포함한다)하여서는 아니 된다. 다만, 이 절에서 정하고 있는 업무를 수행하기 위해 필요한 경우에는 그러하지 아니하다.

② 내부고발담당부서는 고발내용 조사 시 조사대상 임직원에 대해 비밀유지 등에 관한 서약서를 징구하며, 서약서를 제출한 임직원에 대해서도 제1항을 준용한다.

③ 제1항 및 제2항을 위반하여 타인에게 고발내용을 제공하거나, 누설한 임직원에 대해서는 관련 내규에 따라 징계할 수 있다.

제18조(고발자 보호)

① 은행은 내부고발을 이유로 고발자에게 근무조건상 차별 등 인사상 일체의 불리한 대우를 하지 않는다.

② 내부고발담당부서는 고발자가 고발로 인하여 불이익을 받았다고 판단하는 경우 관련 부점장에게 이에 대한 시정을 요구한다. 이 경우 요구를 받은 부점장은 특별한 사정이 없는

한 요구에 응하여야 한다.

③ 내부고발담당부서는 고발자가 고발로 인한 불이익을 우려하여 근무지의 변경 등을 요청하는 경우 관련 부점장에게 이에 대한 조치를 요구할 수 있다. 이 경우 요구를 받은 부점장은 특별한 사정이 없는 한 요구에 응하여야 한다.

④ 내부고발 조사에 협조한 임직원이 진술내용 등을 이유로 인사상의 불이익을 받았거나 받을 우려가 있다고 인정되는 경우에는 동 임직원에 대해서도 고발자에 준하여 보호한다.

⑤ 제1항 내지 제4항에 따른 보호의무 등을 위반한 임직원은 관련 내규에 따라 징계할 수 있다.

제19조(고발자 우대 및 보상)

① 은행은 고발내용이 다음 각 호와 같은 경우 고발자에게 표창, 포상금 등의 보상을 제공할 수 있다.

　　1. 이미 발생한 금융사고를 조기에 인지하는 데 기여하거나 사고손실을 최소화하는 데 기여한 경우

　　2. 금융사고가 실제 발생하지는 않았으나, 내부통제 기준·절차 위반 등에 대한 선제적 고발로 금융사고 예방에 기여한 경우

　　3. 내규·절차의 중대한 불비사항에 대한 것으로 금융사고 예방에 기여한 경우

② 은행은 제1항 각 호의 구분에 따라 표창, 포상금 등 보상을 제공하기 위해 필요한 관련 심의기준 및 방법 등을 마련하여 운영한다.

③ 은행은 표창, 포상금 등의 보상 제공시 이연지급 등의 방식으로 고발자의 신원노출을 방지할 수 있는 방안을 마련한다.

제20조(고발의무 위반에 대한 조사 등)

① 사고금액 3억원 이상의 금융사고가 발생한 경우 내부고발담당부서 등은 관련 임직원이 내부고발의무를 위반하였는지 여부를 조사하여 필요한 경우에는 인사부서에 관련 내규에 의한 징계를 요청한다.

② 제1항에 따라 징계를 하는 경우 해당 임직원이 고발내용 조사에 적극적으로 협조하여 사고실체 파악 및 손실 최소화에 기여한 경우 징계를 감경할 수 있다.

제21조(교육 등)

① 내부고발담당부서는 임직원을 대상으로 연 2회 이상 내부고발 제도에 관한 교육을 실시한다.

② 내부고발담당부서는 내부고발 제도의 운영과 관련한 기록을 5년간 유지 · 관리한다.

제4절 금융사고 예방대책

제22조(임직원 역할)

① 임원은 내부통제기준 위반을 방지하기 위한 금융사고 예방대책을 마련하고, 예방대책 준수여부를 점검하는 등 소관업무 및 소관조직에 대한 내부통제를 총괄한다.

② 부점장은 소관부점과 관련된 금융사고 예방대책 등 내부통제기준과 내부통제정책을 준수하고, 집행하며, 관리한다.

③ 임직원은 담당업무와 관련한 내부통제에 대한 1차적 책임을 부담하며, 금융관계법령과 금융사고 예방대책 등 내부통제기준을 숙지하고, 이를 충실히 준수한다.

제23조(금융사고 예방대책 마련 등)

① 은행은 업무의 성격 및 내부통제책임 등을 감안하여 본부부서 및 영업점에 대한 금융사고 예방대책을 구분하여 마련한다.

② 금융사고 예방대책에는 별표1의 내용을 포함하여 업무별 · 직급별 역할과 책임을 명시한다.

③ 은행은 금융사고 예방대책과 관련한 주요 이행 · 확인사항을 체크리스트로 작성한다.

④ 매분기 부점장은 소속 부서원을 대상으로 금융사고 예방대책을 교육하고, 직원은 금융사고 예방대책에 대한 자기평가를 실시한다.

제24조(타 사고예방조치와의 연계)

은행은 금융사고 예방대책의 이행 · 확인사항과 자점감사 및 명령휴가(대체수단을 포함한다)의 점검항목을 상호 연계하여 운영한다.

제25조(사후관리)

① 준법감시부서는 자점감사에 대한 모니터링 등을 통하여 금융사고 예방대책의 이행실태를 점검하고, 필요한 경우에는 해당 부점장(필요한 경우에는 해당 부점을 담당하는 임원)에게 시정개선을 요구한다.

② 은행은 금융사고 발생, 환경변화에 따른 사고위험 증가여부 등을 고려하여 매년 금융사고 예방대책의 보완 여부를 검토한다.

③ 준법감시부서는 매년 금융사고 예방대책의 이행실태 및 제23조 제4항에 따른 교육 및 자기평가 실시현황을 평가하고, 그 결과를 내부통제위원회에 보고한다.

제3장 금융사고 취약업무의 절차 고도화

제1절 시스템 접근통제

제26조(인증방식 통제)

① 은행은 권한 있는 임직원만이 은행 시스템에 접근·요청·승인할 수 있도록 다음 각 호의 어느 하나에 해당하는 개인화된 인증방식을 적용한다.

1. 신분증, 모바일 OTP, QR코드 인증 등 개인이 소유 및 관리하는 기기를 기반으로 하는 인증방식

2. 지문, 홍채, 안면인식 등 개인의 생체를 기반으로 하는 인증방식

3. 그 밖에 제1호 또는 제2호에 준하는 수준의 방식으로 은행이 정한 인증방식

② 임직원은 제1항에 따른 개인화된 인증방식에 사용되는 인증기기(신분증 또는 휴대전화 등을 말한다)를 독립적으로 관리하고, 타인에게 대여 또는 공유하여서는 아니 된다.

제27조(사후관리)

① 은행은 금융사고 예방대책에 제26조제2항과 관련된 이행사항을 명시한다.

② 은행은 자점감사 또는 명령휴가 검사 시 제26조제2항과 관련한 인증기기 관리실태 등을 점검한다.

제2절 자금인출 통제

제28조(자금인출 시스템의 단계별 연계)

은행은 기안, 직인날인, 자금지급의 각 단계별 담당자가 이전 단계의 주요사항 등을 확인하도록 자금인출 시스템을 단계별로 연계해 구축하고, 운영한다. 이 경우 확인해야 하는 주요사항 등은 다음 각 호와 같다.

1. 문서번호 · 승인번호 등을 통하여 직전 단계 문서의 실재여부 및 결재여부

2. 출금전표 등에 기재된 승인번호와 시스템상 승인번호의 일치여부

3. 계좌번호, 인출금액, 지급처, 지급일 등 자금인출 관련 중요사항

4. 그 밖에 자금거래의 실재여부에 필요하다고 은행이 정한 사항

제28조의2(부동산 PF대출 등 고위험 업무에 대한 자금집행 관리 강화)

① 은행은 부동산 PF대출 등 고위험 업무와 관련하여 영업담당직원 또는 부서가 자금인출요

청 승인, 지급, 기표 등 자금집행 업무를 겸직하지 않도록 제한한다.

② 은행은 부동산PF 대출취급시 대출금 지급계좌 및 은행이 원리금을 상환받을 부점명의 계좌를 사전에 지정하고, 대출실행 및 원리금 상환이 동 지정계좌를 통해서만 거래되도록 통제하는 장치를 마련하여 운영한다.

③ 은행은 자금집행시 제31조제2항에 따라 자금인출요청서의 전자문서시스템 등록여부를 확인하고, 회사 공용메일을 통한 수신, 차주 인감 사전 등록, 차주 앞 거래내역 통지 등 자금인출요청서 위변조 방지대책을 마련하여 운영한다.

제29조(사후관리)

① 은행은 자점감사시 기안, 직인날인, 자금지급의 각 내역을 대조하는 등 자금인출의 적정성을 점검한다.

② 준법감시부서는 자금인출 시스템의 단계적 연계 운영현황을 정기적으로 점검하고, 필요한 경우에는 해당 부점장에게 개선을 요구한다.

③ 은행은 부동산 PF대출 등 고위험업무의 자금집행에 대한 내부통제의 적정성을 정기적으로 점검한다. 은행이 대리은행 업무를 수행할 경우 계산, 통지, 인출선행조건 심사 등 대리은행 자금관리업무의 적정성에 대해서도 정기적으로 점검한다.

제3절 수기문서 관리

제30조(수기 기안문서 제한 및 관리)

① 은행은 수기기안을 다음 각 호에 따른 경우로 제한한다.

1. 간인이 필요한 경우

2. 원본만이 효력을 발생하는 경우

3. 비밀유지가 요구되는 경우

4. 그 밖에 수기기안이 불가피하다고 은행이 정한 경우

② 제1항에 따라 수기기안하는 경우에도 전자적으로 기안한 문서와 동일한 체계로 전자문서시스템에서 관리(최종결재자가 수기 기안문서를 결재한 이후 전자문서시스템에 등록하여 시스템에서 자동적으로 부여한 문서번호에 따라 관리하는 것을 말한다)한다.

제31조(외부문서 등록)

① 은행은 직인이 날인된 외부기관의 공식문서(이하 "외부문서"라 한다)가 전자문서시스템 외

경로로 접수된 경우에도 전자문서시스템에 등록한다.

② 은행은 외부 수신문서를 대규모 자금집행, 조직관리, 인력파견 등 중요 의사결정에 활용하는 경우에는 전자문서시스템에 해당 문서가 등록되었는지를 확인하고, 중요 의사결정의 근거로 활용하는 경우에는 적정한 방법으로 해당 문서의 진위여부를 추가적으로 확인한다.

③ 제2항에 따라 확인한 결과 외부기관 공식문서가 전자문서시스템에 등록되어 있지 않은 경우에는 지체 없이 해당 문서를 등록한다.

제32조(사후관리)

① 은행은 금융사고 예방대책에 제30조 및 제31조에 따른 수기 기안문서 및 외부문서 관리기준을 명시하고, 자점감사 또는 명령휴가 검사 시에 관리실태를 점검한다.

② 준법감시부서는 정기적으로 수기 기안문서 및 외부문서 관리실태를 점검하고 필요한 경우에는 해당 부서장에게 시정개선을 요구한다.

제4장 상시감시 및 자점감사 강화

제1절 상시감시

제33조(상시감시 대상)

① 은행은 영업점과 본부부서의 이상거래를 상시감시한다. 이 경우 이상거래에는 외환, 유가증권, 파생상품, IB 거래 등 자금거래가 수반되는 비정상거래를 포함한다.

② 은행은 금융사고에 대한 원인분석을 통해 인지한 주의사항을 상시감시 점검항목에 추가한다.

제34조(상시감시 체계화)

① 은행은 상시감시 점검대상인 이상거래를 금융사고 위험도 등을 감안하여 대응수준 등 중요도를 차등화하며, 중대한 이상거래에 대해서는 상시감시를 담당하는 임원 또는 부서장에게 발생사실과 조치결과 등을 보고한다.

② 은행은 이상거래의 항목별로 추출요건, 주요 점검항목, 과거 금융사고 사례 등을 감안하여 상시감시 시 활용할 점검매뉴얼(예시는 별표2와 같다)을 마련한다.

제35조(사후관리)

① 은행은 금융사고 발생, 환경변화에 따른 사고위험 가능성 및 항목별 위규사항의 적발 · 조치율 등을 고려하여 정기적으로 상시감시 시스템을 점검하고, 필요한 경우에는 시스템을 보완한다.

② 상시감시담당부서는 매년 상시감시 실시현황을 평가하고, 그 결과를 내부통제위원회 또는 이사회에 보고한다.

제2절 자점감사

제36조(자점감사 효율화)

① 준법감시부서는 자점감사의 점검항목, 증빙자료 종류, 점검방식, 적정성 판단기준 등을 정기적으로 평가하여 자점감사체계를 정비하고, 영업점에 제공한다.

② 준법감시부서는 자점감사 담당자를 대상으로 자점감사 방법, 전산시스템 활용 등에 대해 정기적으로 교육한다.

③ 준법감시부서는 자점감사의 부실이행 여부를 점검하여 부실이행 부점 및 직원에 대해서는 현장점검 등 불이익조치를 부과한다.

제37조(자점감사결과 활용)

① 준법감시부서는 자점감사 점검 등을 통해 파악한 내부통제 취약점(위규사례가 발생하는 원인을 정기적으로 분석하여 확인된 반복 지적사항, 새로운 유형의 법규위반 · 규제회피 사항 등을 말한다. 이하 같다)을 해당 부점에 전달한다.

② 제1항에 따라 내부통제 취약점을 전달받은 부점은 재발방지대책을 마련하고, 관련 내부통제기준을 정비한 후 준법감시부서에 전달한다.

③ 준법감시부서는 제2항에 따라 전달받은 재발방지대책의 이행 여부 및 내부통제기준 정비 사항의 적정성을 검토한다.

세38조(보고)

준법감시부서는 내부통제 실태 및 취약점 등 다음 각 호에 따른 사항을 주기적으로 내부통제위원회 또는 이사회에 보고한다.

  1. 업무현장에서 발생하는 내부통제기준 위반의 주요 유형

  2. 위규행위가 반복되는 근본적인 원인 및 관련 내규의 미비점

3. 관련 내부통제 취약점을 해소하기 위한 대책(제도적 보완이 힘든 잔여취약요인이 있는 경우 해당사항을 포함한다)

제5장 위법행위 등에 대한 고발업무 강화

제39조(기본원칙)

은행은 임직원의 위법행위 등에 대한 고발업무 운영기준을 마련하여야 하며, 업무와 관련된 임직원의 범죄혐의에 대해서는 고발하는 것을 원칙으로 하여야 한다.

제40조(고발 제외)

은행은 제39조에도 불구하고 정당한 사유를 종합적으로 감안하여 고발대상에서 제외할 수 있다. 다만, 고발대상에서 제외 시 제외 기준(범죄유형, 금액, 정상참작 요건 등) 및 세부절차 (인사위원회 의결, 은행장 결정 등) 등을 구체적으로 마련하여야 한다.

제41조(필수 고발대상)

은행은 반드시 고발해야 하는 범죄혐의에 대한 기준(범죄유형, 금액 등)을 구체적으로 마련하여야 한다.

제42조(고발지시 및 징계)

① 감사(감사위원회)는 고발 등의 제외에 대하여 이의가 있는 경우에는 의견을 제시하거나 고발주체에게 고발지시를 할 수 있다.

② 고발업무 운영기준 상 고발의무가 있는 자가 보고 또는 고발하지 않는 경우 감사(또는 감사위원회 또는 은행장)는 보고의무 및 고발 여부 위반 조치 등을 확인·조사할 수 있으며, 확인 결과 정당한 사유 없이 보고 또는 고발하지 아니한 경우 징계 등의 조치를 취할 수 있다.

제6장 성과평가(KPI)

제43조(일반원칙)

은행은 본점 부서 및 영업점에 대한 성과평가 시 고객만족도 및 내부통제 항목을 중요하게 반영하는 등 고객 보호 관점에서 균형있는 성과평가지표(KPI)가 운영되도록 하여야 한다.

제44조(적정성 평가)

준법감시부서 또는 소비자보호부서는 본점 부서 및 영업점에 대한 성과평가지표(KPI)가 특정 상품 판매실적과의 연계 등으로 인해 금융사고 및 불건전영업행위를 유발할 가능성이 있는지 여부 등을 정기적으로 평가하고, 그 결과를 내부통제위원회 및 이사회에 보고한다.

[별표1] (예시) 주요 사고예방대책 구성

구분		주요 업무
영업점	영업점장	1. 정기적 필수 확인사항 : 은행명의계좌, 시재금, 중요증서, 직인 관리 적정성, 단말기 관리 등 2. 인사관리 이행사항 : 직무순환, 명령휴가 등 3. 주요 업무 확인사항 : 예금잔액조회, 당좌예금, 여신취급·사후관리, 담보취득, 현수송, 전자금융 등
	책임자	1. 내부통제 관련 점검사항 : 전표·신청서 등 기재내용과 전산등록 일치, CCTV 작동상태, 은행조회서 발급 적정성, 비밀번호 대여, 단말기 관리 등 2. 업무 관련 점검사항 : 출납, 수신, 여신, 외·내국환, 계산, 전자금융, 신용카드, 부수업무 등
	실무자	1. 공통 준수사항 : 비밀번호, 시재관리, 금융실명제, 지급업무 등 2. 업무 관련 준수사항 : 어음교환, 당좌, 상담, 신용카드, 여신, 외국환, 전자금융, 부수업무 등
본부부서	부서장	1. 정기적 필수 확인사항 : 전표, 부서명의 계좌관리 및 거래 적정성, 중요증서 · 실물 관리 점검 2. 인사관리 이행사항 : 직무순환, 명령휴가 등
	책임자	1. 부서 공통 확인사항 : 중요증서 · 인장 · 열쇠 · 유가증권 등 현물관리 적정성, 가수금 · 가지급금 처리의 정당성, 정보용지 · 각종 문서 폐기 처리 적정성 등 2. 부서별 추가 확인사항 : 부점별 선정 고위험업무에 대한 확인사항
기타 은행이 업무특성 등을 자체 판단하여 추가한 업무		

[별표2] (예시) 상시감시 점검매뉴얼

1. 점검항목 : 텔러시재 과다보유

2. 추출요건 : 텔러시재가 1억원 이상인 상태로 30분 지속(위험도 上)

3. 점검사항

   가. 무자원 선입금 여부

   나. 현금 · 대체 구분 오류 발생 여부

   다. 전산조작 오류 여부

   라. 타점금액 입력 누락 여부

   마. 제세공과금 수납분 인수도거래 미실시 여부

4. 인사 관련 내부통제 모범규준

4-1. 개요

　전국은행연합회의 '인사 관련 내부통제 모범규준'은 2022년 11월 29일 상기에서 설명한 "은행 · 중소서민 내부통제 운영 개선과제(발표일 : 2022년 10월 4일)" 및 "국내은행 내부통제 혁신방안(발표일 : 2022년 11월 4일)"에 대한 후속조치로 '금융사고 예방지침(제정일 : 2022년 11월 18일)'과 함께 제정되었다.[287] '인사 관련 내부통제 모범규준'은 장기근무 제한과 준법감시 역량 제고에 대한 사항 등이 규정되어 있다.

　금융감독원은 2022년 11월 4일 마련된 "국내은행 내부통제 혁신방안"이 은행권에 조기에 안착되어 실효성 있게 작동되도록 일부 과제의 이행시기를 앞당기고, 순환근무 예외직원에 대한 별도의 사고예방 통제장치를 마련토록 하는 등 혁신방안을

---

287) 여타 금융협회에서도 전국은행연합회와 유사하게 "인사 관련 내부통제 모범규준"을 마련하여 운영중에 있다.

보완하는 "국내은행 내부통제 혁신방안 개선안"을 2023년 12월 21일 발표하였는 바, 동 개선안의 후속조치로 2023년 12월 28일 '인사 관련 내부통제 모범규준'이 한 차례 개정(시행일 : 2024년 1월 1일)되었다.[288]

'인사 관련 내부통제 모범규준'은 은행의 금융사고 예방 및 내부통제 강화를 위해 은행이 장기근무직원과 준법감시 임직원에 대한 인사관리체계를 마련함에 있어 필요한 기준 및 절차를 정하는 것을 목적으로 한다.

각 금융회사는 소속 금융협회가 제정한 표준지침을 참고하여 자체 실정에 맞는 '인사 관련 내부통제 모범규준'을 내부규정으로 마련하여 준수하고 있다. 전국은행 연합회의 모범규준을 기준으로 주요 내용을 살펴보고자 한다.

4-2. 인사 관련 내부통제 모범규준 주요 내용

가. 장기근무 제한(순환근무)

은행은 직원이 장기근무를 하지 않도록 한다. 이 경우 "장기근무"란 동일 영업 점에서 3년 또는 동일 본부부서에서 5년을 초과하여 연속 근무하는 것을 말한 다. 근무기간을 산정할 때 다른 부점(본부부서 및 영업점을 말함)으로 이동 후 6 개월 이내 해당 부점으로 재이동하는 경우 이동 전 근무기간을 합산한다.

장기근무로 인한 금융사고 유발 요인을 억제하기 위해 직원이 동일 영업점에 서 3년 또는 동일 본부부서에서 5년을 초과하여 연속 근무하는 장기근무를 하 지 않도록 한다. 부득이 장기근무가 필요한 경우 장기근무 승인은 최대 2회까 지 허용하고 각 승이 시 근무기간은 1년 이내로 한다. 채무·투자현황 등을 확 인하지 못한 경우에는 은행장이 1회만 장기근무를 승인하도록 하였다. 장기 근무직원을 전체 직원(적용배제직원[289]을 제외)의 5%를 넘지 않도록 관리한다.

---

288) 금융감독원 2023.12.21.일자 보도자료 "2023년 하반기 은행(지주) 내부통제 워크숍 개최"를 참고한다.

나. 순환근무 예외 직원에 대한 별도 금융사고 예방대책 마련

전국은행연합회 "인사 관련 내부통제 모범규준" 제3조 제1항에 따르면 자본시장법 제71조 제3호[290]에 따른 기업금융, IT, 외환·파생운용, 리스크관리, 법무, 회계, PB, 기업RM 등과 같은 높은 전문성이 요구되는 업무를 담당하는 전문계약직 및 이와 동등한 수준의 업무를 수행하는 직원은 순환근무 적용을

---

289) 인사 관련 내부통제 모범규준 제3조(적용배제)

  ① 인사부서는 준법감시부서와 협의하여 다음 각 호의 어느 하나에 해당하는 직원(이하 "적용배제직원"이라 한다)에 대해 이 장의 적용을 배제할 수 있다.

    1. 높은 전문성이 요구되는 업무(「자본시장과 금융투자업에 관한 법률」제71조 제3호에 따른 기업금융, IT, 외환·파생운용, 리스크관리, 법무, 회계, PB, 기업RM 등)를 담당하는 전문계약직 및 이와 동등한 수준의 업무를 수행하는 직원

    2. 계좌 및 실물을 관리하지 않고 이와 관련된 전산시스템 접근권한이 없어 금전사고 가능성이 매우 낮은 업무지원부서(전략, 기획, 상품개발, 인사, 감사, 준법, 자금세탁, 홍보, 비상계획 등)의 소속 직원

    3. 건강상 이유, 지방격오지 근무, 해외근무 등 장기근무가 불가피하다고 판단되는 직원

  ② 인사부서는 준법감시부서와 협의하여 금융사고 발생 현황, 환경변화에 따른 사고위험 증가 여부 등을 고려하여 매년 적용배제직원에 대한 적정성을 평가하고 필요한 경우에는 그 범위를 조정한다.

290) 자본시장법 제71조(불건전 영업행위의 금지)

투자매매업자 또는 투자중개업자는 다음 각 호의 어느 하나에 해당하는 행위를 하여서는 아니 된다. 다만, 투자자 보호 및 건전한 거래질서를 해할 우려가 없는 경우로서 대통령령으로 정하는 경우에는 이를 할 수 있다.

    1.~2. (생 략)

    3. 조사분석자료 작성을 담당하는 자에 대하여 대통령령으로 정하는 기업금융업무와 연동된 성과보수를 지급하는 행위

자본시장법 시행령 제68조(불건전 영업행위의 금지) ② 법 제71조제3호에서 "대통령령으로 정하는 기업금융업무"란 다음 각 호의 어느 하나에 해당하는 업무를 말한다.

    1. 인수업무

    2. 모집 · 사모 · 매출의 주선업무

    3. 기업의 인수 및 합병의 중개 · 주선 또는 대리업무

    4. 기업의 인수 · 합병에 관한 조언업무

    4의2. 설비투자, 사회간접자본 시설투자, 자원개발, 그 밖에 상당한 기간과 자금이 소요되는 프로젝트를 수주(受注)한 기업을 위하여 사업화 단계부터 특수목적기구(특정 프로젝트를 사업으로 운영하고 그 수익을 주주 등에게 배분하는 목적으로 설립된 회사, 그 밖의 기구를 말한다)에 대하여 신용공여, 출자, 그 밖의 자금지원(이하 이 항에서 "프로젝트금융"이라 한다)을 하는 자금조달구조를 수립하는 등 해당 사업을 지원하는 프로젝트금융에 관한 자문업무

    4의3. 프로젝트금융을 제공하려는 금융기관 등을 모아 일시적인 단체를 구성하고 자금지원조건을 협의하는 등 해당 금융기관 등을 위한 프로젝트금융의 주선업무

    4의4. 제4호의2에 따른 자문업무 또는 제4호의3에 따른 주선업무에 수반하여 이루어지는 프로젝트금융

    5. 사모집합투자기구의 집합투자재산 운용업무(법 제249조의7제5항 각 호의 방법으로 운용하는 경우로 한정한다)

배제할 수 있다. 이는 높은 전문성이 요구되는 업무는 충분한 전문인력을 확보하기 힘들고 전문성 확보를 위해 장기근무가 불가피하여 사실상 순환근무를 하기 힘든 현실적 상황을 반영한 것이다.

그러나, 최근 발생한 횡령 등 거액의 금전사고는 기업금융 등과 같은 특정 업무를 순환근무 없이 장기간 담당하는 과정에서 발생하고 있어 고도의 전문성이 요구되는 직무에 대해 금융사고 예방대책을 한층 강화해야 한다는 지적이 제기되었다.

이에 따라, "인사 관련 내부통제 모범규준"에 따라 순환근무 적용을 배제받는 직원 중 기업금융, 외환·파생운용 업무 담당 직원에 대하여는 ❶ 동일기업(사업장) 등에 대한 담당 기간을 최대 2년(장기근무에 해당하는 시점부터 기산하되, 그 시점 전 담당기간을 합산)으로 한정하고 ❷ 특별 명령휴가 제도(일반 명령휴가 외에 별도 실시) 도입, ❸ 영업(front)과 자금결제(back) 업무의 명확한 직무분리 등과 같은 별도의 금융사고 예방대책을 마련하여야 한다.

4-3. 장기과제 이행시기 단축

금융감독원은 2022년 11월 4일 마련된 "국내은행 내부통제 혁신방안"이 은행권에 조기에 안착되어 실효성 있게 작동되도록 일부 과제의 이행시기를 앞당기고, 순환근무 예외직원에 대한 별도의 사고예방 통제장치를 마련토록 하는 등 혁신방안을 보완하는 "국내은행 내부통제 혁신방안 개선안"을 2023년 12월 21일 발표하였다.[291]

당초 혁신방안 마련시 장기근무자 인사관리 등 일부 괴제의 경우 2025~2027년 말까지 단계적으로 이행하도록 경과규정을 마련하였으나 장기근무자 인사관리, 준법감시인 자격 강화, 준법감시부서 인력 확보, 시스템 접근통제 고도화 등의 이행시기를 6개월~2년 단축하였다.

---

291) 금융감독원 2023.12.21.일자 보도자료 "2023년 하반기 은행(지주) 내부통제 워크숍 개최"를 참고한다.

① **(장기근무자 인사관리)** 장기근무직원을 전체 직원의 5% 이하로 관리('25년말→'24년말), 장기근무 승인을 최대 2회까지 허용(은행장 승인은 1회)('26.1.1.→'24.8.1.)

② **(준법감시인 자격요건 강화)** 준법감시인 선임시 자격요건에 관련 업무(준법·감사·법무 등) 경력 추가('25.1.1. 선임시→'24.1.1. 선임시)

③ **(준법감시부서 인력 확보)** 준법감시부서 인력을 전직원의 최소 0.8% 이상 & 15명 이상 확보('27년말→'25년말)

③ **(시스템 접근통제 고도화)** 비밀번호를 대체할 소유, 생체기반 인증방식 도입, 확대('24.1. 1.~'25.1.1.→'24.1.1.~'24.7.1.)

③ **(자금인출 시스템 검증 강화)** 기안, 날인, 지급시스템간 연계 체계 구축 및 단계별 중요사항 검증 의무화('24.1.1.~'25.1.1.→'24.1.1.~'24.7.1.)

인사 관련 내부통제 모범규준(전국은행연합회)

제정 2022.11.28. / 개정 2023.12.28.

제1장 총칙

제1조(목적)

이 모범규준은 은행의 금융사고 예방 및 내부통제 강화를 위해 은행이 장기근무직원과 준법감시 임직원에 대한 인사관리체계를 마련함에 있어 필요한 기준 및 절차를 정하는 것을 목적으로 한다.

제2조(용어의 정의)

① 이 모범규준(이하 '규준'이라 한다)에서 사용하는 용어의 정의는 다음과 같다.

1. "직원"이란 은행과 근로계약을 체결한 자(소득세법에 따라 원천징수의무자인 은행이 근로소득세를 원천징수한 자를 기준으로 하되, 세부기준은 은행법 제43조의2에 따라 제출한 업무보고서상 직원 판단기준을 준용한다)를 말한다.

2. "임직원"이란 직원과 「금융회사의 지배구조에 관한 법률」제2조제2호에 따른 임원을 말한다.

3. "장기근무"란 동일 영업점에서 3년 또는 동일 본부부서에서 5년을 초과하여 연속 근무하는 것을 말한다. 근무기간을 산정할 때 다른 부점(본부부서 및 영업점을 말한다. 이하 같다)으로 이동 후 6개월 이내 해당 부점으로 재이동하는 경우 이동 전 근무기간을 합산한다.

4. "준법감시직원"이란 준법감시인 산하 직원을 말하며, 「은행권 표준내부통제기준」제3조제1항제4호에 따른 준법감시업무에 해당함에도 부득이하게 타 부서에서 법무업무 및 상시감시업무를 담당하는 직원을 포함한다. 다만, 다음 각 목의 어느 하나에 해당하는 직원은 제외한다.

   가. 자금세탁방지업무를 담당하는 직원

   나. 영업점의 자점감사업무를 전담하는 직원

   다. 송무업무를 전담하는 직원

   라. 가목부터 다목까지에 해당하지 않는 직원 중 계약기간이 2년을 초과하지 않은 계약직 직원, 임금피크제를 적용 중인 직원 또는 퇴직 후 재고용한 직원(이하 "재고용 직원등"이라 한다)

② 그 밖에 이 규준에서 사용하는 용어의 정의는 은행법 등 금융관계법령에서 정하는 바에 따른다.

제2장 장기근무 제한

제3조(적용배제)

① 인사부서는 준법감시부서와 협의하여 다음 각 호의 어느 하나에 해당하는 직원(이하 "적용배제직원"이라 한다)에 대해 이 장의 적용을 배제할 수 있다.

   1. 높은 전문성이 요구되는 업무(「자본시장과 금융투자업에 관한 법률」제71조제3호에 따른 기업금융, IT, 외환·파생운용, 리스크관리, 법무, 회계, PB, 기업RM 등)를 담당하는 전문계약직 및 이와 동등한 수준의 업무를 수행하는 직원(자금결제업무는 제외)

   2. 계좌 및 실물을 관리하지 않고 이와 관련된 전산시스템 접근권한이 없어 금전사고 가능성이 매우 낮은 업무지원부서(전략, 기획, 상품개발, 인사, 감사, 준법, 자금세탁, 홍보, 비상계획 등)의 소속 직원

3. 건강상 이유, 지방격오지 근무, 해외근무 등 장기근무가 불가피하다고 판단되는 직원

② 인사부서는 준법감시부서와 협의하여 금융사고 발생 현황, 환경변화에 따른 사고위험 증가 여부 등을 고려하여 매년 적용배제직원에 대한 적정성을 평가하고, 필요한 경우에는 그 범위를 조정한다.

③ 은행은 제1항에 따라 장기근무 제한의 적용이 배제되는 기업금융, 외환·파생운용을 담당하는 전문계약직 및 이와 동등한 수준의 업무를 수행하는 직원에 대해 동일 기업(사업장) 등에 대한 담당 기간을 최대 2년(장기근무에 해당하는 시점부터 기산하되, 그 시점 전 담당기간을 합산한다)으로 한정하고, 특별 명령휴가제도, 영업과 자금결제 업무의 명확한 직무분리 등 별도의 사고예방대책을 마련하여야 한다.

제4조(장기근무 제한)

은행은 직원이 장기근무를 하지 않도록 한다.

제5조(장기근무 허용기준)

① 제4조에도 불구하고 장기근무가 필요한 경우 담당 부서장은 장기근무에 해당하기 1개월 전까지 인사담당임원에게 장기근무 승인을 신청한다. 다만, 긴급한 인사수요 등 그 밖에 부득이한 사유로 1개월 전까지 신청할 수 없을 때에는 장기근무에 해당하는 전날까지 인사담당부서장이 신청할 수 있다.

② 제1항에 따른 장기근무 승인 신청이 다음 각 호의 사항을 모두 충족하는 경우 인사담당임원은 장기근무를 승인할 수 있다. 다만, 제2호의 사항과 관련하여 채무·투자현황 등을 확인을 하지 못한 경우에는 은행장이 장기근무를 승인한다.

1. 긴급한 업무 처리 등 장기근무의 불가피성

2. 채무·투자현황 확인 등을 통한 사고위험 통제 가능성

③ 제2항에 따른 장기근무 승인은 최대 2회까지 허용되고, 각 승인 시 근무기간은 1년 이내로 한다. 다만, 제2항 단서에 따른 은행장 승인은 1회로 한정한다.

④ 은행은 장기근무직원을 전체 직원(적용배제직원을 제외한다)의 5%를 넘지 않도록 관리한다. 다만, 장기근무직원이 50명 이하인 경우에는 그러하지 아니하다.

제6조(사후관리)

① 준법감시부서는 제4조 및 제5조에 따른 장기근무 제한 및 허용기준 준수 여부를 매년 점검한 후 점검결과를 내부통제위원회에 보고한다.

② 은행은 적용배제직원의 범위 및 제5조제4항에 따른 장기근무직원 비율을 지배구조연차
보고서를 통해 공시한다.

제3장 준법감시 역량 제고

제7조(준법감시직원 확보)

① 은행은 준법감시직원을 임직원(1년 이상 장기 휴직자를 제외한다. 휴직기간 산정 시 휴직기
간과 연속되는 휴가기간을 포함한다. 이하 이 조에서 같다)의 0.8% 이상(최소 15명)이 되도
록 한다. 다만, 소규모 은행(총 임직원이 1,500명 이하인 은행을 말한다. 이하 같다)은 임직
원의 1% 이상(최소 8명)이 되도록 한다.

② 제1항에 따라 준법감시직원의 비율 및 최소인원수를 산정함에 있어 재고용직원등은 제2
조제1항제4호라목에도 불구하고 준법감시직원의 20% 이내에서 준법감시직원으로 본다.

제8조(전문인력 확보)

① 은행이 「금융회사의 지배구조에 관한 법률」제26조제1항제2호가목에 따라 금융회사 10
년 이상 근무경력자로 준법감시인을 선임하려는 경우 준법, 감사, 리스크, 회계, 법무 또
는 자금세탁업무 경력을 합산하여 3년 이상 근무한 자 중에서 선임한다.

② 은행은 준법감시직원의 20% 이상이 전문인력이 되도록 한다. 이 경우 전문인력은 다음
각 호의 어느 하나에 해당하는 자를 말한다.

　　1. 여신, 외환, 파생, IT, 리스크, 회계 분야(이하 "전문분야"라 한다)에서 5년 이상 근무한 직원

　　2. 변호사, 회계사, CFA, FRM, CISA 등 은행 업무와 관련성 있는 자격증(해외 자격증을 포함
한다) 보유자

　　3. 은행 업무와 관련성 있는 분야의 석사 이상 학위 소지자

③ 은행은 전문분야별로 각 1명 이상의 전문인력을 준법감시직원으로 둔다. 다만, 소규모 은
행은 4개 이상의 전문분야에 각 1명 이상의 전문인력을 둔다.

④ 제2항에 따른 전문인력의 비율 산정 시 제7조제2항을 준용한다.

제9조(인사합의)

인사담당임원은 내부통제 업무의 전문성 및 독립성 강화를 위해 준법감시직원 중 준법감시

인 산하 직원에 대한 인사 시 준법감시인과 사전에 합의한다.

제10조(공시)

은행은 제7조에 따른 준법감시직원 현황 및 비율(미달하는 경우 그 원인 및 향후 계획을 포함한다)을 지배구조연차보고서를 통해 매년 공시한다.

부칙 (2023.12.28.)

제1조(시행일)

이 규준은 2024년 1월 1일부터 시행한다.

제2조(조치사항)

① 은행은 이 규준의 개정규정에서 정한 바를 준수하기 위해 은행의 내규를 2024년 3월 31일까지 개정한다.

② 이 규준의 개정규정을 반영한 은행 내규의 개정사항은 2024년 4월 1일부터 시행한다. 다만, 제3조제3항 중 동일 기업(사업장) 등에 대한 담당 기간 제한은 2024년 8월 1일부터 시행한다.

제3조(기존 조치사항 시행일 단축)

은행은 다음 각 호와 관련된 은행 내규를 각 호의 구분에 따른 날부터 시행한다.

1. 제5조제3항 : 2024년 8월 1일

2. 제5조제4항 : 2024년 12월 31일

3. 제7조 : 2025년 12월 31일

4. 제8조제1항 : 2024년 1월 1일

제4조(경과규정)

제7조에 따른 준법감시직원 비율은 아래와 같은 연도별 목표비율에 따라 관리한다.

구분	2023년 말	2024년 말	2025년 말
일반 은행	0.4%	0.6%	0.8%
소규모 은행	0.6%	0.8%	1.0%

제 4강

금융소비자보호법 상
내부통제제도

금융소비자보호법 개요

2021년 3월 25일 「금융소비자 보호에 관한 법률」(이하 "금융소비자보호법")이 제정되었다. 금융소비자보호법은 금융회사지배구조법 상 내부통제제도와는 별도로 금융상품 판매행위 및 금융소비자보호 관련 내부통제기준 및 조직 운영에 대해 별도로 규정하고 있다.

KIKO, 저축은행 후순위채, 동양그룹CP 등 불완전판매로 인한 대규모 피해가 연이어 발생하자 2011년 7월 박선숙 의원이 발의한 금융소비자보호법 제정안이 국회에 최초로 제출된 후 총 11개 법률안이 논의되었으나 장기간 합의점을 찾지 못하였다. 2019년 라임 · 옵티머스펀드 등 사모펀드 불완전판매로 또다시 큰 피해가 발생하자 금융소비자보호법 제정에 대한 사회적 공감대가 확산되었다. 이에 2020년 3월 5일 첫 법률안 제출 후 9년여 만에 국회 본회의를 통과하여 같은 해 3월 25일 금융소비자보호법이 제정되었으며, 2021년 3월 25일부로 시행되었다. 금융소비자보호법이 제정되기 이전에는 은행법 등 개별 금융업법에서 해당 업권에 대한 영업행위 관련 사항들을 규정하고 있었으나 금융소비자보호법의 제정으로 개별 금융업법의 영업행위 관련 규정들이 대부분 금융소비자보호법으로 통합되었다.

총 8장 69조로 구성된 금융소비자보호법은 금융상품, 금융상품 판매채널, 금융소비자, 금융소비자보호 내부통제기준 및 6대 판매규제 등 영업행위 준수사항, 금융분쟁의 조정, 손해배상책임, 청약철회권, 위법계약해지권, 금융위원회의 명령권(판매제한 등), 과징금, 과태료 등을 규정하고 있다.[1]

---

1) 서태종·성수용, 금융소비자보호법 강의(라의눈)

금융소비자보호 내부통제기준

1. 의의

금융회사지배구조법 상 내부통제기준에서 설명하였듯이 내부통제란 금융회사의 목표달성을 위하여 소속 임직원이 직무를 수행할 때 준수해야 하는 일련의 통제 과정이다. 내부통제기준은 법령을 준수하고 경영을 건전하게 하며 금융소비자 및 주주 등을 보호하기 위하여 금융회사 임직원이 직무를 수행할 때 준수하여야 할 기준 및 절차이다.

금융소비자보호법 상 금융상품판매업자등[2]은 소속 임직원과 업무를 위탁받은 금융상품판매대리 · 중개업자(보험중개사 제외)가 업무를 수행할 때 법령을 준수하고 건

---

2) "금융상품판매업자등"이란 금융상품판매업자(금융상품직접판매업자+금융상품판매대리·중개업자)와 금융상품자문업자를 말한다.

전한 거래질서를 해치는 일이 없도록 성실히 관리해야 할 책임이 있다.[3] 또는 금융상품판매업자등은 소속 임직원 및 금융상품판매대리·중개업자에 대한 관리책임을 이행토록 하기 위하여 그 임직원 및 금융상품판매대리·중개업자가 업무를 수행할 때 준수하여야 할 기준 및 절차에 해당하는 "금융소비자보호 내부통제기준"을 금융회사지배구조법 상 내부통제기준과는 별도로 마련하도록 하고 있다.[4]

2. 금융소비자보호 내부통제기준 마련 의무 대상

금융소비자보호법에 따라 금융소비자보호 내부통제기준을 마련할 의무는 법인인 금융상품판매업자등에만 한정된다. 개인인 금융상품판매업자등의 경우에는 그 의무가 없다.[5] 또한 법인인 금융상품판매업자등이라 하더라도 영세한 경우에는 과도한 규제부담이 발생하지 않도록 금융상품직접판매업자 및 금융상품자문업자 중 상시근로자가 5인 미만인 경우, 금융상품판매대리·중개업자 중 하나의 금융상품직접판매업자가 취급하는 금융상품에 관한 계약의 체결만 대리·중개하는 것을 영업으로 하는 경우(1사 전속)와 소속된 개인 금융상품판매대리·중개업자가 5인 미만(전자금융거래 방식만으로 금융상품판매업등을 영위하는 법인은 상시근로자가 3인 미만)인 경우에도 내부통제기준 마련 의무가 없다.[7]

아울러 상호저축은행중앙회, 온라인소액투자중개업자[8], 대부업자 및 대부중개업자, 온라인투자연계금융업자, 겸영여신업자 및 겸영금융투자업자도 내부통제기준 마련 의무 대상에서 제외된다.[9] 다만, 외국은행 국내지점은 금융상품직접판매업자

---

3) 금융소비자보호법 제16조 ①
4) 금융소비자보호법 제16조 ②
5) 금융소비자보호법 제16조 ②
6) 직전 분기의 일평균을 기준으로 한다.
7) 금융소비자보호법 시행령 제10조 ①, 금융소비자보호감독규정 제9조 ①

에 해당되고 내부통제기준 마련 제외 대상에 해당하지 않으므로 금융소비자보호법 상 내부통제기준을 마련해야 한다.[10]

3. 금융소비자보호 내부통제기준의 주요 내용

3-1. 포함사항

금융소비자보호법 상 금융소비자보호 내부통제기준에 포함되어야 하는 사항에는 종전 금융감독원의 행정지도로 운영된 "금융소비자보호 모범규준"[11]의 내부통제 관련 내용이 대부분 반영되었다. 구체적으로는 ❶ 업무의 분장 및 조직구조, ❷ 임직원이 업무를 수행할 때 준수해야 하는 기준 및 절차, ❸ 내부통제기준의 운영을 위한 조직·인력, ❹ 내부통제기준 준수 여부에 대한 점검·조치 및 평가, ❺ 내부통제기준에 따른 직무수행 교육에 관한 사항, ❻ 업무수행에 대한 보상체계 및 책임확보 방안, ❼ 내부통제기준의 제정·변경 절차 그리고 ❽ 그 밖에 금융위원회가 정하여 고시하는 사항으로 「금융소비자보호감독규정」 [별표 2]에서 정한 "내부통제기준에 포함되어야 하는 사항"이 해당된다.

---

8) 자본시장법 제9조 ㉗ 이 법에서 "온라인소액투자중개업자"란 온라인상에서 누구의 명의로 하든지 타인의 계산으로 다음 각 호의 자가, 대통령령으로 정하는 방법으로 발행하는 채무증권, 지분증권, 투자계약증권의 모집 또는 사모에 관한 중개 (이하 "온라인소액투자중개"라 한다)를 영업으로 하는 투자중개업자를 말한다.

  1. 「중소기업창업 지원법」 제2조 제2호에 따른 창업자 중 대통령령으로 정하는 자

  2. 그 밖에 대통령령으로 정하는 요건에 부합하는 자

9) 금융소비자보호법 시행령 제10조 ①, 금융소비자보호감독규정 제9조 ①

10) 금융위원회·금융감독원, 금융소비자보호법 FAQ 답변 참조

11) 금융소비자보호 내부통제기준은 금융소비자보호법이 제정되기 이전에 금융감독원의 행정지도인 「금융소비자보호모범규준」에 근거하여 금융회사가 자율적으로 운영하여 왔다.

내부통제기준에 포함되어야 하는 사항

(규정 제9조제2항 관련)

금융소비자보호감독규정 [별표 2]

1. 업무의 분장 및 조직구조

2. 임직원이 업무를 수행할 때 준수해야 하는 기준 및 절차

가. 금융상품의 개발, 판매 및 사후관리에 관한 정책 수립에 관한 다음의 사항

   1) 민원 또는 금융소비자 의견 등의 반영

   2) 금융상품으로 인해 금융소비자에 발생할 수 있는 잠재적 위험요인에 대한 평가

나. 광고물 제작 및 광고물 내부 심의에 관한 사항

다. 권유, 계약 체결 등 금융소비자를 대상으로 하는 직무의 수행에 관한 사항

라. 금융소비자와의 이해상충 방지에 관한 사항

마. 금융소비자 보호 관련 교육에 관한 사항

바. 금융소비자의 신용정보, 개인정보 관리에 관한 사항

사. 금융상품등에 관한 업무 위탁 및 관련 수수료 지급에 관한 사항

아. 금융소비자로부터 받는 보수에 관한 사항(금융상품자문업자만 해당한다)

3. 내부통제기준의 운영을 위한 조직 및 인력

가. 금융소비자 보호에 관한 내부통제를 수행하는 데 필요한 의사결정기구(이하 "금융소비자보호 내부통제위원회"라 한다)의 설치 및 운영에 관한 사항

   1) 조정 · 의결하는 의제에 관한 사항

      가) 금융소비자 보호에 관한 경영방향

      나) 금융소비자 보호 관련 주요 제도 변경사항

      다) 금융상품의 개발, 영업방식 및 관련 정보공시에 관한 사항

      라) 임원 · 직원의 성과보상체계에 대한 금융소비자 보호 측면에서의 평가

      마) 법 제16조제2항에 따른 내부통제기준 및 법 제32조제3항에 따른 금융소비자보

호기준의 적정성 · 준수실태에 대한 점검 · 조치 결과

바) 법 제32조제2항에 따른 평가(이하 "금융소비자보호실태평가"라 한다), 감독(법 제48조제1항에 따른 "감독"을 말한다) 및 검사(법 제50조에 따른 "검사"를 말한다) 결과의 후속조치에 관한 사항

사) 중요 민원 · 분쟁에 대한 대응결과

2) 대표자, 금융소비자 보호를 담당하는 임원 및 사내 임원(「금융회사의 지배구조에 관한 법률」 제2조제2호에 따른 임원을 말한다)으로 구성할 것

3) 대표자가 주재하는 회의를 매년 반기마다 1회 이상 개최할 것

나. 금융소비자 보호에 관한 내부통제를 금융상품 개발 · 판매 업무로부터 독립하여 수행하는 데 필요한 조직(이하 "금융소비자보호 총괄기관"이라 한다)의 설치 및 운영에 관한 사항

1) 수행하는 업무에 관한 사항[사)는 금융소비자보호 내부통제위원회를 운영하는 자만 해당한다]

가) 금융소비자 보호에 관한 경영방향 수립

나) 금융소비자 보호 관련 교육의 기획 · 운영

다) 금융소비자 보호 관련 제도 개선

라) 금융상품의 개발, 판매 및 사후관리에 관한 금융소비자 보호 측면에서의 모니터링 및 조치

마) 민원 · 분쟁의 현황 및 조치결과에 대한 관리

바) 임원 · 직원의 성과보상체계에 대한 금융소비자 보호 측면에서의 평가

사) 금융소비자보호 내부통제위원회의 운영[가)부터 마)까지의 사항을 금융소비자보호 내부통제위원회에 보고하는 업무를 포함한다]

2) 대표자 직속으로 설치할 것

3) 업무수행에 필요한 인력을 갖출 것

다. 금융소비자보호 총괄기관의 업무를 수행하는 임원 및 직원의 임명 · 자격요건 및 직무 등에 관한 사항

라. 대표이사, 이사 등 법인의 업무집행에 관한 의사결정 권한을 가진 자의 내부통제기준 운영에 관한 권한 및 책임에 관한 사항

마. 내부통제기준 준수에 관한 금융소비자 총괄기관과 그 외 기관 간의 권한 및 책임에 관한 사

항(금융소비자 총괄기관과 그 외 기관 간의 금융상품의 개발 및 판매에 관한 사전협의 절차를 포함한다)

바. 그 밖에 금융소비자 보호 및 건전한 거래질서를 위해 필요한 사항

4. 내부통제기준 준수 여부에 대한 점검·조치 및 평가

5. 개별 금융상품에 대해 권유, 계약체결 등 금융소비자를 대상으로 직무를 수행하는 사람이 갖추어야 할 교육수준 또는 자격에 관한 사항

6. 업무수행에 대한 보상체계 및 책임확보 방안: 영업행위를 수행하는 담당 임원·직원과 금융소비자 간에 이해상충이 발생하지 않도록 하는 성과 보상체계의 설계·운영에 관한 사항

7. 내부통제기준의 제정·변경 절차

8. 고령자 및 장애인의 금융거래 편의성 제고 및 재산상 피해 방지에 관한 사항

※ 비고

1. 다음 각 목의 어느 하나에 해당하는 자는 제3호 가목을 적용하지 않는다.

　가. 「금융회사의 지배구조에 관한 법률 시행령」 제6조 제3항 각 호의 어느 하나에 해당하는 자

　나. 최근 사업연도 말 현재 자산총액이 7천억원 미만인 「신용협동조합법」에 따른 신용협동조합

　다. 자본금의 총액이 10억원 미만인 금융상품자문업자(법 제12조제1항에 따라 등록한 금융상품자문업자를 말한다)

　라. 소속된 개인 금융상품판매대리·중개업자가 500명 미만인 법인 금융상품판매대리·중개업자

2. 제3호 다목에 따른 임원은 다음 각 호의 구분에 따른다.

　가. 제1호가목부터 라목까지에 해당하는 자: 준법감시인 또는 이에 준하는 사람

　나. 최근 사업연도 말 현재 자산총액이 5조원 미만인 「상호저축은행법」에 따른 상호저축은행:

준법감시인 또는 이에 준하는 사람

다. 「은행법」 제58조제1항에 따라 인가를 받은 외국은행의 지점 또는 대리점: 준법감시인 또는 이에 준하는 사람

라. 다음의 요건 중 어느 하나에 해당하는 여신전문금융회사: 준법감시인 또는 이에 준하는 사람

　　1) 개인인 금융소비자를 대상으로 계약을 체결하지 않을 것

　　2) 개인인 금융소비자를 대상으로 체결한 계약에 따른 자산이 전체 자산의 5%를 초과하지 않을 것

마. 그 밖의 경우 : 금융소비자보호 총괄기관을 전담하는 사람

· 표 4-1. 검사지적사례 ·

※ 금융감독원 홈페이지 "제재관련공시"

검사지적 유형	검사지적 주요 내용
대출모집법인 내부통제실태 확인결과에 대한 점검기준 구체화 필요	- A은행 「금융소비자보호 내부통제업무 매뉴얼」에 따르면 개인고객부는 대출모집법인의 내부통제실태를 주기적으로 확인하고, 소비자보호부는 개인고객부가 확인한 결과에 대해 「금융소비자보호법」 위반소지 등을 점검해야함에도 - 동업무 매뉴얼에 규정된 소비사보호부의 점검기준이 「금융소비자보호법」 및 하위규정을 그대로 적시한 것에 불과하고 구체적 점검절차 등이 미흡하여 실효성 있는 점검이 어려울 우려가 있으므로 - 「금융소비자보호 내부통제업무 매뉴얼」에 구체적인 점검기준*을 포함시켜 점검의 실효성을 제고할 필요가 있음 * 예) 대출모집법인에 대한 정기적인 내부통제실태 점검주기, 「금융소비자보호법」 상 대출모집인이 고지해야 할 사항의 교육방법 등

검사지적 유형	검사지적 주요 내용
대출모집인 대출 관련 고객서류 반환·파기 절차 미흡	– B은행은 고객이 대출관련 서류를 제출한 이후 고객이 요청하거나 대출신청이 취소·거절되는 경우 대출관련 서류를 반환 또는 파기하고 있으나 – 대출모집인이 관련 서류를 누락 없이 고객에게 반환·파기하였는지 확인할 수 있는 절차가 내규에 정해져 있지 않아 고객정보가 유출될 위험이 존재하므로 – 대출모집인으로 하여금 대출관련 서류의 반환·파기 시점 등을 관리하게 하고, 은행책임자가 이를 확인할 수 있도록 대출서류 관리대장을 마련하여 고객정보를 안전하게 관리할 필요가 있음
부동산중개업소 대출 소개업무 불합리	– C은행은 은행 내규에 부동산중개업소는 단순소개 업무만 가능하다는 사실이 반영되어 있지 않으며, 부동산중개업소에서 단순소개 업무를 넘어선 대출권유 및 설명 등이 이루어지는지를 은행이 확인하는 절차가 마련되어 있지 않음 * 예) 업무협약서상 대출상품 '추천'으로 기재된 용어를 대출상품 '소개'로 변경, 부동산중개업소의 업무처리 내용 중 대출모집행위로 볼 소지가 있는 내용(대출상품 안내, 등기부등본등 기본서류 첨부하여 은행에 제출 등) 삭제 등

3-2. 금융소비자보호 내부통제위원회

가. 설치 및 운영

금융소비자보호 내부통제기준의 마련 의무가 있는 금융상품판매업자등은 금융소비자보호에 관한 내부통제를 수행하는 데 필요한 의사결정기구인 "금융소비자보호 내부통제위원회"를 설치·운영하여야 한다.

금융소비자보호 내부통제위원회가 조정·의결하는 의제에 관한 사항으로는 ❶ 금융소비자 보호에 관한 경영방향, ❷ 금융소비자 보호 관련 주요 제도 변경 사항, ❸ 금융상품의 개발, 영업방식 및 관련 정보공시에 관한 사항, ❹ 임원·

직원의 성과보상체계에 대한 금융소비자 보호 측면에서의 평가, ❺ 내부통제기준 및 금융소비자보호기준의 적정성·준수실태에 대한 점검·조치 결과, ❻ 금융소비자보호실태평가, 금융감독당국의 감독 및 검사 결과의 후속조치에 관한 사항 그리고 ❼ 중요 민원·분쟁에 대한 대응결과에 대해 조정·의결한다.

금융소비자보호 내부통제위원회는 금융회사의 대표자, 금융소비자 보호를 담당하는 임원 및 사내 임원[12]으로 구성하고, 대표자가 주재하는 회의를 매년 반기마다 1회 이상 개최하여야 한다.

나. 설치 대상 제외

금융소비자보호감독규정 [별표 2] 비고 제1호에 따라 금융회사지배구조법 시행령 제6호 제3항 각 호[13]의 어느 하나에 해당하는 최근 사업연도 말 현재 자산총액이 7천억원 미만인 상호저축은행, 최근 사업연도 말 현재 자산총액이 5조원 미만인 금융투자업자[14] 또는 종합금융회사, 최근 사업연도 말 현재 자산총액이 5조원 미만인 보험회사 그리고 최근 사업연도 말 현재 자산총액이 5

---

12) 금융회사지배구조법 제2조 제2호에 따른 임원을 말한다.

13) 금융회사지배구조법 시행령(적용 범위) 제6조 ③ 법 제3조 제3항 각 호 외의 부분에서 "대통령령으로 정하는 금융회사"란 다음 각 호의 어느 하나에 해당하는 자를 말한다. 다만, 해당 금융회사가 주권상장법인(「자본시장과 금융투자업에 관한 법률」 제9조 제15항 제3호에 따른 주권상장법인을 말한다. 이하 같다)으로서 최근 사업연도 말 현재 자산총액이 2조원 이상인 자는 제외한다.

  1. 최근 사업연도 말 현재 자산총액이 7천억원 미만인 「상호저축은행법」에 따른 상호저축은행

  2. 최근 사업연도 말 현재 자산총액이 5조원 미만인 금융투자업자 또는 「자본시장과 금융투자업에 관한 법률」에 따른 종합금융회사(이하 "종합금융회사"라 한다). 다만, 최근 사업연도 말 현재 그 금융투자업자가 운용하는 「자본시장과 금융투자업에 관한 법률」 제9조 제20항에 따른 집합투자재산(이하 "집합투자재산"이라 한다), 같은 법 제85조 제5호에 따른 투자일임재산(이하 "투자일임재산"이라 한다) 및 신탁재산(「자본시장과 금융투자업에 관한 법률」 제3조 제1항 제2호에 따른 관리형신탁의 재산은 제외한다. 이하 같다)의 전체 합계액이 20조원 이상인 경우는 제외한다.

  3. 최근 사업연도 말 현재 자산총액이 5조원 미만인 「보험업법」에 따른 보험회사

  4. 최근 사업연도 말 현재 자산총액이 5조원 미만인 「여신전문금융업법」에 따른 여신전문금융회사

  5. 그 밖에 자산규모, 영위하는 금융업무 등을 고려하여 금융위원회가 정하여 고시하는 자

  * 이 조항은 금융회사지배구조법 제3조 제3항에 의거 자산규모, 영위하는 금융업무 등을 고려하여 지배구조법 상 이사회의 구성 및 운영에 관한 사항 등 일부 조항을 적용하지 아니하는 소규모 금융회사에 대하여 규정하고 있다.

14) 다만, 최근 사업연도 말 현재 그 금융투자업자가 운용하는 집합투자재산, 투자일임재산 및 신탁재산(관리형신탁의 재산은 제외)의 전체 합계액이 20조원 이상인 경우는 제외한다.

조원 미만인 여신전문금융회사의 경우에는 금융소비자보호 내부통제위원회를 설치·운영하지 않아도 된다. 이 경우라도 해당 금융회사가 주권상장법인으로서 최근 사업연도 말 현재 자산총액이 2조원 이상이라면 금융소비자보호 내부통제위원회를 설치·운용하여야 한다.

또한, 최근 사업연도 말 현재 자산총액이 7천억원 미만인 신용협동조합, 자본금의 총액이 10억원 미만인 금융상품자문업자[15] 그리고 소속된 개인 금융상품판매대리·중개업자가 500명 미만인 법인 금융상품판매대리·중개업자의 경우에도 금융소비자보호 내부통제위원회의 설치·운영 의무가 없다.[16]

3-3. 금융소비자보호 총괄기관

가. 설치 및 운영

금융소비자보호법은 금융소비자 보호에 관한 내부통제를 금융상품 개발·판매 업무로부터 독립하여 수행하는 데 필요한 조직인 "금융소비자보호 총괄기관"을 설치 및 운영하도록 하고 있다.

금융소비자보호 총괄기관은 금융회사의 대표자 직속으로 설치하여야 하고 업무수행에 필요한 인력을 갖추어야 한다. 내부통제기준 준수에 관한 금융소비자 총괄기관과 그 외 기관 간의 권한 및 책임에 관한 사항(금융소비자 총괄기관과 그 외 기관 간의 금융상품의 개발 및 판매에 관한 사전협의 절차를 포함)에 대해서도 금융소비자보호 내부통제기준에 마련해야 한다. 또한, 대표이사, 이사 등 법인의 업무집행에 관한 의사결정 권한을 가진 자의 내부통제기준 운영에 관한 권한 및 책임에 관한 사항들도 내부통제기준에 마련해야 한다.

---

15) 금융소비자보호법 제12조 제1항에 따라 등록한 금융상품자문업자를 말한다.
16) 금융소비자보호감독규정 [별표 2] 비고 1

나. 수행 업무

금융소비자보호 총괄기관이 수행하는 업무로는 ❶ 금융소비자 보호에 관한 경영방향 수립, ❷ 금융소비자 보호 관련 교육의 기획·운영, ❸ 금융소비자 보호 관련 제도 개선, ❹ 금융상품의 개발, 판매 및 사후관리에 관한 금융소비자 보호 측면에서의 모니터링 및 조치, ❺ 민원·분쟁의 현황 및 조치결과에 대한 관리, ❻ 임원·직원의 성과보상체계에 대한 금융소비자 보호 측면에서의 평가 그리고 ❼ 금융소비자보호 내부통제위원회의 운영이 해당된다. 이 경우 ❼ 금융소비자보호 내부통제위원회의 운영에 대해서는 ❶부터 ❻까지의 사항을 금융소비자보호 내부통제위원회에 보고하는 업무를 포함하고 금융소비자보호 내부통제위원회를 운영하는 자만 해당한다. 금융회사는 금융소비자보호 총괄기관과 준법부서 간의 권한 및 책임을 명확히 구분하고 이를 문서화하여야 한다.

다. 금융소비자보호 및 민원예방 등을 위한 제도개선

금융소비자보호 총괄기관은 금융소비자보호 및 민원예방 등을 위해 ❶ 업무개선 제도운영 및 방법의 명확화, ❷ 개선(안) 및 결과 내역관리, ❸ 제도개선 운영성과의 평가 그리고 ❹ 민원분석 및 소비자만족도 분석 결과 등을 토대로 현장 영업절차 실태 분석 및 개선안 도출의 업무를 포함하는 제도개선을 관련부서에 요구할 수 있다. 이 경우 제도개선 요구를 받은 부서는 제도개선 업무를 조속히 수행하여야 한다. 다만, 부득이한 사유로 제도개선 업무의 수행이 불가능할 경우 그 사유를 금융소비자보호 내부통제위원회를 통해 소명해야 한다.[17]

---

17) 금융소비자보호에 관한 내부통제 모범규준 제26조 ①

라. 금융상품의 개발, 판매 및 사후관리 관련 금융소비자보호

금융소비자보호 총괄기관은 금융상품의 개발, 판매 및 사후관리 과정에서 금융소비자 보호 측면에서의 영향을 분석하고 점검하여야 하며, 그 과정에서 고객의 피해 발생이 우려되거나 피해가 발생한 경우 등 중대한 사안이 발생하는 경우 적절한 대응방안을 마련하여 조치하여야 한다.[18]

마. 금융소비자보호법령 준수 여부 점검

금융소비자보호 총괄기관은 이 규준 및 금융소비자보호법령의 준수 여부를 점검하는 과정에서 위법·부당행위 발견하였거나 중대한 금융소비자 피해 우려가 있는 경우 등에는 직접 조사(자료제출 요구, 출석요청 및 임점조사를 포함)하거나 필요한 경우 관련부서에 조사를 의뢰할 수 있으며, 조사 대상자는 이에 성실히 응하여야 한다. 금융소비자보호 총괄기관은 해당 조사결과를 은행장에게 보고하여야 한다.[19]

3-4. 금융소비자보호 담당 임원

가. 임면·자격요건, 업무평가, 보상기준 등

금융소비자보호 내부통제기준에는 금융소비자보호 총괄기관의 업무를 수행하는 임원(CCO; Chief Consumer Officer)의 임명·자격요건 및 직무 등에 관한 사항을 마련하도록 하고 있다.

---

18) 금융소비자보호에 관한 내부통제 모범규준 제26조 ②
19) 금융소비자보호에 관한 내부통제 모범규준 제26조 ③, ⑤

금융소비자보호 담당임원 임명 · 자격요건

1. 은행은 금융소비자보호법령에 따라 금융소비자보호 총괄기관의 업무를 수행하는 금융소비자보호 담당임원을 선임하여야 한다.

2. 최근 5년간 금융관계법령을 위반하여 금융위원회 또는 금융감독원장으로부터 문책경고 또는 감봉요구 이상에 해당되는 조치를 받은 사람은 1호의 금융소비자보호 담당임원으로 선임될 수 없다.

금융소비자보호 담당임원은 금융소비자의 권익이 침해되었거나 침해될 우려가 현저히 발생하는 경우 이를 은행장에게 즉시 보고하여야 하며, 금융회사 대표자는 보고받은 사항을 확인하여 신속히 필요한 제반사항을 수행 · 지원하여야 한다.

금융회사는 금융소비자보호 담당임원의 공정한 직무수행을 위해 금융소비자보호 업무의 독립성을 보장하고 직무수행과 관련한 인사평가시 부당한 불이익이 발생하지 않도록 하여야 하며, 이를 위해 금융회사의 재무적 경영성과와 연동되지 아니하는 별도의 공정한 업무평가기준 및 급여지급기준을 마련하여 운영하여야 하며, 민원발생건수 및 금융소비자보호 실태평가 결과 등은 금융소비자보호 담당임원의 급여 등 보상에 연계하지 아니하고, 민원발생 및 민원처리과정의 부적정 등의 원인을 직접 제공한 부서 및 담당자의 급여 등 보상에 반영하여야 한다.

금융회사는 금융소비자보호 담당임원에 대한 근무 평가시, 징계 등 특별한 경우를 제외하고는 타업무 담당자 등 타 직군 등에 비해 직군 차별, 승진 누락 등 인사평가의 불이익이 발생하지 않도록 하여야 한다.[20]

나. 준법감시인 등을 금융소비자보호 총괄기관 담당 임원으로 임명할 수 있는 경우

금융소비자보호감독규정 [별표 2] 비고 제2호에 따라 금융회사지배구조법 상 준법감시인[21] 또는 이에 준하는 사람을 금융소비자보호 총괄기관의 업무를 수행하는 임원으로 임명할 수 있다.

이를 구체적으로 살펴보면 최근 사업연도 말 현재 자산총액이 7천억원 미만인 신용협동조합, 자본금의 총액이 10억원 미만인 금융상품자문업자[22], 소속된 개인 금융상품판매대리 · 중개업자가 500명 미만인 법인 금융상품판매대리 · 중개업자, 최근 사업연도 말 현재 자산총액이 5조원 미만인 상호저축은행, 외국은행의 지점 · 대리점 그리고 여신전문금융회사 중개인인 금융소비자를 대상으로 계약을 체결하지 않거나 개인인 금융소비자를 대상으로 체결한 계약에 따른 자산이 전체 자산의 5%를 초과하지 않는 경우가 이에 해당된다.

다. 금융소비자보호 총괄기관 담당 임원이 다른 업무를 수행할 수 있는지 여부

금융소비자보호 총괄기관을 전담하는 담당임원(CCO)을 별도로 두는 경우 금융소비자보호감독규정 상 금융소비자보호 총괄기관 업무 외에 다른 업무를 수행할 수 있는지 여부가 쟁점이 된다. 금융소비자보호감독규정 [별표 2] 비고 제2호에서는 준법감시인 또는 이에 준하는 사람이 금융소비자보호 총괄기관의 업무를 수행하는 임원을 겸할 수 있는 경우를 제외하고는 원칙적으로 금융소비자보호 총괄기관 담당 임원은 해당 기관의 업무를 전담하도록 규정되어 있다.[23] 그렇지만 금융소비자보호감독규정에 열거된 금융소비자보호 총괄기

---

20) 금융소비자보호에 관한 내부통제 모범규준 제27조

21) "준법감시인"이란 내부통제기준의 준수 여부를 점검하고 내부통제기준을 위반하는 경우 이를 조사하는 등 내부통제 관련 업무를 총괄하는 사람으로서 금융회사지배구조법 제25조에 따라 선임된 자를 말한다.

22) 금융소비자보호법 제12조 제1항에 따라 등록한 금융상품자문업자를 말한다.

23) 금융소비자보호감독규정 [별표 2] 비고 2 마. 그 밖의 경우 : 금융소비자보호 총괄기관을 전담하는 사람

관의 업무는 예시적인 사항이므로, 그 외 금융상품판매업자등이 금융소비자 보호를 위해 필요하다고 판단한 업무를 추가하는 것도 가능하다.[24]

3-5. 금융소비자보호 담당 직원

금융소비자보호 내부통제기준에는 금융소비자보호 총괄기관의 업무를 수행하는 직원의 임명·자격요건 및 직무 등에 관한 사항을 마련하도록 하고 있다.

**금융소비자보호 담당직원
자격요건 및 근무기간**

1. 자격요건 : 입사 후 3년 이상 경력자로서 상품개발·영업·법무·시스템·통계·감사 등 분야에서 2년 이상 근무한 사람이어야 한다. 다만, 다음 각 목에 해당하는 경우에는 예외로 할 수 있다.

   가. 제1호 본문에 해당하는 자와 동일한 수준의 전문지식과 실무경험을 갖추었다고 금융소비자보호 담당임원이 인정하는 경우

   나. 설립 후 10년이 지나지 않은 은행으로서, 해당 은행의 금융소비자보호 담당임원이 별도로 정하는 기준에 따르는 경우

2. 근무기간 : 금융소비자보호 업무의 특성 및 전문성을 고려하여 특별한 경우를 제외하고 3년 이상 금융소비자보호 업무를 전담하여야 함(다만, 승진전보 및 금융소비자보호 담당임원의 승인시에는 예외로 할 수 있다)

---

24) 금융위원회·금융감독원, 금융소비자보호법 FAQ 답변을 참고한다.

금융회사는 금융소비자보호 담당직원에 대한 근무평가시, 징계 등 특별한 경우를 제외하고는 소비자보호 관련 실적이 우수한 담당직원에게 인사상 가점을 부여하여야 한다.

금융회사는 금융소비자보호 담당직원에 대하여 금융소비자보호와 관련한 교육 참여, 자격증 취득 등 직무향상의 기회를 제공하여야 하고, 금융소비자보호 우수 직원 등에 대한 포상(표창, 해외연수) 제도를 마련하여야 한다.

금융회사는 금융소비자보호 담당임원에 대한 근무 평가시, 징계 등 특별한 경우를 제외하고는 타업무 담당자 등 타 직군 등에 비해 직군 차별, 승진 누락 등 인사평가의 불이익이 발생하지 않도록 하여야 한다. 금융소비자보호 담당직원의 업무평가기준, 급여지급기준 및 근무평가 등과 관련하여서는 금융소비자보호 담당임원에 적용되는 규정을 준용한다.[25]

궁금해요! Q&A[26]

Q 1. 소비자보호 총괄임원(CCO)이 고객응대 및 사회공헌, 대내외 홍보 등 금융상품 개발 및 영업 관련이 아닌 부서를 관리하는 것이 가능한지?

A □ 금소법상 금융상품판매업자등이 자체적으로 운영하고자 하는 소비자 보호 업무의 종류를 제한하지 않음. 감독규정 별표2 제3호나목1)에 구체적으로 명시되어 있지 않아도 고객서비스 사후관리, 사회공헌 등 영업행위와의 독립성을 유지하면서 소비자보호에 필요한 업무는 수행이 가능(FAQ 손보 210406-5)

Q 2. 소속 보험설계사 500명 이상인 법인보험대리점의 준법감시인이 임원인 경우 금융소비자보호감독규정 [별표2] 비고 제2호 마목에 따른 금융소비자보호 총괄기관을 전담하는 임원과 겸직이 가능한지?

Ⓐ □ 소속 보험설계사가 500명 이상인 보험대리점의 경우에는 준법감시인과 별도로 CCO를 선임하여야 함(FAQ 손보 210526-23)

Ⓠ 3. 운용자산 20조원 이상 집합투자업자 중 ⅰ)직판을 하지 않는 경우 ⅱ)전문금융소비자를 대상으로만 자문·일임업을 영위하는 경우에도 내부통제위원회 운영 및 독립 CCO를 선임하여야 하는지 여부?

Ⓐ □ 법령상 예외규정이 없는 한 운용자산 20조원 이상의 집합투자업자는 금소법상 내부통제기준에서 정하는 전담조직을 갖춰야 하나, 금소법상 금융상품판매업이나 금융상품자문업을 영위하지 않는 경우에는 금소법상 내부통제기준 관련 규제를 적용받지 않음(FAQ 금투 210421-6)

4. 금융소비자보호 관련 모범규준 등

4-1. 의의

금융관련협회는 2018년 5월 28일 업권별 "영업행위 윤리준칙"를 제정하여 시행 중에 있다.

2019년에 해외금리연계 DLF(파생결합펀드), 라임펀드, 옵티머스펀드 등 다수의 사모펀드에서 대규모 불완전판매 사태가 발생하자 이에 대한 후속조치의 일환으로 "은행 비예금 내부통제 모범규준(전국은행연합회)" 및 "고난도 금융투자상품 제조 및 판매에 관한 표준영업행위준칙(한국금융투자협회)"이 각각 제정되었다.

---

25) 금융소비자보호에 관한 내부통제 모범규준 제28조

26) 금융위원회와 금융감독원은 금융소비자보호법 시행(2021.3.25)에 따른 일선 현장의 혼란을 최소화하기 위하여 금융현장의 주요 질의사항(FAQ)에 대한 답변을 수시로 신속하게 제공하고 있다.

또한, 금융감독원은 금융소비자보호법 시행(2021.3.25.)에 따른 일선 현장의 어려움을 해소하고 금융소비자보호법의 조기 안착을 위해 2021.6월 "금소법 시행에 따른 내부통제·금융소비자보호기준 가이드라인"을 마련하였으며, 전국은행연합회 등 각 금융협회는 동 가이드라인을 참고하여 소속 회원 금융회사들이 공통으로 사용하는 "금융소비자보호에 관한 내부통제 모범규준" 및 "금융소비자보호 모범규준"을 자율적으로 제정하였다.

아울러, 2023년 1월 1일 금융회사가 고령금융소비자를 보호하기 위하여 고령금융소비자에 대한 금융상품 및 서비스 판매 시 준수하여야 하는 일반적 절차 및 유의사항을 정한 "고령금융소비자 보호 지침"을 마련하였다.

따라서, 금융소비자보호법 상 금융소비자보호 내부통제기준과 더불어 금융소비자보호 관련 모범규준 등도 사실상 금융소비자보호 관련 내부통제기준이므로 함께 준수해야 할 것이다.

4-2. 영업행위 윤리준칙

금융관련협회는 2018년 5월 28일 소속 업권의 영업행위 전반을 포괄하여 금융소비자의 권익 증진을 위해 소속 금융회사 및 해당 금융회사의 금융상품 판매종사자들이 수행해야 하는 역할을 명확히 하여 금융회사에 대한 금융소비자의 신뢰를 제고하는 것을 목적으로 업권별 "영업행위 윤리준칙"을 제정하여 시행 중에 있다.

동 윤리준칙에서 규정한 내용들은 2021년 3월 25일 시행된 금융소비자보호법에 상당 부분 반영되었다. 동 윤리준칙에 규정된 사항 중에서 금융소비자보호법, 금융회사지배구조법, 은행법 등 개별 금융업법에서 규정되어 있지 아니하는 사항을 중심으로 기술하였다.

가. 대출금리 산정 및 운용
대출금리는 대출 기준금리(또는 내부기준금리) 및 가산금리로 구분하여 합리적인 기준에 따라 체계적으로 산정한다. 금리 가산근거를 합리적으로 설명할 수 없는 항목은 가산금리 항목에 포함하지 않는다.

나. 담보권 행사

은행이 대출 담보물의 담보권을 행사할 경우, 은행은 고객에게 관련 절차를 사전에 서면 등으로 통지하여야 한다.

은행 영업행위 윤리준칙(은행연합회)

제정 2018.5.28.

제1장 총 칙

제1조(목적)

이 윤리준칙은 은행 영업행위 전반을 포괄하여 금융소비자의 권익 증진을 위해 은행 및 은행의 금융상품 판매종사자들이 수행해야 하는 역할을 명확히 하여 은행에 대한 금융소비자의 신뢰를 제고하는 것을 목적으로 한다.

제2장 영업행위 기본원칙

제2조(신의 성실의 원칙)

① 은행은 금융상품 판매종사자의 도입·양성·교육·관리 등에 있어서 법령을 준수하고 건전한 금융거래질서가 유지될 수 있도록 최선의 노력을 다하여야 한다.
② 은행 및 금융상품 판매종사자들은 금융소비자에 대하여 금융상품에 대한 충분한 선택정보를 제공하여 불완전 판매가 발생하지 않도록 최선의 노력을 다하여야 한다.
③ 은행은 금융상품 판매과정에서 금융소비자에게 피해가 생긴 경우에는 신속한 피해구제를 위해 최선의 노력을 다하여야 한다.

제3조(적합성 원칙)

① 은행 및 금융상품 판매종사자들은 금융투자상품, 보험상품을 판매함에 있어 금융소비자의 성향, 재무상태, 금융상품에 대한 이해수준, 연령, 금융상품 구매목적, 구매경험 등에 대한 충분한 정보를 파악하여 해당 금융소비자에게 적합하지 아니한 상품을 구매권유하지 아니하여야 한다.

② 은행 및 금융상품 판매종사자들은 금융소비자가 합리적인 판단을 할 수 있도록 금융상품 구매계약에 따르는 위험 및 거래의 특성과 주요내용에 관한 정보를 충분히 제공하여야 한다.

제4조(상품 설명)

① 은행 및 금융상품 판매종사자들은 금융소비자의 합리적인 판단과 의사결정에 도움이 되도록 금융상품에 대한 중요 사항을 금융소비자가 이해할 수 있도록 설명하여야 한다.

② 은행 및 금융상품 판매종사자들은 상품의 중요 사항을 설명함에 있어 원금손실가능성, 손실가능범위, 중도해지시 불이익, 금융소비자에게 추가부담이 발생할 수 있는 사항, 기한이익 상실사유 등 금융소비자가 유의하여야 할 사항을 누락하지 않도록 주의한다.

제5조(구속행위 금지)

① 은행 및 금융상품 판매종사자들은 은행의 우월적 지위를 남용하여 금융소비자의 선택을 제한하고 권익을 침해하는 행위를 하지 않는다.

② 은행 및 금융상품 판매종사자들은 여신거래와 관련하여 고객의 의사에 반하여 금융상품의 가입 또는 매입을 강요하지 않는다.

제6조(대출계약 철회권)

① 은행은 여신거래기본약관(가계용)이 정하는 바에 따라 대출계약 철회기간을 제공한다.

② 은행은 금융소비자에게 대출계약 철회에 따른 손해배상금 또는 위약금을 청구하지 않는다.

제7조(대출금리 산정 및 운용)

① 대출금리는 대출 기준금리(또는 내부기준금리) 및 가산금리로 구분하여 합리적인 기준에 따라 체계적으로 산정한다.

② 금리 가산근거를 합리적으로 설명할 수 없는 항목은 가산금리 항목에 포함하지 않는다.

제8조(약관의 공시 등)

① 은행은 금융소비자가 금융상품에 가입하기 전에 해당 상품의 약관 또는 약관의 변경내용을 쉽게 찾아 이용할 수 있도록 인터넷 홈페이지 등에 공시하여야 한다.

② 은행이 약관을 공시하는 경우 다음 각 호의 사항을 준수하여야 한다.

    1. 인터넷 홈페이지 공시는 이용자가 언제든지 약관을 열람 또는 수령할 수 있도록 운영하여야 하고, 영업점에서는 이용자가 요청하는 경우 즉시 제공할 수 있도록 하여야 한다.

    2. 약관의 시행일(변경된 경우에는 변경약관의 시행일 포함), 변경 전·후 약관내용의 비교, 기존 가입고객에 대한 변경약관의 적용여부, 약관적용대상 상품판매가 종료된 경우 상품판매 종료사실 및 종료일 등을 표시하여야 한다.

    3. 약관은 계약이 종료한 후 3년까지 공시하여야 한다.

③ 은행은 약관 작성 시 가능한 한 쉬운 표현을 사용하고 이용자의 권리 의무에 중대한 영향을 미치는 내용은 큰 글자나 두드러지게 표시하여 금융소비자가 인지할 수 있도록 하여야 한다.

제9조(상품설명서 제공)

① 은행 및 금융상품 판매종사자들은 금융소비자의 상품에 대한 이해를 돕기 위한 참고자료로 상품설명서를 제공한다. 단, 설명서 수령 거부 의사를 확인한 경우 설명서 제공을 생략할 수 있다.

② 은행은 상품설명서 작성 시 가능한 쉬운 표현을 사용하고, 금융소비자의 권리의무에 중대한 영향을 미치는 내용 등 거래의 중요한 내용을 부호, 눈에 띄는 색채, 굵고 큰 문자 등으로 두드러지게 표시하여 금융소비자가 알아보기 쉽게 작성한다.

제10조(금융상품 판매종사자의 자격)

① 금융상품 판매종사자는 상품을 판매함에 있어 관련 법규 및 내부통제기준, 윤리강령 등을 숙지하고 선량한 관리자로서 주의의무를 다한다.

② 은행은 판매자격을 갖춘 직원이 판매요건을 숙지하여 상품을 판매하도록 하여야 한다.

제11조(판매 관련 평가 및 보상체계)

① 은행은 금융상품 판매종사자와 영업 단위조직에 대한 평가 및 보상을 하는 경우 금융상품을 판매하는 과정에서 금융상품 판매종사자와 금융소비자의 이해상충이 발생하지 않도록 금융상품 판매종사자와 영업 단위조직에 대한 평가 및 보상체계를 설계하여야 한다.

② 은행은 금융상품 판매종사자와 영업 단위조직에 대한 평가 및 보상을 하는 경우 평가 및

보상체계에 판매실적 이외에도 불완전판매건수, 소비자만족도 조사결과 등 판매프로세스 적정성 점검결과 등 관련 요소들을 충분히 반영하여 평가결과에 실질적인 차별화가 있도록 운영하여야 한다.

③ 금융소비자들이 금융상품 판매종사자의 불건전영업행위, 불완전판매 등으로 금융거래를 철회·해지하는 경우 은행은 금융상품 판매종사자에 이미 제공된 금전적 보상을 환수할 수 있으며, 이를 위해 보상의 일정부분은 금융소비자에게 상품 및 서비스가 제공되는 기간에 걸쳐 분할 또는 연기하여 제공할 수 있다.

제3장 상품 공시 및 광고

제12조(상품공시)

은행은 상품의 내용이 완전하고도 충분히 적시에 공시될 수 있도록 다음 각 호에 의하여 공시자료를 작성하여 은행 홈페이지를 통해 공시하여야 한다.

　1. 금융소비자가 알기 쉽도록 간단·명료하게 작성할 것

　2. 객관적인 사실에 근거하여 작성할 것

　3. 공시목적에 부합되지 않는 홍보성격의 내용은 최대한 배제할 것

　4. 관련 법규에서 정하는 바에 따라 작성할 것

제13조(비교공시)

은행은 금융소비자가 효과적으로 상품을 비교할 수 있도록 상품정보를 은행연합회에 제공하여 은행연합회 홈페이지에 비교공시 할 수 있도록 한다.

제14조(상품광고)

① 은행이 취급하는 상품에 관하여 광고를 하는 경우 관련 법령에서 정한 바에 따라 금융소비자의 합리적 의사결정을 위하여 은행의 명칭, 은행상품의 내용, 거래조건 등을 명확히 표시하여 금융소비자가 오해하지 않도록 하여야 한다.

② 은행은 은행상품 광고의 제작 및 내용에 관하여 지켜야 할 세부기준 및 절차를 마련하여 운영한다.

제4장 계좌관리 및 유지

제15조(거래내역 확인)

은행은 금융소비자가 특정 기간 동안의 거래 내역을 확인할 수 있는 전자적 수단 또는 비전자적 수단을 제공한다.

제16조(금리 변경)

① 은행은 예금금리 또는 대출금리(기준금리)가 변경되는 경우, 변경 내용을 영업점 및 인터넷 홈페이지 등에 1개월 동안 게시한다.

② ①항에도 불구하고, 시장금리 등에 연동되어 수시로 변경되는 예금의 경우에는 인터넷 홈페이지 이율 고시(조회)로 갈음하기로 한다.

제17조(고객 기록 유지·보관)

은행은 다음 각 호의 고객기록을 유지하고 관련 법령에 따라 보관한다.

　　1. 고객 신분 증명 서류 사본

　　2. 고객 주소, 전화번호, 기타 연락처

　　3. 고객이 가입한 상품 및 서비스

　　4. 고객이 작성, 서명하여 은행에 제출한 서류

제18조(전자금융거래)

① 은행은 전자금융거래 서비스 내용과 그에 따른 수수료 및 수수료율을 영업점 및 금융소비자가 접근하기 용이한 전자적 장치를 통하여 알기 쉬운 형태로 게시한다.

② 은행은 고객의 전자금융거래 기록을 관련 법령에 따라 일정 기간 유지·보존하고 고객의 요청이 있을 경우 은행이 보존·관리하고 있는 전자금융거래 관련 기록·자료를 제공하여야 한다.

③ 은행은 전자금융기기의 오류 정정 및 사고·장애 시 처리에 대한 규정을 마련하여야 한다.

제19조(담보권 행사)

은행이 대출 담보물의 담보권을 행사할 경우, 은행은 고객에게 관련 절차를 사전에 서면 등으로 통지하여야 한다.

제5장 고객정보보호

제20조(고객정보보호 원칙)

① 은행은 개인정보의 처리 목적을 명확하게 하여야 하고 그 목적에 필요한 범위의 개인정보
만을 적법하게 수집하고 이용하여야 한다.

② 은행은 법령에 따라 제공하는 경우를 제외하고 금융소비자의 정보를 누설하거나 부당하
게 이용하여서는 아니 된다.

③ 은행은 업무수행 과정에서 알게 된 금융소비자의 개인정보를 안전하게 보호하고 관리하
여야 한다.

④ 은행은 개인정보 처리방침 등 개인정보의 처리에 관한 사항을 공개하여야 하며, 관련 법
령에 따라 열람청구권 등 정보주체인 금융소비자의 권리를 보장하여야 한다.

제21조(고객 개인정보의 수집 및 이용)

은행은 다음 각 호의 경우 금융소비자의 개인정보를 수집할 수 있으며 그 수집 목적의 범위
에서 이용할 수 있다.

  1. 정보주체의 동의를 받은 경우

  2. 법률에 특별한 규정이 있거나 법령상 의무를 준수하기 위하여 불가피한 경우

  3. 계약 체결 및 이행을 위하여 불가피하게 필요한 경우

  4. 정보주체 또는 그 법정대리인이 의사표시를 할 수 없는 상태에 있거나 주소불명 등으로 사
     전 동의를 받을 수 없는 경우로서 명백히 정보주체 또는 제3자의 급박한 생명, 신체, 재산의
     이익을 위하여 필요하다고 인정되는 경우

  5. 은행의 정당한 이익을 달성하기 위하여 필요한 경우로서 명백하게 정보주체의 권리보다 우
     선하는 경우

제22조(고객정보의 제공)

은행은 고객의 개인정보를 외부에 제공할 때 필요 최소한의 정보를 적법한 절차에 따라 제공
하여야 하며 제공받은 자가 고객의 개인정보를 안전하게 처리하도록 요청하여야 한다.

제23조(고객정보의 파기)

은행은 법령이 허용하는 경우를 제외하고는 관련 법령에서 정한 기간 이내에 해당 고객정보

를 관리대상에서 삭제하여야 한다.

제6장 민원(분쟁) 해결

제24조(민원 처리 원칙)

① 은행은 금융소비자가 편리한 방법으로 민원을 제기할 수 있도록 민원접수 채널(방문, 전화, 서신, FAX, E-mail, 인터넷 등)을 다양화하고, 접수되는 민원을 체계적으로 처리할 수 있는 절차와 시스템을 마련한다.

② 은행은 민원이 접수되면 해당 민원인에게 민원이 접수되었음을 알리고, 민원에 대한 조사 및 처리결과를 민원인에게 통지한다.

③ 은행이 민원처리결과를 통지할 때에는 민원 처리의 명시적인 근거를 포함하고 민원인이 이해하기 쉬운 용어를 사용하여 가능한 자세히 기재한다.

④ 은행은 상품판매에 따른 민원사항을 수시로 모니터링하고 민원 유발 내용을 전파함으로써 유사한 민원이 반복되지 않도록 노력한다.

제25조(분쟁 처리)

① 은행이 자체적인 노력에도 불구하고 민원을 처리할 수 없는 경우, 민원인에게 금융감독원 등 분쟁 해결을 위한 강제력이 있는 기타 기관을 이용할 수 있도록 안내할 수 있다.

② 은행은 분쟁민원에 대한 감독기관의 결정이 있는 경우, 특별한 사유가 있지 않는 한 감독기관의 조정결과에 따르도록 노력한다.

제26조(민원 정보 공시)

① 은행은 접수 민원에 대한 통계자료와 데이터를 관리하고 감독기관이 요청하는 경우 관련 자료를 제공한다.

② 은행연합회는 금융소비자기 은행을 선택하는 데 참고할 수 있도록 소비자보호관련 징보(민원 · 소송현황, 금융소비자보호실태평가결과 등)를 비교공시한다.

제7장 윤리준칙 점검 및 내부통제

제27조(내부자 신고제도)

① 은행은 금융사고를 미연에 방지하고 사고발생시 손실을 최소화하기 위하여 내부자 신고 제도를 운영한다.

② 내부자 신고대상 행위는 다음 각 호와 같다.

    1. 횡령, 배임, 공갈, 절도, 금품수수, 사금융알선, 저축관련 부당행위, 재산 국외도피 등 범죄 혐의가 있는 행위

    2. 「금융실명거래 및 비밀보장에 관한 법률」 또는 「특정 금융거래정보의 보고 및 이용 등에 관한 법률」 위반 혐의가 있는 행위

    3. 업무와 관련된 상사의 위법 또는 부당한 지시 행위

    4. 기타 위법 또는 부당한 업무처리 및 사고 징후로 판단되는 일체의 행위

③ 내부자는 상기 2항 각호에서 정한 임직원의 신고대상 행위를 인지한 경우 이를 지체 없이 신고하여야 한다.

④ 은행은 내부자 신고를 이유로 신고자에게 인사상 일체의 불리한 대우를 하여서는 안 된다.

제28조(영업행위 윤리준칙 내부통제 방법)

① 은행은 영업행위 윤리준칙 준수여부를 업무의 중요도 및 위험도 등을 감안하여 정기 또는 비정기적으로 점검한다.

② 은행은 각 조직단위의 장으로 하여금 소관조직 및 소관업무에 대한 영업행위 윤리준칙 위반 여부를 점검하게 할 수 있다.

③ 은행은 영업행위 윤리준칙 등의 준수여부를 점검하는 과정에서 위법·부당행위 발견 시 직접 조사하거나 필요한 경우 검사조직에 조사를 의뢰할 수 있다.

④ 은행은 위법·부당행위가 발생한 경우, 유사행위가 재발하지 않도록 필요한 조치를 신속하게 취해야 한다.

4-3. 은행 비예금상품 내부통제 모범규준

2020년 9월 28일 금융감독원과 전국은행연합회는 은행이 판매하는 금융상품 중 원금이 보장되는 상품이 아닌 비예금 상품에 규제를 강화하기 위하여 "비예금상품 내부통제 모범규준"으로 제정되었고, 각 은행은 이를 자체 내규에 반영하여 시행 중에 있다. 동 모범규준은 2019년 발생한 DLF(파생결합펀드) 등 사모펀드 불완전판매 사태의 재발 방지를 위한 금융위원회의 「고위험 금융상품 투자자 보호 강화를 위한 종합 개선방안」(2019.12.12)에 대한 후속조치로 금융투자협회의 "고난도금융투자상품 제조 및 판매에 관한 표준영업행위준칙"의 제정(2020.6.18.)과 함께 마련되었다. 동 모범규준에는 은행이 개인과 중소기업을 대상으로 판매하는 원금 비보장 금융상품에 관하여 상품심의·판매·사후관리 등 금융상품의 판매 全 과정에 걸쳐 금융소비자보호를 위해 준수하여야 할 사항을 규율하고 있다. 또한, 특정 비예금상품 판매 실적의 성과반영 제한, 고객수익률 반영 등 영업점 성과평가체계(KPI)[27]의 개선을 통해 금융소비자 중심의 영업관행을 정착시키려는 목적도 포함하고 있다.[28]

---

27) "성과평가지표(KPI; Key Performance Indicator)"란 상품 판매 등에 따른 재무적 실적달성으로 당해 은행 임직원의 인사평가 및 성과급 지급 등에 영향을 미치는 평가지표를 말한다.

28) 금융감독원·은행연합회 2020.9.28. 보도자료, "은행 비예금상품 내부통제 모범규준 제정"을 참조한다.

은행 비예금상품 내부통제
모범규준 주요내용

1. 적용대상_원금손실 위험이 있는 비예금 상품(Non-deposit products)

☐ 은행이 개인과 중소기업 대상으로 판매하는 각종 펀드 · 신탁 · 연금 · 장외파생상품 · 변액보험 상품 등을 적용대상으로 규정

  ◦ 다만, 일부 안전자산으로 운용되는 MMF · MMT 등 원금손실 위험이 낮은 상품은 적용대상에서 제외*

   * 은행은 자체적으로 이사회 승인을 통해 원금손실 및 불완전판매 위험성이 낮다고 판단되는 상품의 적용을 추가 배제할 수 있음

2. 상품위원회_임원급 협의체인 '상품위원회'가 상품정책을 총괄

☐ 리스크관리담당 임원(CRO) · 준법감시인 · 소비자보호담당 임원(CCO) 등을 포함*하는 "비예금 상품위원회(이하 '위원회')"를 구성하여 운영

   * 전문성과 공정성 확보를 위해 필요시 위원회에 외부 전문가(법인 포함)를 포함

  ◦ 위원회는 상품 기획 및 선정 · 판매행위 · 사후관리 등 은행의 비예금상품 판매에 관한 정책을 총괄

  ◦ 위원회 운영의 객관성, 공정성 제고를 위해 영업담당 임원의 회의주재를 제한하고, 위원회 운영(회의소집 및 주관)은 영업과 관련이 없는 조직이 담당

  ◦ 소비자보호담당 임원 및 기타 은행이 정하는 위원이 상품판매 반대시(veto) 판매를 보류

  ◦ 위원회 심의결과는 대표이사 및 이사회에 보고하여야 하며, 관련자료 등은 서면, 녹취 등의 방식으로 10년간 보관

3. 상품심의_상품심의(기획 · 선정)를 위한 내부통제기준 마련

위원회는 상품 투자전략, 상품구조, 손실위험성 등을 고려하여 상품 판매여부 · 판매대상 고객群 · 판매한도 등을 심의

  ◦ 위원회는 판매할 상품의 위험도, 복잡성, 판매 직원의 상품 이해도 및 전문성 등을

고려하여 판매채널*을 사전에 지정

     * 일반 영업점, PB센터, 인터넷홈페이지 등 비대면 채널 등

  • 제조 금융회사(예 : 자산운용사)의 건전성 및 리스크 관리능력 등 질적요소를 평가하고 평가결과를 상품 심의시 반영

  • 위원회 운영의 실효성 제고를 위해 위험도가 높지 않은 상품의 경우 상품심의를 하위조직(예 : 부서장 협의체)에 위임* 가능

     * 고난도 금융상품, 해외대체펀드(기초자산 해외소재), 위험도 중간등급이상(1~3등급) 상품 등은 위원회가 직접 심의하여야 함

4. 상품판매_상품판매시 임직원의 준수(Do) · 금지사항 (Don't) 명시

□ **판매시 준수사항 (Do)**

1) (비예금상품설명서 도입) 비예금상품 판매시 위험내용을 예금상품과 비교 · 설명하는 '비예금상품설명서' 도입 (《첨부》 참조)

  • 막연한 원본손실 안내에 그치지 않고 고객이 원금비보장 상품임을 명확히 인지할 수 있도록 Q&A 방식 활용

2) (손실위험 안내강화) 다양한 도표 · 그래프 사용을 통해 고객의 이해가능성을 제고하고,

  • 특히, 손실이 증가되는 상황을 가정하여 소비자가 최대 손실발생액을 명확히 인지할 수 있도록 설명

3) (정보갱신 · 동의 의무화) 투자성향 등 소비자의 정보는 매 2년마다 갱신하여 오래된 정보를 활용하지 않도록 하고

  • 상품 판매시마다 갱신된 정보를 소비자에게 안내 · 확인(동의) 받도록 의무화

4) (해피콜 강화) 일부 금융투자상품에만 제한적으로 실시하던 해피콜 제도를 비예금 쑈 상품으로 확대

  • 상품판매 후 7영업일까지 해피콜을 실시하여 상품 설명이 적정하게 이루어졌는지 등 불완전판매 여부 확인

5) (판매과정 녹취의무 강화) 자본시장법상 의무사항인 부적합 투자자 및 고령자(65세 이상)뿐만 아니라

◦ 일반 고객에 대한 고난도 금융상품 판매시에도 판매 과정을 녹취하고 녹취 품질을 주기적으로 검수

□ **판매시 제한사항 (Don't)**

1) (투자권유 방법 제한) 고난도 금융상품 등 비대면으로 상세한 설명이 곤란한 상품에 대해 투자를 권유할 경우
   ◦ 정보통신망*을 통해 투자를 권유하지 않도록 제한
      * (예) 전화, 휴대폰 메시지(SMS, LMS, 카카오톡), SNS 등(홈페이지는 가능)

2) (광고 · 홍보 관련) 非예금 상품에 대한 광고 · 홍보시 사전에 상품을 판매하는 은행의 준법감시인 심의를 반드시 받도록 하고
   ◦ 선정경위 · 사유 등의 객관적인 근거 없이 비대면채널을 통해 특정상품을 추천상품 등으로 홍보하는 행위를 제한

3) (판매자격 및 창구) 전문성을 갖추지 못한 직원*은 판매를 제한하고 판매자격 도용이 발생하지 않도록 전산상 통제방안 마련
      * (예) 관련 자격증 미보유 직원, 업무숙련도가 낮은 직원, 민원 다수 유발 직원 등
   ◦ 표지판 설치 및 명찰패용, 창구분리 등을 통해 비예금 상품을 판매권유하는 직원임을 고객이 명확히 알 수 있도록 인지도 개선

5. 사후관리_판매 후 모니터링 및 고객에 대한 정보제공 강화

□ 은행은 상품별 판매현황 및 손익상황, 민원발생 현황, 시장상황 변동* 등을 모니터링하고 필요시 판매중단 등 대책 마련
      * (예) 국제유가 및 주가 급락, 사기사건 발생, 자산운용사 부도 등
   ◦ 위원회는 모니터링 결과를 보고받고 심의하여 심의결과는 주기적으로 이사회 또는 감사위원회에 보고
   ◦ 해당 상품구조 및 손익추이, 민원발생 및 처리현황 등을 한눈에 알 수 있는 통합 전산시스템 구축

□ 상품 특성 및 정보의 성격을 감안하여 손익상황 등을 고객에게 주기적으로 안내(SMS 등 활용)

4-4. 고난도 금융투자상품 제조 및 판매에 관한 표준영업행위준칙

　금융투자협회는 2020년 6월 18일 고난도 금융투자상품의 설계단계부터 판매 이후 사후관리까지 모든 단계에서 '금융소비자의 이익을 최우선'(the best interest of client)으로 고려하기 위한 세부사항을 규정한 "고난도금융투자상품 제조 및 판매에 관한 표준영업행위준칙"(이하 '고난도상품 영업행위준칙')을 제정하였다. 고난도금융투자상품이란 파생결합증권, 파생상품, 운용자산의 가격결정의 방식과 손익의 구조 및 그에 따른 위험을 투자자가 이해하기 어렵다고 인정되는 집합투자증권 등과 같은 금융투자상품 중 최대 원금손실 가능금액이 원금의 100분의 20을 초과하는[29] 것을 말한다.[30]

　고난도상품 영업행위준칙은 2019년 발생한 DLF(파생결합펀드) 등 사모펀드 불완전판매 사태의 재발 방지를 위한 금융위원회의 「고위험 금융상품 투자자 보호 강화를 위한 종합 개선방안」(2019.12.12)에 대한 후속조치로 2020.9.28. 제정된 은행권의 "비예금 상품 내부통제 모범규준"과 함께 시행되었다. 또한, 고난도상품 영업행위준칙은 영국 등 유럽[31]에서 시행 중인 금융투자상품 라이프사이클(Life Cycle) 규제체계(Product Governance)를 참고하여 작성되었다.

비예금상품 설명서

본 상품은 가입시 일반 예금상품과 달리 원금의 일부 또는 전부 손실이 발생할 수 있으며, 투자로 인한 손실은 투자자 본인에게 귀속됩니다.

❶	본 상품은 예·적금과는 다른 상품이며, 은행이 판매하는 상품이지만 예금자 보호를 받지 못해 원금 손실 위험이 있습니다. 확인하셨습니까?
⇒	① 예 ② 아니오
❷	본 상품의 원금손실위험이 발생할 가능성에 대해 어떻게 생각하시나요? 답변 후 판매직원의 구체적인 설명을 들어보시기 바랍니다.
⇒	① 원금손실위험이 거의 없다. ② 원금손실위험이 있지만 경미한 수준이다. ③ 원금손실위험이 있지만 높은 수익률을 위해 감수해야 한다.
❸	본 상품의 최대 원금손실 규모에 대해 판매직원으로부터 어떻게 설명을 들으셨습니까?
⇒	① 경미한 수준일 것이다. ② 원금의 0%~20%의 손실이 발생할 수 있다. ③ 원금의 20%~100%(원금 전액손실)의 손실이 발생할 수 있다. ④ 시장 상황에 따라 손실이 무한하게 커질 수 있다.
❹	원금손실 가능성과 최대 손실가능금액을 정확하게 이해하셨습니까? (이해한 경우) 이러한 위험에도 불구하고 본 상품에 가입하시겠습니까?
⇒	① 예 ② 아니오

※ 비예금상품 설명서는 은행이 판매하는 비예금상품(펀드, 신탁 등) 중 반드시 확인이 필요한 사항을 안내하고 있습니다.

※ 답변 내용이 향후 민원 분쟁조정시 판단자료로 활용될 수 있으니 질문에 대해 정성껏 답변해 주시기 바랍니다.

금융회사가 고난도금융투자상품을 제조 또는 판매할 경우 상품 全단계(제조-판매-사후점검 등)에 걸쳐 준수해야 할 사항으로 목표시장 설정, 상품테스트, 상품의 제조 또는 판매 승인절차구축(이사회 의결 등), 목표시장 내 판매원칙, 제조회사와 판매회사 간 정보교환 등을 규정하고 있다. 금융위원회는 동 준칙의 실효성을 확보하기 위하여 고난도금융투자상품에 대한 법적개념을 자본시장법 시행령[32]에 반영하였고, 고난도금융투자상품의 제조 및 판매 과정에서 금융소비자 보호를 소홀히 한 경우 제 제조치를 취할 수 있는 근거[33]도 마련하였다.[34]

---

29) 다만, 거래소시장, 해외 증권시장, 해외 파생상품시장에 상장되어 거래(투자자가 해당 시장에서 직접 매매하는 경우로 한정)되는 상품 또는 전문투자자만을 대상으로 하는 상품은 제외한다.

30) 자본시장법 시행령 §2(7)

31) 독일, 프랑스, 이탈리아 등 25개국이 유럽증권시장감독청(ESMA) 가이드라인을 적용(ESMA Release, '20.2.11)하고 있다.

32) **자본시장법 시행령 §2, 7.** "고난도금융투자상품"이란 다음 각 목의 어느 하나에 해당하는 금융투자상품 중 금융위원회가 정하여 고시하는 방법으로 산정한 최대 원금손실 가능금액이 원금의 100분의 20을 초과하는 것을 말한다. 다만, 거래소시장, 해외 증권시장, 해외 파생상품시장(법 제5조 제2항 제2호에 따른 해외 파생상품시장을 말한다. 이하 같다)에 상장되어 거래(투자자가 해당 시장에서 직접 매매하는 경우로 한정한다)되는 상품 또는 전문투자자[법 제9조제5항제1호부터 제3호까지의 어느 하나에 해당하는 자, 이 영 제10조 제3항 제1호부터 제6호까지, 제6호의2, 제7호부터 제14호까지의 어느 하나에 해당하는 자(이에 준하는 외국인을 포함한다) 또는 같은 항 제18호가목부터 다목까지의 어느 하나에 해당하는 자로 한정한다]만을 대상으로 하는 상품은 제외한다.

   가. 파생결합증권(제7조 제2항 제1호에 따른 파생결합증권은 제외한다)

   나. 파생상품

   다. 집합투자증권 중에서 운용자산의 가격결정의 방식, 손익의 구조 및 그에 따른 위험을 투자자가 이해하기 어렵다고 인정되는 것으로서 금융위원회가 정하여 고시하는 집합투자증권

   라. 그 밖에 기초자산의 특성, 가격결정의 방식, 손익의 구조 및 그에 따른 위험을 투자자가 이해하기 어렵다고 인정되는 것으로서 금융위원회가 정하여 고시하는 금융투자상품

   자본시장법 시행령 §2, 8. "고난도투자일임계약"이란 금융위원회가 정하여 고시하는 방법으로 산정한 최대 원금손실 가능금액이 원금의 100분의 20을 초과하는 투자일임계약 중 그 운용방법 및 그에 따른 위험을 투자자가 이해하기 어렵다고 인정되는 것으로서 금융위원회가 정하여 고시하는 기준에 해당하는 투자일임계약을 말한다.

   자본시장법 시행령 §2, 9. "고난도금전신탁계약"이란 금융위원회가 정하여 고시하는 방법으로 산정한 최대 원금손실 가능금액이 원금의 100분의 20을 초과하는 금전신탁계약 중 그 운용방법 및 그에 따른 위험을 투자자가 이해하기 어렵다고 인정되는 것으로서 금융위원회가 정하여 고시하는 기준에 해당하는 금전신탁계약을 말한다.

33) 금융투자업규정 §4-20(불건전 영업행위의 금지) ① 영 제68조제5항제14호에서 "금융위원회가 정하여 고시하는 행위"란 다음 각 호의 어느 하나에 해당하는 행위를 말한다.

   15. 이사회의 의결(내부통제기준에 따라 이를 위임한 경우를 포함한다)에 따른 별도의 판매승인을 거치지 않고 영 제2조 제7호에 따른 고난도금융투자상품에 대한 판매여부를 결정하는 행위[신설 21.5.10.]

34) 금융투자협회 2020.6.25. 보도자료, "투자자 보호 강화를 위한 고난도금융투자상품 제조 및 판매에 관한 표준영업행위 준칙 제정" 참조

고난도금융투자상품 제조 및 판매에 관한 표준영업행위준칙(금융투자협회)

Ⅰ. 총칙

1. 목적

이 준칙은 「자본시장과 금융투자업에 관한 법률」(이하 "자본시장법"이라 함) 제37조, 제44조, 제50조, 「금융소비자 보호에 관한 법률」(이하 "금소법"이라 함) 제17조, 제19조, 제21조 및 「금융회사의 지배구조에 관한 법률」 제24조에 따라 금융투자상품(이 준칙 상 금융투자상품은 자본시장법 시행령 제2조제7호에 따른 고난도 금융투자상품을 의미한다)의 제조, 판매, 사후관리 등 일련의 업무과정에서 금융투자업자(겸영 금융투자업자 포함, 이하 같다)가 투자자 보호를 위하여 준수하여야 할 구체적인 업무의 방법과 절차를 정하는 것을 목적으로 한다.

2. 용어의 정의 및 적용범위

1) 이 준칙에서 사용하는 용어의 정의는 다음과 같다. 다만, 이 준칙에서 정하지 아니한 용어는 자본시장법, 동법 시행령, 금소법, 금소법 시행령 및 시행규칙, 금융위원회의 금융투자업규정 및 한국금융투자협회의 규정 등(이하 "관계법령등"이라 한다)에서 정하는 바에 따른다.

가. 제조회사란 금융투자상품을 '제조'하는 금융투자회사를 말한다.

> ### ※ 회사참고사항 2-1
>
> ▶ '제조'는 금융투자회사가 신규'로 자기의 금융투자상품을 설계, 개발, 발행하는 행위 등을 의미
>
> * 기존 상품의 투자성이나 구조에 관하여 중대한 변경을 초래하는 행위 포함

나. 판매회사란 금융투자상품을 '판매'하는 금융투자회사를 말하며 제조회사가 동시에 판매회사에도 해당할 수 있다.

▶ '판매'란 금융투자상품 매수의 청약을 권유, 매도, 중개·주선하거나, 투자자문 제공, 투자일임계약 또는 금전신탁계약을 통해 금융투자상품을 매매하도록 하는 행위를 의미

  – 고객이 투자자문회사로부터 투자자문을 받고 투자자문결과에 따라 금융투자상품의 매매를 금융투자회사에 요청하는 경우*에만 해당 투자자문회사를 판매회사로 봄. 이 경우 해당 금융투자회사는 판매회사로 보지 아니함

▶ * 고객이 투자자문회사로부터 적합성원칙, 설명의무 이행 및 관련 설명서를 교부받았음을 확인하는 증빙서류(투자자문 확인서 등)를 금융투자회사에게 제출하거나, 투자자문계약과 결합된 금융투자회사의 판매계좌(자문결합계좌)를 통하여 투자자문 결과에 따른 금융투자상품의 매매의사 표시가 투자자의 투자판단에 따라 금융투자회사에게 전달되는 경우(이 경우 금융투자상품의 매매의사표시가 자문결합계좌를 통해 전달되기 전에 투자자문 확인서 등을 교부하는 절차가 마련되어야 함)에 한함

다. 목표시장(target market)이란 금융투자회사가 제조·판매하는 상품의 특성, 위험도 등을 종합적으로 고려하여 판매에 적합한 대상 고객범위를 설정한 기준으로, i) 제조회사가 설정하는 잠재적 목표시장과 ii) 판매회사가 설정하는 구체적 목표시장으로 구분한다.

2) 이 준칙은 금융투자업자가 고난도 금융투자상품을 제조 또는 판매하는 경우에 적용된다.

※ **회사참고사항 2-3**

▶ 금융투자상품 제조회사가 동시에 판매회사에도 해당하는 경우에는 제조회사 및 판매회사의 영업행위준칙을 모두 준수하여야 함

Ⅱ. 제조회사의 준수사항

3. 일반원칙

1) 제조회사는 금융투자상품의 제조 및 사후관리 과정에서 자본시장법 제37조(신의성실원칙) 등에 따라 고객의 이익을 최우선에 두고 업무를 수행하여야 한다.

2) 제조회사는 금융투자상품의 제조 및 사후관리 관련 업무수행 과정의 기록을 충실히 유지하고 감독기관의 요청이 있는 경우 이를 제출할 수 있어야 한다.

4. 금융투자상품 관리체계(Product Governance)의 마련

1) 제조회사는 이 준칙에서 정한 금융투자상품 제조 및 사후관리 관련 업무과정별 정책을 수립·통제할 수 있는 관리체계(Product governance)를 구축하고 유지하여야 한다.

2) 제조회사는 금융투자상품 목표시장의 적정성, 목표시장 설정관련 위험평가의 충분성 및 목표시장과 판매전략의 부합 여부 등을 검증하기 위한 상품승인절차를 자체적으로 마련하여 운영하여야 한다.

> **※ 회사참고사항 4-1**
>
> ▶ 제조회사는 이사회의 관리·통제 하에서 내부통제기준에 따라 이미 설치해 운영하고 있는 상품승인위원회 등 조직을 활용할 수 있음
>
> ▶ 제조회사는 업무과정별 정책의 통제·운영이 효율적으로 이루어질 수 있도록 이에 충분한 경험과 능력을 갖춘 인력과 조직을 갖추어 지원하여야 함

3) 제조회사는 금융투자상품의 특성, 목표시장 등을 고려하여 자체적으로 정한 상품승인절차의 일부를 축소하거나 생략할 수 있다.

> **※ 회사참고사항 4-2**
>
> ▶ 이미 승인받은 금융투자상품과 동일성*이 인정되고 목표시장이 동일하거나 축소되는 경우 상품승인절차를 축소하거나 생략 가능
>
>   * 자본시장법 제119조 제8항 및 동법 시행령 제129조의2의 '동일 증권'의 판단기준을 참고할 수 있음

> 예) 기초자산, 수익구조 등이 동일한 상품이나 만기를 달리하여 제조하는 경우 등

4) 제조회사는 판매회사와 금융투자상품 관리체계에 관한 원활한 정보교환체계를 구축 · 운영하여야 한다.

> **※ 회사참고사항 4-3**
>
> ▶ 회사별로 정보교환 전담직원을 지정해 운영할 수 있음
>
> ▶ 정보교환방법은 서면, 이메일 또는 전산시스템 구축 등

5. 복수(複數) 회사의 금융투자상품 제조

1) 제조회사가 다른 제조회사와 금융투자상품을 협업으로 제조(설계, 개발, 발행 등 제조에 관여하는 일체의 행위 포함)하는 경우 하나의 목표시장을 설정한다.

2) 금융투자상품을 협업으로 제조하는 회사는 금융투자상품 제조와 관련하여 상호 업무 및 책임 범위를 설정하여야 한다.

> **※ 회사참고사항 5-1**
>
> ▶ 본 기준은 제조회사가 다른 제조회사와 함께 협업으로 금융투자상품을 제조하는 경우에 적용되는 것임
>
> ▶ 한편, 제조회사와 판매회사간에는 최근 금융투자상품 제조와 관련하여 강화된 법적규제가 적용되므로 동 행위기준* 준수에 유의할 필요
>
> > * 판매회사가 제조회사의 집합투자재산의 운용에 관하여 명령 · 지시 · 요청 등을 하는 일체의 행위금지(자본시장법 시행령 §68⑤ 13의7)

6. 목표시장 및 판매전략 설정

1) 제조회사는 고객의 니즈(needs), 특성과 목표 등을 충분히 고려하여 금융투자상품을 설계 · 제조하여야 한다.

2) 제조회사는 목표시장 설정을 위해 금융투자상품의 특성 및 위험구조 등을 충분히 분석·평가하여야 한다.

3) 제조회사는 2)의 규정에 따라 분석·평가한 결과와 금융투자상품에 대한 이론적 지식과 경험 등을 종합적으로 고려하여 '잠재적 목표시장'을 설정하여야 한다.

4) 제조회사는 목표시장 설정시 고객유형, 지식과 경험, 손실감내능력, 위험 추구성향 및 투자기간 등을 구체화한다.

5) 제조회사는 4)의 규정에 따라 목표시장을 구체화하는 경우 상품의 특성에 따라 설정기준 중 일부를 생략하거나 설정기준 세부항목을 복수로 선택할 수 있다.

※ 회사참고사항 6-1

▶ 목표시장 설정 시 설정기준은 다음과 같은 사항을 지칭한다.

① 고객유형 : 일반투자자, 전문투자자(필요시 고객유형을 세분할 수 있음)

  * 자본시장법 제9조 제5항에 의한 투자자 유형 분류에 근거

② 지식과 경험 : 상품 종류·특성·구조에 대한 이해도 및 관련 투자경험

  * 지식과 경험은 상호 보완 가능한 요소로 판단

③ 손실감내능력 : 투자자가 원금대비 감내 가능한 손실수준

  * 상품의 최대손실가능액(비율)을 참고

④ 고객의 위험추구성향 : 투자자의 투자위험에 대한 일반적인 성향으로 통상 위험선호(투기적), 균형, 보수적으로 구분

⑤ 투자기간 : 단기·중기·장기 등 투자목적에 따른 투자 예정기간

⑥ 보유 가능기간 : 중도 환매 또는 만기 보유

▶ 목표시장 설정기준 중 일부 생략이 가능한 경우

  예) 투자기간이 투자자 마다 다른 상품[예) TDF(Target Date Fund)]의 경우 투자기간 생략 가능 등

▶ 목표시장을 설정하는 과정에서 아래의 예시와 같은 경우 설정기준 세부항목에 대하여 복수 선택 가능

예) 목표시장 설정기준의 상위범주는 하위범주를 포섭하므로 위험중립적 투자자를
위한 목표시장에 위험추구 성향이 강한 위험선호적 투자자를 중복 선택 가능

예) 헤지거래의 경우 투자기간을 중복해 선택 가능

예) 만기가 장기인 상품(개방형)의 경우 그 보다 짧은 투자기간을 중복해 선택 가능

6) 제조회사는 목표시장을 참고하여 고객의 니즈(needs), 특성 및 목표 등에 금융투자상품이 부합하는지 여부를 확인하여야 한다.

7) 제조회사는 제조상품이 목표시장 내에서 판매되도록 공모 또는 사모 여부를 포함한 판매전략을 수립하여야 한다.

※ 회사참고사항 6-2

▶ 판매전략은 금융투자상품이 목표시장 내에서 판매될 수 있는 적합한 상품출시 방법(공모 또는 사모), 판매채널 유형(증권사, 은행 등) 또는 판매방식(투자권유, 일임방식 등)을 설정하는 것 등을 말함

☞ **[참고1] 목표시장 및 판매전략 설계**(예시)

7. 금융투자상품 테스트

1) 제조회사는 금융투자상품의 위험구조와 특성을 감안해 금융시장 요인별로 발생가능한 손실위험에 대한 시나리오 분석을 실시하여야 한다.

※ 회사참고사항 7-1

▶ 회사는 시장상황 악화 등 해당 금융투자상품이 직면할 수 있는 다양한 부정적인 시장상황(negative conditions) 하에서의 금융투자상품에 대한 시나리오 분석을 실시하고 그 영향을 분석

예) 시장상황이 악화(주가급락, 환율, 금리의 급등락 등)되는 경우 등에 대한 영향을 평가 · 분석

> ▶ 회사는 해당 금융투자상품에 적합한 방식을 선택하여 시나리오 분석을 실시함
>
> 예) 상황별 예상 손익구조, 기초자산 가격 데이터를 이용한 수익률 모의실험(신용위험 등 모의실험이 불가능한 경우 제외), 최대이익액 및 최대손실액 등

2) 제조회사는 금융투자상품 제조 관련 비용구조가 목표시장에 적합한지 여부와 투명한 수수료 부과체계를 유지하고 있는지 여부 등을 점검하여야 한다.

> ※ 회사참고사항 7-2
>
> ▶ 제조회사는 투자자로부터 수취하는 수수료 등 비용구조에 대해 다음과 같은 사항을 점검할 수 있음
>
> ⅰ) 금융투자상품의 손익에 어느 정도 영향을 미치는지 여부
> ⅱ) 투자자에게 적절한 정보가 제공(복층 수수료, 숨은 수수료 등)되었는지 여부
> ⅲ) 투자자가 설명을 통해 이해가능한지 여부 등을 충분히 고려

8. 판매회사에 대한 정보제공

1) 제조회사는 판매회사가 금융투자상품의 적절한 판매기준으로 활용할 수 있도록 해당 상품에 관한 충분한 정보를 제공하여야 한다.

> ※ 회사참고사항 8-1
>
> ▶ 충분한 정보란 금융투자상품 내용(구조, 위험성, 특성 등), 목표시장, 상품승인절차 및 판매전략, 금융투자상품 테스트 등에 관한 정보를 의미함

2) 제조회사와 판매회사간에 원활한 정보교환이 이루어질수 있도록 적절한 체계를 구축·운영하여야 한다.

> ※ 회사참고사항 8-2
>
> ▶ 회사별로 정보교환 전담직원을 지정해 운영할 수 있음
> ▶ 정보교환방법은 서면, 이메일 또는 전산시스템 구축 등

☞ [참고2] 제조회사가 판매회사에 제공하는 정보(예시)

9. 금융투자상품 점검

1) 제조회사는 금융투자상품 출시 후 해당 상품의 목표시장에 영향을 미칠 수 있는 사항에 대한 점검과 모니터링을 정기적으로 수행하여야 한다.

2) 제조회사는 동일한 금융투자상품을 추가로 제조하거나 다시 제조하는 경우에도 사전에 해당 상품에 영향을 미칠 수 있는 잠재적 위험요소를 점검하여야 한다.

※ 회사참고사항 9-1

▶ 제조회사는 ⅰ) 목표시장 설정시 전제한 시장상황이 유지되고 있는지, ⅱ) 금융투자상품이 목표시장에 부합하게 판매되고 있는지(목표시장에 부합하지 않는 고객에게 판매 여부 등) 점검

▶ 제조회사는 해당 금융투자상품의 취급으로 취득하는 제조회사 수수료 내역 및 회사의 유사한 상품(기초자산, 수익구조, 만기 등) 수익률 등도 점검하여 관계법령등과 회사가 자체적으로 정한 기준에 따라 회사 홈페이지 등을 통해 고객에게 공시

　예) 제조회사 홈페이지에 회사가 제조한 금융투자상품을 조회할 수 있는 화면 구성

▶ 점검주기는 해당 금융투자상품의 위험성 등을 고려하여 결정하되 연간 최소 1회 이상 점검 실시

3) 제조회사는 고객의 수익에 영향을 미칠 수 있는 중대한 사안이 발생하는 경우 기존 목표시장, 판매전략 등을 재설정하는 등 적절한 조치를 취하고 동 결과를 판매회사에 제공하여야 한다.

※ 회사참고사항 9-2

▶ 중대한 사안이란 회사가 자체적으로 정한 기준에 따라 금융투자상품 시가의 급락, 발행인의 신용등급 재산정 등 해당 금융투자상품 투자자의 수익에 악영향을 줄 수 있는 사안을 말함

4) 제조회사는 비적정 감사의견, 금융투자상품 관련 환매 연기, 소송 또는 금융사고 등 중요
사항 발생 시 지체 없이 판매회사에 알려야 한다.

10. 이해상충방지 체계

제조회사는 금융투자상품 제조과정에서 이해상충을 관리할 수 있는 절차를 확립하고 이를
유지하여야 한다.

> ### ※ 회사참고사항 10-1
>
> ▶ 회사는 자본시장법 제44조에 따라 제조하는 금융투자상품이 회사 보유 자산과의 관
> 계에서 이해상충을 초래하지 않도록 하고 잠재적인 이해상충 발생 가능성에 대해서도
> 충분히 분석을 하여야 함

11. 감독체계 및 임직원 자격요건

1) 제조회사 이사회는 금융투자상품 영업행위준칙을 마련하고, 대표이사는 이 준칙에 따
른 운영체계를 마련하여 이를 효율적으로 통제·관리하여야 한다.
2) 준법감시인 또는 금융소비자보호총괄책임자는 1)의 규정에 따른 운영체계의 주기적 점
검 등 모니터링 업무를 수행하여야 한다.
3) 금융투자상품 제조에 관여하는 임직원은 해당 상품의 구조와 위험을 이해할 수 있는 자
격요건을 갖추어야 한다.

> ### ※ 회사참고사항 11-1
>
> ▶ 자격요건을 갖추어야 하는 임직원의 범위는 금융투자상품 제조에 직접 관여하는(상품
> 설계 등 핵심적 역할) 직원 및 그 책임자(전결기준에 따른 결정권자)로 함
> – 리스크관리, 컴플라이언스, 회계 등 부수적으로 참여하는 직원의 경우 제외
> ▶ 자격요건은 금융공학 등 금융관련 석사 학위 이상, 파생결합증권 등 금융투자상품 설
> 계·개발 경력 2년 이상 또는 회사가 적절하다고 판단하는 자격(예 : CFA, FRM, 투자
> 자산운용사 등) 보유를 말함

12. 점검보고서

1) 준법감시인 또는 금융소비자보호총괄책임자는 영업행위준칙과 관련한 주기적 점검 및 모니터링 내용 등을 포함한 점검보고서를 작성하여 이사회에 보고하여야 한다.

> **※ 회사참고사항 12-1**
>
> ▶ 주기적 점검 및 이사회 보고는 연간 최소 1회 이상 실시

2) 제조회사 이사회는 준법감시인 또는 금융소비자보호총괄책임자에게 임직원의 이 준칙 준수여부를 확인할 수 있는 권한을 부여하여야 한다.
3) 제조회사는 감독기관이 점검보고서의 제출을 요청하는 경우 이를 즉시 제공하여야 한다.

III. 판매회사의 준수사항

13. 일반원칙

1) 판매회사는 금융투자상품의 판매 및 사후관리 과정에서 자본시장법 제37조(신의성실원칙) 등에 따라 고객의 이익을 최우선에 두고 업무를 수행하여야 한다.
2) 판매회사는 금융투자상품 판매 및 사후관리 관련 업무수행 과정의 기록을 충실히 유지하고 감독기관의 요청이 있는 경우 이를 제출할 수 있어야 한다.

14. 금융투자상품 관리체계(Product Governance)의 마련

1) 판매회사는 금융투자상품 판매 및 사후관리 관련 업무과정별 정책을 수립·통제할 수 있는 체계(Product governance)를 구축·운영하여야 한다.
2) 판매회사는 금융투자상품 목표시장의 적정성, 목표시장 설정관련 위험평가의 충분성 및 목표시장과 판매전략의 부합여부, 금융투자상품 테스트 결과 등을 검증하기 위한 상품승인절차를 자체적으로 마련하여 운영한다.

3) 판매회사는 금융투자상품의 특성, 목표시장 등을 고려하여 자체적으로 정한 상품승인절 차의 일부를 축소 또는 생략할 수 있다.

4) 판매회사는 제조회사와 원활한 정보교환 체계를 구축 · 운영하여야 한다.

15. 판매업무 일반

1) 판매회사는 고객에게 판매하고자 하는 금융투자상품의 특성, 위험도 등을 충분히 이해 하여야 한다.

2) 판매회사는 제조회사가 설정한 목표시장 고객을 참고로 해당 상품이 고객의 니즈 (needs)를 충족하고 있는지 여부를 평가한다.

3) 판매회사는 해당 상품이 고객의 최선의 이익(the best interest of client)에 부합하도록 고객의 자산상황, 포트폴리오 등을 충분히 고려하여야 한다.

16. 제조회사로부터 정보수령

1) 판매회사는 금융투자상품의 적절한 판매기준으로 활용할 수 있도록 제조회사로부터 금융투자상품 내용, 목표시장 설정 등과 관련한 충분한 정보를 확보할 수 있어야 한다.

※ 회사참고사항 16-1

▶ 충분한 정보란 금융투자상품 내용(구조, 위험성, 특성 등), 목표시장, 상품승인절차 및 판매전략, 금융투자상품 테스트 등에 관한 정보를 의미함

▶ 판매회사와 제조회사는 원활한 정보교환이 이루어질 수 있도록 회사별로 전담직원 지정, 전산시설구비 등과 같은 적절한 체계를 구축

2) 판매회사는 이 준칙이 적용되지 않는 제조회사가 제조한 금융투자상품을 판매하는 경우에도 위 1)의 규정에 의한 정보를 확보하도록 하여야 한다.

※ 회사참고사항 16-2

▶ 회사는 국외 제조회사의 금융투자상품에 대해서도 충분하고 신뢰할 수 있는 정보를 획득하기 위한 효율적인 수단을 마련할 필요가 있음

▶ 판매회사는 제조회사로부터 정보수령이 어려운 경우 신뢰할 수 있는 공시정보 등 공개된 자료를 확보하기 위한 노력 등 책임 있는 조치를 취해야 함

▶ 판매회사가 제조회사로부터 금융투자상품과 관련한 정보를 획득할 수 없는 상황이라면 이러한 상품은 판매대상에서 제외하는 것을 고려할 수 있음

▶ 신뢰할 수 있는 정보의 획득수준은 공시자료 등 공개적으로 획득 가능한 정보의 수준과 금융투자상품의 복잡성의 정도에 비례하여 적용 가능

17. 목표시장 및 판매전략

1) 판매회사는 제조회사로부터 수령한 정보와 판매회사의 고객에 대한 정보를 바탕으로 구체적인 목표시장 및 판매전략을 설정한다.

> ### ※ 회사참고사항 17-1
>
> ▶ 판매회사는 목표시장 설정시 제조회사가 잠재적 목표시장 설정시 고려한 요소들을 동일하게 고려
>
> ▶ 판매회사는 실제 이용 가능한 고객정보를 기초로 하여 제조회사의 잠재적 목표시장을 정교화(refinement)하고 구체화하여 목표시장을 설정할 수 있음
>
> ▶ 판매회사는 제조회사가 설정한 목표시장을 그대로 사용할 수 있으나, 충분한 분석 없이 무조건적으로 수용하여서는 아니 됨
>
> ▶ 통상 제조회사가 잠재적 목표시장을 설정한 이후 판매회사가 구체적으로 목표시장을 설정하는 과정이 일반적이나, 제조회사와 판매회사가 동시에 각각 개별적으로 목표시장을 설정하는 방식도 가능
>
> ▶ 판매회사가 설정한 목표시장이 제조회사가 설정한 목표시장과 다른 경우에는 제조회사에 해당 사실을 통보함

2) 판매회사는 목표시장과 판매전략 설정시 금융투자상품의 성질, 리스크 수준 및 고객의 니즈와 비용부담 요소 등을 충분히 고려하여야 한다.

3) 판매회사는 금융투자상품을 목표시장과 판매전략을 고려하여 판매하여야 한다.

18. 목표시장 설정과 관련 정보 제공

1) 금융투자상품의 목표시장 설정은 판매회사의 금융투자상품 판매 시 적합성 판단과 별개로 이루어진다.

2) 판매회사는 해당 상품의 특성과 손실위험에 대한 시나리온 분석결과, 목표시장의 내용 및 그 근거를 투자자가 쉽게 이해할 수 있도록 요약한 설명서를 투자자에게 제공하여야 한다.

☞ **금융투자업규정 §4-20의2③항**

3) 판매회사는 금융투자상품 판매로 취득하는 전체 수수료 내역, 관계법령 및 자체적으로 정한 기준에 따른 유사상품의 수익률 등을 투자자에게 제공하여야 한다.

> ### ※ 회사참고사항 18-1
>
> ▶ 고객이 판매회사 홈페이지 등에서 본인이 보유한 금융투자상품 내역을 조회 시 전체 수수료 내역(제조회사 수수료 포함)과 회사가 판매하는 유사한 상품(기초자산, 수익구조, 만기 등) 수익률 등을 확인할 수 있도록 조회화면 제공
>   – 투자자문회사의 경우 자문플랫폼 등을 활용 가능

4) 판매회사는 금융투자상품 판매 시 이 준칙과 여타 자본시장 법령 및 규정상 판매와 관련한 규제를 동시에 준수하여야 한다.

19. 감독체계 및 임직원 자격요건

1) 판매회사 이사회는 금융투자상품 영업행위준칙을 마련하고, 대표이사는 이 준칙에 따른 효율적인 운영체계를 구축하여 이를 통제·관리하여야 한다.
2) 준법감시인 또는 금융소비자보호총괄책임자는 1)의 규정에 따른 운영체계의 주기적 점검 및 모니터링 업무를 수행하여야 한다.
3) 금융투자상품 판매에 관여하는 임직원은 해당 상품의 구조와 위험을 이해할 수 있는 자격요건을 갖추어야 한다.

> ### ※ 회사참고사항 19-1
>
> ▶ 자격요건을 갖추어야 하는 임직원의 범위는 고난도 금융투자상품 판매 관련 전략을 수립하는 직원, 상품을 직접 판매하는 직원 및 각 책임자(전결기준에 따른 결정권자)로 함
> ▶ 판매전략 및 판매담당 직원의 자격요건은 금융투자협회의 금융투자전문인력 자격 중 판매하고자 하는 고난도 금융투자상품의 특성에 가장 부합하는 자격요건을 말함
>   예) 파생결합증권 및 파생상품의 경우 파생상품투자권유자문인력, 집합투자증권의 경우 펀드투자권유자문인력(파생펀드)+파생상품투자권유자문인력 등
> ▶ 판매 관련 책임자의 경우에는 판매담당 직원의 자격요건 외에 회사 적합하다고 판단하

는 자격요건을 보유해야 함

예) 해당 상품 판매경력 2년 이상 또는 금융공학 등 금융관련 석사학위 이상, 금융투자 관련 외부전문교육기관의 연수과정 이수 등

20. 점검보고서

1) 준법감시인 또는 금융소비자보호총괄책임자는 영업행위준칙과 관련한 주기적 점검 및 모니터링 내용 등을 포함한 점검보고서를 작성하여 이사회에 보고하여야 한다.

※ 회사참고사항 20-1

▶ 주기적 점검 및 이사회 보고는 연간 최소 1회 이상 실시

2) 판매회사 이사회는 준법감시인 또는 금융소비자보호총괄책임자에게 임직원의 이 준칙 준수여부를 확인할 수 있는 권한을 부여하여야 한다.

3) 판매회사는 감독기관이 점검보고서의 제출을 요청하는 경우 이를 즉시 제공하여야 한다.

21. 판매 후 점검

1) 판매회사는 금융투자상품 판매 이후 목표시장 및 판매전략 설정 등의 운영 실태를 정기적으로 점검(Post-sale-review)하여야 한다.

※ 회사참고사항 21-1

▶ 점검주기는 해당 금융투자상품의 위험성 등을 고려하여 결정하되 연간 최소 1회 이상 점검 실시

2) 판매회사는 판매상품이 목표시장과 판매전략에 부합하고 있는지 여부 등을 확인하기 위해 해당 상품 판매실적, 투자자의 피드백(feed back)이나 판매 관련 민원 등을 분석한다.

3) 판매회사는 2)의 규정에 따른 분석과정에서 목표시장 설정 오류 확인, 판매상품이 더 이상 목표시장에 부합하지 않게 되는 경우 등 문제점을 인식하는 경우 목표시장 재설정 등 필요한 조치를 취하여야 한다.

> ## ※ 회사참고사항 21-2
>
> ▶ 판매회사가 목표시장 설정 오류를 인식하고 이를 정정하여 목표시장을 재설정할 필요가 있는 경우 제조회사에 동 사실을 통보하고 이를 협의하여야 함

4) 판매회사는 관계법령 및 자체적으로 정한 기준에 따라 금융투자상품 판매 이후에도 고객이 투자판단에 참고할 수 있도록 수익률 또는 손실률 등의 정보를 적시에 제공하여야 한다.

> ## ※ 회사참고사항 21-3
>
> ▶ 예) 손실률 10%, 30%, …, 50%마다 휴대폰 메시지, SNS 등을 통해 통지

22. 제조회사에 대한 정보제공

1) 판매회사는 목표시장 및 판매전략 설정에 관한 자료를 제조회사에게 제공하여야 한다.

2) 판매회사는 금융투자상품 판매정보와 판매현황 분석자료(목표시장 외 판매현황 포함) 등을 제조회사에 제공하여야 한다.

3) 판매회사는 제조회사가 목표시장과 관련한 사후 분석 등 점검에 활용할 수 있도록 정보를 제공하여야 한다.

> ## ※ 회사참고사항 22-1
>
> ▶ 제조회사는 판매회사의 적절한 정보제공 여부를 제조회사의 판매전략 수립을 위한 판단요소로 활용 가능

☞ **[참고3] 판매회사가 제조회사에 제공하는 정보**(예시)

Ⅳ. 제조 및 판매에 관한 금지행위

제조회사 및 판매회사의 임직원은 금융투자상품 제조 및 판매과정에서 다음의 어느 하나에 해당하는 행위를 하여서는 아니 된다.

1) 영업행위준칙을 이사회의 승인을 거쳐 마련하지 않거나 이 준칙에서 정하고 있는 금융투자상품의 제조, 판매, 사후관리 등 일련의 업무과정별 정책과 관련한 업무방법과 절차를 이행하지 않는 행위

2) 금융투자상품의 제조 및 판매와 관련하여 투자자의 이익을 해하면서 자기 또는 제3자의 이익을 추구하는 행위

3) 금융투자상품별 목표시장을 설정하지 않고 금융투자상품을 제조하거나 판매하는 행위

4) 금융투자상품의 내용, 투자위험 및 이에 대한 시나리오 분석결과와 목표시장 내용 및 설정근거를 요약한 설명서를 교부하지 않는 행위

5) 손실위험 시나리오 분석을 하지 않거나 자기 또는 제3자와의 이해상충이 있다는 사실을 은닉하고 금융투자상품을 제조하거나 판매하는 행위

6) 금소법 제17조 제3항의 규정을 회피할 목적으로 부정한 수단, 계획 또는 기교를 사용하는 행위

7) 법 제119조의 증권신고서 제출을 회피할 목적으로 부정한 수단, 계획 또는 기교를 사용하는 행위

8) 집합투자증권의 판매회사가 집합투자업자의 집합투자재산 운용에 개입하는 행위

9) 복수의 제조회사가 금융투자상품 제조에 참여(설계, 개발, 발행 등 제조에 관여하는 일체의 행위를 포함)하는 경우 상호 업무 및 책임범위를 설정하지 않는 행위

Ⅴ. 부칙

1) 이 준칙은 입법예고된 「자본시장과 금융투자업에 관한 법률 시행령 일부개정령안」(금융위원회 공고 제2020-6호) 및 규정변경예고된 「금융투자업규정 일부개정규정안」(금융위원회 공고 제2020-53호) 시행일에 시행한다.

다만, 6. 목표시장 및 판매전략 설정, 7. 금융투자상품 테스트, 8. 판매회사에 대한 정보

제공, 16. 제조회사로부터 정보수령, 17. 목표시장 및 판매전략, 18. 목표시장 설정과 판매규제준수, 22. 제조회사에 대한 정보제공은 2020년 7월 19일부터 시행한다.

2) 이 준칙 시행 이전에 제조하거나 판매한 금융투자상품에 대하여도 이 준칙 시행일 이후 추가 제조 또는 판매하는 경우에는 이 준칙 적용한다.

부 칙 (2021. 5. 20)

이 규정은 2021년 5월 21일부터 시행한다.

· [참고 1] 목표시장 및 판매전략 설계(예시)

(상품번호 :   )   (상품명 :   )

설정기준	해당요소 (□에 '√'표기, 복수 표시 가능)		
고객 유형	□ 일반투자자 □ 전문투자자 □ 전문투자자(개인 전문투자자 제외) ※ 자본시장법 §9⑤의 투자자 분류기준에 따라 해당 상품의 목표시장 고객 유형을 분류·선택할 수 있음		
지식과 경험	□ 낮음	□ 중간	□ 높음
손실감내능력	□ 원금 대비 ( )%까지 손실 감내 □ 원금 100% 손실 감내 □ 원금 초과 손실 감내		
위험추구성향	□ 위험기피적 □ 위험중립적 □ 위험선호적		

투자목적을 고려한 투자기간	□ 단기(1년 미만) □ 중기(1년 이상 ~ 년 미만) □ 장기(년 이상) □ 특정 만기일(YY.MM.DD)
보유 가능기간	□ 중도환매가능 □ 만기 보유
판매전략	설정 기준 (□에 '√'표기, 복수 표시 가능)
발행유형	□ 공모 □ 사모
판매방식	□ 투자권유 □ 투자일임 □ 금전신탁 □ 기타 ( )
판매채널	□ 증권회사 □ 은행 □ 보험 □ 기타 ( )

· [참고2] 제조회사가 판매회사에 제공하는 정보(예시) ·

제공시기	정보유형	세부내용
판매 전 (Pre-trade)	잠재적 목표시장 정보	
	판매전략 정보	
	상품승인절차 정보	
판매 후 (Post-trade)*	목표시장 재설정 관련	

* 회사참고사항 9-2 중대한 사안이 발생하여 목표시장을 재설정하는 경우

제공시기	정보유형		세부내용
판매회사와 제조회사의 협의에 의해 지정된 시기*	민원에 관한 요약 정보		
	제안된 목표시장 또는 판매전략에 대한 중대한 변경		
	목표시장 외 판매정보	고난도 상품 총판매액 (A+B)	
		준칙 적용 판매액 (A=a+b)	목표시장내(a)
			목표시장외(b)
		미적용 판매액 (B)	
	기타 참고사항 (Feed back)		

* 예) 판매기간이 있는 경우 판매기간 종료일부터 15일 이내

   상시 판매되는 경우 반기의 말일부터 15일 이내

4-4-1. 고난도 금융투자상품 영업행위준칙 관련 Handbook

금융감독원은 "고난도 금융투자상품 제조 및 판매에 관한 표준영업행위준칙"의 안정적 정착을 위해 2020년 11월 금융투자협회와 금융업계 실무자 등이 참여한 T/F를 통해 "고난도 금융투자상품 영업행위준칙 관련 Handbook"을 작성하여 배포하였다.

고난도금융투자상품
영업행위준칙 Handbook

[1] 총칙

[용어의 정의 및 적용범위 2-①]

> 고난도 금전신탁계약과 고난도 투자일임계약(자본시장법 시행령 제2조 8호 및 9호)도 영업행위준칙의 적용대상인지?

□ 영업행위준칙(이하 '준칙')은 금융투자업자(겸영 금융투자업자 포함)가 고난도 금융투자상품을 '제조 또는 판매'하는 경우에 적용

　ㅇ 금융투자업자가 고난도 금융투자상품을 투자일임이나 신탁계약을 통해 매매하도록 하는 행위는 고난도 금융투자상품을 '판매'하는 경우에 해당되며 영업행위 준칙 적용 대상임(준칙 회사참고사항 2-2)

　※ 판매회사가 고난도 금융투자상품을 투자일임 또는 금전신탁을 통해 판매할 경우에는 그 편입비율과 무관하게 동 준칙을 적용

[용어의 정의 및 적용범위 2-②]

> 자본시장법령상 전문투자자에 대해서도 영업행위준칙이 적용되는지?

□ 금융투자업자가 고난도 금융투자상품을 제조 또는 판매하는 경우 투자자의 구별 없이 준칙이 적용됨

　ㅇ 다만, 자본시장법상 소정의 전문투자자*만을 대상으로 하는 상품의 경우에는 고난도 금융투자상품에서 제외(자본시장법 시행령 제2조7호 단서)되므로 준칙 적용 대상상품에서 제외됨

　　* 법 제9조제5항제1호부터 제3호까지 또는 영 제10조제3항제1호부터 제14호까지의 어느 하나에 해당하는 자(이에 준하는 외국인을 포함)

□ 이에 따라 일반투자자 및 전문투자자 중 주권상장법인, 일반법인·단체, 개인전문투

자자 등의 전부 또는 일부를 그 대상으로 하는 고난도 금융투자상품은 준칙적용 대상임

  ○ 금융투자업자가 위와 같은 투자자(전문투자자 포함)를 대상으로 하는 고난도 금융투자상품을 제조ㆍ판매하는 경우 준칙이 적용됨

[용어의 정의 및 적용범위 2-③]

> 영업행위준칙 시행 이전에 제조하여 판매한 고난도 적립식 집합투자증권의 경우에도 준칙 적용대상인지?

□ 영업행위준칙 시행 이전에 제조하거나 판매한 금융투자상품에 대하여도 준칙 시행일 이후 '추가 제조 또는 판매'하는 경우에는 이 준칙을 적용(부칙 경과규정)함에 따라

  ○ 기 제조ㆍ판매된 고난도 적립식 펀드를 준칙 시행 이후에도 계속적으로 제조 또는 판매하는 경우에는 준칙을 적용 가능한 범위*에서 그대로 적용하는 것이 타당

    * 예) 목표시장 및 판매전략 설정, 판매 후 점검 및 모니터링 등

  – 한편, 기 판매된 상품의 고객이 목표시장 외 고객인 경우에는 고객의 요청에 따라 계속적으로 상품을 판매할 수 있으나 이 경우 판매사유를 기록ㆍ유지하여야 함(준칙 23.3 참조)

[용어의 정의 및 적용범위 2-④]

> 고난도 금융투자상품인지 여부가 불분명한 경우에는 영업행위준칙 적용여부를 어떻게 판단하는가?

□ 고난도 금융투자상품 해당여부는 관련 자본시장법령에 따라 1차적으로 금융투자업자가 판단하고

  ○ 고난도 금융투자상품 해당여부가 불분명한 경우에는 관련규정*에 따라 '협회' 및 '고난도 금융투자상품 판정위원회'에 해석을 의뢰할 수 있으며 이에 따라 준칙 적용여부를 판

단함

    * 「고난도금융상품 판정위원회 설치 및 운영에 관한 규정안」(금융위 고시)

    ※ 금융투자업자는 고난도 금융투자상품 여부가 불명확한 경우 관련 절차에 따라 판단

       절차를 거친 후 상품 제조 및 판매절차를 진행하는 것이 바람직

[2] 제조회사의 준수사항

[금융투자상품 관리체계의 마련 4-①]

> 이사회가 고난도 금융투자상품 제조 관련 의사결정을 대표이사나 상품승인위원회 등에 위임할 수 있는지?

□ 제조회사는 이사회의 관리, 통제하에 금융투자상품 관리체계(Product Governance)를 구축·운영하여야 함

    ㅇ 이사회는 동 관리체계에 따라 상품제조 관련 의사결정을 대표이사 또는 상품승인위원회로 위임할 수 있음

    ㅇ 즉, 상품승인위원회 승인 후 이사회 보고, 이사회 위임을 통한 대표이사 전결, 대표이사 보고 후 이사회 승인 등 다양한 절차로 구현 가능하나 이는 '이사회의 관리, 통제'를 전제로 함

      * 한편, 판매회사의 경우에는 이사회 의결을 거쳐 고난도 금융투자상품의 판매여부를 결정하여야 함(금투업규정 §4-20①15호. 다목 신설 예정)

[금융투자상품 관리체계의 마련 4-②]

> 제조회사가 상품승인절차를 일부 축소 또는 생략할 수 있는 판단기준은?

□ 제조회사는 이미 승인받은 금융투자상품과 동일성*이 인정되고 목표시장이 동일하거나 축소되는 경우 상품승인절차를 일부 축소하거나 생략할 수 있음

    ㅇ 금융투자상품의 동일성 여부는 자본시장법령상 동일 증권의 판단기준*(法 §119⑧ 및

슈 §129의2)을 참고할 수 있으며

○ 증권의 종류, 자금조달계획의 동일성, 제조시기의 근접도(6월이내) 등을 종합적으로 고려하며 판단

※ 증권의 기초자산 또는 운용대상자산이 별도로 있는 경우 해당 증권의 기초자산 또는 운용대상자산, 투자위험 및 손익의 구조 등의 유사성 여부를 기준으로 판단

○ 한편, 기 승인된 상품과 동일한 상품으로서 목표시장만을 축소하는 경우에는 상품승인 절차를 생략할 수 있음

[금융투자상품 관리체계의 마련 4-③]

제조회사와 판매회사간 금융투자상품 관리체계 등과 관련한 구체적인 정보교환 방법은?

□ 제조회사와 판매회사간 원활한 정보교환을 위한 방법은 서면, 이메일 또는 전산시스템 등이 있음

○ 상품 관련 정보보안, 개인정보 보호 등을 위해서는 업계 공통의 안정적인 전산시스템 개발을 통한 정보교환이 바람직

○ 다만, 전산시스템 구축 이전에는 정보보호 등을 전제로 협회와 회원사간에 활용하고 있는 공인전자주소* 활용 가능

* 샵(#)메일(온라인 등기우편)로 수 · 발신 내용증명이 가능

○ 또한, 교류대상 정보에 대한 책임성 확보를 위해 제조회사-판매회사간 전담직원을 지정하는 방법을 고려할 수 있음

[복수회사의 금융투자상품 제조 5-①]

영업행위준칙상 금융투자상품 '공동 제조'의 의미는?

□ 금융투자상품 공동 제조란 제조회사가 다른 회사와 금융투자상품을 협업으로 제조하

는 경우를 말하며

○ 이는 상품 제조회사의 설계, 개발, 발행 등 제조에 관여하는 일체의 행위를 포함하는 넓은 개념임

□ 금융투자상품 공동 제조회사인 경우에는 하나의 목표시장을 설정하고, 상호 업무 범위를 설정하여 금융상품 제조관련 책임범위*를 명확히 해야 함

* 예) 복수의 회사가 금융투자상품 제조에 관여하는 경우 제조책임의 주된 주체는 상품을 제안 및 설계한 회사로 판단할 수 있음

[복수회사의 금융투자상품 제조 5-②]

외국계 회사와의 파생결합증권 Back-to-Back 거래를 복수회사의 금융투자상품 제조로 볼 수 있는 경우는?

□ 파생결합증권 Back-to-Back 거래의 경우 거래방식에 따라 거래상대방 회사와 복수 제조 여부를 판단할 수 있음

① 외국회사(글로벌 IB등)가 파생결합증권의 구조를 디자인하여 국내회사와 목표시장 설정 등에 관한 정보를 공유하고

국내회사가 그대로 발행해 판매하는 형태는 외국회사와 국내회사가 복수 제조에 해당되는 것으로 판단됨

② 다만, 국내회사가 파생결합증권 구조를 자체적으로 설계하여 발행하고 목표시장 설정 등에 대한 정보공유 없이

단순 헤지목적으로 외국회사(글로벌 IB등)와 거래한 경우에는 국내회사와 외국회사의 복수 제조로 판단되지 않음

[복수회사의 금융투자상품 제조 5-③]

판매회사가 제조회사인 집합투자업자의 펀드설정에 관여하는 행위를 준칙상 공동제조로 볼 수 있는지?

□ 판매회사와 제조회사인 집합투자업자의 펀드설정과 관련하여서는 공동 제조의 관계가 아닌 법령상 집합투자재산의 운용과 관련한 강화된 법적규제가 적용되므로 유의하여야 함

□ 즉, 제조회사인 자산운용사가 판매사로부터 "명령·지시·요청" 등을 받아 펀드를 운용하는 행위는 금지(슈 §87④6)되므로,

  ○ 판매회사는 자산운용사와의 이면계약 등에 따라 펀드 운용에 관한 "명령·지시·요청" 등의 행위를 할 수 없음

    * 펀드설정·운용·청산 등 全과정이 집합투자재산 운용행위에 포함되는 것으로 판단하고, 단순협의를 제외한 모든 행위를 "명령·지시·요청"으로 간주하여 해석·적용('고위험 금융상품 투자자 보호 강화를 위한 종합 개선방안', '19.12.12. 참조)

〈 관련조문 〉

령 제87조(불건전 영업행위의 금지) 제4항 6. 집합투자업자가 운용하는 집합투자기구의 집합투자증권을 판매하는 투자매매업자 또는 투자중개업자와의 이면계약 등에 따라 그 투자매매업자 또는 투자중개업자로부터 명령·지시·요청 등을 받아 집합투자재산을 운용하는 행위

[목표시장 및 판매전략의 설정 6-①]

목표시장 설정시 고객의 '지식과 경험'은 상호 대체할 수 있는 요소로 볼 수 있는지?

□ 제조회사는 목표시장 설정시 고객유형, 지식과 경험, 손실감내능력, 위험 추구성향 및 투자기간 등을 구체화함

  ○ 지식과 경험은 상품 종류·특성·구조에 대한 이해도 및 관련 투자경험으로서 상호 보완 가능한 요소로 볼 수 있음

  ○ 즉, 직접적인 투자경험이 부족하더라도 상품관련 이론적 지식이 많을 경우 투자경험 요소를 대체 또는 보완 가능

[목표시장 및 판매전략의 설정 6-②]

제조회사 목표시장과 판매회사 목표시장의 차이 및 양자간 관계는?

□ 제조회사는 금융투자상품에 대한 이론적 지식과 경험을 바탕으로 '잠재적 목표시장'을 설정하고

  ○ 판매회사는 제조회사로부터 수령한 정보와 판매회사의 고객정보를 바탕으로 구체적 목표시장을 설정함

  ○ 판매회사의 목표시장 설정은 제조회사의 잠재적 목표시장을 실제 이용 가능한 고객정보를 기초로 하여 보다 정교화(refinement)하고 구체화하는 과정으로 볼 수 있음

[목표시장 및 판매전략의 설정 6-③]

제조회사의 판매전략 설정시 어떠한 내용이 포함되는지?

□ 제조회사는 판매전략 설정시 금융투자상품이 목표시장에서 판매될 수 있도록 적합한 상품출시 방법(공모 or 사모)과

○ 판매채널의 유형(증권사, 은행 등), 판매방식(단순중개, 투자권유, 일임방식 등)등을 설정함

○ 또한, 제조회사는 판매채널의 고객성향과 상품의 투자위험을 고려한 판매방식* 등의 적정성을 검증

  * 원금보장 성향이 다수인 은행에서 고위험 상품을 판매하는 것이 적정한지 또는 고위험 상품을 단순중개 방식으로 판매하는 방식이 적정한지 여부 등

[금융투자상품 테스트 7-①]

제조회사의 상품운용부서가 준칙상 금융투자상품 테스트를 직접 수행해도 되는지?

470

□ 회사는 시장상황 악화 등 해당 금융투자상품이 직면할 수 있는 다양한 부정적인 시장 상황(negative conditions)하에서의 상품에 대한 시나리오 분석 등 테스트를 실시

　　* 예) 시장상황이 악화(주가급락, 환율, 금리의 급등락 등)되는 경우 등에 대한 영향을 평가 · 분석

　　ㅇ 제조회사는 금융투자상품 테스트 결과의 적정성을 보장하는 방법으로 수행하는 것이 바람직하며,

　　ㅇ 이는 상품운영부서가 아닌 독립된 부서에서 수행하거나, 운영부서의 테스트 결과를 독립된 부서에서 교차 확인하는 방법 등이 있음

　　　* 한편, 상품의 특성 및 위험구조와 관련한 시나리오 분석을 하지 않는 경우 불건전 영업행위로서 제재 대상임(금투업규정 §4-20①15호. 가목 신설 예정)

> 〈 관련조문 〉
> **준칙** 7. 1) 제조회사는 금융투자상품의 위험구조와 특성을 감안해 금융시장 요인별로 발생가능한 손실위험에 대한 시나리오 분석을 실시하여야 한다.
> **금융투자업규정 제4-20조(불건전 영업행위의 금지)** 제1항 제15호 가목. 상품의 특성 및 위험구조에 대한 분석과 손실위험에 대한 시나리오 분석을 하지 않는 행위

[금융투자상품 테스트 7-②]

금융투자상품 수수료 점검의무의 구체적인 내용은?

□ 제조회사는 금융투자상품에 부과되는 수수료의 적정성, 투명한 수수료 부과체계 유지 여부 등을 점검하여야 함

　　ㅇ 점검내용에는 판매수수료가 금융투자상품 손익에 미치는 영향, 투자자에게 수수료에 대한 충분한 정보제공* 여부 및 투자자의 수수료 등 비용구조 이해가능성 등이 포함됨

　　　* 복층 또는 숨은 수수료 존재 여부 확인을 위한 사전 분석 등

○ 한편, '수수료에 관한 사항'은 설명의무 이행의 일환이므로 수수료 점검은 동 의무이행을 위한 전제로서 기능

[금융투자상품 점검 9-①]

제조회사가 금융투자상품 점검과정에서 중대한 사항이 발생하는 경우 취해야 하는 구체적인 조치의 내용은?

□ 제조회사는 금융투자상품 출시 후 목표시장에 영향을 미칠 수 있는 사항에 대한 점검과 모니터링을 정기적으로 수행하고

○ 중대한 사안*이 발생하는 경우 기존 목표시장, 판매전략 등을 재설정하는 등 적절한 조치를 신속히 취하여야 함

* 상품가격의 급락, 발행인의 신용등급 재산정 등 고객의 수익에 영향을 미칠 수 있는 사안으로 회사가 준칙에 따라 자체적으로 판단 가능

– 동 조치에는 판매회사에 대한 적절한 정보의 제공, 추가적인 상품 제조의 중단, 상품승인 절차의 변경, 감독당국에 대한 통지 등도 포함됨

○ 제조회사와 판매회사간 중대한 사안에 대한 정보공유는 준칙에 따라 기 구축된 정보교환 체계* 등을 활용할 수 있음

* 금융투자상품 관리체계의 마련 4-③ 참조

[감독체계 및 임직원 자격요건 11-①]

금융투자상품 제조회사에서 자격요건을 갖추어야 할 임직원의 범위는?

□ '금융투자상품 제조에 관여하는 임직원'은 해당 상품의 구조와 위험을 이해할 수 있는 자격요건을 갖추어야 함

○ (임직원 범위) 제조에 '직접 관여'하는 임직원으로 금융투자상품 제조 업무를 직접 수행하는 직원과 그 책임자

472

– 리스크관리, 컴플라이언스 등 제조업무에 부수적으로 참여하는 직원은 제외하며, 그 책임자란 회사의 내부규정상 제조 업무수행 직원의 직상위 책임자*를 의미

* 상품제조 담당 부서(본부)의 장 및 그 하부 팀장 또는 파트장 등 포함

○ (자격요건) 금융공학 등 금융관련 석사 학위 이상, 파생결합증권 등 금융투자상품 설계·개발 경력 2년 이상 또는 회사가 적절하다고 판단하는 관련 자격(예 : CFA, FRM, 투자자산운용사 등)

[3] 판매회사의 준수사항

[목표시장 및 판매전략 17-①]

> 판매회사의 목표시장 설정과 적합성 판단과의 관계는?

☐ 판매회사의 목표시장 설정과 금융투자상품 판매단계에서의 적합성 확인은 별개의 구분된 절차임

○ 판매회사는 상품의 특성과 위험도 등을 고려하여 판매에 적합한 고객 범위인 목표시장을 설정하며,

– 설정된 구체적 목표시장 범위내에서 적합한 투자자에게 금융투자상품이 판매될 수 있도록 하여야 함

○ 즉, 판매회사는 투자권유에 따른 적합성 판단시 투자자가 목표시장 범위내에 있는지를 추가로 고려하여 판매하게 됨

⇒ 이에 따라 제조회사와 판매회사의 목표시장 및 실제 투자자 군의 규모는

잠재적 목표시장 ≥ 구체적 목표시장 ≥ 적합한 투자자 順으로 나디남

[숙려제도 등 판매규제 준수 18-①]

> 판매회사는 숙려기간중 투자자의 청약승낙 이전이라도 투자자금을 증권금융에 예치해야하는지?

□ 자본시장법상 투자매매·중개업자는 투자자예탁금*을 증권금융에 별도 예치하여야 함(法 §74)

    * 자본시장법상 투자자로부터 '금융투자상품의 매매, 그 밖의 거래와 관련하여 예탁 받은 금전'으로 정의

  ○ 투자자가 숙려기간이 부여되는 금융투자상품 거래를 위하여 입금한 자금은 청약 승낙 여부와 관계없이 '금융투자상품의 거래와 관련'하여 예탁한 것이므로 투자자예탁금임

  ○ 따라서, 투자매매·중개업자(판매회사)는 투자자의 청약승낙 이전이라도 예탁 받은 투자자금을 증권금융에 예치하여야 함

[숙려제도 등 판매규제 준수 18-②]

투자자로부터 금융투자상품의 매매에 관한 청약 즉시 승낙 의사를 확인 받을 경우 2영업일 이상 숙려기간을 부여하지 않는 것인지?

□ 투자매매·중개업자는 투자자가 금융투자상품의 매매에 관한 청약 또는 주문을 한 날로부터 2영업일 이상의 청약 또는 주문을 취소할 수 있는 숙려기간(令 §68⑤ 2의2)을 부여하여야 함

  ○ 투자자가 위 기간 동안 청약 또는 주문의 집행을 승낙한다는 의사를 표시하지 않는 경우 해당 청약 또는 주문은 취소됨

□ 숙려기간은 해당 상품의 구조 및 투자위험 등을 충분히 숙지한 후 투자를 결정하도록 투자자에게 부여하는 법정 최소한의 기간임

  ○ 따라서, 제도의 취지에 비추어 투자자의 청약 즉시 승낙의사를 확인받는 것은 부적절하며 청약 승낙의 의사가 있더라도 숙려기간이 경과한 후 주문을 집행*하는 것이 타당함

    * 숙려기간(2영업일) 경과 前 청약승낙 의사 취소 가능성 고려

ELS 청약기간 및 숙려기간(예시)

구 분	T	T+1	T+2	T+3	T+4	T+5
비대상투자자	청약가능 · 취소가능					발행일
대상투자자*	청약가능 · 취소가능			[숙려기간] 신규청약 불가** · 취소가능		발행일

* 부적격투자자, 고령투자자(65세 이상) 등

** 법상 최소한의 숙려기간(2영업일)을 고려하여 신규청약은 불가

[숙려제도 등 판매규제 준수 18-③]

숙려기간중 청약승낙 의사를 확인한 투자자가 숙려기간 경과 전 청약취소를 요청하는 경우, 취소를 거절하는 행위가 숙려기간을 부여하지 않는 행위인지?

☐ 투자매매 · 중개업자는 숙려기간중 청약승낙 의사*를 확인한 경우에도 숙려기간이 경과하기 전에는 주문을 집행할 수 없음

　　* 숙려기간중 '청약승낙의 의사표시'는 숙려기간이 경과할 때까지 취소의 의사표시가 없을 것을 조건으로 효력이 발생

　ㅇ 따라서 투자자는 숙려기간 경과 전 기존 승낙의 의사표시를 철회할 수 있으며, 투자매매 · 중개업자는 이를 거절할 수 없음

☐ 한편, 고객이 숙려기간중 청약승낙 의사를 확인하였다가 이를 취소한 경우 이로써 해당 거래는 종료된 것으로 봄

　ㅇ 다만, 고객이 취소를 다시 번복한 경우 이를 새로운 청약으로 볼 수 있으며 숙려기간 부여 후 거래를 진행할 수 있음*

* 단, 법정의 숙려기간 부여(2영업일 이상)가 가능한 경우에 한정

[숙려제도 등 판매규제 준수 18-④]

숙려기간 중 청약승낙에 대한 의사를 고객에게 문의하는 경우, 숙려기간 동안 청약 또는 주문의 집행에 대한 승낙을 권유하거나 강요하는 행위에 해당하는지?

☐ 투자매매·중개업자는 숙려기간 동안 투자자에게 청약 또는 주문의 집행에 대한 승낙을 권유하거나 강요할 수 없음
  ○ 숙려기간 중 투자자에게 청약승낙에 대한 의사를 '단순문의'하는 경우*에는 투자자에게 청약 또는 주문의 집행에 대한 승낙을 권유하거나 강요하는 행위를 한 것으로 보기 어려움
    * 다만, 이 경우 녹취 등을 통해 투자자에 대한 청약승낙 여부를 단순문의 하는 내용에 대한 입증자료를 기록·유지하는 것이 바람직
☐ 한편, 투자매매·중개업자는 숙려기간 동안 투자자가 청약 또는 주문의 집행을 승낙한다는 의사를 표시하여야 한다는 점(승낙의 의사표시가 없는 경우 해당 청약 또는 주문은 취소됨)과
  ○ 동 기간중 투자에 따르는 위험, 투자원금의 손실가능성, 발생할 수 있는 최대손실예상금액 등을 고지하여야 함

[감독체계 및 임직원 자격요건 19-①]

금융투자상품 판매회사에서 자격요건을 갖추어야 할 임직원의 범위는?

☐ '금융투자상품 판매에 관여하는 임직원'은 해당 상품의 구조와 위험을 이해할 수 있는 자격요건을 갖추어야 함
  ○ (임직원 범위) 판매전략을 수립하는 직원과 상품을 직접 판매하는 직원 및 각 책임자*

- 회사의 내부규정에 따른 판매전략을 수립부서의 책임자와 상품판매직원의 직상위 책임자*를 의미

  * 상품판매 전략 및 판매 담당 부서(본부)의 장 및 그 하부 팀장 또는 파트장 등 포함

○ (자격요건) 판매전략 및 판매 담당 직원의 경우 금융투자협회의 전문인력 자격중 해당 상품의 특성에 부합하는 판매 자격요건

  * 예) 파생결합증권 및 파생상품의 경우 파생상품투자권유자문인력, 집합투자증권의 경우 펀드투자권유자문인력(파생펀드)+파생상품투자권유자문인력 등

- 상품 판매관련 책임자의 경우에는 회사가 해당 상품 판매에 적합하다고 판단하는 관련 자격요건*을 구비하여야 함

  * 해당 상품 판매경력 2년 이상 또는 금융공학 등 금융관련 석사학위 이상 등

[목표시장 외 판매 23-①]

목표시장 외 고객에게 금융투자상품을 판매할 수 있는가?

□ 판매회사는 원칙적으로 목표시장 외 고객에 대해 금융투자상품을 판매할 수 없으나

  ○ 온라인 등을 통한 직접거래 등으로 고객이 스스로 목표시장을 벗어난 금융투자상품을 거래하고자 하는 경우*에는 준칙적용의 한계로서 목표시장 외 판매가 가능함

    * 자산관리 목적상 투자자가 보유한 포지션에 대한 헤지 목적 거래 여부를 입증하는 경우 포함

  - 다만, 이 경우 판매회사는 해당고객이 목표시장 외 금융투자상품을 거래한다는 사실을 인식할 수 있는 시스템을 구축하여야 함

  - 또한, 판매회사는 목표시장 외 판매가 이루어 진 경우 이를 징당화 할 수 있는 사유를 기록 · 유지하여야 함

※ Handbook 원문에는 각 항목별로 관련 준칙 또는 법규의 조문이 기재되어 있으므로 자세한 내용은 금융감독원 홈페이지에 등재된 원문을 참고할 것

4-5. 금융소비자보호에 관한 내부통제 모범규준

전국은행연합회 등 금융협회는 금융감독원의 "금소법 시행에 따른 내부통제 가이드라인(제정일 : 2021년 6월)"을 참고하여 소관 금융회사를 위한 "금융소비자보호에 관한 내부통제 모범규준"을 2021년 7월 제정하였다. 각 금융회사는 소속 금융협회의 모범규준을 내부규정으로 반영하여 시행하고 있다. 동 모범규준의 주요 내용을 금융소비자보호법에서 규정하지 않고 있는 사항을 중심으로 기술하였다.

가. 금융상품의 개발, 판매 및 사후관리에 대한 내부통제체제 구축

금융회사는 대출성 상품을 포함한 금융상품의 개발, 판매 및 사후관리에 대한 내부통제체제를 구축하여야 한다.

나. 금융소비자보호 총괄기관과의 사전협의

금융상품 개발 및 마케팅 정책 수립을 담당하는 부서는 ❶ 금융상품의 위험도·복잡성, ❷ 금융소비자의 특성 그리고 ❸ 금융상품 발행인의 재무적 건전성, 금융상품 운용 및 리스크 관리능력과 관련된 사항과 관련하여 금융소비자보호 총괄기관과 사전협의를 하여야 한다.

또한, 금융상품 개발 및 마케팅 정책 수립을 담당하는 부서는 ❶ 금융상품 개발·변경·판매중단, ❷ 상품설명서 등 중요서류의 제작·변경, ❸ 판매절차의 개발·변경, ❹ 고객 관련 판매촉진(이벤트, 프로모션 등), ❺ 영업점 성과평가 기준 등 주요 마케팅 정책 수립 및 변경 등 그리고 ❻ 기타 소비자 보호를 위하여 금융소비자보호 총괄기관이 정하는 사항과 관련하여 금융소비자보호 총괄기관과 사전에 협의하여야 한다.

다. 금융소비자보호 총괄기관의 금융상품 출시·마케팅 중단 등

금융소비자보호 총괄기관은 금융상품 개발 및 마케팅 정책, 약관 등으로 인해 금융소비자에게 피해가 발생할 가능성이 있다고 판단하는 경우 관련부서에 새로운 금융상품의 출시 중단, 마케팅 중단, 개선방안 제출 등을 요구할 수 있다. 은행은 상기의 사전협의를 누락한 경우 성과평가 또는 민원평가에 반영하여야 한다.

라. 금융소비자의 의견청취

은행은 금융상품 개발 등 초기 단계에서부터 금융소비자의 불만예방 및 피해의 신속한 구제를 위해 민원, 소비자 만족도 등 금융소비자의 의견을 적극 반영할 수 있도록 업무 절차를 구축 및 운영하여야 한다. 은행은 새로운 금융상품의 출시 후 금융소비자 만족도 및 민원발생 사항 등의 점검을 통해 이를 사후 검증하고, 점검 결과 제도개선이 필요한 사안은 즉시 관련부서에 통보하여 적기에 반영될 수 있도록 체계를 구축 및 운영하여야 한다.

마. 금융상품의 판매 과정 관리

금융소비자보호 총괄기관은 금융상품 판매 과정에서 불완전판매가 발생하지 않도록 금융상품 판매 및 마케팅 담당 부서를 대상으로 금융소비자보호 관점에서 다음 각 호의 판매절차를 구축하고, 이를 매뉴얼화 하여야 한다.

1) 금융상품 판매 전 절차

　가) 금융상품 판매자에 대해 금융상품별 교육훈련 체계를 갖추고, 금융상품별 판매자격기준을 마련하여 운영하여야 한다.

　나) 금융상품의 판매과정별 관리절차(반드시 지켜야 할 사항에 대한 점검항목 제공 및 이행 여부 포함)를 구축 및 운영하여 불완전판매 예방을 위한 통제기능을 강화하여야 한다.

　다) 금융소비자가 금융상품 선택과정에서 반드시 알아야 할 사항 및 금융상품의 주요 위험요인 등에 대한 금융소비자의 확인절차를 마련하여야 한다.

2) 금융상품 판매 후 절차

　　가) 금융소비자의 구매내용 및 금융거래에 대한 이해의 정확성 등 불완전판매 여부를 확인하여야 한다.

　　나) 불완전판매 개연성이 높은 상품에 대해서는 해당 금융상품의 유형을 고려하여 금융소비자보호 절차를 마련하여야 한다.

바. 특정 금융상품의 판매실적을 판매직원의 성과평가지표(KPI)와 연계 불과 등

은행은 금융상품 판매 관련 업무를 수행하는 임직원에 대한 평가 및 보상체계에 불완전판매 건수, 고객수익률 등 고객만족도, 계약 관련 서류의 충실성, 판매절차 적정성 점검결과 등 금융소비자 보호를 위한 지표를 감안하여 실질적으로 차별화가 되도록 성과보상체계를 운영하여야 한다.

다만, 구체적인 반영항목 및 기준은 취급하는 금융상품의 특성 등에 따라 은행이 합리적으로 마련하여 운영할 수 있다. 은행은 특정 금융상품 판매실적을 금융상품 판매 관련 업무를 수행하는 임직원에 대한 성과평가지표(KPI)와 연계하여서는 아니 되며, 금융상품 판매와 관련된 내부통제기준 준수 여부 점검결과와 금융소비자 보호를 위한 지표를 성과평가지표(KPI)에 반영하여야 한다.

금융소비자들이 불건전영업행위, 불완전판매 등 판매담당 직원의 귀책사유로 금융거래를 철회·해지하는 경우 은행은 판매담당 직원에 이미 제공된 금전적 보상을 환수할 수 있으며, 이를 위해 보상의 일정부분은 소비자에게 상품 및 서비스가 제공되는 기간에 걸쳐 분할 또는 연기하여 제공할 수 있다.

사. 고령자의 편의성 제고 및 재산상 피해 방지

은행은 금융상품 개발, 판매, 사후관리 등 모든 금융거래 과정에서 고령금융소비자를 보호하고 관련 내부통제를 강화하기 위해 노력하여야 한다. 이를 위해 상품 개발단계에서 고령자 위험요인을 점검하고, 금융상품 판매시 강화된 권유절차 및 상품별 중점관리사항 등을 정하여 운영하여야 한다.

고령금융소비자는 65세 이상 금융소비자를 원칙으로 하나, 소비자의 금융상품 이해정도, 금융거래 경험, 재산 및 소득상황 등을 감안하여 자체적으로 고령금융소비자 분류기준을 마련할 수 있다.

아. 장애인의 편의성 제고 및 재산상 피해 방지

은행은 장애인의 금융거래 편의성 제고를 위하여 장애인의 장애유형별 세부응대 매뉴얼을 마련하고, 점포별로 장애인에 대한 응대요령을 숙지한 직원을 배치하며, 관련 상담·거래·민원접수 및 안내 등을 위한 인프라를 구축하여야 한다. 은행은 장애인이 모바일·인터넷 등 비대면거래를 원활하게 할 수 있도록 전자금융 이용 편의성을 제고하여야 한다.

금융소비자보호에 관한 내부통제 모범규준(전국은행연합회)
제정 2021.7.26.

제1장 총칙

제1조(목적)

이 규준은 「금융소비자보호에 관한 법률」(이하 "금융소비자보호법"이라 한다) 및 관련법규(이하 "금융소비자보호법령"이라 한다)에서 정한 바에 따라, 금융소비자보호를 위한 은행의 내부통제기준, 영업에 관한 준수시항, 기타 금융소비자 권익 보호를 위한 제반 사항을 규정함으로써 금융소비자보호의 실효성을 높이고, 금융소비자의 신뢰를 제고하는 것을 목적으로 한다.

제2조(적용 범위)

① 이 규준은 은행의 모든 임직원과 금융소비자보호와 관련한 모든 업무에 적용한다. 다만, 은행 업무의 일부를 위탁 받은 자 및 위탁업무에 대해서는 그 위탁 범위 내에서 이 규준을 적용한다.

② 금융소비자보호와 관련하여 이 규준 및 이 규준의 위임에 따른 하위 규정 등(이하 "이 규준 등"이라 한다)에서 정하지 아니한 사항은 금융소비자보호법령에 따른다.

제3조(용어의 정의)

이 규준에서 사용하고 있는 용어의 정의는 다음 각 호와 같다.

1. "금융상품"이란 금융소비자를 상대로 계약을 체결함에 있어 그 대상이 되는 상품으로서, 「은행법」에 따른 예금 및 대출, 「자본시장과 금융투자업에 관한 법률」(이하 "자본시장법"이라 한다)에 따른 금융투자상품, 「보험업법」에 따른 보험상품, 「상호저축은행법」에 따른 예금 및 대출, 「여신전문금융업법」에 따른 신용카드, 시설대여, 연불판매, 할부금융 등 금융소비자보호법 제2조제1호에서 정한 '금융상품'을 말한다.

2. "금융소비자"란 은행이 제공하는 금융상품에 관한 계약의 체결 또는 계약 체결의 권유를 받거나 청약을 하는 자로서 금융소비자보호법 제2조제8호에서 정한 '금융소비자'를 말한다.

3. "전문금융소비자"란 금융상품에 관한 전문성 또는 소유자산규모 등에 비추어 금융상품에 관한 계약에 따른 위험감수능력이 있는 금융소비자로서 금융소비자보호법 제2조제9호에서 정한 '전문금융소비자'를 말한다.

4. "일반금융소비자"란 전문금융소비자가 아닌 금융소비자를 말한다.

5. "대리·중개업자"란 금융상품에 관한 계약의 체결을 대리하거나 중개하는 것을 영업으로 하는 자로서 금융소비자보호법 제2조제3호나목에서 정한 '금융상품판매대리·중개업자'를 말한다.

6. "임직원등"은 소속 임직원 및 은행이 업무를 위탁하는 대리·중개업자를 말한다.

7. "내부통제체계"란 효과적인 내부통제 활동을 수행하기 위한 조직구조, 업무분장 및 승인절차, 의사소통·모니터링·정보시스템 등의 종합적 체계를 말한다.

8. "내부통제기준"이란 금융소비자보호법령을 준수하고 건전한 거래질서를 해치는 일이 없도록 성실히 관리업무를 이행하기 위하여 임직원등이 직무를 수행할 때 준수하여야 할 기준 및 절차로서 금융소비자보호법 제16조제2항에서 정한 '내부통제기준'을 말한다.

9. "금융소비자보호 내부통제위원회"란 금융소비자보호에 관한 내부통제를 수행하는 데 필요한 의사결정기구로서 「금융소비자 보호에 관한 감독규정」(이하 "감독규정"이라 한다) [별표 2]에서 정한 '금융소비자보호 내부통제위원회'를 말한다.

10. "금융소비자보호 총괄기관"이란 금융소비자보호에 관한 내부통제를 금융상품 개발·판매 업무로부터 독립하여 수행하는 데 필요한 조직으로서 감독규정 [별표2]에서 정한 '금융소비자보호 총괄기관'을 말한다.

제4조(금융소비자보호에 관한 기본 방침)

① 은행은 금융소비자의 권익 증진, 건전한 금융거래 지원 등 금융소비자보호를 위하여 노력한다.

② 은행은 금융소비자 불만 예방 및 신속한 사후구제를 통하여 금융소비자를 보호하기 위하여 그 임직원이 직무를 수행할 때 준수하여야 할 기본적인 절차와 기준(이하 "금융소비자보호기준"이라 한다)을 정하여야 한다.

③ 은행은 금융소비자보호가 효과적으로 이루어지도록 이에 필요한 인적, 물적 자원을 적극적으로 확보하여야 한다.

제5조(다른 내규와의 관계)

금융상품의 개발, 판매 및 금융소비자에 대한 민원·분쟁 처리 등 금융소비자 보호에 관한 사항은 은행 내 다른 내규 등에서 특별히 정한 경우를 제외하고는 이 규준등에서 정하는 바에 따른다.

제2장 업무의 분장 및 조직구조

제6조(내부통제체계의 운영)

은행은 금융소비자보호 업무에 관한 임직원의 역할과 책임을 명확히 하고, 업무의 종류 및 성격, 이해상충의 정도 등을 감안하여 업무의 효율성 및 직무간 상호 견제와 균형이 이루어질 수 있도록 업무분장 및 조직구조를 수립하여야 한다.

제7조(이사회)

① 이사회는 은행의 금융소비자보호에 관한 내부통제체계의 구축 및 운영에 관한 기본방침을 정한다.

② 이사회는 제1항의 내부통제에 영향을 미치는 경영전략 및 정책을 승인한다.

제8조(은행장)

① 은행장은 이사회가 승인한 이 규준 및 금융소비자보호기준에 따라 금융소비자보호와 관련한 내부통제체계를 구축·운영하고, 임직원등이 금융소비자보호 업무를 수행할 수 있도록 관리·감독하여야 한다.

② 은행장은 다음 각 호의 내부통제기준 운영 업무를 수행할 수 있다. 다만, 은행장은 금융소비자보호 담당임원에게 구체적인 범위를 명시하여 금융소비자보호에 관한 내부통제 운영 업무를 위임할 수 있으며, 은행장이 해당 업무를 위임하는 경우 정기적으로 관리·감독할 수 있는 절차를 마련하여야 한다.

  1. 내부통제기준 위반방지를 위한 예방대책 마련

  2. 내부통제기준 준수 여부에 대한 점검

  3. 내부통제기준 위반시 위반내용에 상응한 조치방안 및 기준 마련

③ 은행장은 은행의 금융소비자보호 내부통제체계가 적절히 구축·운영되도록 내부통제 여건을 조성하고, 영업환경 변화 등에 따라 금융소비자보호 내부통제체계의 유효성이 유지될 수 있도록 점검하여야 한다.

제9조(임직원 및 조직)

① 임직원등은 자신의 직무와 관련하여 금융소비자보호 내부통제에 대한 1차적인 책임을 지며, 직무수행 시 자신의 역할을 이해하고 금융소비자보호법령을 숙지하여 이를 충실히 준수하여야 한다.

② 은행은 내부통제기준을 효과적으로 준수하기 위해 금융소비자보호 총괄기관과 금융상품의 개발·판매·사후관리 부서 간의 역할과 책임을 명확히 하고 상호 협력과 견제가 이루어질 수 있도록 조직을 구성하여야 한다.

제3장 임직원등이 업무를 수행할 때 준수해야 하는 기준 및 절차

제10조(금융소비자보호 총괄기관과의 사전협의)

① 금융소비자보호 총괄기관은 금융상품 개발 및 마케팅 정책 수립시 다음 각 호의 사항을 포함하여 사전협의 관련 절차를 구축, 운영하여야 한다.

  1. 사전협의 경과 및 결과 관리

2. 사전협의 누락 시 대책수립

② 제1항에 따른 사전협의 관련 절차를 구축, 운영함에 있어 다음 각호의 사항을 고려하여야 한다.

   1. 금융상품의 위험도 · 복잡성

   2. 금융소비자의 특성

   3. 금융상품 발행인의 재무적 건전성, 금융상품 운용 및 리스크 관리능력

③ 금융상품 개발 및 마케팅 정책 수립을 담당하는 부서는 다음 각 호와 관련하여 금융소비자보호 총괄기관과 사전에 협의하여야 한다.

   1. 금융상품 개발 · 변경 · 판매중단

   2. 상품설명서 등 중요서류의 제작 · 변경

   3. 판매절차의 개발 · 변경

   4. 고객 관련 판매촉진(이벤트, 프로모션 등), 영업점 성과평가 기준 등 주요 마케팅 정책 수립 및 변경 등

   5. 기타 소비자 보호를 위하여 금융소비자보호 총괄기관이 정하는 사항

④ 금융소비자보호 총괄기관은 금융상품 개발 및 마케팅 정책, 약관 등으로 인해 금융소비자에게 피해가 발생할 가능성이 있다고 판단하는 경우 관련부서에 새로운 금융상품의 출시 중단, 마케팅 중단, 개선방안 제출 등을 요구할 수 있다.

⑤ 은행은 제3항의 사전협의를 누락한 경우 성과평가 또는 민원평가에 반영하여야 한다.

제11조(금융상품 개발 관련 점검항목 및 자체 내부준칙 수립)

① 금융소비자보호 총괄기관은 새로운 금융상품을 개발하는 경우 금융소비자에게 불리한 점이 없는지 등을 진단하기 위한 점검항목을 마련하여야 한다.

② 은행은 금융관련 법규 등에서 정한 바에 따른 금융상품 개발과정에서 다음 각 호의 사항을 포함한 자체 내부준칙을 수립하여 운영하여야 한다.

   1. 금융상품 개발부서명 및 연락처를 상품 설명 자료에 명기하는 등 책임성 강화

   2. 금융상품 개발부서의 금융상품 판매자에 대한 충분한 정보 공유 책임 강화

제12조(금융소비자의 의견청취)

① 은행은 금융상품 개발 등 초기 단계에서부터 금융소비자의 불만예방 및 피해의 신속한 구

제를 위해 민원, 소비자 만족도 등 금융소비자의 의견을 적극 반영할 수 있도록 업무 절차를 구축 및 운영하여야 한다.

② 은행은 새로운 금융상품의 출시 후 금융소비자 만족도 및 민원발생 사항 등의 점검을 통해 이를 사후 검증하고, 점검 결과 제도개선이 필요한 사안은 즉시 관련부서에 통보하여 적기에 반영될 수 있도록 체계를 구축 및 운영하여야 한다.

제13조(금융상품의 판매 과정 관리)

① 금융소비자보호 총괄기관은 금융상품 판매 과정에서 불완전판매가 발생하지 않도록 금융상품 판매 및 마케팅 담당 부서를 대상으로 금융소비자보호 관점에서 다음 각 호의 판매절차를 구축하고, 이를 매뉴얼화 하여야 한다.

  1. 금융상품 판매 전 절차

    가. 금융상품 판매자에 대해 금융상품별 교육훈련 체계를 갖추고, 금융상품별 판매자격기준을 마련하여 운영하여야 한다.

    나. 금융상품의 판매과정별 관리절차(반드시 지켜야 할 사항에 대한 점검항목 제공 및 이행 여부 포함)를 구축 및 운영하여 불완전판매 예방을 위한 통제기능을 강화하여야 한다.

    다. 금융소비자가 금융상품 선택과정에서 반드시 알아야 할 사항 및 금융상품의 주요 위험요인 등에 대한 금융소비자의 확인절차를 마련하여야 한다.

  2. 금융상품 판매 후 절차

    가. 금융소비자의 구매내용 및 금융거래에 대한 이해의 정확성 등 불완전판매 여부를 확인하여야 한다.

    나. 불완전판매 개연성이 높은 상품에 대해서는 해당 금융상품의 유형을 고려하여 금융소비자보호 절차를 마련하여야 한다.

② 금융소비자보호 총괄기관은 금융소비자의 불만내용과 피해에 대한 분석을 통하여 불만 및 피해의 주요 원인을 파악하고 이를 관련부서와 협의하여 개선토록 하여야 하며, 구축된 판매 절차가 원활히 운영될 수 있도록 적정성을 점검하여야 한다.

제14조 (금융상품의 판매 후 금융소비자의 권익 보호)

① 은행은 금융상품 판매 이후 거래조건 등 주요내용의 변경, 금융상품에 내재된 위험성의 변경, 금융소비자의 대규모 분쟁발생 우려 시 관련사항을 금융소비자에게 신속하게 안내

하여야 한다.

② 은행은 금융소비자가 법령 및 계약상 권리를 청구하는 경우 신속하고 공정하게 처리될 수 있도록 관련 절차와 기준을 마련하여야 한다.

제15조(영업행위의 일반원칙)

① 은행은 금융상품 판매시 금융소비자보호법령에 따라 적합성 원칙, 적정성 원칙, 설명의무 등을 준수하여야 하며, 상품판매시 금융소비자보호법령을 위반하여 불완전판매가 발생하지 않도록 최선의 노력을 다하여야 한다.

② 은행은 금융상품의 판매과정에서 은행 또는 임직원등의 귀책사유로 금융소비자에게 피해가 발생하는 경우에는 신속한 피해구제를 위해 최선의 노력을 다하여야 한다.

제16조(광고물 제작 및 광고물 내부 심의에 관한 사항)

① 은행은 금융상품 및 업무(이하 '금융상품등'이라 한다)에 관한 광고를 하는 경우에는 금융소비자보호법령 등을 준수하여야 하고, 금융소비자가 금융상품의 내용을 오해하지 아니하도록 명확하고 공정하게 전달하여야 한다.

② 은행은 금융상품등에 관한 광고를 하는 경우에는 준법감시인의 심의를 받아야 한다.

③ 은행은 대리 · 중개업자의 금융상품에 관한 광고를 허용하기 전에 그 광고가 금융소비자보호법령 등에 위배되는지를 확인해야 한다.

④ 은행은 제3항에 따라 대리·중개업자의 금융상품에 관한 광고를 확인할 때에는 소요기간을 안내하여야 하며, 정해진 기일 내에 확인이 곤란할 경우 그 사유를 지체 없이 대리 · 중개업자에 통보하여야 한다.

⑤ 은행은 금융상품등에 관한 광고물 제작 및 내부 심의에 관한 세부기준 및 절차를 마련하여 운영하여야 한다.

제17조(금융상품별 · 판매업무별 판매준칙)

① 은행은 임직원등이 금융상품에 관한 계약의 체결 또는 계약 체결의 권유 등 금융소비자를 대상으로 직무를 수행할 때 금융소비자를 보호하기 위하여 준수하여야 할 각 금융상품별 · 판매채널별 절차와 기준을 마련하고 이를 문서화하여야 한다.

② 제1항의 절차와 기준을 제정 · 변경하고자 하는 부서는 금융소비자보호 총괄기관과 사전에 협의를 거쳐야 한다.

제18조(금융소비자와의 이해상충 방지)

① 은행은 은행 및 임직원등이 금융소비자의 권익을 침해하지 않고 모든 금융소비자의 이익을 동등하게 다루도록 최선을 다하여야 하며, 금융소비자와의 이해상충이 발생하지 않도록 이해상충 방지 시스템을 구축하여야 한다.

② 임직원등은 금융소비자와 이해상충이 발생거나 우려되는 경우 금융소비자보호 등에 문제가 발생하지 아니하도록 필요한 조치를 취하여야 한다.

제19조(금융소비자 보호 관련 교육)

① 은행은 임직원등을 대상으로 금융소비자의 권리 존중, 민원 예방, 금융소비자보호법령 준수 등 금융소비자 보호 관련 교육을 정기 · 수시로 실시하여야 한다.

② 금융소비자보호 총괄기관은 제1항에 따른 금융소비자 보호 관련 교육의 기획 · 운영을 총괄한다.

제20조(금융소비자 신용정보, 개인정보 관리)

① 은행은 금융상품 판매와 관련하여 금융소비자의 개인(신용)정보의 수집 및 활용이 필요할 경우 명확한 동의절차를 밟아서 그 목적에 부합하는 최소한의 정보만 수집 · 활용하여야 하고, 당해 정보를 선량한 관리자의 주의로서 관리하여야 하며, 당해 목적 이외에는 사용하지 아니하여야 한다.

② 은행은 수집된 개인정보를 관리하는 개인정보 관리책임자를 선임하여야 한다.

제21조(대리 · 중개업자에 대한 업무위탁 범위)

① 은행은 은행의 본질적 업무를 제외한 금융상품에 관한 계약의 체결을 대리 · 중개하는 업무를 제3자에게 위탁할 수 있다.

② 은행은 제1항에 따라 제3자에게 업무를 위탁하는 경우 금융소비자보호 또는 건전한 거래질서를 위하여 다음 각 호의 사항을 제3자와의 위탁계약 내용에 포함하여야 한다.

  1. 대상 금융상품의 종류 및 업무위탁의 범위

  2. 계약기간, 계약갱신 및 해지사유

  3. 수수료 산정 및 지급방법

  4. 대리 · 중개업무시 준수 및 금지사항

  5. 사고방지대책 및 교육에 관한 사항

  6. 손실보전대책 및 손해배상책임의 범위

  7. 금융협회의 자료제출 요청에 대한 협조

8. 광고 및 재판관할 등 기타 필요사항

제22조(대리 · 중개업자에 대한 관리기준)

① 은행은 제21조의 업무 위탁에 관하여 금융소비자와의 이해상충 및 금융소비자의 개인(신용)정보의 분실 · 도난 · 유출 · 변조 · 훼손이 발생하지 않도록 대리 · 중개업자의 업무위탁에 관한 계약의 이행 상황을 관리 · 감독하여야 한다.

② 은행은 대리 · 중개업자에 대한 체계적 관리를 위해 수수료 산정 및 지급기준, 위탁계약의 체결 및 해지절차 등에 대한 다음 각 호의 관리기준을 사전에 마련하여야 한다.

  1. 대리 · 중개업자의 위탁계약 체결 및 해지 절차

  2. 대리 · 중개업자의 영업행위에 대한 점검 절차 및 보고체계

  3. 금융소비자의 개인정보보호(정보접근 제한, 정보유출 방지대책을 포함한다) 대책 및 관련 법규준수에 관한 사항

  4. 내 · 외부 감사인의 자료접근권 보장

  5. 위탁계약서의 주요 필수 기재사항

      가. 위탁업무 범위

      나. 위탁자의 감사 권한

      다. 업무 위 · 수탁에 대한 수수료 등

      라. 고객정보의 보호

      마. 감독기관의 검사 수용의무

  6. 대리 · 중개업자의 실적 등에 대한 기록 및 관리

  7. 수수료 산정 및 지급기준 · 방법

  8. 교육프로그램, 교육주기, 교육 방법 등에 관한 사항

제23조(금융상품 자문업무에 대한 보수기준)

① 은행은 금융소비자보호법 제2조제5호에 따른 금융상품자문업자로서 자문업무를 수행하는 경우 금융소비자의 이익을 보호하기 위하여 선량한 관리자의 주의로 자문업무를 충실히 수행하여야 하며, 자문업무 수행시 금융소비자로부터 받는 보수금액 및 그 산정기준을 사전에 정하고 해당 내용을 금융소비자에게 제공하는 계약서류에 명시하여야 한다.

② 은행은 제1항에 따른 보수 이외에 추가로 금전등을 요구하여서는 아니 되며, 금융상품판매업자로부터 자문과 관련한 재산상 이익을 제공받는 경우 해당 사실을 금융소비자보호 법령에서 정하는 바에 따라 금융소비자에게 알려야 한다.

제4장 내부통제기준의 운영을 위한 조직 및 인력

제24조(금융소비자보호 내부통제위원회의 설치 및 운영)

① 은행은 금융소비자보호에 관한 내부통제를 수행하기 위하여 금융소비자보호 내부통제위원회(이하 "위원회"라 한다)를 설치한다.

② 은행은 은행장, 금융소비자보호 업무를 담당하는 임원(이하 "금융소비자보호 담당임원"이라고 한다), 준법감시인, 위험관리책임자 및 은행이 정하는 사내 임원「금융회사의 지배구조에 관한 법률」(이하 "지배구조법"이라 한다) 제2조제2호에 따른 임원을 말한다]을 위원회의 위원으로 구성한다.

③ 위원회는 다음 각 호의 사항을 조정·의결하여 그 결과를 이사회에 보고하여야 하며, 위원회에서 논의한 사항은 서면·녹취 등의 방식으로 5년간 기록·유지하여야 한다.

  1. 금융소비자보호에 관한 경영방향

  2. 금융소비자보호 관련 주요 제도 변경사항

  3. 금융상품의 개발, 영업방식 및 관련 정보공시에 관한 사항

  4. 임직원의 성과보상체계에 대한 금융소비자보호 측면에서의 평가

  5. 이 규준 및 금융소비자보호법 제32조제3항에 따른 금융소비자보호기준의 적정성·준수 실태에 대한 점검·조치 결과

  6. 금융소비자보호법 제32조제2항에 따른 평가(이하 "금융소비자보호실태평가"라 한다), 감독(금융소비자보호법 제48조제1항에 따른 "감독"을 말한다) 및 검사(금융소비자보호법 제50조에 따른 "검사"를 말한다) 결과의 후속조치에 관한 사항

  7. 중요 민원·분쟁에 대한 대응 결과

  8. 광고물 제작 및 광고물 내부 심의에 대한 기준 및 절차

9. 상품설명서 등 금융상품 계약서류 제 · 개정안 검토(준법감시인이 해당 계약서류를 사전 검토하는 경우에는 제외할 수 있다)

10. 금융소비자보호 총괄기관과 금융상품 개발 · 판매 · 사후관리 등 관련 부서간 협의 필요 사항

④ 은행장이 주재하는 회의를 매 반기마다 1회 이상 개최한다.

제25조(금융소비자보호 총괄기관의 설치 및 운영)

① 은행은 금융소비자보호에 관한 내부통제 업무를 금융상품 개발 · 판매 업무로부터 독립하여 수행할 수 있도록 금융소비자보호 총괄기관을 은행장 직속으로 설치한다.

② 은행은 금융소비자보호 총괄기관의 업무수행에 필요한 인력을 갖춰야 하며, 제3항 각 호에 따른 업무를 원활히 수행할 수 있는 직원을 금융소비자보호 담당직원으로 선발, 운영하여야 한다.

③ 금융소비자보호 총괄기관은 다음 각 호의 업무를 수행한다.

1. 금융소비자보호에 관한 경영방향 수립

2. 금융소비자보호 관련 교육의 기획 · 운영

3. 금융소비자보호 관련 제도 개선

4. 금융상품의 개발, 판매 및 사후관리에 관한 금융소비자보호 측면에서의 모니터링 및 조치

5. 민원 · 분쟁의 현황 및 조치결과에 대한 관리

6. 임직원의 성과보상체계에 대한 금융소비자보호 측면에서의 평가

7. 위원회의 운영(제1호부터 제5호까지의 사항을 위원회에 보고하는 업무를 포함한다)

제26조(금융소비자보호 총괄기관의 역할)

① 금융소비자보호 총괄기관은 금융소비자보호 및 민원예방 등을 위해 다음 각 호의 사항을 포함하는 제도개선을 관련부서에 요구할 수 있다. 이 경우 제도개선 요구를 받은 부서는 제도개선 업무를 조속히 수행하여야 한다. 다만, 부득이한 사유로 제도개선 업무의 수행이 불가능할 경우 그 사유를 위원회를 통해 소명해야 한다.

1. 업무개선 제도운영 및 방법의 명확화

2. 개선(안) 및 결과 내역관리

3. 제도개선 운영성과의 평가

4. 민원분석 및 소비자만족도 분석 결과 등을 토대로 현장 영업절차 실태 분석 및 개선안 도출

② 금융소비자보호 총괄기관은 금융상품의 개발, 판매 및 사후관리 과정에서 금융소비자 보호 측면에서의 영향을 분석하고 점검하여야 하며, 그 과정에서 고객의 피해 발생이 우려되거나 피해가 발생한 경우 등 중대한 사안이 발생하는 경우 적절한 대응방안을 마련하여 조치하여야 한다.

③ 금융소비자보호 총괄기관은 이 규준 및 금융소비자보호법령의 준수 여부를 점검하는 과정에서 위법·부당행위 발견하였거나 중대한 금융소비자 피해 우려가 있는 경우 등에는 직접 조사(자료제출 요구, 출석요청 및 임점조사를 포함한다)하거나 필요한 경우 관련부서에 조사를 의뢰할 수 있으며, 조사 대상자 또는 조사 대상부서는 이에 성실히 응하여야 한다.

④ 금융소비자보호 총괄기관은 금융소비자보호 제도와 관련하여 관련부서에 임직원 교육 및 필요 시 제2항에 따른 특정한 조치에 관한 협조를 요청할 수 있고, 금융상품의 개발·판매 담당 부서에 사전협의 절차의 진행을 요청할 수 있다. 이 경우, 협조 요청을 받은 관련부서는 특별한 사정이 없는 한 이에 협조하여야 한다.

⑤ 금융소비자보호 총괄기관은 제3항에 따른 조사결과를 은행장에게 보고하여야 한다.

⑥ 은행은 금융소비자보호 총괄기관과 준법부서 간의 권한 및 책임을 명확히 구분하고 이를 문서화하여야 한다.

제27조(금융소비자보호 담당임원)

① 은행은 금융소비자보호법령에 따라 금융소비자보호 총괄기관의 업무를 수행하는 금융소비자보호 담당임원을 선임하여야 한다.

② 최근 5년간 금융관계법령을 위반하여 금융위원회 또는 금융감독원장으로부터 문책경고 또는 감봉요구 이상에 해당되는 조치를 받은 사람은 제1항의 금융소비자보호 담당임원으로 선임될 수 없다.

③ 금융소비자보호 담당임원은 금융소비자의 권익이 침해되었거나 침해될 우려가 현저히 발생하는 경우 이를 은행장에게 즉시 보고하여야 하며, 은행장은 보고받은 사항을 확인하여 신속히 필요한 제반사항을 수행·지원하여야 한다.

④ 은행은 금융소비자보호 담당임원의 공정한 직무수행을 위해 금융소비자보호 업무의 독립성을 보장하고 직무수행과 관련한 인사평가시 부당한 불이익이 발생하지 않도록 하여야

하며, 이를 위해 은행의 재무적 경영성과와 연동되지 아니하는 별도의 공정한 업무평가기준 및 급여지급기준을 마련하여 운영하여야 하며, 민원발생건수 및 금융소비자보호 실태평가 결과 등은 금융소비자보호 담당임원의 급여 등 보상에 연계하지 아니하고, 민원발생 및 민원처리과정의 부적정 등의 원인을 직접 제공한 부서 및 담당자의 급여 등 보상에 반영하여야 한다.

⑤ 은행은 금융소비자보호 담당임원에 대한 근무 평가시, 징계 등 특별한 경우를 제외하고는 타업무 담당자 등 타 직군 등에 비해 직군 차별, 승진 누락 등 인사평가의 불이익이 발생하지 않도록 하여야 한다.

제28조(금융소비자보호 담당직원)

① 은행은 금융소비자보호 업무 수행의 전문성 및 신뢰도 제고를 위해 은행의 특성과 사정을 고려하여 금융소비자보호 총괄기관의 업무를 수행하는 금융소비자보호 담당직원을 임명할 수 있다.

② 제1항에 따른 금융소비자보호 담당직원의 자격요건 및 근무기간은 다음 각 호에 따른다.

　1. 자격요건 : 입사 후 3년 이상 경력자로서 상품개발 · 영업 · 법무 · 시스템 · 통계 · 감사 등 분야에서 2년 이상 근무한 사람이어야 한다. 다만, 다음 각 목에 해당하는 경우에는 예외로 할 수 있다.

　　가. 제1호 본문에 해당하는 자와 동일한 수준의 전문지식과 실무경험을 갖추었다고 금융소비자보호 담당임원이 인정하는 경우

　　나. 설립 후 10년이 지나지 않은 은행으로서, 해당 은행의 금융소비자보호 담당임원이 별도로 정하는 기준에 따르는 경우

　2. 근무기간 : 금융소비자보호 업무의 특성 및 전문성을 고려하여 특별한 경우를 제외하고 3년 이상 금융소비자보호 업무를 전담하여야 함(다만, 승진전보 및 금융소비자보호 담당임원의 승인시에는 예외로 할 수 있다)

③ 은행은 금융소비자보호 담당직원에 대한 근무평가시, 징계 등 특별한 경우를 제외하고는 소비자보호 관련 실적이 우수한 담당직원에게 인사상 가점을 부여하여야 한다.

④ 은행은 금융소비자보호 담당직원에 대하여 금융소비자보호와 관련한 교육 참여, 자격증 취득 등 직무향상의 기회를 제공하여야 하고, 금융소비자보호 우수 직원 등에 대한 포상(표창, 해외연수) 제도를 마련하여야 한다.

⑤ 금융소비자보호 담당직원의 업무평가기준, 급여지급기준 및 근무평가 등과 관련하여서는 제27조제4항과 제5항을 준용한다.

제5장 내부통제기준 준수 여부에 대한 점검 · 조치 및 평가

제29조(내부통제기준 준수 여부에 대한 점검 및 평가)

① 은행은 임직원등의 금융상품 판매 관련 업무가 이 규준 및 금융소비자보호법령을 충실히 준수하고 있는지 여부를 업무의 중요도 및 위험도 등을 감안하여 수시 또는 주기적으로 점검한다.

② 은행은 제1항에 따른 점검의 방법, 위규 사실 확인 시 조치사항 등에 관한 사항이 포함된 세부기준을 마련하여 시행한다.

③ 금융소비자보호 담당임원은 제1항에 따른 점검 사항을 평가하고, 그 결과를 은행장 및 금융소비자보호 내부통제위원회에 보고하도록 하여야 한다.

제30조(임직원등의 법령, 규정 위반에 대한 조치)

① 은행은 금융소비자보호 업무와 관련하여, 해당 임직원등이 관련 법령 및 내부통제기준을 위반하였다고 판단하는 경우, 위반행위의 정도, 위반횟수, 위반행위의 동기와 그 결과 등을 감안하여 관련부서 및 임직원에 대한 조치 방안을 마련하고, 관련부서에 검사를 의뢰하거나 징계 등 필요한 인사 조치를 요구할 수 있다. 이 경우 해당 부서의 장은 특별한 사정이 없는 한 이러한 요구에 응하여야 한다.

② 은행은 중대한 위법 · 부당행위의 발견 등 필요한 경우 감사위원회 또는 상임감사위원에게 보고할 수 있다.

제6장 금융소비자 대상 직무수행 임직원의 교육수준 및 자격에 관한 사항

제31조(금융상품 판매 임직원등에 대한 교육 및 자격)

① 은행은 개별 금융상품에 대해 권유, 계약 체결 등 금융소비자를 대상으로 금융상품 판매

관련 업무를 수행하는 임직원등에 대하여 금융상품의 위험도·복잡성 등 금융상품의 내용 및 특성을 숙지하고, 윤리역량을 강화하기 위한 교육을 정기적으로 실시하여야 한다.

② 은행은 제1항의 교육실시를 위하여 해당 금융상품의 위험도, 적합·부적합한 금융소비자 유형 및 그 근거 등을 포함하는 상품숙지자료를 작성하여 활용할 수 있다.

③ 은행은 금융상품의 위험도, 금융소비자의 유형에 따라 금융상품 판매 관련 업무를 수행하는 임직원등의 판매자격을 구분할 수 있으며, 보수교육 및 재취득 절차 등 판매자격에 관한 세부사항 및 판매자격 보유 여부를 정기적으로 확인하여야 한다.

제7장 업무수행에 대한 보상체계 및 책임확보 방안

제32조(성과보상체계의 설계 및 운영)

① 은행은 금융상품 판매 관련 업무를 수행하는 임직원과 금융소비자 간에 이해상충이 발생하지 않도록 성과보상체계를 설계·운영하여야 한다.

② 제1항의 금융상품 판매 관련 업무를 수행하는 임직원은 다음 각 호를 포함한다.

  1. 소비자에게 금융상품을 직접 판매하는 직원

  2. 금융상품을 직접 판매하는 직원들의 판매실적에 따라 주로 평가받는 상급자

  3. 금융상품을 직접 판매하는 직원들의 판매실적에 따라 주로 평가받는 영업 단위조직

③ 은행은 금융상품 판매 관련 업무를 수행하는 임직원에 대한 성과평가 시 고객수익률 등 고객만족도 및 내부통제 항목을 중요하게 반영하는 등 금융소비자보호 관점에서 균형 있는 성과평가지표(KPI)를 운영하여야 한다.

제33조(성과평가 시 책임확보 방안)

① 은행은 금융상품 판매 관련 업무를 수행하는 임직원에 대한 평가 빛 보상체계에 불완전판매 건수, 고객수익률 등 고객만족도, 계약 관련 서류의 충실성, 판매절차 적정성 점검결과 등 금융소비자 보호를 위한 지표를 감안하여 실질적으로 차별화가 되도록 성과보상체계를 운영하여야 한다. 다만, 구체적인 반영항목 및 기준은 취급하는 금융상품의 특성 등에 따라 은행이 합리적으로 마련하여 운영할 수 있다.

② 은행은 특정 금융상품 판매실적을 금융상품 판매 관련 업무를 수행하는 임직원에 대한 성

과평가지표(KPI)와 연계하여서는 아니 되며, 금융상품 판매와 관련된 내부통제기준 준수 여부 점검결과와 제1항에 따른 금융소비자 보호를 위한 지표를 성과평가지표(KPI)에 반영하여야 한다.

③ 소비자들이 불건전영업행위, 불완전판매 등 판매담당 직원의 귀책사유로 금융거래를 철회·해지하는 경우 은행은 판매담당 직원에 이미 제공된 금전적 보상을 환수할 수 있으며, 이를 위해 보상의 일정부분은 소비자에게 상품 및 서비스가 제공되는 기간에 걸쳐 분할 또는 연기하여 제공할 수 있다.

제34조(성과보상체계의 수립절차 및 평가)

① 금융소비자보호 총괄기관은 민원의 발생 또는 예방을 포함하여 각 부서 및 임직원이 업무를 수행함에 있어 소비자보호에 충실하였는지를 조직 및 개인성과 평가에 반영하는 평가도구를 마련하여야 하며, 금융소비자보호 담당임원은 평가도구에 기반한 점검 및 실제 평가를 총괄한다.

② 은행에서 성과보상체계를 설정하는 부서는 매년 금융상품 판매 관련 업무를 수행하는 임직원에 대한 성과보상체계를 수립하기 전에 금융소비자보호 총괄기관의 의견을 확인하여야 한다.

③ 금융소비자보호 총괄기관은 제2항에 따른 의견 확인 시 금융소비자보호 관점에서 금융상품 판매 관련 업무를 수행하는 임직원에 적용되는 평가 및 보상구조가 적절히 설계되어 있는지를 검토하여야 한다.

④ 금융소비자보호 총괄기관은 성과보상체계 설정 부서, 성과평가 부서, 상품 개발·영업 관련 부서, 준법감시부서 등과 불완전판매 등 관련 정보를 수집·공유하고 정기적으로 협의하며, 금융소비자보호 관점에서 판매담당 직원 등에 적용되는 평가 및 보상구조가 적절히 설계되어 있는지를 정기적으로 검토하여야 한다.

⑤ 금융소비자보호 담당임원은 제3항 및 제4항의 검토결과를 은행장 및 금융소비자보호 내부통제위원회에 보고하여야 하며, 필요한 경우 금융상품 판매 관련 업무를 수행하는 임직원에 대한 성과평가지표(KPI) 조정을 포함한 평가·보상체계의 개선을 건의할 수 있다.

⑥ 제3항 및 제4항의 검토결과 등 관련 기록은 금융소비자보호 총괄기관에서 보관하고, 이를 감사·준법감시부서 등에 공유하여 참고토록 하여야 한다.

제8장 금융소비자보호 내부통제기준의 변경 절차 및 위임

제35조(이 규준등의 신설 · 변경 및 세부사항 위임 등)

① 관련 법령 제 · 개정, 감독당국의 유권해석, 금융소비자보호 총괄기관 등의 개선 요구, 대규모 소비자 피해발생 등이 있는 경우 은행은 이를 반영하기 위한 이 규준등의 제정 · 변경을 할 수 있다.

② 이 규준등의 내용을 신설하거나 변경하고자 하는 부서는 신설 또는 변경하고자 하는 내용에 관하여 금융소비자보호 총괄기관과 사전 협의하여야 하고, 금융소비자보호 총괄기관은 이 규준등의 신설 또는 변경 필요성을 금융소비자보호 측면에서 검토하여 그 검토 결과를 은행장에게 보고하여야 한다.

③ 은행은 이 규준등의 내용을 신설하거나 변경하고자 하는 경우에 이사회의 승인을 받아야 한다. 다만, 법령 또는 관련 규정의 제정 · 개정에 연동되어 변경해야 하는 사항, 이사회가 의결한 사항에 대한 후속조치, 이 규준의 위임에 따른 하위 규정 등의 제정 · 개정 등 경미한 사항을 변경하는 경우에는 은행장의 승인으로 갈음할 수 있다.

④ 은행은 제2항에 따라 이 규준등을 신설하거나 변경한 경우에는 제정 · 개정 사실 및 이유, 금융소비자에게 미치는 영향, 적용시점 및 적용 대상 등 주요 현황을 구분하여 인터넷 홈페이지에 게시하고, 이 규준등의 제정 · 개정 사실을 임직원이 확인할 수 있는 방법으로 안내하며, 필요한 경우 교육을 실시할 수 있다.

⑤ 이 규준등의 시행 및 금융소비자보호에 관한 내부통제 운영에 필요한 세부사항은 은행장이 별도로 정하는 바에 따른다.

제9장 고령자 및 장애인의 금융거래 편의성 제고 및 재산상 피해 방지

제36조(고령자의 편의성 제고 및 재산상 피해 방지)

① 은행은 금융상품 개발, 판매, 사후관리 등 모든 금융거래 과정에서 고령금융소비자를 보호하고 관련 내부통제를 강화하기 위해 노력하여야 한다. 이를 위해 상품 개발단계에서 고령자 위험요인을 점검하고, 금융상품 판매시 강화된 권유절차 및 상품별 중점관리사항

등을 정하여 운영하여야 한다.

② 고령금융소비자는 65세 이상 금융소비자를 원칙으로 하나, 소비자의 금융상품 이해정도, 금융거래 경험, 재산 및 소득상황 등을 감안하여 자체적으로 고령금융소비자 분류기준을 마련할 수 있다.

③ 은행은 고령자의 금융거래 편의성 제고 및 재산상 피해 방지 등에 관한 세부사항을 지침 등에서 별도로 정할 수 있다.

제37조(장애인의 편의성 제고 및 재산상 피해 방지)

① 은행은 장애인의 금융거래 편의성 제고를 위하여 장애인의 장애유형별 세부 응대 매뉴얼을 마련하고, 점포별로 장애인에 대한 응대요령을 숙지한 직원을 배치하며, 관련 상담 · 거래 · 민원접수 및 안내 등을 위한 인프라를 구축하여야 한다.

② 은행은 장애인이 모바일 · 인터넷 등 비대면거래를 원활하게 할 수 있도록 전자금융 이용 편의성을 제고하여야 한다.

③ 은행은 장애인의 금융거래의 편의성 제고 및 재산상 피해 방지 등에 관한 세부사항을 지침 등에서 별도로 정할 수 있다.

4-6. 금융소비자보호 모범규준

전국은행연합회 등 금융협회는 금융감독원의 "금소법 시행에 따른 금융소비자보호 가이드라인(제정일 : 2021년 6월)"을 참고하여 소관 금융회사를 위한 "금융소비자보호 모범규준"을 2021년 7월 제정하였으며, 동 모범규준은 2023년 2월 20일 한 차례 개정(시행일 : 2023년 4월 1일)되었다.

금융소비자보호 모범규준은 금융소비자의 민원 예방 및 신속한 사후구제를 통하여 금융소비자를 보호하기 위해 은행의 임직원이 직무를 수행할 때 준수하여야 할 기본적인 절차와 기준을 정함을 목적으로 한다.

이를 위해 동 모범규준은 ❶ 금융소비자의 권리, ❷ 민원 · 분쟁 발생 시 업무처리 절차 및 평가 · 제도개선, ❸ 금융소비자보호기준의 운영을 위한 조직 · 인력, ❹ 금융소비자보호기준 준수 여부에 대한 점검·조치 및 평가, ❺ 민원·분쟁 대응 관련 교육·훈련, ❻ 전자정보처리시스템의 구축 및 관리, ❼ 금융소비자의 권리행사에 대한 대응 체계 그리고 ❽ 금융소비자보호체계의 점검 및 제도 개선 등에 관한 사항을 규정하고 있다. 각 금융회사는 소속 금융협회의 모범규준을 내부규정으로 반영하여 시행하고 있다.

금융소비자보호 모범규준(전국은행연합회)

제정 2021.7.26. / 개정 2023.2. 20.

제1장 총칙

제1조(목적)

이 규준은 「금융소비자 보호에 관한 법률」(이하 "금융소비자보호법"이라 한다) 및 관련 법규(이하 "금융소비자보호법령"이라 한다)에서 정한 바에 따라, 금융소비자의 민원 예방 및 신속한 사후구제를 통하여 금융소비자를 보호하기 위해 은행의 임직원이 직무를 수행할 때 준수하여야 할 기본적인 절차와 기준을 정함을 목적으로 한다.

제2조(적용 범위)

① 이 규준은 은행의 모든 임직원과 금융소비자보호와 관련한 모든 업무에 적용한다. 다만, 은행 업무의 일부를 위탁 받은 자 및 위탁업무에 대해서는 그 위탁 범위 내에서 이 규준을 적용한다.

② 금융소비자보호와 관련하여, 이 규준 및 이 규준의 위임에 따른 하위 규정에서 정하지 아니한 사항은 금융소비자보호법령에 의한다.

제3조(용어의 정의)

이 규준에서 사용하고 있는 용어의 정의는 다음 각 호와 같다.

  1. "금융상품"이라 함은 금융소비자를 상대로 계약을 체결함에 있어 그 대상이 되는 상품이나 서비스로서, 「은행법」에 따른 예금 및 대출, 「자본시장과 금융투자업에 관한 법률」에 따른 금융투자상품, 「보험업법」에 따른 보험상품, 「상호저축은행법」에 따른 예금 및 대출, 「여신

전문금융업법」에 따른 신용카드, 시설대여, 연불판매, 할부금융 등 금융소비자보호법 제2조제1호에서 정한 '금융상품'을 말한다.

2. "금융소비자"라 함은 은행이 제공하는 금융상품에 관한 계약의 체결 또는 계약 체결의 권유를 받거나 청약을 하는 자로서 금융소비자보호법 제2조제8호에서 정한 '금융소비자'를 말한다.

3. "금융소비자보호기준"이라 함은 금융소비자보호법 제32조제3항에서 정한 '금융소비자보호기준'을 말한다.

4. "내부통제기준"이라 함은 은행이 금융소비자보호법 제16조제2항에 따라 마련한 '내부통제기준'을 말한다.

5. 그 밖에 이 규준에서 사용되는 용어의 정의는 금융소비자보호법령 및 내부통제기준에서 정하는 바에 따른다.

제2장 금융소비자의 권리

제4조(금융소비자의 기본적 권리)

① 금융소비자는 다음 각 호의 기본적 권리를 가진다.

1. 은행의 위법한 영업행위로 인한 재산상 손해로부터 보호받을 권리

2. 금융상품을 선택하고 소비하는 과정에서 필요한 지식 및 정보를 제공받을 권리

3. 금융상품의 소비로 인하여 입은 피해에 대하여 신속·공정한 절차에 따라 적절한 보상을 받을 권리

4. 그 밖에 금융소비자보호법령에서 정하는 금융소비자의 권리

② 은행은 제1항의 금융소비자의 기본적 권리가 실현될 수 있도록 하기 위하여 금융소비자보호법령에서 정하는 책무를 진다.

제3장 민원 · 분쟁 발생 시 업무처리 절차 및 평가 · 제도개선

제5조(민원 및 분쟁처리의 기준 및 절차)

① 은행은 독립적이고 공정한 민원처리 및 분쟁처리 절차를 마련하여 운영하여야 하며, 금융소비자가 시의적절하고 효율적이며 저렴한 비용으로 이용할 수 있도록 하여야 한다.

② 은행은 금융소비자의 민원 또는 금융소비자가 제기한 분쟁이 발생하는 경우 즉각적으로 민원 또는 분쟁의 내용을 파악하고 신속히 대응하여야 한다.

③ 은행은 금융소비자의 민원 또는 분쟁 해소와 민원 또는 분쟁의 관리절차가 효율적으로 시행되도록 행동기준을 제시하고 민원처리 및 분쟁처리에 관한 은행 방침과 시행 내용을 전달하기 위해 민원 및 분쟁의 처리에 관한 기준과 절차를 마련하여야 한다.

④ 제3항에 따른 기준과 절차에는 다음의 사항이 포함되어야 한다.

  1. 민원사무와 분쟁사무 담당조직 및 기구에 관한 사항

  2. 민원 및 분쟁의 접수 및 처리

  3. 민원 및 분쟁 예방 및 사후관리

  4. 민원 및 분쟁 업무 조사 및 금융소비자에 대한 보상

  5. 민원사무편람 등에 관한 사항

⑤ 은행은 민원 및 분쟁의 효율적인 처리를 위해 필요한 다음과 같은 사항이 포함된 매뉴얼을 마련할 수 있다.

  1. 주요 소비자 권리

  2. 민원 및 분쟁의 진행절차와 소요기간

  3. 민원 및 분쟁 사례 및 관련 판례

  4. 민원 및 분쟁 사례별 응대요령

  5. 민원 및 분쟁 체크리스트

  6. 업무자료집 접속방법

  7. 주요업무 Q&A

  8. 업무담당자 연락처

제6조(민원 및 분쟁에 관한 평가)

① 금융소비자보호 총괄기관은 민원평가를 실시하여 민원발생에 책임이 있는 부서, 업무절차 및 담당자 등을 규명하고 관련 부서에 피드백하여 개선방안을 강구하여야 한다.

② 금융소비자보호 총괄기관은 다음 각 호의 사항을 분석하고 민원예방 및 해소방안을 수립하여 정기적으로 경영진에게 보고하여야 한다.

　1. 민원발생 및 처리 현황, 민원처리 소요시간

　2. 주요 빈발민원에 대한 원인 및 대책

　3. 민원평가 결과, 민원관련 경영성과지표

　4. 제도개선 실적, 교육훈련 실시 결과 등

제7조(제도개선시스템 구축)

① 금융소비자보호 총괄기관은 민원 관련부서에 실시간으로 민원 접수 내용을 제공하고, 제도개선 시스템을 구축하여 소비자불만을 근본적으로 해소하고자 노력하여야 한다.

② 금융소비자보호 담당임원은 민원처리 관련 민원유형에 대한 심층분석 결과에 따라 제도개선사항을 도출하여 일정한 절차에 의거 관련부서에 제도개선을 요구하여야 한다.

③ 제2항에 따른 제도개선을 요구받은 관련 부서는 특별한 사정이 없으면 신속하게 개선계획 및 결과를 금융소비자보호 총괄기관에 보고하여야 하며, 금융소비자보호 총괄기관은 진행사항 및 결과를 은행장 및 내부통제위원회에 보고하고 관리하여야 한다.

④ 금융소비자보호 총괄기관은 금융소비자, 내부직원 등으로부터 제도개선 사안 발굴을 위한 다양한 접수채널을 개발하고, 이를 활성화하기 위한 제도를 구축, 운영하여야 한다.

제4장 금융소비자보호기준의 운영을 위한 조직 · 인력

제8조(금융소비자보호기준의 운영 조직 및 인력의 구성)

① 은행은 이 기준의 원활한 운영을 통해 금융소비자의 민원 예방 및 신속한 사후구제가 효과적으로 실현될 수 있도록 금융소비자보호 내부통제위원회 및 금융소비자보호 총괄기관을 설치한다.

② 은행은 민원 · 분쟁 대응 임직원의 업무 난이도 등을 감안하여 근무연한, 순환배치, 인센

티브 부여 등과 관련한 보상체계를 마련할 수 있다.

③ 그 밖에 이 기준의 운영을 위한 조직 및 인력에 관한 사항은 내부통제기준에서 정한 바에 따른다.

제5장 금융소비자보호기준 준수 여부에 대한 점검 · 조치 및 평가

제9조(금융소비자보호기준의 준수 여부에 대한 점검 · 조치 및 평가)

① 은행은 임직원등의 금융상품 판매 관련 업무가 이 기준 및 금융소비자보호법령을 충실히 준수하고 있는지 여부를 업무의 중요도 및 위험도 등을 감안하여 수시 또는 주기적으로 점검한다.

② 은행은 제1항에 따라 점검한 사항을 평가하고, 점검에 따른 조치 결과가 금융소비자보호 내부통제위원회에서 조정 · 의결될 수 있도록 하여야 한다.

③ 제1항에 따른 점검 방법, 이 기준의 미준수시 조치, 평가 등에 관한 사항은 내부통제기준을 준용한다.

제6장 민원 · 분쟁 대응 관련 교육 · 훈련

제10조(금융소비자의 민원 · 분쟁에 대한 교육 및 훈련)

① 은행은 금융소비자의 권리를 존중하고 발생된 민원 · 분쟁의 적시 대응과 예방을 위하여 다음 각 호의 사항을 포함한 교육 및 훈련을 수행하여야 한다.

　1. 금융소비자보호를 위한 민원 및 분쟁 예방 프로그램의 개발 및 시행

　2. 금융소비자보호와 관련된 임직원 교육 및 평가, 대내외 홍보

　3. 민원사례, 상담화법, 응대요령 등 유사 민원 · 분쟁의 재발방지를 위한 임직원 훈련 및 제도 개선 방안의 개발, 활용 방안

　4. 금융소비자의 민원 및 분쟁의 처리를 위한 업무처리 매뉴얼 및 전자정보처리시스템 활용에 대한 임직원 교육 과정 진행 및 정기 · 수시 보수교육 실시

② 금융소비자보호 총괄기관은 과거 민원 이력, 금융감독원 검사 및 현장점검 사례 등을 감안하여 직원중(모집인 등 판매조직을 포함한다) 불완전판매 유발 직원을 지정·관리할 수 있으며, 동 직원에 대해서는 불완전판매 예방 교육을 직접 실시하거나 관련 부서에 실시를 요청하여야 한다.

제7장 전자정보처리시스템의 구축 및 관리

제11조(전자정보처리시스템 구축 및 관리)

① 은행은 민원 상황 및 처리결과, 금융소비자와의 분쟁조정, 소송 등 각종 권리구제절차의 진행상황 및 처리결과를 효율적·체계적으로 관리하기 위하여 전자정보처리시스템을 구축·운영하여야 한다.

② 은행은 제1항의 전자정보처리시스템을 통하여 민원처리시 접수사실 및 사실관계 조사현황 등을 정기적으로 금융소비자에게 고지하여야 하며, 민원인의 의견을 회사 경영에 반영하여 민원예방에 노력하여야 한다.

③ 은행은 민원처리 결과를 금융소비자가 수긍할 수 있도록 관련 법령, 사실관계 조사결과 등 명시적인 근거를 제시하고 금융소비자가 이해하기 쉬운 용어를 사용하여야 하며, 민원처리 후에는 처리결과를 문서, 팩스, 전자우편, 문자메시지, 전화 등의 방법으로 금융소비자에게 통지하여야 한다.

④ 제1항에 따른 전자정보처리시스템은 진행 단계별로 구분되어야 하고, 각 단계별 소요기간, 업무담당자를 명시하여야 하며, 민원·분쟁 진행 상황 및 처리결과의 주요 내용을 금융소비자가 요청하는 방법으로 금융소비자에게 안내 및 통지할 수 있도록 노력하여야 한다.

제8장 금융소비자의 권리행사에 대한 대응 체계

제12조(금융소비자의 자료열람 요구에 관한 기준 및 절차)

① 금융소비자는 분쟁조정 또는 소송의 수행 등 권리구제를 위한 목적으로 은행이 기록 및

유지 · 관리하는 다음 자료의 열람(사본의 제공 또는 청취를 포함)을 요구할 수 있다.

1. 계약체결에 관한 자료

2. 계약의 이행에 관한 자료

3. 금융상품등에 관한 광고 자료

4. 금융소비자의 권리 행사에 관한 다음의 자료

　가. 금융소비자의 자료 열람 연기 · 제한 및 거절

　나. 청약의 철회

　다. 위법계약의 해지

5. 내부통제기준의 제정 및 운영 등에 관한 자료

6. 업무 위탁에 관한 자료

② 은행은 제1항에 따른 금융소비자의 자료열람요구에 대응하기 위해 필요한 절차 및 기준을 마련하여야 한다.

제13조(일반금융소비자의 계약청약 철회에 관한 기준과 절차)

은행은 금융소비자보호법 제2조제10호에서 정한 일반금융소비자가 금융소비자보호법령에 따라 금융상품에 관한 계약의 청약을 철회하는 경우에 필요한 기준과 절차를 마련하여야 한다.

제14조(금융소비자의 위법계약해지요구에 관한 기준과 절차)

은행은 금융소비자가 은행이 금융소비자보호법에서 정하는 적합성 원칙, 적정성 원칙, 설명의무, 불공정영업행위금지 또는 부당권유행위금지를 위반하여 금융상품에 관한 계약의 해지를 요구하는 경우에 필요한 기준 및 절차를 마련하여야 한다.

제15조(휴면 금융재산 발생 예방 및 감축을 위한 기준과 절차)

은행은 휴면 및 장기미청구 금융재산 발생예방 및 감축을 위해 다음 각 호를 포함한 관리방안을 마련하여야 한다. 단, 은행은 위 내용에 관한 세부사항을 지침 등에서 별도로 정할 수 있다.

1. 휴면 및 장기미청구 금융재산 발생예방 및 감축과 관련된 업무를 담당하는 관리조직의 운영에 관한 사항

2. 금융상품 만기시 금융재산의 처리방법에 대한 안내시점, 안내내용(만기후 시간경과에 따른 불이익 사항 등)과 관련된 사항

3. 금융상품 만기 이후 금융재산의 안내시점, 안내내용(만기후 시간경과에 따른 불이익 사항 등),

안내방법, 안내이력 관리와 관련된 사항

제16조(금융소비자의 권리 안내)

① 은행은 금융소비자에게 금융상품에 관한 계약 체결을 권유하거나 금융소비자와 금융상품에 관한 계약을 체결하는 경우 금융소비자의 유형에 따라 다음 각 호에 관한 중요한 사항을 이해할 수 있도록 설명하여야 한다.

1. 자료열람요구권의 행사에 관한 사항

2. 청약철회의 기한·행사방법·효과에 관한 사항

3. 금융소비자가 제공받는 서비스별 수수료 등 부대비용

4. 위법계약해지권의 행사에 관한 사항

5. 민원처리 및 분쟁조정 절차에 관한 사항

6. 「예금자보호법」 제24조에 따른 예금보험기금 등 법률상 기금에 따라 보호되는지에 관한 사항

7. 그 밖에 금융소비자의 합리적 의사결정 지원 또는 권익보호를 위해 필요한 정보에 관한 사항

② 은행은 금융소비자가 요청하는 경우, 제1항 각 호의 사항, 금융소비자보호법령·약관상 권리 및 기타 금융소비자에게 부담되는 정보에 대해 전화, 서면 또는 전자적 방법 등 금융소비자가 선택하는 수단으로 금융소비자에게 안내할 수 있는 방안을 마련하여야 하고, 금융소비자 보호 및 시의성 등을 고려하여 안내 시기·내용에 대한 매뉴얼을 정할 수 있다.

③ 은행은 제12조 내지 제14조에서 정한 권리의 행사방법 및 절차, 거부사유 유형, 관련 대응요령 및 주요 대응사례 등에 대한 매뉴얼을 마련하고, 이에 대한 임직원 교육을 실시할 수 있다.

④ 은행은 금리인하요구권, 금융상품 만기 전·후 안내 등 소비자의 권리에 관한 정보와 계좌의 거래중지, 지점 폐쇄 등 소비자에게 부담이 되는 정보에 대해 해당 정보의 성격에 따라 수시 또는 정기적으로 금융소비자에게 고지하여야 한다.

제17조 (정보의 시의성 확보)

① 은행은 금융소비자의 권리 등에 대한 정보제공과 관련하여 제공시기 및 내용을 금융소비자의 관점에서 고려하고 정보제공이 시의적절하게 이루어질 수 있도록 내부지침을 마련

하여 운영하여야 한다.

② 은행은 공시자료 내용에 변경이 생긴 경우 특별한 사유가 없는 한 지체 없이 자료를 수정함으로써 금융소비자에게 정확한 정보를 제공하여야 한다.

제9장 금융소비자보호체계의 점검 및 제도 개선

제18조(계약 체결 후 금융소비자보호체계의 점검 및 제도 개선)

① 은행은 금융소비자와 계약 체결 후 금융소비자가 자료열람 요구, 청약철회권 또는 위법계약해지권의 행사, 기타 금융소비자보호법규상 권리를 행사하는 경우 이를 금융소비자보호법령에 따라 적절하게 처리하고 있는지 여부를 점검하여야 한다.

② 은행은 금융소비자의 민원제기, 자료열람 요구, 청약철회권 또는 위법계약해지권의 행사 등이 자주 발생하는 경우 주요 원인을 파악하고 분석하여야 한다.

③ 은행은 금융소비자보호체계에 관한 점검을 실시하여 금융소비자보호를 위하여 필요한 사항이 있는지 여부를 점검하여야 한다.

④ 은행은 제1항 내지 제3항의 점검 및 분석 결과 필요한 제도 개선 사항을 도출하여야 하며, 해당 사항을 제도 개선에 반영하고 개선 여부를 점검하여야 한다.

제10장 금융소비자보호기준의 제정 · 변경 절차 및 위임

제19조(이 규준등의 제정 · 변경 절차 및 세부사항 위임)

① 은행은 이 규준의 제정 · 변경 절차와 관련된 사항은 내부통제기준을 준용한다.

② 이 규준의 시행 및 금융소비자보호에 필요한 세부사항은 은행장이 별도로 정하는 바에 따른다.

부칙

제1조(시행일) 이 규준은 2023년 4월 1일부터 시행한다. 단, 은행별로 전산 개발등이 필요한 사항에 대해서는 전산 개발 등이 완료된 날부터 시행한다.

4-7. 고령금융소비자 보호지침

금융회사는 금융소비자보호법, 자본시장법 등에 따라 고령금융소비자를 보다 두 텁게 보호할 의무가 있다. 금융소비자보호감독규정 [별표 2]에서 규정한 금융소비자 보호 내부통제기준에 포함되어야 하는 사항으로 "고령자 및 장애인의 금융거래 편의성 제고 및 재산상 피해 방지에 관한 사항"을 규정하고 있다.

전국은행연합회는 2023년 1월 1일부터 "은행권 고령금융소비자 보호치침"을 시행하고 있으며, 한국금융투자협회는 표준투자권유준칙에서 "고령투자자에 대한 금융투자상품 판매 시 보호기준"을 정하고 있다. 보험권 등 여타 업권도 유사한 고령금융소비자 보호기준을 운영 중에 있다. 각 금융회사는 소속 금융협회의 모범규준을 내부규정으로 반영하여 시행하고 있다.

한편, 표준투자권유준칙 상 "고령투자자에 대한 금융투자상품 판매 시 보호기준"에서는 만 80세 이상을 초고령자로 분류하고 투자권유 유의상품 판매를 자제하는 등 고령금융소비자(만 65세 이상)에 비해 더 강화된 보호조치를 요구하고 있다.

은행권 고령금융소비자 보호 지침(전국은행연합회)
시행 2023.1.1.

본 지침은 금융회사(이하 '회사')가 고령금융소비자에 대한 금융상품 및 서비스 판매 시(이하 '금융상품') 준수하여야 하는 일반적 절차 및 유의사항을 정한 것입니다. 회사는 본 지침을 적용함에 있어 회사 및 영업점 규모, 고객 특성 및 분포 등을 감안하여 고령금융소비자에 대한 적정한 금융상품 판매절차가 수립될 수 있도록 회사별 사정에 맞게 세부내용을 수정·사용할 수 있습니다.

1. 제정 목적

○ 본 지침은 고령금융소비자가 금융상품을 정확히 이해하고 적절한 금융거래를 할 수 있도록 하기 위한 회사의 기본 지침을 제공함으로써 고령금융소비자를 보호하고 권익을 증진하는 것을 목적으로 합니다.

2. 고령금융소비자 보호 필요성

○ 금융상품은 복잡해지고 다양화되는 추세인 반면, 고령금융소비자는 일반적으로 신체적인 쇠약과 더불어 기억력과 이해력이 저하될 수 있어 각별히 유의할 필요가 있습니다.

　－ 특히, 고령금융소비자들은 안정적인 소득원이 없거나 생활을 유지하기에 부족할 수 있어, 부적절한 금융거래에 따른 손실이 생계에 어려움을 초래할 수도 있습니다.

3. 고령금융소비자의 정의

○ 회사는 만 65세 이상을 고령금융소비자로 정의합니다. 다만, 회사는 금융거래 경험, 금융상품에 대한 이해 정도, 재산 및 소득상황, 직업 등을 토대로 고령금융소비자의 범위를 달리 정할 수 있습니다.

> ‣ 회사는 자체 기준을 정하여 만 65세 이상 고령자 중 금융상품의 이해 정도가 낮고 과거 금융거래 경험, 재산 및 소득 등이 부족하여 보호의 필요성이 큰 고령자를 선별하여 동 고령금융소비자 보호 기준을 적용 · 운영할 수 있음
>
> ‣ 다만 해당 연령에 도달하지 않았더라도 사리분별 능력이 현저히 떨어진다고 판단되는 소비자에 대하여 고령금융소비자에게 적용하는 보호 기준을 준용하는 것을 권고함

4. 고령금융소비자 보호에 관한 원칙

○ 회사는 고령금융소비자에 대해 강화된 권유 절차를 마련하고 보다 편리한 상담 및 금융 서비스를 제공하기 위해 노력해야 합니다.

○ 회사는 고령금융소비자에게 금융상품을 구매 권유할 때 금융상품 이해 수준, 구매 목적, 구매 경험, 재무 상태 등에 대한 충분한 정보를 파악하여 적합하지 아니한 상품을

구매 권유하지 않습니다.

○ 회사는 관계 법규를 준수하고, 신의성실의 원칙에 따라 업무를 수행하여야 합니다.

○ 회사는 합리적 사유 없는 연령차별을 금지하고, 연령별 차등이 불가피한 경우 취급 제한 · 가격 차등화 등의 명확한 근거를 제시해야 합니다.

    – 다만, 연령별 차등이 불가피한 경우에도 고령자가 금융소외 등으로 불이익을 받지 않도록 노력해야 합니다.

※ 연령별 차등이 불가피한 사례

▸ 연령이 금융상품 설계 시 주요 고려 사항이자 가격 결정 시 핵심 요인으로 연령에 따라 금융상품 판매 방식 등을 차별화할 수밖에 없는 경우

▸ 연령별 차등을 통해 명백하게 전체 금융 이용자의 편익이 증대되고 금융비용이 감소하는 경우

---

5. 금융거래 단계별 고령금융소비자 보호 방안

(1) 금융상품 '기획 · 개발 과정'의 고령금융소비자 보호 방안

○ 회사는 금융상품개발 관련 체크리스트를 통해 고령금융소비자에 관한 위험요인을 점검*하여야 합니다.

    * 예) 고령금융소비자에게 적합한 금융상품인지?

        고령금융소비자에게 반드시 고지해야 할 사항이 있는지?

    – 만일, 고령금융소비자에게 판매하는 것이 부적절하다고 판단되는 경우에는 그러한 사실을 회사 판매 정책 등에 반영합니다.

(2) 금융상품 '판매과정'의 고령금융소비자 보호 방안

○ 회사는 고령금융소비자에 대한 금융상품 상담 및 판매 시 내용을 쉽게 인지할 수 있도록 가급적 쉬운 용어와 느린 속도로 설명합니다.

○ 회사는 상담 결과 고령금융소비자의 사리분별 능력이 저하되었다고 판단되는 경우 판매를 자제합니다.

※ 사리분별 능력은 아래 예시 등을 참조하여 종합적으로 판단합니다.

‣ 간단한 개념을 이해하지 못하는 경우

‣ 기억을 잃어버린 듯한 행동을 보이는 경우

‣ 의사를 표시하거나 대화하는 데 어려움이 있는 경우

‣ 최근의 금융거래내역을 인지하지 못하는 경우 등

○ 회사는 고령금융소비자에 금융상품 권유 시 〈붙임〉의 '금융상품 취급 관련 중점 관리 사항'을 준수하여야 합니다.

○ 회사는 구조가 복잡하거나 손실 가능성이 큰 금융상품을 '구매권유 유의상품'으로 지정하고, '구매권유 유의상품'을 권유하는 경우 강화된 판매절차를 적용합니다.

※ 일반적으로 "구매권유 유의상품"으로 고려할 수 있는 금융상품의 예로는 후순위채권, 파생연계금융상품 등을 들 수 있습니다. 투자성 상품을 판매하는 경우에는 금융투자업권의 '고령투자자에 대한 금융투자상품 판매 시 보호 기준'(금융투자협회 표준투자권유준칙 참고5)에서 정하는 '투자권유 유의상품'을 준용하며, 보험상품을 판매하는 경우에는 보험업권의 고령금융소비자보호 가이드라인에서 정하는 변액보험 관련 내용을 포함합니다.

– 회사는 임직원이 고령금융소비자에게 '구매권유 유의상품'을 권유하는 경우 계약을 체결하기 이전에 관리직 직원(지점장, 준법 감시담당자 등)이 권유의 적정성을 사전에 확인하도록 하여야 합니다.

– 관리직 직원은 고객과의 직접적인 면담(판매 시 배석 등) 등을 통해 고객의 이해 여부 및 판매 권유의 적정성을 사전 확인하고 확인 내용을 기록·유지하여야 합니다.

○ 회사는 다른 회사가 개발한 금융상품을 판매하는 경우에 고령금융소비자 보호 측면에서 '구매권유 유의상품'에 해당하는지 여부를 살펴보고, 이를 회사 판매 정책에 반영하기 위해 노력하여야 합니다.

○ 회사는 고령금융소비자에게 비대면 방식으로 금융상품을 권유하여 판매하는 경우 고객의 이해 여부 및 판매 동의 등을 확인하고 관련 내용을 기록·유지하여야 합니다.

○ 회사는 고령금융소비자가 내용이 복잡하거나 위험이 큰 금융투자상품에 가입하는 경우 가족 등 지정인에게 계약 사실을 안내하는 제도인 '고령층 지정인 계약 사실 알림 서비스'를 제공하고 서비스 제공과 관련한 내부 운영 기준을 마련해야 합니다.

적용대상 상품 및 판매채널별 서비스 제공 대상

구 분	상 품 군	기 타
금융투자 상품	파생결합증권 (ELS, DLS)	– 인터넷채널을 통한 모집계약 제외 – 보험상품 중 월 5만원 이하 계약 제외
	장외파생상품	
	조건부 자본증권, 자산유동화증권, 후순위 채권	
	파생형 펀드, 주가연계펀드 등	
보험상품	변액보험	

(3) 금융상품 '판매 이후 과정'의 고령금융소비자 보호 방안

○ 회사는 다음의 경우 해피콜 등을 통해 사후 모니터링을 실시하고, 향후 분쟁 등에 대비하기 위하여 사후 모니터링 내용을 녹음하거나, 기록을 보관하는 것이 좋습니다.
- 고령금융소비자 중 만 80세 이상인 고객이 '구매권유 유의상품'을 구매한 경우
- 고령금융소비자에게 비대면 방식*으로 금융상품을 권유하여 판매한 경우
 * TM(Telemarketing), DM(Direct Message), 이메일 발송, 디지털 채팅 등

○ 회사는 관리직 직원으로 하여금 사후 모니터링의 적정 이행 여부를 주기적으로 확인하는 것이 좋습니다.

(4) 기타

○ 회사는 보이스피싱 등 불법 금융사기 피해로부터 고령금융소비자를 보호하기 위해 교육 프로그램 운영, 피해 사례 전파, 고령자 금융사기 모니터링 강화 등의 노력을 해야

합니다.

6. 고령금융소비자 보호 관련 내부통제 강화 등

(1) 고령금융소비자보호 관련 교육 강화

　○ 회사는 '구매권유 유의상품' 관련 교육 시 고령금융소비자 보호에 대한 내용을 포함하여 교육을 실시하여야 합니다.

(2) 고령금융소비자에 대한 불완전 판매 가능성에 대한 정기 점검

　○ 회사는 감사부서 또는 준법 감시부서 등을 통해 고령금융소비자에 대한 '구매권유 유의상품' 중 불완전판매 가능성이 높은 거래를 추출하여 정기적으로 점검하고 기록을 남겨둘 필요가 있습니다.

(3) 고령금융소비자 대상 마케팅 활동에 대한 내부통제 강화

　○ 회사는 고령금융소비자를 주요 대상으로 하는 각종 마케팅 활동을 하는 경우 고령금융소비자를 현혹할 수 있는 허위·과장정보, 판매광고물이 사용되지 않도록 체크리스트 등을 활용하여 금융소비자보호 부서 등 통제 부서와의 사전 협의 절차를 마련·준수해야 합니다.

7. 고령금융소비자 보호에 관한 추가 기준

(1) 본사 전담 부서 및 전담인력 지정

　○ 회사는 고령금융소비자 보호 정책 마련을 위한 총괄부서와 판매 프로세스 개선 및 임직원 교육 수행 등을 위한 본사내 업무 단위별 전담부서를 지정합니다.

(2) 고령금융소비자 전담창구 마련

　○ 회사는 고령금융소비자의 특성에 부합하는 상담과 금융 서비스 제공을 위해 각 영업점포와 콜센터에 고령금융소비자 전담창구 및 상담직원을 지정하여 운영합니다.

> ※ 전담창구 및 상담직원의 운영 여부는 영업소(지점) 규모나 인력 규모에 따라 달리 정할 수 있습니다.

　　－ 고령금융소비자에 대해서는 가급적 전담창구의 상담직원을 통해 상담을 받은 후

금융상품에 가입하도록 안내합니다.

※ 전담관리직원(또는 권유자)이 있는 고객, 전담창구 이용을 거부한 고객 및 다른 창구 이용이 고객에게 보다 용이한 경우에는 예외

(3) 고령자 친화적 모바일 금융앱 운용

　○ 회사는 고령금융소비자의 금융접근성 향상을 위해 「고령자 친화적 모바일 금융앱 구성 지침」을 준수하여 모바일 금융앱을 개발·운용토록 해야 합니다.

붙임 : 금융상품 취급 관련 중점 관리 사항. 끝.

· 붙임 ·

금융상품 취급 관련 중점 관리 사항

1. 대출상품

(1) 고령자에게 적합한 상품 권유

　○ 회사는 고령금융소비자와 대출상담 및 접수 시 자금용도 등에 관하여 신청인과 상담하여 그 타당성을 검토하고 채무 상환능력, 대출상품에 대한 이해 수준 등에 대한 충분한 정보를 파악하여 고령금융소비자가 적합한 상품을 구매하도록 노력하여야 합니다.

(2) 중요 내용 설명의무

　○ 회사는 고령금융소비자가 합리적인 판단과 의사결정을 할 수 있도록 금융상품 등에 관한 중요한 사항을 약관 및 상품설명서 등을 참조하여 이해하기 쉽게 설명하여야 합니다. 특히 다음에 해당하는 사항은 반드시 설명하고 이해 여부를 확인하여야 합니다.

> ‣ 기한의 이익 상실 사유
>
> ‣ 변동금리 또는 고정금리 유의사항
>
> ‣ 중도 상환 해약금
>
> ‣ 지연배상금률(연체이자율) 및 지연배상금(연체이자) 부과 사유
>
> ‣ 기타 불이익에 관한 중요사항

(3) 정보제공 방법의 적정성

    ○ 회사는 고령금융소비자가 대출성 상품에 관한 정보를 쉽게 볼 수 있도록 상품설명서의 글자 크기를 크게 하거나 확대경을 구비하는 등의 노력을 하여야 합니다.

2. 금융투자상품

    ○ 회사는 금융투자상품 판매 시에는 금융투자협회 표준투자권유준칙의 '고령투자자에 대한 금융투자상품 판매 시 보호 기준' 관련 내용을 준용합니다.

3. 보험상품

    ○ 회사는 보험상품 판매 시에는 보험업권의 고령금융소비자보호 가이드라인의 판매("상품 가입") 관련 내용을 준용합니다.

표준투자권유준칙 상 "고령투자자에 대한 금융투자상품 판매 시 보호 기준"주요 내용

(은행권 고령금융소비자 보호지침과 중복되지 않는 사항을 중심으로)

① **고령투자자 보호에 관한 일반적인 기준**

    a. 고령투자자의 **사리분별 능력**이 **현저히 떨어진다**고 판단되는 경우 **판매 자제**

> ※ 사리분별 능력은 아래 예시 등을 참고하여 종합적 판단
>
> ‣ 간단한 개념을 이해하거나 처리하는 데 어려워하는 경우
>
> ‣ 기억을 잃어버린 듯한 외관을 보이는 경우
>
> ‣ 의사를 표시하거나 대화하는 데 어려운 모습을 보이는 경우
>
> ‣ 투자결정에 따른 결과를 이해하기 어려워 보이는 경우
>
> ‣ 행동이 불안정한 경우
>
> ‣ 기존의 투자목적에 비추어 필요하다고 인정되는 투자자문을 거절하는 경우

> ‣ 자금이동이 전혀 없는 계좌에서 자금이 없어졌다고 주장하는 경우
>
> ‣ 최근의 금융거래내역을 인지하지 못하는 경우
>
> ‣ 사회적 관계, 주변상황에 대해 혼란스러워 하는 경우
>
> ‣ 평소답지 않게 용모가 단정하지 않거나 건망증이 있는 것으로 보이는 경우

b. **구조가 복잡**하고 **가격변동성이 크거나 환금성에 제약**이 있는 금융투자상품을 "**투자
권유 유의상품**"으로 지정하고, 지정금융투자상품을 권유하는 경우 **강화된 판매절차**
를 적용

> ‣ "투자권유 유의상품"으로 고난도금융투자상품, 고난도금전신탁계약, 고난도투자
> 일임계약등 장외에서 거래되는 금융투자상품을 들 수 있음
>
> * (투자권유 유의상품 예시) 파생결합증권, 장외파생상품, 구조화증권, 조건부자본
>   증권, 후순위증권및 이들 상품에 주로 투자하는 금융투자상품 등
>
> ‣ 일반적으로 거래소시장 또는 이와 유사한 외국의 시장에 상장되어 빈번히 거래되
> 는 금융투자상품은 구조가 복잡하고 가격변동성이 크더라도 상품이 널리 주지되
> 어 있고 시시각각 가격변동에 따른 거래의 필요성도 존재하는 점을 고려하여 "투
> 자권유 유의상품"으로 지정하지 아니할 수 있음
>
> ‣ 다만, 상장된 상품도 빈번히 거래되지 않는 상품(예 : 상장된 깊은 외가격옵션, 구조
> 화증권 등)은 "투자권유 유의상품"으로 지정하는 것이 바람직

c. **"투자권유 유의상품" 투자권유시 사전 확인**
   - 매매계약을 체결하기 이전에 **관리직 직원**(지점장, 준법감시담당자 등)이 권유의 적
     정성을 **사전 확인**하도록 하여야 함
   - 관리직 직원은 고객과의 직접적 면담(투자권유시 배석 등) 또는 전화를 통해 고객의 이
     해여부 및 투자권유의 적정성 등을 사전 확인하고 확인내용을 기록·유지하여야 함
   - 관리직 직원이 사전 확인한 결과, 고객의 **사리분별 능력**이 **현저히 떨어져 상품을 이
     해할 수 없는 것으로 판단**되는 경우에는 **매매계약체결을 중단**하여야 하고, 상품이

고객에게 적합하지 않다고 판단되는 경우에는 이러한 사실과 회사가 투자권유할 수 없는 상품이라는 점을 고객에게 충분히 설명하여야 함

> ‣ 최근 투자자 정보 변경여부(ex. 근황 문의)
> ‣ 투자자금의 성격(ex. 생계자금 해당여부)
> ‣ 투자권유 과정의 적법성(ex. 부적합상품 판매를 위한 정보변경 여부)
> ‣ 주요 설명내용의 이해여부(손실가능성, 상품의 기본적 구조 이해 여부)
> ‣ 사리분별능력의 현저한 변화 유무(ex. 말투, 기억수준 등 고려)

② 고령투자자 보호 관련 내부통제 강화

a. 가족 등 **조력자의 연락처**확인

- 고령투자자의 경우 신변 또는 건강상태에 갑작스러운 변화가 발생될 수 있으므로 고령투자자로부터 **사전에 조력자를 지정**하도록 하고 연락처를 확보해둘 필요가 있음

  • 개인정보보호 등을 위해 **고령투자자나 조력자의 동의**가 있는 경우에 한함
  • 실무적으로는 창구에서 **고객이 녹취전화로 조력자에게 직접 전화**하도록 하여 **동의내용을 녹취**해 두는 것이 바람직

b. 고령투자자 대상 **마케팅 활동**에 대한 내부통제 강화

- 고령투자자를 주요 대상으로 각종 설명회 · 세미나등을 개최하는 경우 고령투자자를 현혹할 수 있는 **허위 · 과장정보, 투자광고물**이 사용되지 않도록 세심한 주의를 기울여야 함

③ 초고령자(만 80세 이상)에 대한 추가 보호방안

a. **투자권유 유의상품 판매 자제**

- 초고령자에게 **구조가 복잡하고 가격변동성이 크거나 환금성에 제약**이 있는 "투자권유 유의상품"에 해당하는 상품을 투자권유하는 것은 자제할 필요가 있음
- **초고령자에게 판매가 부적절한 상품으로 설명서** 또는 **회사 판매정책에 반영된 상품**

을 투자권유할 수 없고, 임직원의 **투자권유가 없는데도 고객이 매수를 원하는 경우**에도 고객에게 적합하지 않은 상품임을 설명하는 등 **판매를 자제**할 필요가 있음

- 고객에게 적합하지 않은 상품이라는 점과 회사가 투자 권하지 않는 상품이라는 점을 설명하였음에도 **고객이 판매를 요구하는 경우**에는 금융회사의 **판매정책**에 따라 이의 **판매를 허용하거나 거부할 수 있음**

b. **조력자와의 상담**(초고령투자자에게 투자권유 유의상품 판매를 허용하는 경우)
- 회사는 초고령투자자에게 "투자권유 유의상품"을 판매하고자 하는 경우 **가족 등의 조력**을 받을 수 있도록 **안내**하여야 함
  - 고객은 가족 등 조력자와 **함께 방문**하여 조력을 받을 수 있고, 고객이 **전화** 등 통신수단을 이용하여 가족 등의 조력을 받을 수도 있을 것임
  - 고객이 가족 등의 조력을 받은 경우 **조력자로부터 설명을 같이 들었다는 서명**을 받거나 동의를 얻어 **녹취**를 해두는 것이 것이 바람직
  - 이 경우 서명을 받기 위해 반드시 별도 양식을 만들 필요는 없고 **상품가입신청서** 상의 **본인 서명 옆에 조력자의 서명**을 받아두면 됨
- 초고령투자자가 가족 등의 **조력을 받을 수 없거나** 가족 등에게 투자사실을 **밝히는 것을 원하지 않는 경우**에는 가족 등을 대신하여 **관리직 직원**이 동석하여 초고령투자자를 **조력**할 수 있고, 초고령투자자의 상품에 대한 이해 여부 등을 확인할 수 있음

c. **사후모니터링 강화**
- 초고령투자자가 "투자권유 유의상품"에 투자한 경우 **해피콜** 등을 통해 사후 모니터링을 실시하는 것이 필요
  - 투자금액 규모에 따라 **해피콜대상**을 내규로 **축소하여 운영**하는 경우에도 **초고령자**에 대한 "투자권유 유의상품" 판매시에는 **반드시 실시**
  - 다만, 고객의 명시적 거부의사가 있거나 관리직 직원이 판매행위의 적정성 등에 대해 사전 확인을 한 경우에는 해피콜을 생략 가능

금융회사지배구조법과 금융소비자보호법 상 내부통제제도 비교

1. 규율사항, 적용대상 및 규율범위에 따른 비교

금융회사의 내부통제기준 마련 의무는 금융회사지배구조법 제24조[35]와 금융소비자보호법 제16조 제2항[36]에 각각 규정되어 있다. 규율사항을 기준으로 살펴보면, 금융회사지배구조법 상 내부통제기준은 금융회사의 일반적인 경영건전성 확보를 위해 위험관리 등 경영 전반에 대한 사항을 규율하고 있는 반면, 금융소비자보호법의 내부통제기준은 금융소비자보호를 위해 금융상품의 판매 및 자문행위에 대한 사항을 규율하고 있다.

또한, 금융회사지배구조법 상 내부통제기준은 적용대상이 금융회사[37]이고, 규율범위가 해당 금융회사의 소속 임직원인 데 반해, 금융소비자보호법 상 내부통제기준은 금융상품직접판매업자, 금융상품판매대리·중개업자 및 금융상품자문업자를 적용대상으로 하고, 해당 업자의 소속 임직원은 물론 해당 업자가 업무를 위탁한 금융상품판매대리·중개업자도 규율 범위로 하고 있다.

· 표 4-2. 내부통제기준 제도 비교 ·

구 분	금융회사지배구조법	금융소비자보호법
적용대상	금융회사 (금융상품직접판매업자)	금융상품직접판매업자, 금융상품판매대리 · 중개업자, 금융상품자문업자
규율범위	소속 임직원	소속 임직원 및 업무를 위탁한 금융상품판매대리 · 중개업자
규율사항	위험관리 등 경영 전반	금융상품의 판매 및 자문 행위

2. 내부통제위원회 및 내부통제 전담조직

개정 금융회사지배구조법(시행일 : 2024년 7월 3일)에 따라 금융회사에 대하여 내부통제기준 운영과 관련하여 이사회 내 소위원회[38]로 "내부통제위원회"를 설치하고 내부통제 전담조직을 마련할 것을 의무화하였다.

이에 반해, 금융소비자보호법은 대표자를 위원장으로 하고 금융소비자 보호에 관

---

35) 금융회사지배구조법 §24(내부통제기준)

　① 금융회사는 법령을 준수하고, 경영을 건전하게 하며, 주주 및 이해관계자 등을 보호하기 위하여 금융회사의 임직원이 직무를 수행할 때 준수하여야 할 기준 및 절차(내부통제기준)를 마련하여야 한다.

　② 제1항에도 불구하고 금융지주회사가 금융회사인 자회사등의 내부통제기준을 마련하는 경우 그 자회사등은 내부통제기준을 마련하지 아니할 수 있다.

　③ 내부통제기준에서 정하여야 할 세부적인 사항과 그 밖에 필요한 사항은 대통령령으로 정한다.

36) 금융소비자보호법 제16조(금융상품판매업자등의 관리책임) ② 법인인 금융상품판매업자등으로서 대통령령으로 정하는 자는 제1항에 따른 관리업무를 이행하기 위하여 그 임직원 및 금융상품판매대리 · 중개업자가 직무를 수행할 때 준수하여야 할 기준 및 절차(이하 "내부통제기준"이라 한다)를 대통령령으로 정하는 바에 따라 마련하여야 한다.

37) 금융소비자보호법 상 금융상품직접판매업자에 해당한다.

38) 2024년 7월 3일 개정 금융회사지배구조법이 시행되기 이전에는 금융회사지배구조법 상 내부통제위원회를 금융회사의 대표자를 위원장으로 하여 설치 · 운영하도록 규정되어 있었으나 개정 금융회사지배구조법의 시행으로 내부통제위원회는 이사회 내 소위원회로 설치 · 운영토록 변경되었다. 이에 따라 이사회의 내부통제에 대한 역할이 강화되었다.

한 내부통제를 수행하는 데 필요한 의사결정기구인 "금융소비자보호 내부통제위원회"의 설치 및 운영을 의무화하였다.

금융소비자보호법상 "금융소비자보호 내부통제위원회"를 설치하도록 한 취지는 대표자와 주요 임원이 영업행위 전반에 관한 주요 의사결정을 금융소비자보호의 관점에서 논의하도록 하여 소비자보호 중심의 경영을 조직에 체화시키는 데 있다.

한편, 2024년 7월 3일 개정된 금융회사지배구조법이 시행되기 이전에는 조직의 경영효율성 확보를 위해 필요시 "금융소비자보호 내부통제위원회"를 기존의 금융회사지배구조법에 따른 "내부통제위원회"와 따로 구성하지 않아도 되었지만,[39] 개정 금융회사지배구조법의 시행 이후에는 금융회사지배구조법에 따른 내부통제위원회는 이사회 내 소위원회로 구성해야 하므로 금융회사의 대표자를 위원장으로 하는 금융소비자보호법 상 금융소비자보호 내부통제위원회와 같이 구성하는 것이 적절하지 않을 것으로 보인다.

3. 준법감시인과 금융소비자보호 총괄기관 담당임원(CCO)

금융회사지배구조법은 내부통제기준의 준수 여부를 점검하고 내부통제기준을 위반한 경우 이를 조사하는 등 내부통제 관련 업무를 총괄하는 사람으로 준법감시인을 두도록 하고 있다. 금융소비자보호법은 금융소비자보호 총괄기관의 업무를 수행하는 임원으로 금융소비자보호 총괄기관 담당임원(CCO)를 임명하여야 한다.

따라서 금융회사지배구조법 상 내부통제기준과 금융소비자보호법 상 내부통제기준을 모두 적용받는 경우에는 원칙적으로 준법감시인과 금융소비자보호 담당임원(CCO)을 각각 두어야 한다. 다만, 최근 사업연도 말 현재 자산총액이 5조원 미만인

---

39) 금융위원회 · 금융감독원, 금융소비자보호법 FAQ 답변을 참고한다.

상호저축은행 등 금융소비자보호감독규정」[별표 2] 비고 제2호에 따른 일정 규모 이하 금융상품판매업자등의 경우에는 준법감시인 또는 이에 준하는 사람이 금융소비자보호 총괄기관의 업무를 수행하는 임원을 겸직할 수 있다.

이처럼 금융소비자보호 관련 내부통제기준에 관한 사항은 금융소비자보호 총괄기관이 담당하는 것이 원칙이나 조직·인력 등을 감안하여 준법감시부서에서도 이를 담당할 수 있다. 이 경우 양 부서간 권한 및 책임을 명확히 구분하고 이를 문서화해 두어야 하며, 중장기적으로는 금융소비자보호 총괄기관의 역량강화를 통해 금융소비자보호 총괄기관과 준법감시부서 간 합리적으로 역할을 분담해 나가야 한다.

그리고 금융소비자보호총괄책임자(CCO)가 금융소비자보호법상 내부통제기준의 적정성·준수실태에 대한 점검을 한 경우 금융회사지배구조법상 준법감시인이 이를 2차로 점검해야 할 의무는 없다.[40]

---

40) 금융위원회·금융감독원, 금융소비자보호법 FAQ 답변을 참고한다.

제 5강

은행법 상
내부통제제도

금융사고 예방대책 마련 및 내부통제기준 반영 준수의무

은행법 제34조의3 제1항에 의거 은행은 다음의 사항을 포함한 금융사고 예방대책을 마련하여 내부통제기준에 반영하고 이를 준수하여야 한다.

은행법 상 금융사고 예방대책 마련 및 내부통제기준 반영·준수사항

1. 지점(대리점, 국외현지법인 및 국외지점을 포함한다. 이하 제2호에서 같다)의 금융사고 관리에 관한 사항으로서 아래의 사항

   가. 은행 임직원의 사기 · 횡령 · 배임 · 절도 · 금품수수 등 범죄혐의가 있는 행위에 대한 방지 대책

   나. 과거에 발생한 금융사고 또는 이와 유사한 금융사고에 대한 재발 방지 대책

다. 그 밖에 위법 또는 부당한 업무처리로 은행이용자의 보호에 지장을 가져오는 행위를 방지하기 위한 대책으로서 금융위원회가 정하여 고시하는 사항

2. 지점의 업무운영에 관한 자체적인 검사에 관한 사항으로서 금융사고 예방대책 이행상황에 대한 점검 · 평가 등 지점의 업무운영에 관한 자체적인 검사 계획 및 검사 실시 기준에 관한 사항

3. 은행이용자의 정보보호에 관한 사항으로서 은행이용자의 정보보호를 위하여 예금, 대출 등 은행이 취급하는 상품의 홍보 · 판매 등의 과정에서 준수하여야 하는 은행이용자의 정보이용 기준 및 절차에 관한 사항

4. 전산사무, 현금수송사무 등 금융사고 가능성이 높은 사무에 관한 사항으로서 전산사무, 현금수송사무 등 금융사고 가능성이 높은 사무에 관하여 필요한 검사기법 개발 · 운영 대책 및 이와 관련된 금융사고 예방대책에 관한 사항

금융사고
보고 및 공시

　은행법 제34조의3 제2항에 의거 은행은 은행의 경영에 중대한 영향을 미칠 수 있는 금융사고에 관한 사항으로서 대통령령으로 정하는 사항이 발생한 경우에는 대통령령으로 정하는 기간 이내에 그 내용을 금융위원회에 보고하고, 인터넷 홈페이지 등을 이용하여 공시하여야 한다. 금융사고 보고 및 공시 관련 기준은 은행법과 「금융기관 검사 및 제재에 관한 규정」(이하 "검사 및 제재규정")에서 정한 기준이 다소 상이하나, 은행 등은 개별 금융업법과 검사 및 제재규정에서 규정한 사항을 모두 준수할 의무가 있다.

· 표 1-1. 금융사고 보고 및 공시 기준 ·

구분	제재규정	은행법
보고대상 (금융사고)	• 사고금액이 3억원 이상 • 횡령·배임·공갈·절도 등 범죄혐의가 있는 경우 • 금융실명법 위반 혐의가 있는 경우 • 금융기관 공신력 저해·사회적 물의를 일으키는 경우	• 사고금액 3억원 이상
보고시한	• 금융사고 발생(인지·발견) 즉시	• 금융사고 발생(인지·발견) 익일
보고방법	• 즉시보고/중간보고/종결보고(금융정보교환망을 통해 보고)	
공시여부	• 사고금액 10억 이상 : 필수공시	• 사고금액 3억 이상 ~ 10억 미만 : 임의공시 • 사고금액 10억 이상 : 필수공시 • 사고발생 15일내 공시(자사 또는 은행연합회 홈페이지)

경영실태평가와 내부통제평가

1. 경영실태평가[1]

1-1. 의의 및 평가 목표

금융감독당국은 금융회사의 경영상태를 파악하기 위하여 경영실태평가라는 분석 수단(toolkit)을 활용하고 있다. 경영실태평가는 각 금융회사의 경영실적, 경영의 건전성, 경영진의 경영능력, 법규준수 상황 및 리스크 관리실태 등 다양한 평가부문을 종합적이고 통일적인 방식에 따라 일정한 등급으로 평가하여 금융회사의 경영상태를 체계적이고 객관적으로 확인하는 방법의 하나이다.

경영실태평가는 1996년 우리나라가 BIS와 OECD에 가입하면서 금융회사에 대

---

1) 금융감독원 금융감독개론(2023년판)을 참고한다.

한 감독·검사업무의 체계를 선진국 수준으로 맞추고자 은행에 도입(1996년 10월)하였다. 그 이후 증권회사, 보험회사, 여신전문금융회사, 신용협동조합, 상호저축은행 등 다른 금융회사에도 확대 적용되었다.

경영실태평가의 가장 기본적인 목표는 현재의 금융회사 경영실태를 정확히 파악하고 이를 바탕으로 일정기간 후 금융회사의 경영상태가 어떻게 변화될 것인가를 판단하는 것이다. 경영실태평가 결과에 따라 부실금융회사에 대해서 적기시정조치를 취하는 한편 감독상 주의 및 관심을 더욱 집중하여 금융회사 경영의 건전성 확보와 금융이용자 보호 및 신용질서 유지 등 감독·검사업무의 효율성을 높일 수 있는 장점도 있다.

1-2. 평가 항목

일반은행은 CAMEL-R 방식으로 자본적정성(Capital Adequacy), 자산건전성(Asset Quality), 경영관리적정성(Management), 수익성(Earnings), 유동성(Liquidity), 리스크 관리(Risk Management) 등 6개 부문을 평가하고 있다. 각 부문의 평가항목은 특정한 수치를 통해 산정 가능한 계량평가항목과 계량화하여 나타낼 수 없는 부분 또는 계량지표가 경영실태를 적절히 반영하지 못하는 부분에 대해서는 질적 평가(비계량평가)를 통해 최종 부문등급을 결정하고 있는 바, 경영관리부문과 리스크 관리 부문은 비계량평가만 실시하고 있다.

비은행 금융회사의 경우 CAMEL방식으로 평가하는데 자본의 적정성(Capital Adequacy), 자산의 건전성(Asset Quality), 경영관리능력(Management), 수익성(Earnings), 유동성(Liquidity) 등 5개 부문으로 구성된다. 금융투자업자[2]에 대하여는 모든 금융투자업자에게 동일하게 적용되는 자본적정성, 수익성, 경영관리 등 3개 평가부문(공통평가부문)과 영위업종에 따라 부문별 가중치, 평가항목을 달리 적용하며 유동성, 자산건전성 등 2개 평가부문(업종평가부문)으로 구성된다. 보험회사는 RAAS (risk assessment application system) 방식의 위험기준 경영실태평가제도[3]를 적용하고 있다.

· 표 5-2. 경영관리의 적정성 관련 세부 평가 항목(은행기준) ·

평가부문	비계량 평가항목	평가비중
경영관리의 적정성	· 경영지배구조의 안정성 · 경영정책수립 및 집행기능의 적정성 · 성과보상체계운영의 적정성 · 경영효율성 및 경영개선추진실태 · 내부통제제도 및 운영실태 · 법규, 정책 및 검사지적사항의 이행실태 · 사회적 책임 이행실태	15%

1-3. 평가등급

경영실태평가의 부문별 평가등급 및 종합등급은 1등급(우수 : Strong), 2등급(양호 : Satisfactory), 3등급(보통 : Less than satisfactory), 4등급(취약 : Deficient), 5등급(위험 : Critically deficient)의 5단계로 구분된다. 특히, 일반은행의 경우 2012년 4분기부터 기존 5등급 체계를 유지하면서도 한 등급을 각각 3단계(+, 0, -)로 세분화하여 5등급, 15단계(1등급+ ~ 5등급-)로 평가등급 산정방식을 개편하여 운용하고 있다.

---

2) 전업투자자문·일임사 및 집합투자업자는 제외한다.

3) 위험기준 경영실태평가제도는 보험회사의 리스크 및 경영부실요인을 체계적·종합적으로 평가하기 위해 경영관리리스크, 보험리스크, 금리리스크, 투자리스크, 유동성리스크, 자본적정성, 수익성의 7개 평가부문으로 나누고 각 부문별로 계량평가와 비계량평가를 실시하여 종합리스크 등급을 산정하는 제도이다.

1-4. 평가시기

경영실태평가는 금융감독당국이 금융회사에 대한 종합검사 시 검사기준일을 기준으로 평가하는 것이 원칙이며, 매 분기마다 각 금융회사의 업무보고서를 기준으로 경영관리부문 및 리스크관리부문을 제외한 나머지 부문에 대하여 간이계량평가(CAEL)⁴를 실시한다.

1-5. 경영실태평가의 활용과 관리

경영실태평가결과는 그 결과에 따라 경영개선권고, 경영개선요구, 경영개선명령 등의 적기시정조치에 활용되며, 은행이 자회사에 출자하거나 금융지주회사가 새로이 자회사 등을 편입하기 위해서는 경영실태평가가 일정 수준 이상이 되어야 한다. 또한, 금융기관의 경영상태에 대해 평판리스크 및 오해를 유발할 수 있고, 법률 위반소지도 제기될 수 있으므로 경영실태평가 결과를 공개하지 않고 있으며, 필요한 경우 발췌, 열람 등을 통해 제한적으로 공개하는 것이 바람직하다.

2. 내부통제평가

2-1. 의의

경영실태평가 시 경영관리부문의 평가항목으로 내부통제제도 및 운영실태가 있으나 전산업무, 신탁업무, 내부통제업무 등 은행 경영의 특수부문에 대하여는 별도의 평가체계를 운영할 수 있다. 은행의 내부통제업무에 대한 평가는 검사기준일 현재 평가대상기관 본점의 내부통제실태를 「은행업감독업무시행세칙」 [별표 8-2]에서 정하고 있는 "내부통제평가 부문별 평가항목 및 평가등급별 정의"에 따라 부문별로 구분 평가하고 부문별 평가결과를 감안하여 종합평가하고 있다. 이 경우 특수부문에 대한 평가결과는 경영실태평가시 이를 감안할 수 있다.[5]

내부통제평가는 ❶ 내부통제기준의 적정성, ❷ 내부통제조직의 적정성, ❸ 내부통제체계 운영의 적정성, ❹ 금융사고 예방기능의 적정성, ❺ 자체검사업무 운영의 적정성, ❻ 준법감시인제도 운영의 적정성 법규 그리고 ❼ 정책 및 검사지적사항의 이행실태 등 7개 항목에 대해 평가를 실시한다. 또한, 그 평가결과를 1등급(우수)에서 5등급(위험)까지 총 5등급으로 분류하고 있다.

2-2. 내부통제평가 개선

금융감독원과 전국은행연합회 등 금융협회는 거액 금융사고의 예방을 위해 2022년 10월 "금융사고 예방을 위한 내부통제 운영 개선과제"를 발표하였다. 동 개선과제에 따르면, 경영실태평가시 내부통제 중요성에 대한 금융회사의 인식 제고 및 책임성을 강화하는 등 평가비중 확대 및 평가기준 구체화 등 개편을 추진하기로 하였다.

* 예) ・은 행 : 내부통제를 독립된 평가항목으로 분리, 평가비중 확대, 종합등급 연계 강화 등

・저은 · 여전 : '금융사고 부문'에 대한 평가항목 확대, 평가항목별 평가내용 구체화 등

・상호금융 : 내부통제 부문의 평가비중 확대 및 종합등급 연계 강화 등

---

4) 금융회사의 재무건전성을 평가하기 위하여 분기 또는 반기별로 경영실태평가시 사용되는 계량지표를 이용하는 간이계량평가제도를 실시하고 있다. 간이계량평가결과 계량등급이 악화되는 경우 비계량평가항목을 감안하여 종합평가등급을 조정할 수 있으며, 즉각적인 시정조치가 필요한 경우 비계량평가항목을 감안하지 아니하고 평가등급을 조정할 수 있다.

5) 은행업감독규정시행세칙 제27조 ②, 제28조의2

내부통제평가 부문별 평가항목 및 평가등급별 정의

신설 2005. 12. 23, 개정 2008. 3. 26, 2010.11.17., 2015.12.18.

은행업감독규정시행세칙 [별표 8-2]

1. 내부통제평가 부문별 평가항목

평가부문	평가항목
1. 내부통제기준의 적정성	· 업무의 분장 및 조직구조에 관한 규정의 적정성 · 자산의 운용 또는 업무의 영위과정에서 발생하는 위험의 관리에 관한 규정의 적정성 · 경영진의 내부통제에 대한 인식 및 평가 · 보상의 적정성 · 임 · 직원이 업무를 수행함에 있어서 반드시 준수하여야 하는 법규 및 절차에 관한 규정의 적정성 · 경영의사결정에 필요한 정보가 효율적으로 전달될 수 있는 체제 구축에 관한 규정의 적정성 · 임·직원의 내부통제기준 준수여부를 확인하는 절차·방법에 관한 기준 및 내부통제기준을 위반한 임 · 직원에 대한 처리기준의 적정성 · 임 · 직원의 유가증권거래내역의 보고 등 불공정거래행위를 방지하기 위한 절차 및 기준 등의 적정성 · 내부통제기준의 제정 또는 변경 절차의 적정성 · 기타 시행령제17조의2제1항제1호 내지 제8호에 관한 구체적인 기준으로서 금융위가 정하는 사항에 대한 처리기준의 적정성

평가부문	평가항목
2. 내부통제 조직의 적정성	• 감사위원회 및 동 보조조직(검사부서) 기능의 적정성 • 준법감시인이 발견한 임·직원 내부통제기준 위반사항의 감사위원회 보고 및 이에 대한 감사위원회 조치의 적정성 • 준법감시인 수행 업무에 대한 감사위원회 점검의 적정성 • 준법감시인 및 동 보조조직(준법감시부서) 기능의 적정성 • 내부감사 및 준법감시 조직의 독립성 및 동 인력의 전문성 • 내부감사 및 내부통제활동의 유효성에 대한 감사위원회 또는 이사회 감독의 적정성
3. 내부통제체계 운영의 적정성	• 업무 분장 및 조직 운영의 적정성 • 자산의 운용 또는 업무의 영위과정에서 발생하는 위험 관리의 적정성 • 임 · 직원이 업무를 수행함에 있어서 반드시 준수하여야 하는 법규 및 절차 준수의 적정성 • 경영의사결정에 필요한 정보가 효율적으로 전달될 수 있는 체제 구축 및 운영의 적정성 • 임·직원의 내부통제기준 준수여부를 확인하는 절차·방법의 준수 및 내부통제기준을 위반한 임 · 직원에 대한 처리의 적정성 • 임 · 직원의 유가증권 거래내역의 보고 등 불공정거래행위를 방지하기 위한 절차 및 기준 등의 준수의 적정성 • 내부통제기준의 제정 또는 변경 절차 준수의 적정성 • 기타 시행령제17조의2제1항제1호 내지 제8호에 관한 구체적인 기준으로서 금융위가 정하는 사항 준수의 적정성 • 외부감사인 활용의 적정성
4. 금융사고 예방 기능의 적정성	• 은행 자체 실정에 맞는 금융사고 예방대책 수립 및 운영의 적정싱 • 은행 자체 사고예방제도 (내부고발제도, 명령휴가제도, 순환근무제도 등) 운영의 적정성 • 임·직원의 금융사고 예방지침상 금지사항 준수의 적정성 • 거래처와의 거래내용에 대한 장표 기재(전산처리 포함)의 정확성 • 도난 및 고객예금 피탈사고 등에 대비한 자체경비강화대책 수립의 적정성

평가부문	평가항목
	• 출장소를 포함한 전영업점, 무인점포, 점외단독CD기에 대하여 CCTV 및 무인기계경비시스템 설치 운영 및 기타 방범대책 강구의 적정성 • 현송금 피탈 등 현송사고 방지를 위한 자체적인 현송안전대책 수립 및 운영의 적정성 • 신용카드(현금카드 포함)업무 관련 사고예방대책 수립 및 운영의 적정성 • 텔레폰뱅킹 등 전자금융서비스업무 취급시 비밀번호관리 등 전산사고 예방대책의 수립 및 운영의 적정성 • 전산업무에 대한 검사기법 개발 및 운영의 적정성 • **사고보고 및 처리의 적정성**
5. 자체검사업무 운영의 적정성	• 자체검사시 영업점의 금융사고 예방대책 이행상황에 대한 중점검사의 적정성 • 동일·유사한 위규행위가 반복되는 경우 필요 조치 수립 및 이행의 적정성 • 검사부서 직원에 대한 인사시 감사위원회와의 사전협의 적정성 • 검사부서 직원에 대한 근무평정을 감사위원회가 전담하며, 감리역의 근무평정 권한도 감사위원회에 일부 부여하는지 여부 • 상시감시업무의 적정성 • 자점감사기능 강화방안 수립 및 영업점 자점검사업무의 적정성 • 자금세탁 혐의거래에 대하여 특별한 주의를 가지고 검사하며 자금세탁방지를 위한 내부통제절차의 수립 및 운영이 적정한지 여부
6. 준법감시인 제도 운영의 적정성	• 준법감시인 임면 절차의 적정성 • 준법감시인 자격 요건의 적정성 • 준법감시인 임면시 감독당국에 대한 보고의 적정성 • 준법감시인의 선량한 관리자로서의 직무 수행의 적정성 • 준법감시인 겸직업무의 적정성 • 준법감시인의 직무수행에 필요한 자료나 정보제출 요구에 대한 임·직원 협조의 적정성 • 준법감시인 직무수행과 관련한 사유로 부당한 인사상 불이익을 받았는지 여부

평가부문	평가항목
7. 법규, 정책 및 검사지적 사항의 이행 실태	• 감독 규제사항의 이행실태 • 검사 지적사항의 이행실태 • 업무보고서 등 감독당국에 제출하는 보고서의 기한 준수여부 및 정확성

2. 내부통제평가 등급의 정의

구분	내용
1등급 (우수, Strong)	– 평가항목이 모두 우수하여 당해 평가항목에 좋은 영향을 미치며 내부통제가 전체적으로 적절함 • 내부통제제도와 감사절차가 은행의 활동 및 규모에 적합하며 충분히 포괄적으로 설정되어 있음 • 은행의 정책 및 절차를 준수하지 않는 예외사항이 거의 존재하지 않으며 중요한 예외사항은 없음 • 경영진은 내부정책 및 지침, 감독정책 및 지침에 부합하는 안정성과 건전성기준 준수여부를 효과적이고 정확하게 모니터링하고 있음
2등급 (양호, Satisfactory)	– 평가항목 일부에 다소 미흡한 점이 있으나 당해 평가항목 및 내부통제 전반에 문제가 없음 • 내부통제기준에 중요하지 않은 취약점 또는 결함이 존재하나 모두 정상적인 절차를 통하여 수정 가능함 • 은행의 안정성 및 건전성에 중요한 영향을 미치지 않는 취약점이 있으나 내부감사가 조치할 수 있는 수준임
3등급 (보통, Less than satisfactory)	– 평가항목의 일부가 미흡하고 내부통제절차 등에 일부 중요한 결함이 있어 일반적인 수준 이상의 감독이 필요함 • 내부통제 예외사항의 지속적인 발생, 정책 및 절차의 준수 실패 등으로 내부통제시스템에 일부 중요한 문제점이 발생 • 경영진에 의한 내부통제시스템 개선이 이루어지지 않는 경우 은행 안정성과 건전성에 부정적인 영향을 미칠 수 있음

구분	내용
4등급 (취약, Deficient)	– 평가항목의 일부가 취약하고 내부통제절차 등에 중요한 결함이 있어 상당한 수준의 감독이 필요함 • 부적절한 업무분장 등과 같이 내부통제, 회계처리절차, 감독규정을 준수하는 능력에 있어 실질적인 개선이 필요한 심각한 수준의 취약점이 있음 • 적절한 조치가 취해지지 않을 경우 재무정보의 신뢰성 저하, 은행의 안정성과 건전성에 심각한 영향을 줄 수 있는 영업 손실이 발생할 수 있음
5등급 (위험, Critically deficient)	– 평가항목의 대부분이 취약하고 내부통제절차 등에 심각한 결함이 있어 감독당국의 즉각적이고 밀착된 감독이 필요함 • 내부통제에 은행의 계속성을 심각하게 위협하는 중요한 결함이 존재함 • 적절한 조치가 즉시 취해지지 않을 경우 잠재적인 손실이 발생할 수 있으며, 감독당국 제출 보고서 및 회계기록의 신빙성에 대한 즉각적인 검토 및 조사가 필요함

3. 내부통제제도 우수 금융회사에 대한 제재 감면

검사 및 제재규정 제50조의 4에 따라 기관에 대한 제재를 함에 있어 금융감독원장이 당해 금융기관에 대해 실시한 경영실태평가 결과 내부통제부문 평가등급이 우수하거나 당해 금융기관의 내부통제제도 및 운영실태 등이 우수한 경우 기관에 대해서는 동 규정 [별표 9]의 "내부통제 우수 금융기관에 대한 기관제재 감경기준"에 의거 제재를 감경할 수 있다. 감경사유로는 ❶ 최근 2년 이내 실시한 경영실태평가 결과 내부통제부문 평가등급이 2등급 이상인 금융기관의 경우, ❷ 내부통제 우수와 관련하여 금융위원장·금융감독원장의 표창, 상훈법·정부표창규정에 의한 표창 등을 받은 공적이 있는 경우 그리고 ❸ 동일 또는 유사한 위반행위의 방지를 위한 자체감사 또는 내부통제 시스템을 갖추어 시행하거나 대책을 마련하여 이행하는 등 상당한 주의 및 감독을 한 것으로 인정되는 경우가 해당된다.

다만, ❶ 제재대상 위법·부당행위가 금융기관의 내부통제체계가 현저히 취약한 데 직접 기인하는 경우로서 사회적·경제적 물의를 크게 야기한 경우 또는 금융기관·금융거래자에 중대한 손실[7]을 초래한 경우, ❷ 금융거래자에게 중대한 손실을 초래한 경우로서 신속한 배상 등 피해구제를 소홀히 한 경우 그리고 ❸ 최근 3년 이내 2회 이상 동일·유사한 내부통제 소홀로 경영유의 이상 조치요구를 받고, 동일·유사한 사유로 다시 조치요구를 받는 경우 중에서 어느 하나에 해당하는 경우로서 특별히 참작할 만한 사유가 없는 경우에는 동 제재감경의 적용을 배제할 수 있다.

감경수준은 1단계 감경을 원칙으로 하되, 제재대상 위법·행위의 동기, 원인, 결과, 방법 등을 종합적으로 감안할 때 필요하다고 인정되는 경우에 한하여 최대 2단계까지 조정할 수 있다. 경영실태평가 결과에 따른 내부통제 우수 금융기관에 대한 기관제재 감경은 매회 평가등급별로 각 1회에 한하여 적용한다.

---

6) 제재감경 대상 건의 검사기준일이 경영실태평가 검사기준일로부터 2년이 경과하지 않은 경우로, 두 검사기준일이 같은 경우를 포함한다.

7) 중대한 손실 여부는 금융기관의 규모 및 금융기관에 미친 영향 등을 감안하여 결정한다.

내부통제 우수 금융기관에 대한
기관제재 감경기준
(시행세칙 제50조의4 관련)

금융기관 검사 및 제재에 관한 규정 [별표 9]

1. 적용대상

☐ 제50조의4에 따른 금융기관에 대한 제재감경은 다음 각호의 어느 하나에 해당하는 경우에 적용할 수 있다.

1) 최근 2년 이내 실시*한 경영실태평가 결과 내부통제부문 평가등급이 2등급 이상인 금융기관의 경우

   * 제재감경 대상 건의 검사기준일이 경영실태평가 검사기준일로부터 2년이 경과하지 않은 경우로, 두 검사기준일이 같은 경우를 포함

2) 내부통제 우수와 관련하여 금융위원장 · 금융감독원장의 표창, 상훈법 · 정부표창규정에 의한 표창 등을 받은 공적이 있는 경우

3) 동일 또는 유사한 위반행위의 방지를 위한 자체감사 또는 내부통제 시스템을 갖추어 시행하거나 대책을 마련하여 이행하는 등 상당한 주의 및 감독을 한 것으로 인정되는 경우

2. 적용배제

☐ 다만, 다음 각호의 어느 하나에 해당하는 경우로서 특별히 참작할 만한 사유가 없는 경우에는 동 제재감경의 적용을 배제할 수 있다.

1) 제재대상 위법 · 부당행위가 금융기관의 내부통제체계가 현저히 취약한 데 직접 기인하는 경우로서 사회적 · 경제적 물의를 크게 야기한 경우 또는 금융기관 · 금융거래자에 중대한 손실을 초래한 경우. 이 경우 중대한 손실 여부는 금융기관의 규모 및 금융기관에 미친 영향 등을 감안하여 결정한다.

2) 금융거래자에게 중대한 손실을 초래한 경우로서 신속한 배상 등 피해구제를 소홀히 한 경우

3) 최근 3년 이내 2회 이상 동일·유사한 내부통제 소홀로 경영유의 이상 조치요구를 받고, 동일·유사한 사유로 다시 조치요구를 받는 경우

3. 감경수준

☐ 1단계 감경을 원칙으로 하되, 제재대상 위법·행위의 동기, 원인, 결과, 방법 등을 종합적으로 감안할 때 필요하다고 인정되는 경우에 한하여 최대 2단계까지 조정할 수 있다.

4. 적용횟수

☐ 경영실태평가 결과에 따른 내부통제 우수 금융기관에 대한 기관제재 감경은 매회 평가등급별로 각 1회에 한하여 적용한다.

4. 준법교육 이수 조건부 "주의" 제재조치 면제

검사 및 제재규정 제23조의 2에 따라 금융감독원장은 금융기관 임직원(제재이전 퇴직자 포함)의 행위에 대한 제재조치 수준이 "주의(감독자에 대한 주의는 제외)"에 해당하는 경우에는 준법교육을 이수하는 것을 조건으로 조치를 면제할 수 있다. 이 경우 준법교육 실시요구를 받은 제재대상자가 요구를 받은 날로부터 90일 이내 준법교육을 이수하지 못하였을 경우에는 조치 면제는 그 효력을 상실한다. 검사 및 제재규정 제50조의 5에 따라 준법교육 실시요구를 받은 제재대상자는 90일 이내에 지정된 교육기관에서 ❶ 금융관련 법령에 관한 사항, ❷ 과거 금융관련 법규 위반에 대한 제재사례 및 판례 그리고 ❸ 직무윤리, 기타 재발방지 관련 사항에 관하여 3시간 이상의 교육을 받아야 한다. 교육기관은 적정하게 교육을 받은 교육대상자에게 수료증을 발급하여야 하고, 교육 실시 결과를 교육 후 1개월 이내에 감독원장에게 보고하여야 하며, 수료증 발급대장 등 교육에 관한 기록을 3년 동안 보관·관리하여야 한다. 하

지만, 2024년 1월 현재 금융감독원이 제제면제를 위한 준법교육 실시기관을 지정하지 않고 있는 등 사실상 사문화된 실정이다.

당신은 언제나 옳습니다. 그대의 삶을 응원합니다. — 라의눈 출판그룹

불완전판매 및 횡령 등 금전사고 예방을 위한

금융회사 내부통제제도 해설

초판 1쇄   2024년 6월 17일

지은이   성수용
펴낸이   설응도   편집주간   안은주
영업책임   민경업   디자인   임윤지

펴낸곳   라의눈

출판등록 2014 년 1 월 13 일 (제 2019-000228 호)
주소 서울시 강남구 테헤란로 78 길 14-12(대치동) 동영빌딩 4 층
전화 02-466-1283   팩스 02-466-1301

문의 (e-mail)
편집 editor@eyeofra.co.kr
마케팅 marketing@eyeofra.co.kr
경영지원 management@eyeofra.co.kr

ISBN : 979-11-92151-80-9 93360